권리 패러독스와 정위正位

권리 패러독스와 정위正位

이봉철 지음

인간사랑

이 책을 又松 權字 榮字 祖父님께 바칩니다.

| 목차 |

2부 | 권리 패러독스

3부 | 정위(正位)

제1장

서론

'인간 삶'을 충실히 반영해내는 정치, 충실한 '삶의 정치'는 없을까? 있다면 어떤 모습이어야 할까? '인간 삶'의 내용을 통섭(統攝)하여 정치의 내용과 제도를 설명할 수 있는 이론체계는 어떻게 구성될 수 있을까? 이 세 의문이 필자의 그간의 화두다. 여기서 '통섭'이라는 용어는 최근에 일고 있는 학계 일각의 논의로부터 차용한 것이다. 그러나 학계 일각에서 초점을 맞추고 있는 분별지(分別智)로서의 인문사회과학과 자연과학을 통합한다는 의미가 아니라, 분별지의 경계를 넘어 존엄한 '인간 삶'이 펼쳐지는 유기적 '삶의 마당'을 포괄한다는 의미로 이해되었으면 한다.

그간의 화두를 중심으로 볼 때 처음 저술이었던 『통일과 통일논의』(1992)는 국가주의와 좌·우 이데올로기에 찌들어 가는 한민족 삶에 대한 걱정으로부터 비롯되었다. 좌·우 이데올로기 논리에 구조화되어 가는 통일논의 속에서 한민족 삶의 자율논리가 고사(枯死)되어서는 안 된다고 생각했다. 또한 한민족의 자율적 삶을 위한 에너지 수렴의 장(場)

이 되어야 할 통일논의가 국제정치적 세력균형을 구실로 좌절의 한숨 속에 묻혀서는 안 된다고 생각했다. 당시 내 눈에는 세상이 변하고 있는 와중에도 우리의 통일논의는 오히려 '강대국들'의 구조적 세력균형이론을 통한 '지배의 경제화'에 스스로 굴복하고 있는 것으로 비쳤다. 『포스트모던 변화와 정치사상』(1994)에서는 그간 인간 삶을 옥죄어 왔던 제반 이데올로기적 거대담론의 해체로부터 '해방된 삶'의 모습이 무엇일지 찾아보고자 했다. 보통 사람들은 잘 알지도 못하는 자유주의, 자본주의, 사회주의라는 이데올로기, 게다가 이를 명분으로 치장한 갖가지 정치책술 뒤에 가려진 인간 삶의 알맹이 가치를 찾아보려 했다. 명분의 껍질을 '중심'으로 하고 그 '주변'에 몰려 신음하고 있는 삶의 알맹이 가치를 드러내 보려 시도한 것이 『주변과 자율』(1996)과 『21세기 새 정치가치 탐색』(1998)이었는데 여의치 않았다. 그러면서 맞닥뜨린 것이 '권리'와 '인권'이라는 화두였다. 화두가 된 소이연과 이 화두를 통해 찾고자 했던 '길' — '삶의 정치'와 '통섭의 이론체계' — 은 『현대인권사상』(2001)의 서론 첫머리에 담겨 있다. 아직도 유효한 화두이기에 옮겨본다.

> 서로 다른 이데올로기적 이미지 속에서 혹은 서로 다른 이론적 입장과 시각 속에서 사체(死體) 해부되듯 분해되어 그 원형 파악조차 어려운 한민족의 삶—그것이 과거와 현재의 경험이건 예견되는 이상이건—을 수습하여 그 회복된 본모습을 바라볼 수 있고 생명친화적 진단을 가능하게 하는 원점은 어디에다 찍을 수 있을까?
>
> 제반 정치사회적 규율 및 제도가 그 정치사회 구성원들의 현실적 삶으로부터 소외되지 않도록 스스로를 비춰보게 하고 새로운 지향점을 가누어 가게 할 수 있는 준거는 어디에 마련될 수 있을까?

모든 학문분야가 경쟁적으로 이론적 형식성과 효율적 수행성의 극단을 향해 치달으며 반(反)생명적 도구로 전락해 갈 때, 각각 그 본연의 기능과 목적을 되돌아보아 서로 간에 합목적적인 균형과 조화를 이루게 할 수 있는 푯대는 어디에 세워질 수 있을까?

자유, 평등, 복지, 정의, 환경 등 제반 정치사회적 가치들이 조화롭게 수렴될 수 있는 구심점과 거꾸로 이들 각각의 가치를 실현하는 데 그 정당한 실천반경을 정해줄 수 있는 닻점은 어디에 설정될 수 있을까?

전통과 현대가 '온고이지신'(溫故而知新)의 역동 속에 어울리며 바람직한 미래로 이어지게 하는 중용(中庸)의 역사는 어디에 바탕을 둘 때 가능할 수 있을까?

만약 오늘 우리가 살고 있는 이 시대의 '인간다운 삶'에 대한 의미와 내용을 밝힐 수 있다면 이 모든 의문의 답은 바로 그 밝혀지는 바로부터 찾아질 수 있지 않을까?

'인간다운 삶'에 대한 오늘의 의미와 내용을 탐색하고 그 속에서 찾으려는 이 모든 의문에 대한 해결을 도모하려는 노력은 우선 오늘날 중요한 한 시대가치로 떠오르고 있는 '인권가치'를 성찰해 보는 일에서 비롯되어야 하지 않을까? 물론 현단계 그 이론 체계와 실천제도 및 방책에 관한 사안들은 '끝열림'의 비판적 검토에 맡긴 채로 … .

화두의 두 개념 '권리'와 '인권'이 서구에서 발단하여 확립된 것이기에 여러 제약 속에서나마 접할 수 있는 서구 이론들을 힘이 닿는 데까지 뒤져보았고, 연구년을 이용하여 이렇다 할 몇몇 서구 학자들과도 의견을 나누어 보았다. 그러나 찾고자 하는 '길'은 잘 보이지 않았다. 오히려 찾고자 하는 '길'은 가외의 문제들, 즉 대전제에 모순적인 이론구성, 목적가치를 배반하는 이론적 관행, 관념을 고사시키는 개념의 감옥 등으로 갈수록 멀어보였다. 그래서 한편으로는 문제해결을, 다른 한편으로는 문제가 해결된 '권리'개념체계를 이용한 정치사회질서에 대한 새로운 구성을 시도해 보았다. 「서구 자유주의 권리이론에 나타나는 '일방향 권리-의·책무관계구조'의 오류비판」(2004), 「'J. Rawls 위임책무이론'의 비판적 보완과 '권리-의·책무상호관계' 보편 모델」(2005), 『삶의 질서와 서구 자유주의 정치이론 : 권리에서 권위까지』(2006), 「서구 자유주의적 권리-의·책무개념체계 : 정치사회질서 구성개념체계로서의 위상」(2007) 등이 그 즈음 이러한 시도의 결과들이다.

어디까지 계속 찾아나서게 될지, 아니면 찾다가 언제 되돌아서게 될지는 모르지만 그간의 화두였던 위의 의문들은 아직까지도 계속화두다. 여기 선뵈는 이 책 역시 화두 따라 찾아나선 길 한자락에 대한 탐문과정과 결과를 담고 있다. 이 책에서는 우리들 현실의 삶의 관계에서 빚어지고 있는 '삶의 소외문제'의 구체적인 내용과 이 문제가 현행 정치사회질서, 즉 자유주의 질서에 어떻게 연결되어 나타나는지를 살펴보고, 문제를 해결할 수 있는 방안은 무엇일지에 대해 생각해 보고자 한다. 이를 위해서 현실적인 우리 삶의 관계를 가장 본원적이고도 포괄적으로 엮어내는 권리관계에 주목하려 한다. 그리고 '삶의 소외'가 이러한 권리관계를 규율하는 현행 정치사회질서와 어떻게 연결되는지를 드러내 보이려 한다. 바꾸어 말하면 현행 정치사회질서로부터 빚어지는 '삶의 소외' 문제를 우리 삶의 가장 본원적이고도 포괄적인 권리관계에까지 내려가서 짚어보고 그 해소를 모색해 보려는 시도라 할 수 있을 것이다. 그간에도 인간 소외문제에 관해서는 좌·우를 막론하고 폭넓게 진행되어 온 자본주의 사회비판 논의들,[1] 비판이론 계열에 속하는 논의들,[2] 그리고 인간 소외를 주제로 한 논의들[3]이 있었다. 그러나 이들 이론은 자본주의 생산양식, 자본주의 사회구조 등 거시적 분석대상에 치우치거나 준거기준이 인간 본성과 같은 고도의 추상적 개념에 의존하고 있어 이들로부터 이 책에서 시도하려는 것과 같은, 삶의 관계에서 빚어지는 소외문제와 그 해소방안과 관련하여 적절한 성찰을 구하기 어려웠다. 물론 그렇다고 이들 이론과 이 책에서의 시도가 상호 배타적이라는 의미는 아니다. 오히려 이들 이론과 이 책에서 시도하려는 내용은 이론구성상의 상호 상보관계에 있거나 의미상의 연속관계에 있다 할 수 있을 것이다.

이 책의 논제 『권리 패러독스와 정위(正位)』 가운데 '패러독스'는 IT용어상의 의미, 집합론상의 의미, 문학표현상의 의미, 논증상의 의미, 등에서 다소 서로 다른 뉘앙스로 쓰이는 개념이다. 그러나 여기서는 이들 여러 가지 의미 중 논증상 '언뜻 보면 일리가 있어 보이나 분명하게 잘못되어 있거나 잘못된 결론에 이르게 되는 배리(背理)의 언술'을 의미하는 것으로 이해한다. 원래 인간다운 삶에 대한 보호에 그 존재이유와 목표를 두고 있는 '권리', '권리관계', '권리질서'가 현실적으로는 오히려 인간다운 삶에 역행하여 삶의 소외문제를 빚어내고 이를 부추기는 방향으로 실행되고 있는 모습을 표현하기 위해 사용되었다. 이 책의 논

1 예를 들어 K. Marx, "On the Jewish Question" (26–52), "Economic and Philosophical Manuscripts of 1844" (66–125), "Alienation and Social Classes" (133–135), "Wage Labour and Capital" (203–218), in R. C. Tucker ed., *The Marx–Engels Reader* (1978) ; C. B. Macpherson, *Possessive Individualism* (1962).

2 예를 들어 H. Marcuse, *One–Dimensional Man* (1964) ; E. Fromm, *To Have or To Be?* (1976).

3 예를 들어 B. Ollman, *Alienation* (1977) ; I. Mészáros, *Alienation* (1978).

제 가운데 '정위'(正位)는 이와 같은 패러독스의 해소를 의미한다. 현재 이해되고 있고 실행되고 있는 '권리', '권리관계', '권리질서'에 내재되어 있는 배리의 바로잡음을 의미하며, 이 바로잡음을 통한 이들의 원래 의미와 현실적 실행 사이 상호 부합의 모색, 삶의 관계로부터의 소외구조의 해체에 대한 모색을 의미한다.

이 책은 세 가지 서로 다른, 그러나 상호 연관되어 있는 부(部)로 구성될 것이다. 제1부에는 권리 및 권리관계에 대한 원론적 고찰이, 제2부에는 권리 패러독스의 내용이, 제3부에는 권리 패러독스에 대한 정위 작업이 담길 것이다.

제1부에서는 우리의 상식 속에 들어 있는, 혹은 모든 권리 관련 이론, 실행관행, 담론에 전제로서 표방되어 있는 권리내용과 권리관계에 대한 원론적 내용을 살펴볼 것이다. 권리관계는 언제나 권리질서로 구조화되기 때문에, 그리고 권리질서의 구체적 표현이기 때문에 원론적 권리질서는 살펴볼 원론적 권리관계 구조에 내재한다. 본 서론에 이어지는 제1부 2장은 원론적 권리의 내용이 인간 삶의 내용을 얼마나 포괄적으로 통섭하는지를 드러내 보이기 위해 마련된 것이다. 여기서는 삶의 포괄적 내용뿐 아니라 삶의 내용을 엮어내는 종·횡(縱·橫)의 질서, 이들 내용의 중심축이 되는 인간존엄성 등과 권리내용과의 상호 관계 역시 밝혀질 것이다. 제1부 3장에서는 이렇듯 인간 삶의 내용을 포괄적으로 통섭하는 권리를 내용으로 엮어지는 사회구성원 개인 간 권리관계가 어떻게 발생되어 가장 포괄적이면서도 가장 근원적인 인간·사회관계의 바탕이 되는지, 그리고 그 유효한 성립조건은 어떠한지에 대해 살펴볼 것이다. 그리고 살펴본 결과를 토대로 권리관계의 준거 모델을 수립해 볼 것이다.

제2부에서는 권리 패러독스의 내용을 '소외문제'와 '질서-이율배반성 문제'로 나누어 살펴보려 한다. 소외문제는 제2부 4장에서 다루어질 것인데, 여기서는 '소외'를 권리를 주장할수록, 그리고 권리에 집착할수록 권리의 존재이유이자 목적인 인간다운 삶으로부터 일탈하게 되는 오늘날 권리관계의 특징적 현상으로 이해한다. 이러한 권리관계로부터 빚어지는 소외현상은 권리관계 본연과 배리관계를 구성한다는 점에서 패러독스 현상이기도 하다. 논의는 권리관계를 3개의 세부구조로 나누어 각 세부구조에서 빚어지는 소외의 원인과 내용, 그 사회적 확산 결과에 대해 차례로 살펴볼 것이다. 더불어 살펴본 결과를 토대로 소외된 권리관계가 오늘날 사회적으로 어떤 모습으로 현상화(現象化)되어 어떤 폐단들을 일으키는지 헤아려 볼 것이다.

제2부 5장에서는 소외문제를 빚어내는 권리관계 질서상의 근거를 찾아볼 것이다. 권리관계는 권리질서가 규율하며, 그 구조 속에는 권리질서의 소외구조가 내재되어 있을 것이기 때문이다. 더구나 소외는 본연과 현상의 배리관계인 패러독스, 즉 본연과 현상의 대척적 특성을 함의하므로 배리 속의 권리관계에는 권리질서상의 '질서-이율배반 특성'이 내재되어 있을 수밖에 없을 것이다. 그러나 권리질서는 자유주의 정치사회의 총체적 질서제도로서의 자유주의 질서의 규제를 받는다. 동시에 자유주의 질서인 한, 권리질서는 자유주의 질서의 유기적 부분질서이자 후자의 토대질서가 된다. 이런 이유에서 권리관계가 빚어내는 소외문제의 근거를 권리질서로부터 찾아내는 일은 불가불 자유주의 질서에까지 확대될 수밖에 없다. 그래서 권리 패러독스의 다른 한 축을 구성하는 '질서-이율배반성 문제'에 대한 제2부 5장의 소외근거 탐색 논의는 자유주의 질서의 '질서-이율배반성 문제'로 확대되어 다루어질 것이다.

제3부는 제2부에서 살펴본 권리 패러독스의 장본인인 현재 실행되고 있는 권리관계와 권리질서에 대한 정위작업을 수행하기 위한 곳이다. 정위작업은 현재 실행되고 있는 권리관계와 권리질서의 수정을 통하여 본연에 부합하는 부합권리관계 및 부합권리질서를 도출하는 방법으로 수행될 것이다. 정위작업의 준거와 부합기준은 제1부의 논의로부터 구할 것이다. 제3부에서의 정위작업의 초점은, 정위작업의 대상이 현존하는 정치사회질서 제도 하에서 현재 실행되고 있는 권리관계와 권리질서라는 점에서, 현행 제도에 대한 제도적 정위라는 실천적 함의에 맞추어질 것이다.

제3부 6장에서는 현재 실행되고 있는 권리관계에 대한 정위작업을 통해 부합권리관계를 도출해 볼 것이다. 논의는 제2부 4장의 순서를 따라 현행 권리관계를 3개의 세부구조로 나누어 각각의 현행 세부구조로부터 부합세부구조를 도출하는 방법으로 진행될 것이다. 제3부 6장의 말미에서는 제2부 5장의 현행 권리질서 중 현행 권리관계로 표현될 수 있는 부분만큼을 정위하여 부합권리질서의 도출을 시도할 것이다. 나머지 부분, 즉 현행 자유주의 질서까지 확대되는 부분은 제3부 7장 자유주의 질서에 대한 정위작업으로 대신할 것이다.

제3부 7장에서 수행하게 될 자유주의 질서에 대한 정위작업은 직접 자유주의 질서를 대상으로 할 경우 이 책의 논지범위를 넘기 때문에 간접적인 방법으로 접근하려 한다. 즉 이미 정위된 부합권리관계로 정위될 자유주의 질서를 내용과 제도 양면에서 재현(再現)해내는 방법을 쓸 것이다. 자유주의 질서는 권리질서를 유기적 부분질서이자 토대질서로 가지며 권리질서는 권리관계로 표현되기 때문에 정위될 자유주의 질서 역시 부합권리질서를 경유하여 부합권리관계로 표현될 수 있어야 한다.

이렇게 부합권리관계로 재현된 '정위될 자유주의 질서' 는 여러 가지 함의를 가진다. 그 중 무엇보다도 중요한 것은 이렇게 재현된 질서는 서론 모두(冒頭)에 제시한 화두 중 세 번째 의문—'인간 삶' 의 내용을 통섭(統攝)하여 '삶의 정치' 의 내용과 제도를 보여줄 수 있는 이론체계는 어떻게 구할 수 있을까?—에 대한 향후 모색에 한 이정표(里程標)가 될 수 있으리라는 점이다.

이 책의 결론부분에 해당하는 8장에서는 권리 패러독스를 구성하면서 정위의 대상이 되는 배리구조의 두 축을 각각 함축적으로 표상하는 '권리개념' 과 '권리관념' 의 사상사적 유래를 살펴볼 것이다. 우선 본장 1절에서는 권리개념과 권리관념의 사상사적 유래를 살펴보는 이유를 이 책의 중심내용과의 관련 속에서 밝힐 것이다. 2절에서는 '권리개념' 이 어떠한 과정 속에서 어떠한 내용으로 탄생되었으며, 탄생된 권리개념의 특징은 무엇인지에 대해 살펴볼 것이다. 3절에서는 '권리관념' 의 추론근거가 되는 '자유롭고 평등한 자율적 존재로서의 인간 이미지' 를 중심으로 이 인간 이미지가 오늘날의 상식적 대전제가 되기까지의 사상사적 전개를 단계별로 나누어 추적해 볼 것이다. '권리개념' 과 '권리관념' 의 사상사적 유래에 대한 고찰은 권리 패러독스 기원의 일단을 이를 구성하는 개념의 유래를 통해서 살펴본다는 의미를 가질 것이다. 이상의 고찰은 권리관계의 '본의' 를 함축하고 있는 '권리관념' 이 인류의 삶에 보다 생래적임에 반해, '배리의 실행요소' 를 함축하고 있는 '권리개념' 은 근대 유럽에서 주조된 역사적 산물임을 대조적으로 드러내는 데 초점이 맞추어질 것이다.

이 책 『권리 패러독스와 정위(正位)』는 '권리개념' 이 역사적으로 서구에서 발단 · 전개되어 비(非)서구 사회에 전래되었다 하여, 인간존엄성과 맞닿아 있고 삶의 내용과 삶의 질서에 대한 규범적 아이디어가 담겨 있는 '권리관념' 마저 유독 서구에만 존재했던 사상적 가치라고 보지 않는다. 오히려 인류라는 이성을 가진 생명체의 탄생과 더불어 그 생명체에 구유(具有)되고 체현되어 있는 생존과 삶에 대한 인류 공통의 존엄한 자격이라고 보는 입장에 선다. 인간의 인성(人性)이 말의 마성(馬性)이나 소의 우성(牛性)과 분별되는 한, 모든 인류에 공통된 존엄한 자격이라고 보는 것이다. '천부(天賦)의 권리' 라든지 '불가양도(不可讓渡)의 권리' 라든지 등의 표현은 바로 권리관념의 이러한 생래적 특성을 강조하기 위한 것이리라. 관념은 역사적 · 정치사회적 필요에 따른 재구성 속에서 개념화되어 정치사회 관행 및 제도에 편입될 수밖에 없지만[4] 그렇다고 그 기본 아이디어가 변질되는 것은 아니다. 이는 마치 환경의 변화와 역사의 굴곡 속에서 인간 존재양태와 이미지가 변한다 하여 인성(人性)이 마성(馬性)이나 우성(牛性)으로 변할 수 없는 것과 같다.

필자는 서구 근대사 속에서 권리관념의 개념화와 더불어 발단하여 전개되어 온 '자유주의' 에 대해서도 마찬가지 입장을 가진다. 서구에서 개념화되고 정치사회적으로 제도화되었다 하여 자유주의의 목표에 담긴 기본 아이디어마저 유독 서구적 가치라고 보지는 않는 것이다. 자

---

4 직관적 관념이 어떻게 개념으로 직조(織造)되어 현실 경험세계의 정치사회제도 및 이를 구성하는 이론에 편입되는지에 대해 플라톤(Plato)의 저술들을 분석하면서 밝혀놓은 연구로는 T. K. Seung, *Plato Rediscovered*(1996) : Chs. Five–Seven(특히 Ch. Seven) 참고. 그리고 이러한 직관적 관념가치가 이론구성에 차용되어 구성이론들의 명시적 · 묵시적 정당화 근거가 되는지를 서구 자유주의 이론들에 대한 분석을 통해 밝혀놓은 연구로는 T. K. Seung, *Intuition*(1993) : Chs. One–Five, Seven 참고.

유주의의 '자유'는 '자율' 속의 자유이며, 자율 속의 자유는 인류보편의 '인성'에 원초적으로 구유되어 있는 '이성관념(*idea* of reason)'에 따른 '삶의 질서형식'이라고 보기 때문이다.[5] 그리고 자유주의 기본 아이디어는 이러한 '삶의 질서형식' 속에서의 인간 생존과 삶의 보호로서, 이는 동서고금을 막론하고 인류사회에서 표명되어 왔던 모든 정치이념의 목표였다고 보기 때문이다. '삶의 질서형식' 및 그 속에서의 인간 생존 및 삶의 보호가 인류공통의 기본목표였다는 사실은, 비록 희소하게 남아 있는 자료들이기는 하지만, 인류문명 이른 시기의 도덕적·정치적 문건들로부터도 입증된다.[6] 이러한 '기본목표'가 오늘날에도 여전히 인류공통의 목표라는 사실은 어떠한 정치이념을 표방하든 이 목표가 세계 모든 국가의 헌법적 기본권내용으로 확립되어 있다는 점과, 더 나아가 이 목표가 UN을 비롯한 모든 국제기구 및 제도의 궁극적인 존재이유로서 인류의 이름하에 재천명되고 있다는 점 등에서 그 입증의 지반(地盤)이 더더욱 넓고도 견실함을 알 수 있다. 필자는 '자유주의'를 이와 같이

---

5 이와 비슷한 아이디어는 I. Kant, *Metaphysics of Morals*(1959) : 22–24, 29, 39, 49 ; I. Kant, *Political Writings*(1970) : 73–79 ; J. Rawls, *A Theory of Justice*(1971) : §3, §24, §29, §40 참고. 여기서 '이성 관념(idea of reason)'은 칸트(I. Kant)의 용어로서, 모든 인류에게 공유되어있는 '이상적이고도 본원적인 이성'으로 이해된다.

6 그 개관은 David Braybrooke, *Natural Law Modernized*(2001) : Chs. 1, 7, 9 ; Eberhard Schockenhoff, *Natural Law & Human Dignity*(2003) : Chs. II–III 참고 ; 아랍문명권에 대한 고찰은 Michel McLendon, "Ibn Khaldun Modernized"(2001) : 244–257 ; 중국문명권에 대한 고찰은 Xiusheng Liu, "Natural Law in Classical Chinese Philosophy"(2001) : 258–294 ; 단편적이나마 아프리카와 아랍문명권에 대한 고찰은 Rhoda E. Howard, *Human Rights and Search for Community*(1993) : Ch. 4 ; 아프리카지역의 인권인식을 통해 고찰한 것으로는 Jean Allain & Andreas O'shea, "African Disunity"(2002) : 86–125 등 참고.

인류에 공유되어 있는 '기본 아이디어'를 존재이유이자 목표로 삼아 '권리'로 보호하려는 정치사회질서제도의 총체적 표현으로 본다.

이러한 입장에 서서 이 책은 권리관념과 이에 담겨 있는 인간 삶의 내용 및 질서를 한편으로는 서구에서 확립되어 세계적으로 전파된 권리담론 및 권리실천 관행에 대한 검토의 준거로 삼고, 다른 한편으로는 이들 담론 및 실천관행에 대한 대안모색의 토대로 삼아보았다. 제현(諸賢)의 지도편달을 바란다.

이 책에 담긴 내용들은 그간 필자가 생각해 오던 것들을 '연구년' 기간중에 구체화한 것이다. 연구년을 허락해준 한남대학교(韓南大學校)에 이 자리를 빌려 감사의 마음을 전한다. 더불어 이 소품의 출간을 기꺼이 수락해 준 '인간사랑'의 여국동 사장님과 이국재 부장님, 이 소품이 깔끔한 책이 되어 나오기까지 수고를 아끼지 않을 홍성례 편집장님을 비롯한 출판사 식구들 모두에게 감사한다.

2010(庚寅).8

저자

권리와 인간

제1부는 이 책의 토대이자 이하 모든 논의들의 출발점이 된다. 제2부의 논의에 대해서는 권리 패러독스를 드러내고 평가하는 잣대가 되고, 제3부의 논의에 대해서는 패러독스가 해소된 권리관계 및 권리질서 모색의 준거기준이 된다. 그런 의미에서 제1부 논의는 그 이하 논의들의 위치를 가늠해 주고 지향점을 정해주는, 마치 4분면상의 원점좌표와 같다 할 수 있다. 제1부는 2장과 3장으로 구성되는데, 초점은 인간사 보편의 상식적 근거가 되는 '인간의 삶'과 '삶과 삶의 사회적 관계'에 권리가 어떻게 접속되어 있는지에 맞추어질 것이다. 그런 점에서 여기서의 논의는 보편상식에 근거한 원론적 성격을 띠게 될 것이다. 2장에서는 권리와 인간 삶의 관계를 '권리근거와 인간 존재양태', '권리내용과 인간 삶의 내용', '삶의 국면별 권리내용 질서', '권리의 의미와 인간존엄성'으로 나누어 살펴본다. 3장에서는 인간관계 및 사회관계를 구성하는 가장 기본적이고도 포괄적인 권리관계가 어떻게 발단하고, 어떻게 유효성을 갖게 되며, 어떠한 구조 속에 놓여 있는지 헤아려 볼 것이다.

■ 제2장

권리와 삶

2장은 이 책의 주제개념인 권리가 삶의 한 부문에 국한된 주제개념이 아니라, 오히려 만인은 자유롭고 평등하다는 전제 하에 삶의 전 부문을 포괄하는 일종의 통섭(統攝)[1]개념임을 드러내어 밝힌 것이다. 권리는 정치부문의 권력이나 경제부문의 재화, 사회부문의 계층, 문화부문의 맛과 멋의 가치 등과 같이 한 부문을 설명하고 이해하는 데 국한된 개념이 아니라, 이들 모든 부문을 유기적으로 통합하여 자유롭고 평등한 인간 삶의 지평 위에 재구성해내는 포괄적 개념으로 나타났다. 그 포괄성에 대해서는 권리근거와 인간 존재양태, 권리 내용과 삶의 내용, 권리내용질서와 삶의 국면, 권리의 뜻과 인간존엄성 등의 순서로 나뉘어 논의되었다.

---

1 '통섭'은 대체로 다양한 학문분야의 지식을 학제 사이(특히 자연과학과 인문사회과학 사이)의 벽을 허물고 범학문적으로 통합하는 것으로 이해되나 여기서는 다양한 사회분야로 산재(散在)해 있는 제반 권리들이 인간 생존과 삶을 중심으로 체계적 통합을 이루고 있는 모습을 묘사 및 설명하기 위해 사용되었음.

* * *

오늘날 국가체제의 이념이나 성격을 불문하고 헌법차원에서 국민 모두는 자유롭고 평등하다는 전제 하에 국민의 기본권 보장을 명시하고 있지 않은 나라는 없다. 더불어 자유롭고 평등한 인성(人性) 자체에 모든 정당성 근거를 걸고 인류의 평등한 권리보장을 기치로 내걸고 있는 국제인권장전(세계인권선언, 국제사회권규약, 국제자유권규약)은 오늘날 전(全) 인류적 지지기반을 확보한 상태다. 국내적으로는 '국민의 권리'로, 세계적으로는 '인권'으로 나뉘어 불리는 '권리'는 이제 전 세계인의 공통어가 되었다. 그리고 이 공통어 속에 담긴 기본정신은 한 마디로 만인자유평등원칙 하의 평등한 인간존엄성의 확보와 이에 대한 보호이다(세계인권선언 전문과 1조, 대한민국헌법 10조). 인간존엄성은 자율적 삶의 주체로서의 인간자격으로부터 나온다. 인간존엄성은 인간존엄성이 시현되는 인간 삶에서의 자율능력에 대한 신뢰의 징표인 것이다. 자율능력은 자유로운 삶을 영위할 수 있는 능력과 그 삶의 과정과 결과에 대해 책임질 수 있는 능력의 결합물이다. 평등한 인간존엄성의 확보와 보호를 기본정신으로 하는 권리는 결국 자유로운 삶의 능력과 이에 뒤따르는 책임능력에 대한 정당한 자격이자 이 자격의 확보와 보호에 대한 정당한 요구의 자격이 된다. 따라서 인간존엄성을 권리로서 확보하고 보호한다 함은 이러한 인간자격으로 영위되는 삶의 전 과정과 결과를 만인자유평등원칙 하에서 권리로서 확보하고 보호한다는 말이 된다. 이하에서는 오늘날 이상과 같이 표명되고 있는 권리가 인간의 생존에서부터 사회생활 및 도덕적 지위에 이르기까지 얼마나 폭넓게 인간의 정신적·물질적 삶을 포섭하고 있는지 살펴본다.

1. 권리근거와 인간 존재양태

권리근거는 인간 모두가 자유롭고 평등한 자연적 존재이면서 사회적 존재라는 존재양태의 특성을 반영한다.[2] 우선 자연적 존재로서의 인간이 가지는 권리의 근거는 인간이 생물학적으로 자유롭고 평등한 한 생명체라는 자연적 사실에 근거한다. 그런 점에서 생래적(生來的)이다. 생물학적 특성은 개인적 차이를 드러내지만 생명을 가지는 생명체라는 점에서 공통적이다. 생명체는 생명활동을 하며, 생명활동에는 생존을 위한 자유와 필요충족이 요구된다. 가장 좋은 예는 오늘날 사용되고 있는 의미의 이른바 '근대적 권리개념'의 모태가 되는 홉스(T. Hobbes)의 자연권개념의 근거에서 찾아볼 수 있다. 홉스적 자연권은 자연법을 포함한

2 인간 존재양태에 대한 간결하면서도 집약적인 표현은 마르크스(K. Marx)가 인간을 자연적 존재임과 동시에 유적 존재이며 사회적 존재로 언급하는 데서 찾아볼 수 있다. 인간존재양태는 이들 각 존재 속성들이 중첩적으로 구성한다고 볼 수 있는 것이다. 이 중 유적 존재양태는 자연적 존재로서의 인간이 대(對)자연관계를 인간 특유의 본성에 맞게 재구성하는 2차적 자연적 특성에서 비롯되는 존재양태로 볼 수 있기 때문에 결국 인간성은 크게 인간의 자연적 특성과 사회적 특성으로 구성된다고 볼 수 있을 것이다. 이러한 인간에 대한 이해는 그의 여러 저작물에 나타나지만 대표적으로는 *Economic and Philosophic Manuscripts of 1844*를 들 수 있다. 볼 곳은 R. C. Tucker(ed.), *Marx–Engels Reader*(1978) : 70–95.

모든 선험적 도덕관념이 부재하는 정글과 같은 약육강식의 자연상태에서 서로로부터 자유롭고 서로에 대해서 평등한 인간이 가지는 생명보존 권리, 즉 생존권이다. 이 때 생명보존은 생존을 위한 생물학적 생명활동(vital motion)의 욕구충족을 통해서 추구된다(1968 : 189–190). 물론 홉스는 추후 사회계약을 통한 정치사회의 형성을 설명하는 과정에서 도덕계율을 함의하는 19개의 자연법조항을 그의 자연권이론에 도입한다(1968 : Ch. XV). 그럼에도 불구하고 홉스가 자연권을 생물학적 생명보존 욕구에 근거지우는 것은 인간이 도덕화된 사회적 존재이기 이전에 하나의 자유롭고 평등한 자연생명체라는 자연적 사실을 강조하기 위한 것으로 볼 수 있다. 생존이 모든 자연생명체의 존재근거이듯이 인간의 생존을 위한 특정 자유와 필요충족에 대한 자연적 욕구야말로 자연권의 가장 기본적인 근거가 되는 것이다. 이러한 자연적 욕구는 자연권이 권리의 모태가 되듯이 권리근거의 모태가 된다는 점에서 권리의 '자연적 근거'로 볼 수 있다.

다음으로 사회적 존재로서의 인간이 가지는 권리의 근거에 대해서다. 인간은 누구나 특정 사회의 한 구성원으로 살 수밖에 없으며, 사회 속에서 나름의 인생계획을 가지고 자아실현을 모색해 가는 합목적성을 가진 생명체로 이해된다. 자연적 생존욕구에 따라 그저 먹고 마시고 자라다 죽는 것이 아니라, 나름대로의 목표와 가치를 추구하면서 산다고 보는 것이다. 그래서 인간을 합목적적 존재라고 부르기도 하며, 살아 있다는 것 자체가 합목적성을 띤다고 본다. 목적을 전제한 생존을 흔히는 '삶'이라고 부르며, 그 목적실현에 얼마나 효율적으로 부합하는가 여부에 따라 '합리적', '비합리적', '성공적', '실패적'이라는 가치평가의 대상이 되기도 한다. 그러나 사회 속의 삶은 자신과 평등한 인간존엄성을 가지는 사회적 존재들과의 대타적(對他的) 관계 속에서 이루어지기 때문에 약육강식의 생물학적 생존욕구는 만인자유평등원칙 하에 이들 사회구성원 간에 조정된 욕구 혹은 사회화된 욕구, 즉 사회적 '요구'로 변모될 수밖에 없다.[3] 자유와 필요충족에 대한 자연적 욕구가 사회화되면서 상호 자유롭고도 평등한 존재로서의 자·타의 공존을 위한 사회질서의 정당한 삶의 요구로 재구성되는 것이다. 물론 공존을 위한 사회질서는 사회구성원들의 평등한 인간존엄성의 보호에 그 목표를 두기 때문에 만인자유평등원칙에 그 근거를 둔다. 이렇듯 사회화되면서 만인자유평등원칙에 근거한 사회질서에 의하여 재구성된 자연적 욕구, 즉 삶의 사회적 요구가 사회적 존재로서의 인간이 가지는 권리의 근거가 되며, 이를 '자연적 근거'와 구별하여 '사회적 근거'로 볼 수 있겠다. 오늘날 모든 인간은 누구나 특정 사회의 한 구성원으로 살 수밖에 없는 사회적 존재양태 속에 있기 때문에 모든 권리는 바로 이 사회적 근거인 삶의 정당한 요구에 근거한다. 그리고 이 권리는 사회적 근거가 자연적 근거를 재구성하여 포괄하듯이 홉스적 자연권을 재구성하여 포괄한다. 결국 모든 권리의 현실적 근거는 사회적 근거로 수렴된다.

---

3 욕구는 생명활동의 충동 그 자체이다. 욕구는 타자의 인정을 전제하지 않기 때문에 타자를 수단화한다. 반면에 요구는 언제나 나 밖의 그 누구에 대한 요구이기 때문에 타자와 (자신의 요구에 대한) 타자의 인정을 전제한다. 이러한 전제 속에는 타자 또한 자신과 같은 '요구주체'라는 평등의식과 역지사지 의식이 함의되어 있다.

2. 권리내용과 삶의 내용

사회적 존재로서의 인간의 삶은 평등한 인간존엄성을 가지는 사회구성원 사이에서 빚어지는 사회적 삶이다. 개인의 사회적 삶(이하 '삶')의 전개는 그 삶이 처해 있는 환경이나 삶의 내용에 따라 다양한 유형으로 나뉠 수 있겠지만 전개단계의 국면별 특성에 따라 1) 사회적 생존단계에 있는 삶의 국면, 2) 최소 사회생활 수준 단계에 있는 삶의 국면, 3) 자아실현의 최대화를 모색하는 삶의 국면 이렇게 3국면으로 대별할 수 있을 것이다. 그리고 사회적으로 형성되어 있는 사회구성원들의 삶의 유형도 다양한 분류기준에 따라 한없이 다양하게 나누어 볼 수 있겠지만 구성원 각 개인의 위와 같은 삶의 전개국면에 따라 1)의 국면에 머물러 있는 사회구성원의 삶, 2)의 국면에 머물러 있는 사회구성원의 삶, 3)의 국면에 머물러 있는 삶 이렇게 3가지 형성국면으로 대별해 볼 수 있을 것이다. 본절에서는 권리의 사회적 근거를 바탕으로 하여 권리의 내용이 어떻게 이상과 같은 삶의 개인적 전(全) 전개국면과 사회적 전(全) 형성국면을 포섭하여 구성되는지에 대해 살펴본다. 다만, 권리내용과 직·간접적인 관련을 가지는 사회의 당양한 도덕적·제도적 특수성을 일일이 고려할 수 없기 때문에 그 내용구성의 구조적 특성만을 다룬다. 초점은 권리의 자연적 근거로부터 사회적 근거로 사회화되면서 재구성되는 과정에 따른 권리내용의 영역별 형성국면 및 내용, 그리고 형성된 내용 속에 담겨 있는 질서에 맞추어질 것이다.

권리의 근거가 자유롭고 평등한 인간의 사회적 생존을 위한 생명활동의 자유와 필요충족에서 출발하듯이 권리의 내용도 이러한 근거에서 출발한다. 삶은 생존을 전제해서만 가능하기 때문이다. 생명활동을 위해 가장 기본적으로 요구되는 자유 및 필요충족으로부터 일차적으로 도출되는 삶의 권리를 '생성적 기본권'(이하 '생성기본권')이라 할 수 있다. 여기에서 생성기본권이란 1차적으로 사회적 생존을 위해 필수적으로 보장되어야 할 가장 본원적인 권리라는 의미에서 사용된 것이다. 2차적으로는 여타의 삶의 권리는 바로 이 본원적 권리를 바탕으로 생성된다는 의미에서 사용된 것이다. 삶이 사회적 생존을 바탕으로 여타의 정치, 경제, 사회, 문화의 제반 영역에서 전개되듯이 모든 삶의 권리는 사회생존권을 바탕으로 형성된다. 따라서 생성기본권은 권리근거의 사회화 과정에 따른 권리내용 형성국면의 제1영역을 차지한다. 생성기본권 영역에는 모든 국가의 헌법에 명시되어 있는 기본권 중 가장 기본적인 생명권, 신체보존권, 기본적 의식주에 대한 권리, 양심의 자유 및 표현자유에 대한 권리 등이 속한다. 더불어 이는 국제인권헌장의 기초로 볼 수 있는 '세계인권선언'에도 그대로 나타나 있다(선언 제3조, 25조). 생성기본권 영역의 권리들은 사회적 삶의 각 영역에 걸쳐 이처럼 가장 기본적인 권리들로 존재한다.

그러나 생성기본권은 그 자체에 머물지 않고 현재적·미래적 삶의 환경과 내용변화에 수응하여 여타의 권리내용과 영역을 생성해 간다. 이는 마치 생명이 있다는 것은 살아 움직인다는 것이고, 살아 움직인다는 것은 자유와 필요충족이 상승적으로 서로를 확대해 가는 것이기 때문에 자연의 이치와 같이 당연한 것이다. 물론 이러한 상승적 생성논리 속에는 사회적 생존을 권리의 최하한선으로 규정하는 강한 가정이 들어 있다. 그리고 이 가정은 모든 권리가 생성기본권의 1차적 대상이 되는 사회적 생존을 전제한다는 점에서 타당하다. 사회적 생존마저 저버린 삶을 권리로 보호하는 것은 무의미하거나 사치(奢侈)에 불과하기 때문이다. 그래서 단순한 사회적 생존을 위한 삶이 이를 넘어 보다 나은 삶을 향해 진전됨에 따라 생성기본권은 삶의 개인적 전개국면에서나 사회적 형성국면에서 자체 영역을 넘어 발전적으로 새로운 차원의 영역, 즉 '최소목적추구권' 영역과 '목적증가추구권' 영역을 생성해 간다.[4] 물론 생성기본권 영역의 권리들이 현재적·미래적 삶의 환경변화와 내용변화에 따른 가변성에 수응하듯이 이들 두 영역의 권리들 또한 현재적·미래적 삶의 환경변화와 내용변화에 따른 가변성에 수응한다.

'최소목적추구권'이란 각 개인이 그가 속한 사회의 여건에서 가능한 자아실현을 위해 최소한의 인생계획 실현과 그 목적을 추구할 권리, 즉 그러한 목적달성을 위해 자신의 능력개발과 여건개선을 개인적·사회적으로 모색하는 것을 보장받을 권리를 의미한다. 최소목적추구권의 지향점은 사회의 최소 사회생활 수준의 보장에 있다. 그리고 그 기본정신은 롤즈(J. Rawls)의 말을 빌리면 사회는 사회구성원들 사이에 꾸려가는 일종의 협업공동체(cooperative venture, 1971 : 4, 84)라는 인식에 함의되어 있다. 협업공동체에서 최소한의 사회생활 수준에 못 미치는 구성원의 생활수준 향상을 권리로 보장해야 함을 당위로 설정하고 있는 것이다. 이 당위적 목표는 사회가 생산해내는 유·무형의 재화를 최소 수혜

---

4 이와 비슷한 입장은 A. Gewirth, *Reason and Morality*(1978)에서 볼 수 있는데, 게워스의 권리체계는 신체안위와 건강을 내용으로 하는 '기본권' (basic rights, 211-213), 생존과 평균 생활수준 달성에 대한 노력을 보장해 주는 것을 내용으로 '기본 생활권' (non-subtractive rights, 232-237), 그리고 문화생활을 포함한 행복추구 노력을 보장하는 것을 내용으로 하는 '부가적 유복권' (additive rights, 240-245) 등으로 구성된다.

자의 생활을 향상하는 방향으로 분배함으로써 실현된다. 오늘날 사회복지나 사회보장을 사회정책으로 시행하는 데에서 그 예를 찾아볼 수 있다. 이 영역은 이상의 기본정신에 대한 설명에 드러나 있듯이 자연적 권리근거가 평등을 추동력으로 대등한 사회구성원 사이에 사회화되는 제2의 형성국면을 차지한다. 그리고 이 영역에는 교육받을 권리, 능력개발 수혜권리, 노동할 권리와 노동여건 및 노동결과에 대한 권리, 최소한의 생활수준을 사회적으로 보장받을 권리, 정당한 법절차와 법심리에 대한 권리, 정치참여권 및 시민적 자유권, 그리고 사회적으로 부당한 차별 없이 동등한 삶의 기회를 보장받을 권리 등이 속한다.

'목적증가추구권'이란 주어진 여건 하에서 평등한 인간존엄성을 가지는 사회구성원 각 개인이 자아실현을 극대화하기 위한 제반 개인적·사회적 활동을 자유롭게 할 수 있도록 보장받을 권리를 의미한다. 목적증가추구권의 지향점은 사회구성원 각 개인의 자아실현 극대화가 사회발전과 조화되게 하는 데에 있다. 그리고 기본정신은 사회구성원들의 자유와 능력개발 및 필요충족 활동의 최대한 보장에 있다. 자아실현의 극대화를 위해서는 자유로운 능력개발과 필요충족 활동이 최대한 보장되어야 하기 때문이다. 이를 간단히 사회적 삶에서의 자유의 극대화라 할 수 있을 것이다. 삶에 대한 자유의 극대화라는 기본정신에서 볼 때 이 영역은 자연권적 권리근거가 자유를 중심축으로 사회구성원 사이에 사회화되는 제3의 국면을 차지한다. 이 영역 속에는 이를테면 유복추구권, 행복추구권, 재화를 증식할 권리, 창의개발권, 각종 문화공동체에 참여할 권리, 자유로운 문화활동 보장권 및 문화활동 결과에 대해 보호받을 권리 등이 속한다고 볼 수 있다. 그리고 자신이 속한 정치사회의 기본규칙과 구조를 선택하고 변경하는 데 참여할 수 있는 정치참여권 등이 속한다.

그러나 목적증가추구권을 통한 능력개발과 필요충족의 극대화에서 필히 고려되어야 할 것은 이 형성국면의 중심축인 자유가 최소목적추구권 영역의 형성국면(최소 생활수준 보장)의 중심축인 평등과 갈등을 일으킨다는 점이다. 자유의 권리와 평등의 권리가 충돌하는 것이다. 권리로서의 자유 극대화는 개인 및 사회의 발전을 극대화할 수 있을지는 몰라도 사회구성원 사이에 불평등을 야기하여, 이를테면 부익부 빈익빈 현상, 협업공동체로서의 사회의 갈등 심화, 그리고 급기야 사회유대의 파탄으로 이어질 수도 있다. 물론 그렇다고 평등의 권리에 치중하여 이를 극대화하려 할 경우에는 사회협업상의 무임승차나 도덕적 해이를 부추겨 사회발전을 저해하고 빈자들의 천국으로 몰아넣을 수도 있다. 그 어느 경우이건 권리의 역기능이고, 궁극에는 권리의 파탄으로 이어질 수도 있다. 그래서 목적증가추구권 영역의 형성국면에서는 최소목적추구권 영역의 평등권이 고려된 가운데 자유와 평등의 조화가 요구된다. 이를테면 자유에 대한 권리는 사회유대를 해치지 않는 범위에서 극대화하고, 평등에 대한 권리는 사회발전을 해치지 않는 범위에서 보장해 주는 원칙 속에서 그 조화방법을 모색할 수 있을 것이다. 이러한 조화의 필요성 때문에 권리가 정의로우면서도 민주적인 정치사회질서와 접속되어야 할 필요성이 대두된다.

권리의 사회적 근거를 바탕으로 하여 권리의 내용이 어떻게 평등한 인간존엄성을 가지는 사회구성원 개인 삶의 전(全) 전개국면과 사회적 전(全) 형성국면을 포섭하여 구성되는지에 대해 살펴본 이상의 논의는 다음과 같이 집약할 수 있다. 1) 권리의 구성은 사회적 생존을 포함하여 사회 속에서의 삶의 확보에 요구되는 자유와 필요충족을 보장받는 생성기본권의 형성을 바탕으로 한다. 2) 생성기본권은 다시 삶의 정치·경제·사회·문화영역으로의 확대에 따른 권리내용을 새롭게 형성하고 증식시켜 추가적으로 최소목적추구권과 목적증가추구권 영역을 생성해 간다. 3) 이러한 새로운 영역의 형성과 증식은 타자들과 공존하는 협업공동체로서의 사회의 테두리 내에서 점증적으로 화대·변화되어 가는 삶을 통한 자아실현에 부응하기 위한 것이다. 4) 세 영역의 생성기본권, 최소목적추구권, 목적증가추구권의 구성내용은 삶의 환경변화 및 내용변화에 따라 가변적이다.

3. 권리내용질서와 삶의 국면

자유롭고 평등한 인간의 사회적 삶의 전개에 따른 영역별 권리의 형성국면과 내용은 위에서 살펴본 바와 같이 권리근거의 사회화 과정과 이에 따른 권리내용의 생성 및 증식의 윤곽, 즉 권리내용 구성의 전모(全貌)를 이해하는 데 1차적 중요성을 가진다. 그러나 이에 못지않게 중요한 것은 이 내용구성 속에는 영역별 권리들의 관계를 규정해 주는 일정한 질서가 들어 있다는 점이다. 3영역의 권리들인 생성기본권, 최소목적추구권, 목적증가추구권은 2절에서 살펴본 바처럼 개인적 삶의 전개단계 순서와 이 전개단계가 다수의 사회구성원들에 투사되어 나타나는 사회적 형성국면의 순서에 따라 도출된 것이다. 따라서 3영역으로 구성되는 권리내용 속에 존재하는 권리영역 사이의 질서는 바로 평등한 인간존엄성을 가지는 사회구성원 개인의 사회적 삶의 영역별 전개순서와 이 순서가 사회 전체에 투사된 권리영역별 형성순서의 질서다. 그리고 그

의미하는 바는, 개인적으로는 사회적 생존에 요구되는 자유 및 필요가 충족된 다음에야 최소 사회생활 수준의 삶에 요구되는 자유 및 필요나 자아실현 최대화에 요구되는 자유 및 필요가 충족될 수 있다는 것이다. 생존 없이는 그 나머지 삶의 단계가 지속될 수 없기 때문이다. 사회적으로도 마찬가지로 제1의 형성국면인 생성기본권의 보호가 먼저 이루어져야 그 다음의 최소목적추구권 및 목적증가추구권의 보호로 이어질 수 있다는 의미이다. 이런 의미에서 이 질서는 삶의 전개단계별 내용과 이에 따른 영역별 권리내용을 경중 및 완급에 따라 그 보호의 우선순위를 정해주는 우선성 질서, 혹은 롤즈(J. Rawls)의 말을 빌리면 일종의 '축차적 질서'(lexical order)[5]와 같다. 즉 권리로서 보호되어야 할 사회적 삶의 내용 중 어느 전개단계 영역의 내용, 혹은 어느 형성국면의 내용이 우선적으로 고려되어야 할지 그 완급과 경중을 가름해 주는 우선성 질서인 것이다.

이러한 우선성 질서를 세 권리영역의 부등호 관계로 표현해 보면 '생성기본권 〉 최소목적추구권 〉 목정증가추구권' 과 같이 나타날 것이다. 여기서 부등호는 사회적 삶을 구성하는 영역별 내용이 그 완급에서의 긴급성의 크기와 경중에서의 중요성의 크기에 따라 배열될 서열 및 보호의 우선순위를 가리킨다. 부등호가 큰 쪽에 있는 영역의 권리일수록 배열서열이 상위이고 보호의 우선순위가 빠른 것이다. 그래서 이 부등호

---

5 축차질서란 마치 내림차가 있는 두 개 이상의 양동이에 물을 채울 때 첫 양동이에 물이 찬 후에나 다음 양동이에 물이 흘러들어 채워지게 되는 일종의 내림차순 질서를 말한다. 용어와 그 설명에 대해서는 J. Rawls, *A Theory of Justice*(1971) : §11참고.

관계로 표시된 우선성 질서는 목적증가추구권보다는 최소목적추구권이, 최소목적추구권보다는 생성기본권이 우선적으로 존중되고 보호되어야 함을 말해준다. 그런데 권리내용은 바로 삶의 내용이기 때문에 부등호 관계로 표시된 우선성 질서를 삶의 전개영역 간 부등호 관계, '기본생존을 위한 삶 〉최소목적추구의 삶 〉목적증가추구의 삶' 으로 표시할 수 있다. 그리고 이 부등호 관계는 위의 영역별 권리관계에서와 같이 삶에 요구되는 보다 본원적인 가치가 우선적으로 존중되고 보호되어야 함을 말해준다.

이렇듯 삶의 우선성 질서로 이어지는 권리영역 사이의 우선성 질서는 '인본모순원칙'—즉 스스로 인간임을 부정하는 '자기모순' 에 빠지지 않고는 결코 부정할 수 없는 인간의 본원적 가치와 이에 보다 가까운 가치들을 다른 가치들에 비해 우선적으로 보호해야 한다는 원칙—에 의해 지지된다. '인본모순원칙' 은 만인자유평등원칙의 부정이 궁극적으로 자기모순으로 귀결될 수밖에 없음을 반증해 줌으로써 만인자유평등원칙 준수의 (당위성뿐만 아니라) 강력한 현실성 기반을 제공한다. 모순원칙에 의한 지지는 이를테면 어느 누구도 인간인 한, 사회구성원들 중 재벌의 문화생활(권)보다는 서민의 기본생존(권)을 위한 삶이(권리가) 보호의 우선성을 가진다는 것을 부정하지 못하는 것과 같은 강력한 정당성 효과를 가진다. 또 개인적으로 의식주 문제에 허덕이는 사람에게는 정치참여(권)보다는 노동(권)이 먼저 확보되는 것이 절실하다는 것을 부정할 수 없는 것과 같은 강력한 정당성 효과를 가진다.

이와 같이 인본모순원칙에 의해 지지되는 우선성 질서는 권리내용 구성에 구조 및 체계의 성격을 부여하여 일관된 테두리 질서를 가지는 권리체계를 형성한다. 여기서 권리내용의 구성과 관련하여 '구조' 와

'체계'는 다음과 같은 의미로 이해한다. 우리는 흔히 사물들이 일정의 테두리 질서 속에 있을 때 사물과 테두리 질서를 통틀어 구조로 이해한다. 그리고 둘 이상의 이러한 구조들이 또 일정의 상위 테두리 질서에 따라 분류·배열될 때 이 구조들과 테두리 질서를 통틀어 체계로 이해한다. 그런데 사회적 삶과 관련한 모든 권리들은 위에서 살펴보았듯이 각각의 테두리 질서를 가지는 세 영역구조들로 분류되면서 이들 분류영역은 다시 우선성 질서로 엮인 체계를 형성하는 것이다. 결국 위에서 살펴본 권리내용은 3권리영역 구조와 이들이 우선성 질서로 엮여진 하나의 권리체계를 형성하고 있다 할 수 있는 것이다.

인본모순원칙에 정당성 기반을 가지고 권리체계의 체계질서로 존재하는 우선성 질서는 권리내용 전반에 걸쳐 영역별 권리사이 갈등 및 충돌문제 해결에 대한 일관적이고도 강력한 지침을 제공할 수 있다는 중요성을 가진다. 이 지침은 권리체계의 구성내용인 세 영역의 권리들이 목적증가추구권보다는 최소목적추구권이, 최소목적추구권보다는 생성기본권이 우선적으로 존중되고 보호되어야 함을 체계질서로서 규정한다. 그리고 이 지침은 인본모순원칙에 의해 판별되는 권리내용의 경중 및 완급에 따른 판별에 부합한다. 물론 동일 영역에 속하는 권리 사이의 갈등에 대한 우선성 판별은 영역 사이 권리들의 갈등의 경우에 비해 보다 복잡하지만, 인본모순원칙의 정당성을 빌려 본원적 인간가치에 보다 근접하는 '근접성원칙'을 적용하여 해소할 수 있다. 또 동일 영역에 속하면서 동일 근접성을 가지는 권리 사이 갈등의 경우는 처한 상황과 권리주체들의 처지의 절박성이 함께 고려될 수 있다. 결국 갈등사안의 경중 및 완급이 고려되는 우선성원칙은 권리체계 전반에 걸쳐 권리갈등을 해결하는 데에 중요한 지침이 될 수 있는 것이다.

이를테면 생성기본권에 속하는 의식주에 대한 권리와 최소목적추구권에 속하는 교육받을 권리가 충돌할 경우는 전자가 우선 고려되어야 한다. 최소목적추구권에 속하는 교육받을 권리가 목적증가추구권에 속하는 문화활동보장권과 충돌할 경우에는 교육받을 권리가 우선 고려되어야 한다. 같은 생성기본권에 속하는 생명권과 의사표현의 자유권이 갈등할 경우는 생명권이 우선적으로 존중되어야 한다. 그리고 같은 생명권끼리 갈등할 경우에는 권리주체의 부양가족 수나 연령 등 처지에 대한 고려 속에서 판별되어야 할 것이다. 물론 이상 우선성 질서에 의한 판별의 예들은 갈등 양측의 양립이나 화해 및 조정의 여지가 없을 경우를 상정한 것으로, 그와 같은 여지가 있을 경우에 구태여 우선성 질서를 판별기준으로 삼을 필요는 없을 것이다.

더불어 우선성 질서는 다음과 같은 함의를 가진다는 점에서도 중요하다. 첫째, 이 질서는 권리 사이의 상호 갈등상황에서 경중과 완급에서 절실도가 큰 권리들의 우선보호를 위해 그 하위의 권리들이 정당하게 무시될(우선될) 수 있음을 말해주는데, 이는 권리의 각기 다른 구성내용이 각각 절대적 성격을 갖기보다는 권리의 체계 속에서 그 완급과 경중에서 상대성을 갖는다는 것을 말해준다. 그러나 이러한 권리의 내용에 따른 상대성이 그간 흔히 주장되어 온 바와 같이 권리의 도덕적 특성으로부터 오는 약한 구속성과 동일시되어서는 안 될 것이다.[6] 둘째, 인간 삶의 모든 영역에 보편적으로 적용될 수 있는 인본모순원칙에 접속되어

---

6 이를 흔히 '가급적 우선 고려' (*prima facie*)라 하는데, 여기서는 '가급적'이 아닌 '필연적' 우선성을 말하고 있는 것이다.

있는 우선성 질서는 구체적이고 특수한 각 개인적 삶에 대한 주관성을 역지사지(易地思之)의 간주관성(間主觀性)으로 전환하여 고려할 수 있는 전환기제로서의 의미를 가진다. 즉 주관성 척도를 객관화할 수 있는 준거가 될 수 있는 것이다. 셋째, 우선성은 관계를 전제한 관계 속의 우선성이기 때문에 우선성 질서로 엮인 권리체계는 관계의 체계임을 말해준다. 더불어 이 관계체계로서의 권리체계는 생존과 삶을 내용으로 하는 생성기본권을 한 뿌리로 하여 생성된 모든 권리내용으로 구성되기 때문에 관계의 체계이자 유기적 통섭체계임을 말해준다. 게다가 권리의 내용은 삶의 전 내용을 포괄하기 때문에 (관계체계이자 유기적 통섭체계로서의) 권리체계는 인간 삶으로부터 일어나는 모든 인문사회과학적 현상을 설명할 수 있는 이론적 지평을 가진다.

4. 권리의 뜻과 인간존엄성

그러면 인간의 기본 생존양태에 근거를 두면서 인간 삶의 전면을 포괄하는 권리를 무엇으로 정의할 수 있을까? 지금까지 논의의 흐름 속에서는 자유롭고 평등한 인간의 생존과 삶에서의 자격이라는 정의 외에 더 적절한 표현이 생각나지 않는다. 그래서 일단 권리는 생존과 삶에서 자유롭고 평등한 인간이 가지는 자격이라고 정의한다. 그런데 생존과 삶에 대한 전일(全一)의 주체는 바로 인간이기 때문에 생존과 삶의 자격은 평등한 인간자격이 된다. 그러면 평등한 인간자격은 어디로부터 오는 것일까? 이에 답하기 전에 먼저 자격이 무엇을 의미하는지 생각해 보아야 한다. 예를 들어 운전면허로 표현되는 운전자의 자격은 무엇을 의미할까? 우선 운전능력을 의미할 것이다. 그러나 운전자의 자격에는 단순히 운전을 할 수 있다는 기술적 운전능력 외에도 법규를 잘 준수하고 사고로 다른 사람을 해치지 않을 책임의식과 그 책임의식을 가질 수 있는 자질, 그리고 책임수행의 능력 등이 포함될 것이다. 그러니 실행 운전시험 외에도 법규시험도 보고 신체검사도 받는 것이리라. 이러한 운전자 자격의 예에 대한 설명은 여타의 예들, 이를테면 선생님 자격, 공무원 자격, 대통령 자격, 기술자 자격 등등에도 모두 타당한 설명이 될 것이다.

종합하면 자격은 무엇인가 할 수 있는 능력이자 무엇인가 하는 과정과 결과에 대한 책임까지를 포함하는, 즉 능력과 책임이 결합된 의미라고 할 수 있을 것이다. 그렇다면 같은 논리에서 자유롭고 평등한 인간의 생존과 삶에 대한 자격은 생존과 삶을 위한 생명활동 및 필요충족의 능력과 그에 따르는 책임이 결합된 의미로 이해되어야 할 것이다. 인간자격도 마찬가지로 생존과 삶을 영위하는 전일적 주체로서의 능력과 그 영위에 따르는 책임의 결합된 의미로 이해되어야 할 것이다. 결국 인간자격은 인간능력과 능력실행에 따르는 책임의 결합물이라 할 수 있고, 권리는 생존과 삶을 영위할 수 있는 능력주체와 책임주체로서의 인간자격이 되는 셈이다.

위에서 제기된 질문과 관련하여 선결적 설명이 요구되었던 자격에 대해서 생각해 보았으니 이제 본 질문인 인간자격이 어디로부터 오는지에 대해 생각해 본다. 운전자 자격은 운전면허소로부터 온다. 대통령 자격은 국민이 결정한다. 그 밖의 모든 예들도 마찬가지로 피자격자를 심사하여 그 자격을 인정해 주는 피자격자 밖의 자격부여자를 전제한다. 더구나 나와 너(혹은 지인들 사이의 서로)가 아닌 제3의 자격부여자를 전제한다. 그러나 자유롭고 평등한 인간의 생존과 삶의 전일적 주체로서의 인간자격은 경우가 다르다. 그저 생존과 삶의 전일적 주체로서, 그리고 생존과 삶에 대한 보호를 권리로서 스스로 보장하고 있는 권리 주체로서, 자유롭고 평등한 존재로서 인간 서로가 상식적으로 인간자격을 믿고 인정할 따름이다. 옛날 같이 신(神)이나 자연과 같은 초인간적 질서주체의 존재를 수용했을 경우는 이들 초인간적 주체가 인간자격을 부여한다고 할 수 있었을 것이다. 하지만 적어도 초인간질서로부터의 인간해방을 제도화한 근대 서구 역사가 타의적 · 자의적으로 세계에 전파되어 인류사의 주류가 되어버린 오늘날에는 이는 보편적 상식에서 벗어나는 사고방식이다. 물론 일상생활에서 특정 권리에 대한 자격을 놓고 권리쟁송이 발생할 경우 그 자격에 대한 가름은 법이 정하여 부여한다. 그러나 그렇다고 법이 생존과 삶의 주체로서의 인간자격까지 가름하여 부여하지는 않는다. 이것은 헌법상의 기본권에 의해 금기시되는 사안이며, 범법자라도 인신보호법의 보호를 받는 것은 이에 대한 좋은 증거가 된다.

그러면 평등한 인간자격을 믿고 서로가 인정하는 상식의 근거는 무엇일까? 그것은 서론에서 언급한 인류 공통의 '이성관념' (kant, 1959 : 22-24, 29, 39, 49)에 대한 간주관적(間主觀的) 신뢰이며, 이를 근거로 한 인간자격의 상호 부여라는 말 외에는 달리 표현할 길이 없다. 초인간적 질서주체의 권위조차 부정되는 상황에서 인간자격에 대한 신뢰와 인정을 그간의 인류역사의 몇몇 사건기록이나 몇몇 인간의 저작물 등에 준거해 봐야 논리적 자가당착(自家撞着)에 빠지고 말 것이기 때문이다. 그리고 인간존엄성이야말로 인간자격의 최종 근거인 인간성의 가치적 표현이기 때문이다. 여기에 또 인간존엄성에 대한 의문이 따른다. 우리는 인간이 어떠할 때 존엄하다 하는가? 무지(無知)와 분수(分數)를 모르는 욕심에 사로잡혀 있으며 유아독존(唯我獨尊)의 교만에 빠져 있을 때, 그리고 그렇게 행동할 때 우리는 그러한 상황의 인간을 존엄하다 하지 않을 것이다. '할 것'과 '하지 말아야 할 것'을 헤아릴 수 있고 스스로의 분수의 테두리를 알고 있을 때, 그리고 역지사지의 타자배려의 심성을 갖추고 있을 때 우리는 그러한 인간의 존엄성을 신뢰하고 인정할 수 있을 것이다. 그리고 그렇게 행동할 때 이를 보고 나서 그 인간이 존엄하다고 말할 수 있을 것이다.

이렇게 보면 인간존엄성은 인간으로서 해야 할 바를 자유롭게 할 수 있으되 그 자유로운 행위가 분수와 역지사지의 테두리 내에 있을 때 신뢰되고 인정되는 인간자질, 즉 '인간성'이라고 할 수 있을 것이다. 이를 한 마디로 말하면 자유행위 능력과 자유행위가 지켜야 할 테두리인 책임이 결합된 자율능력, 즉 '자율성'이라고 할 수 있을 것이다. 이와 같이 인간존엄성은 자율성과 동전의 양면을 이룬다. 다만 존엄성은 인간성이 내면의 자질이듯이 동전의 안쪽 면이 되고, 자율성은 책임으로 지켜야 될 테두리가 밖을 대(對)하고 있기 때문에 바깥쪽 면이 될 것이다. 그래서 자율성은 존엄성의 외적·관계적 표현이라 할 수 있는 것이다. 결국 평등한 인간자격을 신뢰하고 인정하는 근거는 평등한 인간존엄성에 있다 할 수 있다. 그리고 인간자격이 인간 상호 간에 신뢰되고 인정되는 관계적 개념으로 이해될 때 그 근거는 인간존엄성의 외적·관계적 표현인 자율성에 있다 할 수 있을 것이다.

지금까지 본절에서의 권리의 의미와 관련한 논의를 종합하면 '권리는 생존과 삶에 대한 자유롭고 평등한 인간의 자격'이라 정의할 수 있다. 이 때 인간자격은 인간존엄성에 그 근거를 두며, 그 자격의 부여는 인간 상호 간에 인간존엄성에 대한 신뢰와 인정에 의해 이루어진다. 결국 권리의 최종 근거는 인간존엄성에 있다 할 수 있다. 그러나 인간자격이 자격부여의 대상이라는 점에 초점을 맞출 때 인간자격은 관계적 개념으로 이해되므로 이 때 권리근거인 인간존엄성은 자율성이 된다. 자율성은 인간존엄성의 외적·관계적 표현이기 때문이다. 그리고 권리는 그 실행에서 언제나 권리주체 밖의 타자를 전제하여 외향적이고도 관계적인 개념으로 지향되기 때문에 그 실행상의 근거는 자율성이 된다. 물론 그 도덕적 정당성의 최종 근거는 마치 자율성이 그 내면적 근거를 인간자질로서의 인간존엄성에 두고 있듯이 인간존엄성에 둘 수밖에 없다.

제3장

권리관계와 사회관계

본장은 2장에서 살펴본 일간 삶과 밀착된 권리가 그 주체들의 관계에서는 어떻게 나타나는지에 대해 살펴본 것이다. 논의는 다음 순서로 이루어졌다. 첫째, 우리가 상식적으로 이해하고 있는 자유롭고도 평등한 인간들의 상호 관계 속에서 권리관계는 왜 그리고 어떻게 비롯되어 형성되는지를 살펴보았다. 둘째, 형성된 권리관계의 내용을 특성별로 분석하면서 권리관계가 어떠한 세부관계로 구성되는지, 세부관계들은 각각 어떠한 구조적 형식을 가지는지, 그리고 이들 세부관계 구조들이 통합된 권리관계는 어떠한 구조적 특성을 가지는지를 살펴보았다. 셋째로는, 권리관계 및 이를 구성하는 세부관계 구조들은 유효하고도 정당한 구속성의 최종 근거를 어디에 두고 있는지를 탐색해 보았다. 그리고 유효하고도 정당한 권리관계 및 그 세부관계 구조가 가지는 내용상의 특성들을 종합하여 모든 권리관계 및 세부관계 구조의 정당화 준거가 될 기본모델을 제시해 보았다.

* * *

제2장에서는 삶의 기본 존재양태 및 내용과 밀착되어 있는 권리의 근거와 권리내용에 대해 살펴보았다. 2장에 근거해 볼 때 자연적 존재이자 사회적 존재로서의 인간의 가장 포괄적이면서도 기본적인 사회관계는 권리관계로 표현된다. '가장 포괄적' 인 이유는 권리관계가 2장 2절에서 본 바와 같이 사회적 삶의 전 부문에 걸쳐 있는 권리의 내용을 따라 사회구성원들의 삶의 관계를 권리주체 관계로 포섭하기 때문이다. 사회적 관계가 사회구성원들의 (사회적) 삶의 관계이고 보면 어느 사회관계가 사회적 삶의 전 부문을 포섭하는 권리관계보다 더 포괄적일 수 있을 것인가? 또 '가장 기본적' 인 이유는 권리관계가 2장 1절에서 본 것처럼 인간의 기본적 존재양태에 뿌리를 두고 있는 권리의 자연적 · 사회적 근거를 따라 인간존엄성 및 자율성에 대한 평등한 존중에서 출발하기 때문이다. 개인관계나 사회관계에서 어떠한 인간가치가 인간존엄성보다 더 근본적일 수 있을까? 이런 의미에서 권리관계는 인간존엄성 및 자율성이 평등하게 존중되는 사회에서 가장 포괄적이면서도 근본적인 사회관계 형식(이하 '사회관계 기본형식')이라 할 수 있을 것이다. 그리고 이러한 사회관계 기본형식으로서의 권리관계는 사회관계 전반에 걸쳐 사회구성원들의 평등한 자율성, 호혜적 상호성, 역지사지(易地思之)의 타자성에 대한 존중을 그 존재이유이자 목표로 삼을 수밖에 없을 것이다.

본장은 2장에서 살펴본 인간 삶과 밀착된 권리가 그 주체들의 관계에서는 어떻게 나타나는지에 대해 살펴보기 위한 것이다. 논의는 다음 순서로 전개될 것이다. 첫 번째로, 우리가 상식적으로 이해하고 있는 자유롭고도 평등한 인간들의 상호관계 속에서 권리관계는 왜 그리고 어떻게 비롯되어 형성되는지를 살펴볼 것이다. 두 번째로, 형성된 권리관계의 내용을 특성별로 분석하면서 권리관계가 어떠한 세부관계로 구성되는지, 세부관계들은 각각 어떠한 구조적 형식을 가지는지, 그리고 이들 세부관계 구조들이 통합된 권리관계는 어떠한 구조적 특성을 가지는지를 살펴볼 것이다. 세 번째로는, 권리관계 및 이를 구성하는 세부관계 구조들은 유효하고도 정당한 구속성의 최종 근거를 어디에 두고 있는지를 탐색해 볼 것이다. 그런후 유효하고도 정당한 권리관계 및 그 세부관계 구조가 가지는 내용상의 특성들을 종합하여 모든 권리관계 및 세부관계 구조의 정당화 준거가 될 기본 모델을 제시해 볼 것이다.

본장에서는 이상의 작업을 위하여 롤즈(J. Rawls)의 정의사회의 시원(始原)적 형성에 대한 논의[1]를 원용할 것이다. 그의 논의에는 오늘날 우리의 상식적 이해 속에 있는 인간 모습과 삶을 토대로 하는 사회가 어떻게 생성되는지에 대한 설명이 잘 나타나 있기 때문이다. 롤즈 논의의 원용과 관련하여 한 가지 별기할 것은, 위 롤즈의 논의에서 다루어지고 있는 '권리관계'는 15세기에 서구에서 발단했다고 여겨지는 '권리개념(및 이에 대응하는 의·책무개념)'에 근거한 것이라기보다는 인류의 삶에 체현되어 있는 만인자유평등 관념 혹은 서론에서 언급한 '이성관념'

---

1 J. Rawls, *A Theory of Justice*(1971), 특히 Pt. I 참고. 이하 롤즈 관련 논의에 나타나는 괄호안의 숫자는 이 책에서의 출처를 가리킴.

(kant, 1970 : 73–79 ; kant, 1959 : 22–24)으로부터 도출되는 규범적 '권리관념(및 이에 대응하는 의 · 책무관념)',[2] 즉 2장 2절에서 본 바와 같은 자유롭고도 평등한 인간들의 생명활동에 구유되어 있다고 여겨지는 자유와 필요충족에 대한 '권리관념(및 이에 대응하는 의 · 책무관념)'으로 이해되어야 한다는 점이다. 아래에서 살펴보듯이 위 롤즈의 논의는 원초상태의 사회를 배경으로 하기 때문이다. 이와 관련된 '권리개념(및 이에 대응하는 의 · 책무개념)', '권리관념(및 이에 대응하는 의 · 책무관념)'에 대한 보다 자세한 내용은 8장에서 살펴볼 것이다.

1. 권리관계의 발단과 롤즈의 설명

롤즈는 한 곳에서 서로 자유롭고 평등한 인간 간 상호 협업관계가 '약속'을 계기로 비롯됨을 설명한다(346–347). 그의 설명을 오늘날의 용어 '권리'와 '의무 및 책무'(이하 '의 · 책무')[3]를 사용해 풀어보면 다음과 같이 재구성할 수 있다. 상호 협업을 강제할 아무런 공적 제도(마치 홉스의 절대군주처럼)가 없는 상황에서 평등하게 자유로운 인간들 사이에

---

2 이하에서 살펴볼 '권리관계의 발단'과 관련하여 롤즈(J. Rawls) 『정의론』(*A Theory of Justice*, 1971)의 설명에 함의되어 있는 '권리관념'의 이와 같은 규범직관으로서의 성격에 대한 추론의 근거로서는 T. K. Seung, *Intuition* (1993), "Preface"와 Ch. One을 참고.

3 오늘날의 용어를 빌려 표현한 이 '권리' 개념(및 이에 대응하는 의 · 책무개념)은 만인자유평등원칙(혹은 그 실행원칙으로서의 자율성평등원칙)을 근거로 추론된 일종의 관념상의 추론권리개념이라 할 수 있다. 이와 관련한 보다 자세한 논의와 설명은 8장 1절 참고.

협업관계를 이루기가 어렵다. 왜냐하면 서로 평등한 입장에서 어느 누구도 자신의 협업의 필요를 타방에게 강제할 수 없기 때문이다. 즉 모두가 평등하게 자유로운 상황에서 협업은 이를 필요로 하는 개인 사이의 자율적 결정에 따라야 하는 것이다. 그래서 협업을 필요로 하는 사람들 사이, 이를테면 A와 B 사이, A가 추후 자신의 필요충족을 전제로 B의 필요충족을 먼저 제안 약속하고 B가 A의 제안을 수용할 경우 자율적 존재 〈A–B〉 사이에 협업관계가 성립된다. 이 때 1차적으로 A에게는 약속이행 의·책무가 발생하게 되고 B에게는 A의 의·책무에 대한 권리가 발생한다. 그리고 2차적으로 A의 약속이행에 이어 B의 약속이행이 뒤따르는데, B에게는 A에 대한 약속이행 의·책무가 발생하고 A에게는 B의 의·책무에 대한 권리가 발생한다.

위에서 재구성한 롤즈의 설명을 오늘날의 권리 및 의·책무 용어로 구성되는 '권리관계' 에 초점을 맞추어 그 구조적 얼개의 특성들을 추려보면 다음과 같다. 첫째는, 권리관계가 약속관계에서와 같이 평등한 관계당사자 〈A–B〉 사이의 언약이라는 언술을 통한 주체 간의 인적 관계인 〈A–B〉 간 주체관계에서 비롯된다는 점이다. 이러한 언술을 롤즈는 기속(羈束) 언사(operative words)[4] (345), 즉 자율성평등원칙 하의 상호 구

4 기속언사(羈束言辭)는 '권리–의·책무관계설정에 동의·약속하는 명시적 의사표시' 의 의미로 사용된 것이다. '기속' (羈束)이라는 말은 일반 국어사전에는 구속(拘束)과 같은 의미로 설명되어 있으나, 여기서는 대등한 주체관계에서 볼 수 있는 상호 구속을 표현하기 위해 사용하였다. 구속은 일방의 타방에 대한 일방적 매임을 의미하기 때문에 상하질서를 함의하지만 기속은 상호 매임을 의미하기 때문에 평등한 질서를 함의한다. 혹 이 기속적 제약이 이를테면 권리자(갑)–의 · 책무자(을)의 관계에서 (갑)의 권리행사에만 해당한다고 생각할지 모르나,

속관계—기속관계—에 놓이게 하는 언질(言質)이라고 표현한다. 이 때 주체들은 권리관계상의 지위에서 상호 평등하게 자유로운 자율적 존재들이기 때문에 이들 관계의 특징은 스스로의 선택/결정이 평등하게 존중되는 자율성평등원칙 위에 서는 점이다. 즉 권리관계에서 〈A–B〉 간 관계적 지위를 나타내 주는 주체관계는 자율성평등원칙에 근거하는 것이다.

둘째는, 권리관계에서 유·무형의 물적 가치교류 관계(이하 '물적 관계')가 권리 및 의·책무라는 개념에 담겨 자율성평등원칙에 근거한 〈A–B〉 주체관계에 뒤따른다는 점이다. 권리 및 의·책무의 대상은 상호 필요충족의 내용이 되는 유·무형의 물적 가치가 되기 때문에 물적 관계는 권리개념 및 의·책무개념 사이의 개념관계로 표현된다. 그리고 그 특징은 〈A–B〉 간 필요충족을 위한 '약속제안과 약속수용'에 나타나 있듯이 호혜적인 상호성이다. 위의 재구성에서 필요충족의 '1차'국면과 '2차'국면은 〈A–B〉 간 필요충족 관계의 호혜적 상호성이 구성되는 순서를 말해준다. 롤즈는 이러한 호혜적 상호 필요충족 관계를 '협업관계'라 부르면서 그 예로 '특정의 물적 거래'와 '작은 규모의 협동업무' 등을 든다(346). 그리고 '사회'를 아예 자율적 개인들이 상호 이익을 도모하는 '협업체'(cooperative venture)로 규정한다(4, 84).

뒤에 살펴볼 레인볼트(G. W. Rainbolt)의 논증에서 확인되듯이 (갑)과 (을)은 동시에 권리주체이자 의·책무주체로서 권리–의·책무의 상호관계에 서기 때문에 두 주체 모두에 해당함을 유의해야 한다. 이를 (갑)–(을) 간 협업관계에서 보더라도 어느 일방의 제안의 권리 뒤에는 그 제안에 대한 의·책무가 따르며, 타방의 이 제안에 대한 동의·거부의 권리에도 이에 수응하는 의·책무가 따른다. 이를 통괄하여 기속언사·기속사실이라 부른 것이다.

셋째는, 약속을 계기로 발생되는 권리관계의 발단부터 그 수립에 이르기까지 인적 관계를 표현하는 주체관계 및 물적 관계를 표현하는 개념관계, 이 두 관계를 포함하는 권리관계 전(全) 과정에는 이 관계의 생성 · 변경 · 소멸을 주관하는 관계당사자 사이 상호 협의 및 합의[5]가 전제되어 있다는 점이다. 〈A–B〉 간 상호 협의 및 합의관계는 타자에 대한 존중과 배려의 균형원칙(이하 '타자배려균형원칙')의 지배 하에 있다는 특징을 가진다. 왜냐하면 A와 B는 권리관계 성립과 더불어 권리 및 의 · 책무의 동시적 주체가 되기 때문이고, 2장 4절의 '권리의 뜻과 인간존엄성' 에서 살펴보았듯이 인간존엄성에 근거한 동등한 자격의 인간이기 때문이다. 따라서 타자배려 균형관계는 권리관계에서 권리 및 의 · 책무 주체 상호 간의 상대적 의미를 담고 있는 〈권리의미–의 · 책무의미〉 사이 의미관계로 표현된다. 타자배려균형원칙은 또 위 롤즈의 설명에서 공권력 부재상황 속의 '제안 및 수용'절차로 구성되는 협업관계 수립의 상황설정으로부터 읽어낼 수 있다. 타자배려균형원칙은 공권력 부재상황 속에서 자율성평등원칙에 근거한 주체관계가 성립되기 위한 불가피한 조건인 것이다. 그리고 권리관계 수립에 전제된 상호 협의 및 합의의 존재는 롤즈의 기속언사 유효성 담보를 위한 "적절한 상황 및 (기속)회피조건"(appropriate circumstances and excusing conditions)에 대한 설명(345)에서 엿볼 수 있다. 이를테면 상대방 서로에 대한 사기, 협박, 무시 등은 권

---

5 이를테면 권리관계 성립 전(前)단계에서는 협업상대 선택 및 권리관계 성립과 관련하여, 권리관계 성립단계에서는 권리 및 의 · 책무 이행조건 등과 관련하여 관계 종료단계에서는 권리 및 의 · 책무이행 결과 등과 관련하여 주체 상호 간에 협의와 합의가 있었을 것이라고 쉽게 이해할 수 있다.

리관계의 발단이 되는 기속언사의 유효성 자체의 소멸을 의미한다. 권리관계에서 타자배려의 내용은 권리관계를 구성하는 주체관계에서의 '자율성 평등'에 대한 존중과 물적 관계를 담아내는 개념관계에서의 '상호성'에 대한 존중이다.

롤즈의 설명을 위에서와 같이 세분해 볼 때 약속언질을 계기로 비롯되는 권리관계는, 1) 권리관계 주체 A, B 사이 관계상의 지위를 나타내 주는 주체관계(이하 '주체관계'), 2) 〈A–B〉 간 상호 필요충족을 위한 물적 관계를 담아내는 권리개념과 의 · 책무 개념 사이의 개념관계(이하 '개념관계'), 3) 권리관계 주체 상호 간 타자배려의 균형 정도를 나타내 주는 〈권리의미–의 · 책무의미〉 사이의 의미관계(이하 '의미관계') 이렇게 3세부관계들로 구성되는 관계의 집합임을 알 수 있다. 그런데 권리관계를 구성하는 이들 3세부관계는 경우에 따라 다를 수 있는 권리관계의 종류별 개별사안이 아니라 각각의 특성을 가지는 관계의 형식이다. 더구나 각각의 특성은 보편성을 가지는 원칙들에 의해 규정된다. 주체관계는 자율성평등원칙에 의해, 개념관계는 호혜적 상호성원칙에 의해, 의미관계는 타자배려균형원칙에 의해 규정된다. 보편원칙에 의해 규정되는 관계의 형식은 관계의 '구조'가 된다. 3세부관계를 규정하는 위와 같은 각각의 3보편원칙은 3세부관계 각각에 속하는 모든 관계의 구조적 특성이 되는 것이다. 이하에서는 위와 같은 3보편원칙 각각에 의해 규정되는 3세부관계를 각각 '주체관계 구조', '개념관계 구조', '의미관계 구조'라 부르기로 한다.

그리고 이들 3세부관계 구조로 구성되는 권리관계는 단순한 3세부관계의 집합관계가 아니라 3세부구조로 지지되는 관계구조체계가 된다. 따라서 이하에서는 권리관계를 3세부관계 구조가 구성하는 복합적인 관계구조의 체계라는 의미에서 '복합구조체계'라고 부르기도 할 것이다. 그런데 복수의 구조들이 구성하는 체계는 구성구조들을 배열하는 질서, 즉 '체계질서'를 가진다. 체계질서는 구성구조들을 배열하는 질서이기 때문에 각 구조가 가지는 특성상의 원칙을 포괄해야 한다. 체계질서에 초점을 맞출 때 우선, 롤즈가 설정한 '모두가 평등하게 자유로운 인간 사이 필요충족을 위한 상호 협업관계'로서의 권리관계 발단의 상황을 주목하게 된다. 다음으로, 권리관계가 평등한 관계당사자 사이의 자율적 결정에 따라 성립되며, 성립된 후에는 자율성평등원칙에 근거하여 권리관계 주체들에 의해 시종일관 주관된다는 롤즈의 설명에 주목한다. 종합하면, 권리관계는 만인자유평등원칙이 지배하는 상황에서 자율성평등원칙에 근거하여 권리관계 주체들에 의해 주관된다는 것이 롤즈의 설명인 것이다. 결국 복합구조체계로서의 권리관계의 체계질서는 만인자유평등원칙의 실행원칙인 자율성평등원칙이 되는 것이다.

권리관계에서 자율성평등원칙은 주체관계 구조의 특성원칙이다. 권리관계를 구성하는 3관계구조 중 주체관계 구조는 체계질서에 부합하므로 남는 문제는 자율성평등원칙이 어떻게 나머지 두 원칙인 호혜적 상호성원칙과 타자배려균형원칙을 포괄하느냐에 대한 설명이다. 우선 자율성평등원칙의 호혜적 상호성원칙에 대한 '포괄'과 관련한 설명이다. 결론부터 미리 말한다면 평등하게 자유로운 권리관계 주체들이 호혜적 상호성관계에 서는 것은 자율성평등원칙에 주체들의 처지의 차이를 반영하여 설명할 수 있기 때문에 호혜적 상호성원칙은 자율성평등원칙에 포괄된다. 이를테면 개인적 특성과 인생목표 및 현재의 처지에서 서로 차이를 가지는 가(○과 같은 사람), 나(△와 같은 사람), 다(□와 같은 사람)가 있다고 할 때, 이 세 사람 간 관계에서 자율성평등은 '가', '나', '다'

가 차이나는 만큼의 폭을 가지게 될 것이며, 협업관계로서의 권리관계에서 추구되는 필요충족 상호성의 내용이나 타자배려 균형의 내용 역시 이 폭만큼의 편차를 가지게 될 것이다. 그러나 여전히 서로 다른 개인적 특성, 인생목표, 현재의 처지에 따른 자율성은 평등하게 되는 것이다. 다음으로, 자율성평등원칙이 어떻게 타자배려균형원칙을 포괄하는지에 대한 설명이다. 타자배려 균형은 앞서 살펴보았듯이 주체관계 구조에서의 자율성평등원칙에 대한 존중과 바로 위에서 설명된 개념관계 구조에서의 호혜적 상호성원칙에 대한 존중이 결합된 내용이므로 당연히 자율성평등원칙에 포섭된다. 결국 이상의 논의로부터 롤즈가 설명하고 있는 권리관계는 3세부관계 구조로 지지되는 복합구조체계이며, 그 체계질서는 자율성평등원칙이라고 결론지을 수 있다.

2. 권리관계의 유효성과 자율성평등원칙

그러면 3세부관계 구조들과 이들로 구성되는 복합구조체계로서의 권리관계가 가지는 구속성은 어디로부터 오는 것일까? 이에 대한 답은 의당 약속언질의 상호 구속성으로부터라고 해야 한다. 왜냐하면 권리관계는 약속언질로부터 비롯되었기 때문이다. 그러나 이 답은 그 자체로서 완결된 것일 수 없다. 왜냐하면 이 답은 '그렇다면 약속언질의 구속성은 어디로부터 오는 것인가?' 라는 의문을 다시 부르기 때문이다. 뒤이은 두 번째 의문과 관련해서 프리차드(H. A. Prichard)는 일찍이(1940) "약속이나 동의 혹은 수임(undertaking)과 같은 언질행위를 통하여 그 행위에 대해 우리가 짊어지게 되는 책무는 이를 지키겠다는 일종의 선(先)합의처럼 보이는 무엇인가를 전제하는데 그것의 실체가 무엇인지 모르겠노라"고 고민한 바 있다(1940 : 169–170, 179).[6] 사실 약속이 그 본연에서 언술행위임을 고려할 때 공적 제도의 규제력에 의탁할 수 없는 상황에서 단순한 언술행위 그 자체가 권리 및 의·책무를 발생시킬 정도의 구속력을 가진다고 추론하기는 불가능하기 때문이다.

프리차드의 이러한 고민에 대하여 롤즈는 약속과 같은 언질행위로부터 비롯되는 약속책무가 전제하는 일종의 선(先)합의는 (약속당사자간에) '공평성원칙' (principle of fairness)을 준수하자는 무언의 가상합의이며, 약속책무는 이 가상합의로부터 위임된 '위임책무' (fiduciary obligation)라고 답한다(349–350). 즉 롤즈의 답은 약속언질을 함으로써 우리는 공평성원칙에 대한 준수의 책무를 지게 되므로 약속책무는 공평성원칙 준수의 책무이고, 약속책무의 구속성은 바로 공평성원칙에 근거하고 있다는 것을 말하고 있는 것이다. 롤즈는 이렇게 답하면서 모든 책무는 약속책무와 같이 아예 공평성원칙으로부터 비롯되는 위임책무라고 단언한다(112, 114, 342, 348). 모든 책무가 이렇듯 공평성원칙의 위임책무라면 모든 책무의 구속성의 근거는 공평성원칙이 될 수밖에 없다. 더불어 책무와 불가분의 관계에 있는 의무뿐 아니라,[7] 이러한 의·책무에 대응하

6 이와 같은 프리차드의 의문과 아래에 이어서 보게 될 롤즈의 답, 그리고 위임책무이론 및 약속권리관계 유효성의 근원 등과 관련한 보다 자세한 논의는 7장 3절–1) 참고.

7 롤즈에 따르면, 1) 의무는 사회구성원들의 자율적 책임원인행위와 상관없이 정의원칙에 근거하여 정의로운 제도나 관행에 대하여 지는 책임이다(114–115, 334–338). 2) 책무는 '공평성원칙'에 근거하여 이루어진 자율적 원인행위(이를테면 인적·물적 교류행위)로부터 발생하는 책임(112, 344–348)을 가리키며, 이때 이 원인행위는 정의원칙에 부합하는 제도 및 관습을 준용할 경우에만 정당화

는 권리 또한 그 구속성의 근거를 공평성원칙에 둘 수밖에 없다. 그리고 모든 의·책무와 이에 대응하는 권리의 구속성 근거가 공평성원칙이라면 권리 및 의·책무로 구성되는 모든 권리관계의 구속성 역시 공평성원칙에 근거할 수밖에 없다. 롤즈의 설명으로부터 어떻게 모든 권리 및 모든 의·책무가 공평성원칙에 근거하게 되는지에 대한 자세한 설명은 7장 3-4)로 미룬다.

롤즈는 이렇듯 약속 및 이로부터 비롯되는 권리관계 주체의 모든 권리와 의·책무에 그 상호 구속력을 부여하는 공평성원칙이 모두가 평등하게 자유로운 개인들 간에 내재하는 일종의 집단자산(collective asset)으로서 이들 각 개인의 정의감의 일부를 구성하고 있다고 말한다(347).[8] 그러면서 롤즈는 자유롭고 평등한, 우리에게 상식적 인간상을 가진 보통사람들의 사회구성을 그의 정의이론으로 주제화하면서 주제상의 핵심을 "공평으로서의 정의"(justice as fairness)로 규정한다(§3). 동시에 그 이론적 특성을 공평성원칙에 지배되는 "절차적 정의"(procedural justice)로 규정한다(§14). 그리고 이렇듯 공평성 개념 및 원칙을 핵심으로 하는 그의 이론을 다음과 같은 세 가지 상식적 전제에 의존한다. 그 하나는 인간은 모두 상호 자유롭고 평등한 개별자들이라는 것이다(13, 115, 337). 둘

된다(113). 3) 책무적 책임은 언제나 의무를 전제하여 발생하기 때문에(115, 334) 이는 의무적 책임 외에 더 부가되는 일종의 "보다 나은 자의 짐"(*noblisse oblige*)이다(116). 이와 관련한 보다 자세한 논의는 7장 3절-4) 참고.

8 여기서 "모두가 평등하게 자유로운 개인들 간에 내재하는 일종의 집단자산"(collective asset)이라는 롤즈의 말에는, 본장 서두에 별기했듯이 인류에 생래적으로 구유되어 있는 만인자유평등관념, 그리고 이로부터 도출되는 '권리관념(및 이에 대응하는 의·책무관념)'이 원초상태의 사회구성원들에게 공유되어 있다는 전제가 함의되어 있다.

째는, 이들은 이미 자신의 삶의 목표와 나름의 정의감을 지닌 도덕적 인격체들이라는 것이다(19, 118). 셋째는, 이들 상호관계는 "대칭적 균형"(symmetry)관계(12) 속에 있다는 것이다. 이 세 전제는 결국 롤즈의 정의이론이 공평성원칙을 중심으로 구성되어 있으며, 이 공평성원칙은 상식적 인간상에 그 토대를 두고 있음을 알 수 있다.

그러나 공평성원칙과 그 토대인 3가지 전제들의 관계를 살펴보면 공평성원칙이 근대 이래의 모든 인문학적 담론의 포괄적 대전제인 '만인자유평등원칙'의 실행원칙인 '자율성평등원칙'을 개인 상호관계에 정의롭게 적용시키기 위한 적용원칙에 다름 아님을 알 수 있다. 그 이유는 다음과 같다. 첫 번째, 평등하게 자유로우면서 도덕적 인격체라는 전제는 자율적 존재로서의 개별자를 말해주고, 이들의 관계가 대칭적 균형 속에 있다는 전제는 이들 관계가 엄격한 평등원칙에 의해 규제되고 있음을 말해주기 때문이다. 즉 3가지 전제는 모두 합하여 롤즈 정의이론의 핵심인 공평성원칙이 자율성평등원칙에 근거하고 있음을 말해주고 있는 것이다. 공평성원칙이 자율적 개인의 정의감의 일부를 구성한다는 롤즈의 언급(347)에서 이 첫 번째 이유의 보다 구체적인 근거를 확인할 수 있다. 둘째, 개인 간 관계는 자율성평등원칙의 엄격한 규제 하에서 이에 근거해서 수립될 때만이 정당화되고, 이 원칙의 공평한 적용을 통해서만이 정의롭게 유지될 수 있기 때문이다. 셋째, 롤즈의 '공평으로서의 정의'나 '절차적 정의'(procedural justice)는 전제된 자율적 존재로서의 인간관과 이들 사이의 인간관계원칙, 즉 자율성평등원칙의 필연적 결과이기 때문이다. 이는 롤즈의 다음과 같은 논의에도 그대로 표명되어 있다. 즉 그의 논의 속에서 자율성평등원칙 또는 정의원칙이 선택되는 원초상태의 '상황의 공평성'으로 가정되고(12), 그 선택절차를 공평하게 하기 위한 규제(85-86, §4, §24)로서 작용하며, 정의원칙이 적용될 사회 기본제도가 지향해야 할 목표(13, §2)—자유롭고 평등한 선택권의 보장—로 설정되어 있음을 발견할 수 있다. 결국 종합하면 롤즈의 정의론 주제의 핵심원칙인 공평성원칙은 우리들의 상식적 인간상에 드리워 있는 자율성평등원칙에 다름 아님을 알 수 있다.

이렇게 보면 약속 및 권리관계의 유효성을 담보하고 있는 공평성원칙의 속내용은 바로 자율성평등원칙임을 알 수 있다. 더구나 위의 분석에 드러나듯이 공평성원칙이 롤즈의 정의이론에서 가지는 핵심적 위상은 자율성평등원칙에 정의의 속성까지 부여해 줌을 알 수 있다. 따라서 이제 약속 및 권리관계가 유효하고도 정당하기 위해서는 이 관계에서는 주체 사이의 관계가 자율성평등원칙에 근거해야 한다고 말할 수 있을 것이다. 자율성평등원칙은 1절에서 롤즈의 설명을 통해 살펴본 복합구조체계로서의 권리관계의 체계질서이자 이 복합구조체계를 구성하고 있는 3세부관계 구조 중 주체관계 구조의 특성원칙과도 부합한다. 권리관계체계 질서로서의 자율성평등원칙이 어떻게 3관계구조의 특성원칙을 포괄하는지에 대해서도 이미 1절에서 살펴본 바다. 그러나 공평성원칙이 3세부관계 구조에 대해서는 어떤 의미를 가지며, 또 어떻게 이들 특성원칙을 포괄하는 자율성평등원칙으로 귀일되는지에 대해서는 아직 살펴보아야 할 과제이므로 이하에서는 이 과제에 대해 생각해 본다.

우선, 공평성원칙이 주체관계 구조에서 가지는 의미와 어떻게 이 원칙이 주체관계 구조에서 자율성평등원칙으로 귀결되는지에 대해서 생각해 본다. 1절에서 살펴본 바처럼 주체관계 구조는 권리관계 주체들 〈A-B〉 상호 간의 관계상의 지위를 나타낸다. 그렇다면 평등하게 자유로운 개인들의 관계가 공평성원칙에 근거할 때 유효하다(정당하게 구속적이다)는 것은 무슨 의미일까?

이것은 무엇보다도 우선적으로 약속 및 권리관계에 서는 주체들의 자율성이 평등하게 존중될 때 유효하다는 의미가 될 것이다. 다시 말하면 권리관계의 주체관계는 자율성평등원칙에 근거할 때 유효하다 혹은 자율성평등원칙을 그 특성으로 가지는 주체관계 구조에 의해 권리관계가 지지되는 권리관계는 유효하다는 의미가 될 것이다. 더구나 단순한 공평성원칙은 지위의 불평등관계에서도 불평등성에 합당한 정도만큼 공평하면 되기 때문에 대전제인 자유평등원칙에 반(反)할 수 있는 반면, 자율성평등원칙은 대전제 자유평등원칙의 실행원칙이기 때문에 그럴 우려가 없는 장점을 가진다.

물론 단순공평성원칙이 가지는 이러한 결손 가능성은 앞서 살펴본 바와 같이 자유평등원칙 및 그 실행원칙인 자율성평등원칙을 전제한 롤즈의 공평성원칙에는 미리 차단되어 있다. 더불어 자율성은 인간존엄성의 외적 · 관계적 표현이므로 각 개인의 자율성에 대한 평등한 존중은 바로 인간정체성의 최종 근거인 인간존엄성 평등으로 이어진다. 그리고 권리관계가 가장 포괄적인 사회기본관계라는 점을 고려할 때 이는 자율성 평등을 바탕으로 하는 사회질서로 연결된다.

다음으로, 공평성원칙이 개념관계 구조에서 가지는 의미와 어떻게 이 원칙이 개념관계 구조에서 자율성평등원칙으로 귀결되는지에 대해 생각해 본다. 1절에서 살펴본 바처럼 개념관계 구조는 권리관계 주체 〈A–B〉 간 상호 필요충족을 위한 협업관계에서 물적 관계를 담아낸다. 그렇다면 평등하게 자유로운 개인들의 권리관계로서의 협업관계가 공평성원칙에 근거할 때 유효하다는 것은 무슨 의미일까?

협업관계 두 주체 모두가 자율적으로 평등한 가운데 공평하다는 것은 협업의 과정 및 결과에서 평등한 자율성을 존중하되 관계주체 상호가 처한 처지의 차이가 반영된다는 의미를 가진다. 그런데 자율성평등원칙에는 바로 이러한 상호 처지의 차이를 반영할 수 있는 여지, 즉 호혜적 상호성의 여지를 품고 있다. 이에 대해서는 1절에서 자율성평등원칙이 어떻게 호혜적 상호성원칙을 포괄하는지에 대해 설명할 때 이미 살펴본 바다. 더불어 이는 롤즈가 두 정의원칙을 제시(60)한 가운데 둘 사이의 질서를 축차질서(61, 63)로 설정해 놓은 데서도 읽어낼 수 있다. 그곳에서 롤즈가 전달하고자하는 메시지는 '정의는 자율성평등원칙을 전제한 공평성' (§11)이라는 것과 '처지의 불평등은 처지의 차이여야' (§17)한다는 것인데, 이 메시지 속에는 공평성원칙이 자율성평등원칙을 전제함과 동시에 이에 포함된다는 점이 함의되어 있다.

결국 권리관계의 개념관계 구조에서도 공평성원칙은 호혜적 상호성원칙을 포괄하고 있는 자율성평등원칙에 포섭되든지 적어도 동의이음(同義異音) 관계에 있다 할 수 있는 것이다. 이러한 관계 속에서만 앞의 주체관계 구조와 관련해서 제기되었던 단순공평성원칙의 결손 가능성이 차단된다. 그리고 위 롤즈의 메시지대로 호혜적 상호성원칙은 자율성평등원칙을 전제해서만 협업과정과 협업결과에서 발생하는 부담 및 이익에 대한 협업주체 간 배분이 정의롭게 이루어지도록 규제할 수 있다. 자율성평등원칙을 전제한 호혜적 상호성원칙은 이렇듯 권리개념 관계를 통해 정의배분을 규제한다는 점에서 권리관계로서의 협업관계 유대의 지표가 된다. 더불어 롤즈의 말대로 사회를 일종의 협업체로 볼 때 사회는 협업관계로서의 권리관계의 집합이므로 권리관계에서의 유대는 사회유대로 연결된다.

끝으로, 공평성원칙이 의미관계 구조에서 가지는 의미와 어떻게 이 원칙이 의미관계 구조에서 자율성평등원칙으로 귀결되는지에 대해 생각해 본다. 1절에서 살펴본 바처럼 의미관계 구조는 권리관계 주체 〈A–B〉 상호 간 타자배려의 균형 정도를 나타내 준다. 그렇다면 평등하게 자유로운 개인들 상호 간 타자배려관계가 공평성원칙에 근거할 때 균형을 이룬다는 것은 무슨 의미일까? 의미관계 구조의 특성원칙의 내용은 주체관계 구조의 특성원칙과 개념관계 구조의 특성원칙으로 구성된다. 즉 타자배려는 주체관계 구조의 자율성평등원칙에 대한 존중과 개념관계 구조의 호혜적 상호성원칙에 대한 존중으로 구성된다. 따라서 권리관계 주체 〈A–B〉 상호 간의 타자배려관계가 공평성원칙에 근거할 때 균형을 이룬다는 것은 자율성평등원칙의 평등한 존중과 자율성평등원칙을 전제한 호혜적 상호성원칙의 공평한 존중이 이루어짐을 의미한다. 이러한 균형의 내용은 위 두 구조—주체관계 구조 및 개념관계 구조—에서 공평성원칙이 가지는 의미와 관련하여 이미 살펴본 바다. 그리고 이 두 내용을 합해서 보면 이는 역지사지(易地思之)의 타자배려에 다름 아님을 알 수 있다. 그런데 역지사지에는 타자를 자신의 목적을 위한 수단으로 보지 않고 자신과 동등한 인격체로 본다는 도덕성이 전제되어 있다. 이러한 도덕성은 각 개인이 자유롭고 평등할 뿐만 아니라 '도덕적 인격체' (19, 118)라는 롤즈의 전제에도 함의 되어 있다. 권리관계에 함의된 도덕성은 권리관계가 사회관계의 기본형식이라는 점에서 권리주체로서의 사회구성원 개인들의 상호 간 사회관계에서의 도덕성으로 이어진다.

이상 약속 및 권리관계의 유효성 근거의 탐색으로부터 출발하여 공평성원칙이 권리관계의 3세부관계 구조에 대해서는 어떤 의미를 가지며, 또 어떻게 이들 특성원칙을 포괄하는 자율성평등원칙으로 귀일되는지에 대해 살펴보았다. 살펴본 바를 종합하면 첫째, 약속 및 권리관계가 유효하고도 정당하기 위해서는 공평성원칙에 근거해야 한다. 둘째, 권리관계에서 공평성원칙은 롤즈의 논의에 따를 때 그 실질 내용상 자율성평등원칙과 같다. 셋째, 공평성원칙은 권리관계 3세부관계 구조에서도 그 내용 및 효력에서 자율성평등원칙으로 귀결된다. 종합한 이상의 내용이 1절의 논의에 대해 가지는 의미는 롤즈의 설명으로부터 도출한 권리관계 및 이를 구성하는 3세부관계 구조의 내용 및 특성은 그대로 유효하고도 정당한 내용 및 특성으로 견지된다는 점이다.

3. 권리기본관계와 3기본관계구조

본절에서는 1절과 2절에서의 논의를 종합하여 유효하고도 정의로운 권리관계로 정리해 본다. 여기서의 '권리관계' 역시 롤즈의 논의에 함의되어 있는 '권리관념(및 이에 대응하는 의·책무관념)'을 오늘날의 용어인 '권리개념(및 이에 대응하는 의·채무개념)'으로 대체하여 구성한다. 이하 논의는 우선, 권리관계를 구성하는 3관계구조 각각을 대상으로 정리하고, 다음으로 이 정리된 내용을 권리관계로 종합한 후, 끝으로 권리관계로 종합된 내용의 의미를 살펴보는 순서로 진행한다.

첫 번째로, 유효하고도 정의로운 권리주체 〈A–B〉 관계의 구조에 대해서이다. 이 구조는 자율성평등원칙에 근거하는 권리관계의 인적 관계에 해당하는데, 주체 간 평등한 자율성을 그 특성으로 가진다. 자율성은 인간존엄성의 외적·관계적 표현이기 때문에 각 개인의 자율성 평등은 바로 인간정체성의 최종 근거인 인간존엄성 평등의 외적 표현이기도 하다. 이를 주체 간 질서의 측면에서 볼 때 이러한 평등한 인간존엄성과 자율성은 바로 주체의 관계적 지위를 규정하기 때문에 평등하고도 자율적인 주체관계 질서를 의미한다. 그리고 이러한 주체 간 자율성 평등질서는 롤즈의 말대로 권리관계는 협업관계를 통하여 협업공통체인 사회의 사회관계가 되기 때문에 사회구성원 간의 자율성 평등질서로 연결된다. 이러한 사회구성원 간 질서관계의 외형적 특성은 롤즈의 말대로 권리주체와 의·책무주체 사이의 상호 대칭적 평등관계의 모습으로 나타난다.

두 번째로, 유효하고도 정의로운 개념관계 구조에 대해서이다. 이 구조는 권리관계에서 인적 관계에 뒤따르는 물적 관계를 내용으로 가지며, 그 특성은 상호성으로 나타난다. 그런데 약속관계로부터 발단한 권리관계는 관계주체들 사이의 필요충족을 목적으로 하는 협업관계이기 때문에 물적 협업관계에서의 상호성은 협업과정과 협업결과에서 협업주체 간 협업의 부담 및 이익에 대한 정의로운 분담을 의미한다. 이러한 의미에서 협업관계로서의 권리관계에서 상호성은 바로 주체들 간 협업관계의 정의로운 유대의 지표가 된다. 더불어 롤즈의 말대로 권리관계를 협업관계로, 사회를 협업공동체로 볼 때 권리관계에서의 상호성은 사회유대의 근거로 연결된다. 이상의 특성을 가지는 개념관계의 모습은 롤즈의 약속관계 이행의 내용에서 보듯이 주체관계의 대칭적 평등을 반영하여 B의 (약속수혜) 권리와 A의 (약속이행) 의·책무 사이의 대응과 동시에 A의 (약속) 의·책무이행 권리와 B의 (약속수혜) 권리수행 의·책무의 대응으로 나타난다. 이를 간단히 하면 '의·책무개념이 따르는 권리개념'과 '권리개념을 수반하는 의·책무개념' 사이의 대응관계가 된다. 이러한 상호적 대응 속에서 〈A–B〉 사이 권리 및 의·책무가 복합적으로 쌍방이 상호 교차하는 〈쌍권–쌍무〉의 모습을 가진다.

세 번째로, 유효하고도 정의로운 의미관계 구조에 대해서이다. 의미관계 구조[9]는 유효하고도 정의로운 권리관계의 정의에 나타나 있듯 이주체관계 구조의 평등성과 개념관계 구조의 상호성이 권리개념 의미의 의미요소들과 의·책무개념 의미의 의미요소들 사이의 관계에 정착되는 형식이다. 이렇게 정착되는 평등성과 상호성은 동등한 인간존엄성과 인간자격을 가진 권리관계 주체들 상호 간 인적·물적 배려, 즉 역지사지(易地思之)의 타자배려의 관계구조로 나타나고, 그 특성은 균형성이다. 균형성은 권리관계 주체들 사이 상호 타자존중의 균형을 의미하므로 권리관계의 도덕성의 지표가 된다. 그리고 이 도덕성은 권리관계가 롤즈의 말대로 '협업공동체로서의 사회'의 사회관계가 되기 때문에 사회구성원들의 협업윤리와 사회도덕성으로 연결된다. 균형성은 ['권리의미 요소' 및 '권리수행 의·책무의미 요소'가 포함된 권리의미](이하 '의·책무의미 요소 포함 권리의미')와 ['의·책무의미 요소' 및 '의·책무이행 권리의미 요소'가 포함된 의·책무의미](이하 '권리의미 요소 포함 의·책무의미') 사이의 균형관계를 그 내용으로 한다. 이러한 균형관계를 내용으로 가지는 의미관계 구조의 구성성상의 특성은 만약 이를 개념의미 내부로부터 밖으로 표출하여 가시화한다면 위 '두 번째'의 개념관계 구

---

9 의미관계구조는 앞의 두 관계구조와 다른 두 가지 특성을 가지는데, 그 하나는 의미관계 및 그 구성요소인 의미요소 모두는 겉에 드러나 있지 않고, 권리 및 의·책무개념의 의미 내부에 존재하는 비가시적 대상들이라는 점이다. 그 둘은, 따라서 이들 대상에 대한 이해는 오로지 의미론적 분석을 통해서만 가능하다는 점이다.

조의 외형적 특성을 따라 복합적으로 쌍방이 상호 교차하며 균형을 이루는 모습으로 나타날 것이다.

이상 3세부관계 구조는 권리관계를 구성하는 모든 주체관계, 개념관계, 의미관계의 정당화 준거가 되는 '기본구조'로서의 위상을 가진다. 그 이유는 다음과 같다. 첫째, 이들 3세부관계 구조를 구성하는 권리 및 의·책무의 근거 및 내용이 2장 1절과 2절, 4절에서 살펴본 바와 같은 인간존재의 기본양태와 삶의 포괄적 내용, 그리고 인간존엄성 및 인간자격을 담아내고 있기 때문이다. 둘째, 이들 3세부관계 구조를 구성하는 〈권리-의·책무〉관계가 만인자유평등원칙 및 그 실행원칙인 자율성평등원칙이 지배하는 인간관계 및 사회관계에 바탕을 두고 있기 때문이다. 셋째, 이들 3세부관계 구조의 유효성과 정당성이 '공평성으로서의 정의원칙'에 근거함과 동시에 3세부관계 구조의 특성원칙들이 '공평성으로서의 정의원칙'에 부합하기 때문이다.

이렇듯 기본구조로서의 3관계구조에 의해 지지되는 권리관계 역시 위와 같은 세 가지 이유에서 모든 권리관계의 정당화 준거가 되는 '권리기본관계'로서의 위상을 가진다. 더불어 권리기본관계는 3세부 기본관계 구조로 지지될 뿐만 아니라, 1절에서 본 바와 같이 이들 3구조로 구성되기 때문에 복합구조 기본체계로서의 위상도 가진다. 복합구조 기본체계로서의 권리기본관계의 체계질서는 자율성평등원칙이 되며, 체계질서로서의 자율성평등원칙은 체계를 구성하는 각 기본구조의 특성원칙—자율성평등원칙, 호혜적 상호성원칙, 타자배려균형원칙—을 포괄한다. 왜 체계질서가 자율성평등원칙이 되며, 어떻게 이 원칙이 3기본관계 구조의 특성원칙들을 포괄하게 되는지는 1절에서 살펴본 바와 다를 바가 없다.[10] 다만 한 가지 별기할 것은 복합구조 기본체계로서의 권리기본관계는 비록 오늘날의 '권리(및 이에 대응하는 의·책무)' 용어를 사용하여 표현했지만, 그 내용과 의미는 1절에서 롤즈가 논의하고 있는 시원적 정의사회에 함의되어 있듯이 인류의 삶에 체현되어 있는 만인자유평등 관념으로부터 도출되는 '권리관념(및 이에 대응하는 의·책무관념)'으로 구성된다는 점이다. 이는 본장 여러 곳에서 거듭하여 별기한 바이거니와 이러한 별기사항이 가지는 의미에 대해서는 8장에서 살펴볼 것이다.

---

10 다만 여기에 3세부관계구조의 서열질서에 대해 한 가지 덧붙인다. 권리관계 기본체계를 구성하는 3구조 간의 질서, 즉 체계질서상의 서열은 각 구조들이 가지는 구조규정력의 크기에 따라 주체관계구조 〉 개념관계구조 〉 의미관계구조 순의 배열서열로 나타난다. 그 이유는 단일행정(行程)의 권리관계에서 그 관계의 주관은 인적 관계인 주체관계 속의 두 주체들이 하고, 물적 관계를 내용으로 하는 개념관계는 인적 관계에 뒤따르며, 의미관계는 이 두 관계의 종합이기 때문이다. 그래서 주체관계의 자율성 평등원칙은 상호성과 균형성의 바탕이 된다. 자율성평등의 '평등'이 상호성과 균형성으로 재구성되는 것은 두 주체의 필요충족과 정체성에 대한 의미를 결정하는 각자의 처지가 서로 다를 수 있기 때문이다. 그러나 롤즈의 말대로 대칭적 평등을 특성으로 하는 자율성평등원칙만은 처지의 상이성을 규제하는 엄격한 도덕계율로서 존재한다. 결국 단일행정으로서의 권리관계의 최종 질서원칙은 자율성평등원칙이 된다. 이 원칙이 사회구성원들의 합의를 통해 사회제도적 질서로 표현되면 5장에서 보게 될 권리질서가 되며, 그 중에서도 근거권리질서가 된다.

권리 패러독스

제2부는 권리 패러독스 현상과 그 근거를 현재 실행되고 있는 권리관계(4장)와 오늘날 보편적인 권리담론 및 제도에 구성되어 있는 권리질서(5장)로부터 찾아보기 위한 것이다. 권리관계로부터 빚어지는 패러독스는 소외현상으로 구체화되는데, 그 근거는 현행 권리관계가 권리기본관계에 대해서 가지는 대척적 특성 때문이었다. 권리질서로부터 빚어지는 패러독스 현상은 권리관계의 소외현상으로 표현되는데, 그 근거는 권리질서의 질서-이율배반성에 두고 있었다. 대척적 특성이나 질서-이율배반성은 다 같이 현실에 대한 강화와 집착이 그 본원의 약화와 소원(疏遠)으로 이어짐을 말해준다. 즉 본원으로부터 현실이 (혹은 현실로부터 본원이) 소외되는 것이다. 패러독스를 본원과 표명된 현실과의 상호 배리(背理)관계에서 구성되는 것으로 이해할 때 소외, 대척성, 질서-이율배반성 이 모두는 바로 권리 패러독스를 말해주는 것이다.

제4장

권리관계와 소외

본장은 인간다운 삶의 소외현상으로 구체화되는 권리 패러독스의 근거를 자유주의 사회의 현행 권리관계로부터 찾아본 것이다. 현행 권리관계의 도출을 위하여 이 관계의 관행적 · 제도적 틀을 담고 있는 서구 자유주의 권리이론을 분석하였다. 현행 권리관계가 어떠한 소외현상을 빚어내는지를 살펴보기 위해 현행 권리관계를 주체관계 구조, 개념관계 구조, 의미관계 구조로 세분하고 그 각각을 검토하였다. 검토는 그 실질 내용 및 의미가 3장 3절에서 도출한 권리관념(및 이에 대응하는 의 · 책무관념)으로 구성되는 권리관계 및 그 3세부관계 구조의 '정당화 준거 모델'을 기준으로 이루어졌다. 검토의 초점은 권리관계 전반에 어떻게 소외가 중층위적으로 내재되어 있으며 그 폐해가 사회 전 부문에 어떻게 나타나는지에 맞추어졌다. 검토결과는 1) 주체관계 구조에서의 평등한 자율성의 소외, 2) 개념관계 구조에서의 호혜적 상호성의 소외, 3) 의미관계 구조에서의 타자배려 균형의 소외 등으로 나타났다. 현행 권리관계가 빚어내는 이상의 소외현상은 권리관계의 사회적 확산 및 침투 속에서 사회구성원들의 사회 자율성 평등질서로부터의 소외, 사회적 협업유대로부터의 소외, 사회적 도덕성으로부터의 소외로 이어졌다. 권리관계로부터 빚어지는 개인적 · 사회적 소외현상은 궁극에는 권리관계를 재산권 관계로 환원시키면서 인간의 물성화(物性化)를 가속화시키고 있었다. 논의의 말미에는 자유주의 사회 소외문제의 현주소를 몇 몇 비판이론가들의 지적을 통해 확인해 보았다.

* * *

인간소외는 자연적 존재이자 유적·사회적 존재로서의 인간에 의해 의당 통제되어야 할 자신의 (사회적) 삶이나 사회적 관계가 그 통제권 밖으로 일탈하는 상태로 이해한다(Schacht, 1992 : 33–35 ; Marx & Engels, 1978 : 40–46, 70–93). 그간에도 인간소외 문제는 마르크스를 필두(Marx, 1978 : 26–52, 66–125)로 적지 않은 소외이론(Ollman, 1977 ; Mészáros, 1978) 및 비판이론(Marcuse, 1964 ; Fromm, 1976)계의 학자들에 의해 자본주의의 한 필연적 사회현상으로 익히 다루어진 바 있다. 꼭 일치하는 것은 아니지만 자본주의는 자유주의 사회의 경제적 토대를 이룬다는 저간의 상식이 통하는 범위 내에서 이들의 인간소외 이론은 본장의 내용에도 그 범위만큼의 타당성을 가진다.

그러나 이들 이론이 자본주의 생산양식이나 이에 근거하는 자본주의 사회구조를 대상으로 주로 거시분석에 의존하고 있다면 본장은 자유주의 사회를 엮어내는 인간·사회관계 최소의 기본단위인 권리관계를 대상으로 한다는 점에서 미시분석에 의존한다. 따라서 이들 이론이 대상으로 하는 자본주의 혹은 자본주의 사회와 자유주의 혹은 자유주의 사회가 중첩되는 부분만큼에서 본장이 다루는 미시영역은 이들 이론의 거시영역에로 의미 있는 확장이 가능할 것이다. 그럼에도 미시분석을 접근방법으로 하고 있는 본장의 내용은 위의 이론들과 비교해 볼 때 나름의 독특성을 가진다. 이를테면 위의 이론들이 이른바 '포스트모던 시대'로 불리는 오늘날 거시분석 대상들의 급격한 변화로 인해 소외문제를 변화의 파고(波高) 속에 묻어두기 쉬운 반면, 본장의 글은 이 소외문제가 일상의 삶 속에 여전히 엄존하고 있음을 분석해낼 수 있다는 점이다. 그리고 그 엄존하는 모습을 개인관계에서부터 사회관계로 이어지는 인간관계 스펙트럼의 논리적 윤곽에 담아 보여줄 수 있다는 점이다. 마치 입자물리학이 물리현상에 대한 설명력과 이론의 정치성(精緻性)에서 군집분자(cluster)물리학에 대해서 가지는 장점에 비유할 수 있을까?

본장은 인간 삶의 소외현상으로 구체화되는 권리 패러독스의 근거를 권리관계[1]의 검토를 통해 찾아보기 위한 것이다. 권리관계에 인간소외 개념을 접속시킨 데는 권리근거가 인간존재의 기본양태에 접목되어 있는 점과 권리내용이 삶의 전 영역을 포섭하고 있는 점이 반영되어 있다. 여기서 검토할 권리관계는 현재 실행되고 있어 우리에게 익숙한 권리관계(이하 '현행 권리관계')이다. 현행 권리관계가 가지는 구성 및 특성 등과 관련한 내용은 우리 주변에 회자되고 있는 대표적 서구 자유주의 권리이론들(이하 '권리이론')에 대한 분석을 통해 도출한다. 이들 권리이론에는 근대적 확립 이후 오늘에 이르기까지 자유주의 사회의 정치질서 하에 보편적인 현행 권리관계를 권리담론 및 실행의 관행적 · 제도적 틀이 담겨 있기 때문이다. 이런 점에서 본장에서 살펴볼 현행 권리관계는 자유주의 사회에 이미 제도화된 권리관계임을 밝혀둔다. 여기서 자

1 권리관계는 권리주체와 '의무 및 책무주체' (이하 '의 · 책무주체') 사이의 질서를 가리키며, 여기서 이를 간략히 '권리관계'로 표현한 것은 서구의 권리관련이론들의 생략용어법을 따른 것이다. 이는 '권리체계', '권리구조', '권리이론', '권리질서' 등의 용어에서도 마찬가지이다.

유주의 사회는 서구 자유주의[2]의 사상 및 제도를 사회조직의 중심원칙으로 수용하고 있는 사회로 이해한다. 현행 권리관계가 빚어내는 소외현상을 구체화하기 위하여 이를 3장 1절에서 분석해낸 권리관계의 3세부 구조—주체관계 구조, 개념관계 구조, 의미관계 구조—로 세분하여 각각에 대해 검토할 것이다. 검토기준은 3장 3절에서 도출한 권리관계 및 그 세부관계 구조의 정당화 준거 모델이 될 것이다. 검토의 초점은 현행 권리관계의 어떠한 특성으로부터 야기되며, 그 내용은 무엇이고 사회적으로 어떠한 소외현상으로 이어지는지에 맞추어질 것이다. 모든 권리관계를 일일이 다룰 수 없기 때문에 검토방법은 현행 권리이론들로부터 권리관계의 구조를 추출해내고, 다시 이 구조를 구성하는 요소구조들로 세분하여 그 특성을 분석해내는 방법을 택한다.

본장은 다음 순서로 전개된다. 제1절에서는 주체관계 구조에 대해 검토한다. 검토순서는 우선, 권리이론 및 담론에 보편적인 현행 주체관계 구조를 추출해내고 그 특성이 무엇인지 분석해 본다. 다음으로, 분석된 특성을 3장 3절에서 도출한 주체관계 기본구조의 특성에 비추어 검토하면서 권리관계 주체들이 주체관계로부터 왜 그리고 어떻게 소외되는지를 살펴본다. 끝으로, 권리관계 주체들의 주체관계로부터의 소외

---

2 여기서의 '서구 자유주의는' '근대 유럽'에서 본격화되었다고 여겨지는 일종의 '유럽 (정치적) 자유주의'로서 많은 역사적 사건들, 이를테면 종교개혁, 자연권 사상의 확립, 산업혁명, 프랑스혁명 등을 거치면서 19세기 이래 구미 각 나라에 국민기본권에 근거한 입헌자유주의로 정착하여 오늘에 이르는 자유주의이다. 이와 관련해서는 G. Ruggiero, *History* : Intro., Pt. I, Chs. I–IV ; G. H. *Sabine, A History of Political Theory*: Chs. 19, 20, 22, 24, 27, 32, 33 ; C. B. Macpherson, *Possessive Individualism* : Chs. I, VI 참고.

가 어떻게 사회구성원들의 소외로 이어지는지, 그 사회적 의미는 무엇이고 어떠한 사회적 현상으로 나타나는지 등에 대해 살펴본다. 2절에서의 검토대상은 개념관계 구조이다. 검토순서는 1절에 준한다. 검토내용의 초점은 권리관계를 통한 협업과정과 결과에서 왜 그리고 어떻게 권리주체들이 호혜적 상호성으로부터 소외되며, 그 소외의 사회적 의미와 결과는 무엇인지를 살펴보는 데에 맞추어질 것이다. 3절에서의 검토대상은 의미관계 구조이다. 검토순서는 2절에서와 마찬가지로 1절에 준한다. 검토내용의 초점은 권리관계 주체들의 평등한 자율성으로부터의 소외, 호혜적 상호성으로부터의 소외가 어떻게 균형적 타자배려로부터의 소외로 나타나는지, 그리고 그 사회적 의미와 결과는 무엇인지를 살펴보는 데에 맞추어질 것이다. 4절에서는 이상 살펴본 3권리관계 3세부구조에서 야기되는 소외현상이 어떠한 사회화 기제를 통해 어떻게 응축된 사회적 소외구조로 나타나는지, 즉 어떠한 사회현상화로 귀결되는지에 대해서 살펴본다. 초점은 권리관계의 재산권관계로의 환원화, 인간성의 물성화 등에 맞추어질 것이다. 그리고 환원화, 물성화로부터 야기되는 사회문제의 현주소를 몇몇 비판이론가들의 지적을 통해 확인해 보며 본장을 마무리한다.

1. 현행 주체관계 구조와 주체지위의 소외

주체관계 구조는 권리관계 주체 사이의 지위관계, 즉 주체관계의 질서를 담고 있다. 이러한 주체관계질서의 특성을 〈권리-의·책무〉관계 형식에 담아 엮어내는 것이 주체관계 구조인 것이다. 오늘날 세인의 상식은 '인간'을 어떠한 사회에서든 평등한 자율적 존재, 즉 평등한 자율성 주체로서 이해한다. 또 자율성은 인간존엄성의 외적·관계적 표현이기 때문에 모든 인간은 평등하게 존엄성을 가지는 주체로 이해한다. 이렇듯 평등하게 자율적인 존재로 이해되고 있는 인간들은 상호 평등한 지위 속에서 자율성 평등의 질서관계에 설 수밖에 없다. 이렇게 보면 주체관계 구조는 그 상식적 의미에서 권리 및 의·책무주체들 사이의 자율성 평등질서 형식이라 할 수 있다. 3장 3절에서 도출된 권리기본관계의 주체관계 구조는 세인 상식의 반영결과라 할 수 있다. 주체관계 구조 중 여기서의 검토대상은 현행 주체관계 구조이다. 검토내용은 현행 주체관계 구조가 과연 그 상식적 의미에 부합하게 자율성 평등질서 형식 속에 있느냐 하는 것이다.

이하에서는 서구 자유주의 권리이론들 및 담론에 보편적으로 차용되고 있는 현행 주체관계 구조를 추출해내어 그 특성을 분석해내고, 3장 3절에서 도출한 주체관계 기본구조에 비추어 그 부합 여부를 살펴볼 것이다. 주체관계 기본구조를 부합기준으로 삼는 이유는 이 구조에 상식적 주체관계 질서형식인 자율성 평등질서 형식이 담겨 있기 때문이다. 이해를 돕기 위해 3장 3절에서 도출한 주체 기본관계 구조의 특성을 다시 적요(摘要)하면 주체 사이 자율성평등원칙에 근거한 자율성 평등질서이다. 이 특성은 자율성이 인간존엄성의 외적·관계적 표현이기 때문에 인간자격의 최종 근거인 인간존엄성 평등에 그 바탕을 둔다. 검토의 초점은 현행 주체관계 구조의 특성이 자율성 평등질서로 나타나는지 여부가 될 것이고, 과연 주체들이 이 평등질서로부터 일탈, 즉 소외되어 있는지 여부가 될 것이다. 현행 주체관계 구조에 대해서는 서구 자유주의의 권리에 관한 이론과 담론에 보편화되어 있는 '권리표현 일반형식'

(formula of the general structure of a claim-right)[3]을 통해 살펴본다. '권리표현 일반형식' (이하 '권리표현 형식')을 택한 이유는 이 표현형식에는 현행 주체관계가 여실히 드러나 있기 때문이다.

권리표현 형식은 [A는 B에 대하여 Y라는 이유 때문에 X와 관련한 권리를 가진다]는 담론구조 명제(언명)로 집약된다. 이 명제에서 A는 개인이건 불특정 다수건, 아니면 소그룹이건 권리의 주체(subject)를 가리킨다. B는 개인이건 불특정 다수건, 아니면 소그룹이건 A의 권리에 대한 대응주체(respondent), 즉 '의무 혹은 책무'의 주체를 가리킨다. Y는 두 주체 간의 법·제도·합의·승낙·계약 등 A의 권리 및 B의 의·책무가 정당하게 성립하기 위한 근거(basis)를 가리킨다. X는 A의 B에 대한 권리의 대상(object)으로서 유·무형의 가치를 가리킨다. 이 표현형식 속의 "권리의 본질"은 개념주체 간 관계의 특성을 반영하여 권리보유자의 "유익함에 대한 정당한 요구"(justified claim)로, 그리고 이에 대응하는 "의·책무의 본질"은 "부담(burdens)에 대한 정당한 이행책임"(justified requirement)으로 이해된다.[4]

그러나 서구 자유주의 권리이론들에 보편화되어 있는 이 권리표현 형식을 주체 B에 초점을 맞추어 보면 그 속에 드러나 있지 않은 두 언

---

3 L. C. Becker & C. B. Becker, eds., *Encyclopedia of Ethics* : 1104 ; A. Gewirth, *Community of Rights* : 8. 이 표현형식은 '요구권'을 예로 하여 구성된 것인데, 이 요구권은 권리의 한 종류라기보다는 법적·도덕적 권리를 모두를 포괄하는 권리일반을 그 요구속성을 강조하여 표현한 것이다. 이와 관련해서는 위의 *Encyclopedia of Ethics* : 1104 ; D. Miller et. als. *Blackwell Encyclopedia* : 443.

4 L. C. Becker & C. B. Becker, eds., *Encyclopedia of Ethics* : 1104 ; A. Gewirth, *Community of Rights* : 8-9.

명이 있음을 알 수 있다. 그 중 하나는 [B는 A의 권리에 대응하는 의·책무를 진다]는 언명이다. 다른 하나는 첫 번째 언명에 부수되는 것으로 [B는 X와 관련한 의·책무를 진다]라는 언명이다. 이들 드러나 있지 않은 언명들을 합해서 다시 구성해 보면 앞서 권리표현 형식 이면(裏面)에 이에 대응하는 언명, 즉 [B는 A에 대하여 Y라는 이유 때문에 X와 관련한 의·책무를 진다]가 숨어 있음을 알 수 있다. 이 숨어 있는 표현형식을 '의·책무표현 일반형식' (이하 '의·책무표현 형식')이라고 부른다면 권리와 관련된 서구 자유주의 이론들에 보편적인 '권리표현 형식' 은 '권리개념 및 의·책무개념 표현형식' 의 축약형이라 할 수 있을 것이다. 그리고 축약되지 않은 권리표현 형식을 복원해 본다면 [A와 B는 Y라는 이유 때문에 X와 관련하여 각각 권리와 의·책무를 가진다]가 될 것이다. 이렇게 복원했을 때 권리표현 형식은 의·책무표현 형식과 더불어 권리관계 표현형식으로서의 본모습을 드러내게 된다. 이하에서는 이 복원된 표현형식을 현행 주체관계 구조로 간주한다.

현행 주체관계 구조는 서구 자유주의 권리이론 및 담론에 보편화되어 있는 '권리표현 형식' 의 분석만을 통해 수정 없이 재구성된 것이다. 이렇게 잠재된 언명의 복원과 재구성을 통해서 드러나는 것은 3장 3절의 주체관계 기본구조와는 달리 A는 권리의 주체일 뿐 '의·책무가 따르는 권리' 의 주체가 아니라는 점과 B 역시 의·책무의 주체일 뿐 '권리를 수반하는 의·책무' 의 주체는 아니라는 점이다. 3장 3절의 주체관계가 권리 및 의·책무로 표현되는 자율성의 평등구조 속에 있다면 위의 권리표현 형식에서 권리관계 주체 〈A–B〉관계는 권리 및 의·책무로 표현되는 자율성이 불평등 구조에 담겨 있는 것이다. 불평등은 권리행사에만 편중되어 있는 A의 자율성과 의·책무의 이행에만 집중되어 있는 B

의 자율성 간의 불평등이다. 이는 권리표현 형식에 드러나 있는 현행 주체관계 구조가 권리관계 주체 〈A–B〉관계를 주체 A의 권리행사 자율성을 중심으로 일방으로 편중된 자율성 불평등관계로 구조화하고 있음을 말해준다. 그리고 이는 모든 관계는 무릇 어떤 형태든지 질서를 포함한다는 점을 고려할 때, 현행 주체관계 구조는 A, B 두 주체 사이 불평등 질서를 구조화하고 있다는 말도 된다. 결국 현행 주체관계 구조에 담겨 있는 권리관계 주체들 사이 질서의 특성은 자율성 불평등이 된다. 자율성 불평등 특성은 3장 3절에서 본 주체관계 기본구조에 담겨 있는 주체 A와 주체 B 사이의 자율성 평등 특성에 대해 대척적이다.

권리관계 주체 A, B 사이의 자율성 불평등의 관계 및 질서는 이들 주체들이 모든 인간관계에서 견지되어야 할 자율성평등원칙으로부터의 일탈, 즉 소외를 의미한다. 그래서 적어도 〈A–B〉 권리관계에서 의 · 책무 주체인 B는 자율성평등원칙으로부터 소외되어 있다고 말할 수 있다. 더불어 자율성은 인간존엄성의 외적 · 관계적 표현이기 때문에 적어도 〈A–B〉 권리주체 관계에서 B는 인간관계의 가장 근본이 되는 도덕계율인 존엄성평등원칙으로부터도 소외되어 있다는 말이기도 하다. 즉 상식적 인간지위로부터 소외되어 있는 것이다. 그러나 2장에서 보았듯이 권리내용이 인간 삶의 전 부문을 포섭하고 있기 때문에 권리관계는 사회관계 전 부문을 포섭한다. 그리고 권리주체 관계는 권리관계가 사회적으로 다면적이고 다층위적인 만큼 다면적이고 다층위적인 사회 인적 관계 네트워크로 엮인다. A는 한 권리관계에서의 권리주체이면서 다른 한 권리관계에서는 의 · 책무주체이기도 하다. 역으로 B는 다른 권리관계에서는 권리주체가 된다. 한 권리관계 내에서도 이러한 교호적 주체위치의 순환이 존재할 수 있다. 이를테면 A는 제삼자 C에 대해서는 의 · 책무주체일 수 있고, 민법상 B에 대해 권리주체이지만 형법상 B에 대한 의·책무주체일 수 있는 것이다. 이렇듯 권리관계 주체 A, B가 상호 교호적 주체위치의 순환 속에 있다는 사실은 A와 B 모두가 자율성평등원칙 및 인간존엄성평등원칙으로부터의 소외대상임을 말해준다. 불특정 명칭의 A와 B 모두가 소외대상이라면 권리관계에서는 그 어떤 주체도 소외대상이라는 말이 된다. 그런데 권리관계는 사회관계기본형식이기 때문에 결국 사회구성원 전원이 평등한 권리관계로부터 소외되고 있다 할 수 있다. 결국 A, B의 이러한 상호 소외는 전 사회구성원이 평등한 권리관계로부터 소외되고 있다는 지표가 되는 것이다.

더구나 현행 주체관계 구조는 현행 개별적 주체관계를 정형화하여 일정의 형식(module)에 담아내기 때문에 이상의 소외현상은 구조화된다. 이를테면 권리관계는 사회적 확산과 더불어 계속되는 사회적 누적과정 속에 들게 되는데, 권리관계의 누적과정을 통해 권리관계 주체들의 불평등관계는 사회계층 관계구조 속에 〈부자－빈자〉관계, 〈강자－약자〉관계로 시현된다. 권리관계는 확산과 누적과정 속에서 이제 사회계층을 부자계층/빈자계층, 강자계층/약자계층으로 나누어 이들 계층을 주체화하면서 계층 간 권리관계로 전이되는 것이다. 이제 사회구성원 간의 개인적 권리관계 역시 이러한 계층 간 권리관계의 큰 틀 속에 묶인다. 물론 그 관계의 성격은 부자와 강자를 중심으로 하는 불평등관계가 되며, 궁극 〈지배－예속〉관계로 이어진다. 사회적 삶이 결국 개인 사이, 계층 사이 〈부자－빈자〉관계, 〈강자－약자〉관계로 수렴되고, 이 수렴된 관계가 양편 사이 불평등 의존을 내용으로 하는 〈지배－예속〉의 사회구조로 이어지는 것은 루소(J. J. Rousseau)가 이미 오래 전에 갈파한 바다.[5] 루소의 이러한 지적은 오늘날 우리 주변에서 흔히 목격하는 다음과 같은 사회현상들을 이해하는 데에 탁월한 적실성을 보인다. 이를테면 노·사 양 계층관계 및 이 두 계층에 속하는 고용인과 사용인 간의 관계, 민주주의라는 간판 뒤에 가려진 정치적 지배층과 피지배층 사이의 관계 및 정치적 특권자와 피치자인 일반 시민 사이의 관계, '유전무죄, 무전유죄'라는 항간의 상투어가 말해주는 사회기득권층과 사회약자층 사이의 관계 및 양 계층에 속하는 개인 간의 관계 등이 그 예들이다. 이들 관계의 특성을 설명하는 데 루소의 혜안은 많은 말을 아끼게 해주는 것이다.

현행 주체관계 구조로부터 기인하는 이상의 소외와 그 결과로 야기되는 문제(이하 '소외문제')는 같은 논리에서 만인자유평등원칙과 그 실행원칙인 자율성평등원칙을 사회조직의 중심원칙으로 하고 있는 자유주의 사회에는 더 말할 나위 없이 절실한 문제가 된다. 그럼에도 불구하고 그간 자유주의 사회의 권리제도와 관행을 주도해 온 서구 자유주의의 대표적 권리이론가들의 다음과 같은 언급은 이에 접하는 독자들을 아연실색케 한다. 이들 언급은 이렇듯 범사회적 위상의 소외문제를 야기하고 있는 주체관계 구조의 현주소를 다시 한 번 확인케 해줄 뿐만 아니라, 현행 주체관계 구조가 주체들의 관계를 자율성 불평등관계로부터 더욱 노골적인 〈지배-복종〉관계로 이해하고 있음을 보여준다. 이를테면

---

5 J.-J. Rousseau, "Discourse on the Origin and Foundations of Inequality" (The Second Discourse) in *The First and Second Discourses of J.-J. Rousseau* : The Second Part(141-181) 참고. 이러한 생각은 이렇듯 루소(Rousseau,1755)에서 발단하여 헤겔(G. W. F. Hegel)의 『정신현상학』(1807) 속의 '주인과 노예'의 논의로 이어지고 급기야 마르크스(K. Marx, 1844)의 정치경제학 체계의 하나의 중요한 철학적 기반을 형성하면서 발전되어 왔다. 볼 곳은 A. V. Miller(tr.), *Hegel's Phenomenology of Spirit* : 111-119 ; K. Marx, *The Economic & Philosophic Manuscripts* : 106-169(특히 165-169) 참고.

게워스(A. Gewirth)는 권리주체와 그 의·책무주체 사이에 수립되는 관계의 중요성을 강조하면서 "이 관계에서 전자(권리주체)는 후자(의·책무주체)에 대한 의무강요 여부를 선택할 수 있는 위치에 있다"(1982 : 13)고 말한다. 파인버그(J. Feinberg)는 "만약 Nip이 Tuck에 대하여 요구권이 있으면 … (이 둘 사이 관계에서) … Tuck은 구속되고 Nip은 자유롭다. Nip은 요구할 권리를 가질 뿐만 아니라 이 권리를 행사할지 여부와 이 권리에 대한 요구 여부, 그리고 권리침해시 제소 여부 및 Tuck을 그의 의무로부터 자유롭게 할지 여부 … 를 선택할 수 있다"(1980b : 149)고 말하고, 라이온즈(D. Lyons) 역시 "요구권을 가지는 사람은 이 권리의 대상자에게 자신의 권리요구를 강요할지 혹은 취하할지에 대한 권리를 가진다"(1979 : 60 ; 1970 : 45)고 말한다.

이상과 같은 단편적 언급들을 포괄하여 권리주체에 편중된 권리관계에 대한 일반적 인식토대를 잘 보여주는 언급은 이른바 권리에 대한 "의지이론"(will theory of rights) 혹은 "선택이론"(choice theory of rights)[6] 계열의 수장격인 하트(H. L. A. Hart)의 논의 속에서 찾아볼 수 있다. 그는 권리주체와 의·책무주체 사이의 관계에 대하여 "정확한 모습은 두 사람이 함께 (관계의) 끈에 묶여 있는 것이 아니라, 한 사람(의·책무주체)은 선 한 끝에 묶여 있지만 선의 다른 한 끝은 다른 한 사람(권리주체)의 손에 쥐어져 있어 그의 선택 여하에 따라 사용할 수 있도록 되어 있다"

6 이 이론은 서구 자유주의의 대표적 권리이론으로 서구 자유주의 권리이론가들의 '권리우선성' 통념(뒤의 각주 7 참고)과 결부되어 권리관계를 권리주체의 '선택'이나 '의지'에 종속되는 것으로 이해하는 입장이다. 이와 관련해서는 P. Jones, *Rights*(1994) : 26–32 참고.

(1955 : 181 ; 1982 : 184)고 말한다. 그리고 이 언급의 보다 구체적인 의미는 그가 "피약속자는 어떤 특정의 사물과 관련하여 … **상대방**(약속자)**의 의지를 지배할 수 있는 권위 혹은 주권을 가진다** … "(1955 : 184, 강조 첨가)라는 언급에 드러난다. 즉 "관계의 끈"은 권리주체의 의· 책무주체에 대한 지배의 끈인 것이다. 이렇듯 권리주체와 의 · 책무주체 사이에 일종의 〈지배-복종〉의 관계가 설정된다고 보는 그의 입장은 "승낙과 권위화(권위부여)"의 경우에는 승낙자(권위화자)가 피승낙자(피권위화자)에 대한 "권리포기"(surrender of rights)에까지 미친다(1955 : 184).

권리주체 관계를 위와 같이 〈지배-복종〉관계로 이해하고 있는 대표적 서구 자유주의 권리이론가들의 입장은 하트의 다음과 같은 언급들에서 보듯이 도덕적 지지 및 서구 지성사의 역사적 근거마저 확보한다. 도덕적 지지와 관련하여 하트는 "약속(권리)관계를 맺음으로써 … 그 관계의 당사자들은 … 기존의 도덕적 자율관계를 떠나 새로운 도덕적 관계를 수립한다 … 그래서 약속자가 어떻게 행동할 것인가를 피약속자가 결정하는 것은 **도덕적으로 정당하다**"(1955 : 183, 강조 첨가)고 말한다. 이러한 도덕적 지지는 자율성 불평등이 인간존엄성 불평등으로 이어지는데 대한 정당화이기도 하다. 또한 하트는 역사적 근거와 관련하여 "(이러한) 관계의 구체적 모습은 (두 주체 간의) 법(혹은 권리)관계(vinculum juris : obligare)에 대한 지성사적 발전의 결과다"(1955 : 181)라고 말한다. 이 말은 도덕적으로 정당화되는 권리주체 중심의 지배적 권리관계가 어제 오늘의 권리이론가들의 고안물이 아니라 서구 지성사적 전통에 지지되고 있는 역사적 산물임을 의미한다. 그러나 권리주체의 의 · 책무주체에 대한 이렇듯 도덕적으로도 정당화되는 지배가 서구 지성사의 산물이라면 지배질서를 담고 있는 권리관계는 적어도 근대 초 이래 오늘까지 이어지는 서구 자유주의의 전통이라는 말이 된다. 과연 그 실상이 어떤지는 이러한 권리관계 주제질서가 정치 · 사회적으로 제도화되어 나타나는 권리질서를 다루는 5장에서 살펴본다.

2. 현행 개념관계 구조와 상호성 소외

개념관계 구조는 자율성평등원칙에 근거하여 권리주체 사이 상호 협업과정에서의 업무분장과 협업결과(필요충족)의 분배에 대한 내용, 즉 인적 관계에 뒤따르는 물적 관계를 담고 있다. 이러한 업무분장과 결과배분(이하 '가치분배')을 주체 사이 〈권리-의 · 책무〉관계 형식에 담아 엮어내는 것이 권리개념 관계 구조인 것이다. 이러한 개념관계 구조 중 여기서의 검토대상은 현행 개념관계 구조다. 검토내용은 서구 자유주의 권리이론들 및 담론에 차용되고 있는 현행 개념관계 구조를 분석하여 그 특성을 도출한 후, 이를 3장 3절에서 도출한 개념관계 기본구조의 특성에 비추어 그 부합 여부를 살펴보는 일이다. 개념관계 기본구조의 특성을 다시 적요(摘要)하면 호혜적 상호성인데, 이는 주체들 간의 자율성 평등에 근거하여 A의 권리와 B의 의 · 책무 사이의 대응과 동시에 B의 의 · 책무이행 권리와 A의 권리수행 의 · 책무의 대응을 내용으로 한다. 이를 간단히 하면 '의 · 책무개념이 따르는 권리개념'과 '권리개념을 수반하는 의 · 책무개념' 사이의 대응관계가 된다. 이러한 상호적 대응 속에서 외형상의 특징은 〈A-B〉 사이 권리 및 의 · 책무가 복합적으로 쌍방이 상호 교차하는 〈쌍권-쌍무〉의 모습을 가진다. 이러한 개념관계 속에서 〈A-B〉 사이에 정의로운 호혜적 가치분배(상호 필요충족의 물적 관계)

가 이루어지는 것이다. 따라서 검토의 초점은 현행 개념관계 구조의 특성이 호혜적 상호성으로 나타나는지 여부가 될 것이고, A와 B가 이 상호성관계로부터 소외되어 있는지 여부가 될 것이다.

〈권리-의·책무〉개념 관계와 관련하여 전통적 서구 자유주의 권리이론 및 담론에 보편적인 이론은 '대응이론'(correlativity theory)이다. 이 이론은 말 그대로 권리와 의·책무가 항상 1 : 1 대응관계의 짝을 이룬다는 이론으로 서구 자유주의 권리이론의 통설이 되어 왔다. 그리고 이러한 대응이론이 본격적으로 체계화된 것으로는 라이온즈의 대응구조 이론(1970)을 그 대표적 예로 들 수 있다. 이 점에서 라이온즈 이론의 대응구조 이론에 나타나는 개념관계 구조를 현행 개념관계 구조로 볼 수 있다. 라이온즈는 이 이론적용의 대표적 사례로 '빚을 받을 권리'(1970 : 45-6)를 위시하여 '약속이나 계약, 보상을 필요로 하는 상해(傷害)', '부모와 자식의 관계, 학생과 교사의 관계' 등의 결과로 발생되는 권리들을 든다(1970 : 46-7). 이 예들 중 그가 이론적 설명을 위해 사용하는 예는 '빚을 받을 권리'가 발생되는 〈채권-채무〉관계인데, 설명의 틀은 일반론적이기에 여기서는 그 개념적 틀만을 살펴볼 것이다. 이 틀에 나타나는 대응구조 이론의 체계는 대략 다음과 같이 집약할 수 있다(1970 : 46-49).

1. 권리 및 의·책무의 필연적 공존 : 권리 및 의·책무 중 어느 한 쪽도 다른 한쪽 없이는 발생하지 않는다.
2. 의·책무의 근거는 권리의 정당한 자격에 있다.
3. 권리 및 의·책무 존재의 상호 전제성 : 권리 및 의·책무 존재 중 어느 한쪽만 밝혀지면 다른 한쪽의 존재 여부는 이로부터 유추

될 수 있다.

4. 권리 및 의·책무의 구체적·결정적 대응성 : 권리 및 의·책무 중 어느 한쪽에 대한 상술내용은 다른 한쪽에 대한 상술내용을 결정한다.
5. 권리 및 의·책무의 개념적 대응성 : 두 개념은 서로가 개념적 짝을 구성한다.
6. 권리및 의·책무의 내용을 연결해 주는 공식적인 규칙의 존재 : 두 당사자 중 일방, 이를테면 A가 상대방 B를 **통제할 권리**는 B가 A의 통제에 따를 B의 의·책무와 연결되며, 이는 마치 A의 채권이 B의 채무와 연결되는 것과 같다(강조 첨가).

이상과 같이 라이온즈의 대응구조 이론(이하 '대응구조')에서 '1' 항에서부터 '5' 항에 이르기까지 기술된 내용에는 권리주체 및 의·책무 주체가 구체화되어 있지 않은 상태에서 보편적 개념 사이의 관계만 기술되어 있다. 이들 5가지 내용에는 〈권리-의·책무〉 개념관계의 구체적 내용이 1) 〈권리 → 의·책무〉이든 아니면 2) 〈의·책무 ← 권리〉이든 언제나 권리지시선의 방향을 따라 〈권리 → 의·책무〉의 형태로밖에 나타나지 않는다.[7] '1' 항에서부터 '5' 항까지의 표현은 의미의 이중성 속에

---

7 '→' 혹은 '←'의 화살방향은 파인버그(J. Feinberg)가 말하는 권리의 "지시적 요소"(directional element)를 반영한 일종의 '권리의 지시방향'이다. 그런 점에서 '→'는 '권리지시선'이라고 볼 수 있다. 그리고 파인버그가 말하는 권리의 '지시적 요소'는 서구 자유주의전통의 '권리우선성 관념'의 한 표현임을 별기한다. '권리우선성 관념'의 사상사적 배경은 L Strauss, *Natural Right* : Chs. III-V ; Q. Skinner, *Foundations* : Vol. II에, 이러한 전통적 통념을 권리-의·책무관계의 인

있는 것이다. 이러한 의미의 이중성 속에서 대응구조는 개념관계 기본구조의 특성, 즉 상호성을 담보해낸다고 할 수도 있고, 그렇지 않다고 할 수도 있다. 왜냐하면 한편으로는 대응구조에는 권리관계 주체 사이에 가치분배의 상호성을 담보해내는 '의·책무개념이 따르는 권리개념'과 '권리개념을 수반하는 의·책무개념' 사이의 〈쌍권–쌍무〉개념 대응관계가 담겨있다고 할 수도 있기 때문이다. 그러나 다른 한편으로는 대응구조의 권리지시선이 항상 단선으로만 표시되는 점에 초점을 두어 이해할 경우, 권리관계 주체 사이 가치분배의 상호성을 담보해낼 수 없다 할 수도 있기 때문이다. 이는 권리주체를 중심으로 일방적으로 편향되게 나타나는 현행 주체관계 구조의 특성에서 이미 본 바다. 라이온즈의 대응구조 이론이 가지는 이러한 중의성(重義性) 때문에 위의 '2' 항은 파인버그의 '권리지시선' (각주 8 참고) 방향을 따라 권리우위의 편향성을 분명히 말해주고 있음에도 불구하고, 이것이 권리주체를 중심으로 하는 일방적 편향성인지 권리를 수반하는 의·책무의 주체를 포함하는 쌍방교차 편향성인지를 구분하기도 불가능하다.

그러나 (라이온즈의) 대응구조가 가지는 이러한 개념적 중의성(重義性)으로부터 오는 모호성은 '6' 항의 "공식적인 규칙"에서 그 실체가 드러난다. 모호성의 실체가 '6' 항에서야 드러나는 이유는 권리 및 의·책무의 두 주체 A와 B가 구체화되어 이들 각각에 권리와 의·책무가 분

과론적 분석을 통해 입증하려 노력한 논의는 A. Gewirth, "Rights and Duties" : 441–445 ; Hugh Upton, "Rights and Duties" : 381–385에 잘 나타나 있다. 파인버그의 "권리지시적 요소"가 언급된 곳은 J. Feinberg, "The Nature and Value" (1980b) : 149.

리된 모습으로 부여될 수밖에 없기 때문이다. 다시 말해서 여기서는 '1' 항에서 '5' 항까지의 기술내용이 가지는 이중성이 두 주체의 명시와 더불어 확정된 내용으로 고정되어 나타나기 때문인 것이다. 더불어 대응구조가 가지는 구조적 특성도 '6항' 에서 드러나는데, 〈채권-채무〉관계로 비유된 〈권리 → 의 · 책무〉개념 관계 구조는 권리개념을 중심으로 하는 '편중성' 뿐만 아니라 '일방성' 을 그 특성으로 가지고 있음을 알 수 있다. 일방성과 편중성은 대응구조에 권리주체 A측에 권리수행의 · 책무가 빠진 가운데 권리만이 존재하게 되고, 의 · 책무주체 B측에 의 · 책무이행 권리가 빠진 가운데 의 · 책무만이 존재하는 데에 기인한다. 〈A-B〉관계에서 〈권리 → 의 · 책무〉관계와 〈권리수행 의 · 책무 ← 의 · 책무이행 권리〉 관계가 상호 대응하면서 균형을 이루어야 할 것임에도 〈권리 → 의 · 책무〉관계 하나만 존재하는 데서 권리주체 A를 중심으로 하는 일방성과 편중성이 발생되는 것이다.

이는 '6' 항의 '통제할 권리' 와 관련된 언급이 1절에서 살펴본 대표적 권리이론가들의 언급에 나타난 권리주체의 의 · 책무주체에 대한 지배권과 다를 바 없다는 점에서도 확인된다. 즉 '6' 항에는 채권주체 A의 채무주체 B에 대한 명령적 지위가 권리지시선을 따라 A측의 차변상의 대여한 빚(+X)의 B측의 대변상의 차용한 빚(-X)에 대한 명령적 지위로 이어지고 있는 모습인 것이다. 대응구조가 가지는 이러한 모습은 개념관계 기본구조에 나타나는 '의 · 책무개념이 따르는 권리개념' 과 '권리개념을 수반하는 의 · 책무개념' 이 상호 대응하면서 권리 및 의 · 책무가 복합적으로 쌍방이 상호 교차하는 〈쌍권-쌍무〉의 모습과 대척적이다. 이 대척적 모습 속에는 다음과 같은 내용이 담겨 있다. 첫째, 권리관계 주체 〈A-B〉 사이 상호 협업과정에서의 업무분장, 협업과정, 협업결과(필요충족) 분배 등의 과정에 A의 의사의 일방적 지배가 반영되어 있다. 둘째, 권리관계 주체 ⟨A–B⟩ 사이 상호 협업과정에서의 업무분장과 협업결과(필요충족)의 분배에 호혜적 상호성이 반영되지 못하고 권리주체 A를 중심한 편중성이 반영되어 있다. 이렇게 보면 ⟨A–B⟩ 간 물적 관계는마치 인적 주체관계에서 평등성이 불평등성으로 변모되어 나타나듯이 상호성이 일방적·편중적 특성을 가지는 비상호성으로 변모되어 나타남을 알 수 있다. 결국 이러한 비상호적 물적 관계를 담고 있는 현행 개념관계 구조의 특성은 마치 대응구조의 특성이 '불평등성'이듯이 '비상호성'이 되는 것이다. 이는 (라이온즈의) 대응구조로 대변되는 현행 개념관계 구조의 특성이 3장 3절에서 도출한 개념관계 기본구조의 특성에 부합할 수 없음을 말해준다.

이상 라이온즈의 대응구조로 대변되는 현행 개념관계 구조(이하 '현행 개념관계 구조')에 대한 검토와 관련하여 다음과 같은 레인볼트(G. W. Rainbolt)의 지적은 중요한 또 다른 시사점을 준다.

> 권리에 대한 부적절한 분석은 그간 이와 관련된 이론가들로 하여금 호펠드(Hofeld)의 권리체계에 해당하는 (또 다른) 권리들 — 의무권리(duty rights), 불가능권(disability rights), 책임권(liability rights), 요구불가권(no-claim rights) — 이 있음을 간과하게 했다 … . '의무권리' (duty rights)란 말은 매우 어색하게 들린다. 그러나 이러한 권리의 분명한 예들이 있다 … . 의무권리는 매우 일상적이다. **모든 전형적인 법체계에 따르면 나는 빚을 갚을 의무권을 가진다** … . 재판관들은 의당 형을 선고할 법적 의무권을 가진다. 의무권은 자주 언급되지 않는 경향이 있다. 왜냐하면 사람들은 그의 의무이행을 스스로가 요구하지는 않는 경향이 있기 때문이다 … . (그러나) 사람들은 구태여 (무엇이) 권리임을

> 언급하지 않고서도 이를 (권리로서) 가질 수 있다 … . 우리가 때때로 강제권리(mandatory rights)라고 부르는 것이 바로 이 의무권리이다 … . '(1) P_1이 A를 할 권리를 가진다'가 '(2) P_1이 A를 할 의무가 없다'를 포함한다고 생각하는 것은 틀린 것이다 … . (1)이 (2)를 포함한다고 생각하는 사람들은 자유권(liberty rights)에 너무 사로잡혀 있기 때문이다. **이 점은 권리이론가들의 공통된 오류다.** (103-105 강조 첨가)

위의 좀 긴 인용은 레인볼트의 주장에 대한 번잡한 설명을 줄이기 위한 것이다. 그러나 이 인용문에서 본 논의가 주목하고 싶은 것은 다음 사항이다. 1) 채무자도 채권자에 대해서 일종의 권리, 즉 '의무권리'를 가진다. 2) 의무권리는 일상적일 뿐만 아니라 법적으로도 보장된다. 3) 채무자의 빚갚을 의무가 이 의무를 이행할 '의무이행 권리'로부터의 자유를 포함하지 않듯이 채권자 P_1의 빚받을 권리는 (사전합의 없이) 그의 자의적 판단에 따른 빚받지 않을 자유를 포함하지 않는다. 4) 범칭 'P_1'으로 모든 권리주체에 일반화할 경우 '의무권리'의 보편적 존재를 도외시하는 것은 기존 권리이론가들 대부분의 공통된 오류이다.

그리고 레인볼트의 위와 같은 지적이 지금까지의 현행 개념관계 구조에 대한 검토에 대하여 가지는 시사점은 다음과 같다. 첫째 시사점은 비상호성을 특성으로 하는 현행 개념관계 구조는 오류라는 점이다. 둘째, 이러한 오류 속에 있는 현행 개념관계 구조는 서구 자유주의 권리이론가들에 의해 공통적으로 원용되고 있다는 점이다. 이는 검토대상으로 삼은 라이온즈의 '대응구조 이론'이 서구 자유주의 권리이론 및 담론에 공통적으로 차용되고 있음을 재차 확인해 준다. 셋째, 비상호성으로부터 야기되는 현행 개념관계 구조의 오류는 레인볼트의 '의무권리'에 함의된 개념관계 구조—즉 'A의 권리'와 이에 대응하는 'B의 의·책무'가 하나의 개념관계를 형성함과 동시에 'B의 의·책무이행 권리'와 이에 대응하는 'A의 권리수행 의·책무'가 다른 하나의 개념관계를 이루어 쌍방복합 교차형식의 〈권리-의·책무〉 개념관계 구조—속에 있을 때 수정될 수 있다는 점이다.

지금까지 현행 개념관계 구조를 서구 자유주의 권리이론에 보편적으로 수용되고 있는 라이온즈의 대응구조 이론으로부터 추출하여 3장 3절에서 도출한 개념관계 기본구조에 비추어 검토하였다. 검토결과 현행 구조는 이 구조가 가지는 '비상호성' 특성 때문에 상호성을 특성으로 가지는 기본구조에 부합할 수 없음이 판명되었다. 더불어 레인볼트의 지적을 통해 볼 때 현행 구조는 오류임도 입증되었다. 이제는 검토결과가 소외와 관련하여 가지는 의미에 대해 생각해 보면서 본절을 마무리한다.

우선, 현행 개념관계 구조(이하 '현행 구조')는 상호성을 특성으로 가지는 개념관계 기본구조(이하 '기본구조')로부터 일탈/소외되어 있다는 점이 가지는 내용을 보면 다음과 같다. 첫 번째로, 기본구조로부터 현행 구조의 일탈/소외는 권리관계 주체 사이 필요충족을 위한 상호 협업관계에서 의·책무주체가 소외되었음을 말해준다. 현행 구조는 권리관계 주체 사이 필요충족을 위한 상호 협업관계에서 업무분장 및 협업결과 배분의 전 과정 및 결과를 권리주체에 편중된 비상호성관계로 구조화하기 때문이다. 두 번째로, 이러한 일탈 소외는 의·책무주체가 협업과정에 소요되는 이익/부담의 분담결과의 분배에서 정의원칙으로부터 소외되었음을 말해준다. 기본구조에서 상호성의 의미는 권리관계 주체 사이 협업과정에 소요되는 이익/부담의 정의로운 분담과 결과의 정의로운 분배이기 때문이다. 더구나 현행 개념관계 구조는 현행 관계들을 구조적으로 정형화하는 하나의 형식(module)이라는 점에서 비상호성과 부정의를 내용으로 하는 의·책무주체의 소외를 구조화하게 된다.

다음에서는 이상의 소외내용이 가지는 사회적 함의를 생각해 본다. 앞의 1절에서 살펴 본 '사회적 확산'과 동일한 논리에서 이렇게 구조화된 소외는 사회적으로 구조화된 소외현상이 된다. 사회관계기본형식으로서의 권리관계에서 현행 주체관계 구조가 구조화된 자율성 불평등의 소외를 범사회적 인적 관계의 네트워크에 엮어넣듯이 현행 개념관계 구조 역시 비상호성과 부정의의 소외를 범사회적 물적 관계의 네트워크에 엮어넣게 되는 것이다. 이 때 범사회적 차원의 비상호성과 부정의의 소외가 사회구성원들에 대해서 가지는 의미는 사회유대의 훼손 내지는 파괴가 된다. 권리관계가 '사회관계기본형식'(3장 서두)인 만큼 그 물적 관계를 관장하는 개념관계는 사회협업 관계가 되는 것이고, 사회협업 관계야말로 협업공동체로서의 사회유대의 근거가 되기 때문이다. 우리가 오늘날 주변에서 흔히 목격하는 사회협업의 공과와 무관한 사회적 부의 편중된 분배, 소득 불균형으로 인한 부익부 빈익빈, 가진 자와 못 가진 자 사이의 계층불화, 자기만을 생각하는 개인적·집단적 님비(NIMBY)현상 등 사회적 부조리의 갖가지 면모들은 바로 이러한 사회유대 훼손/파괴의 구조적 징표에 다름 아니다.

3. 현행 의미관계 구조와 인간존엄성 소외

의미관계 구조는 주체관계 구조의 특성과 개념관계 구조의 특성이 권리개념 의미의 의미요소들과 의·책무개념 의미의 의미요소들 사이의 관계에 정착되는 형식이다. 인적 관계에서의 자율성 평등에 대한 존중과 물적 관계에서의 상호성에 대한 존중이 정착되는 형식인 것이다. 이렇게 의미관계 구조에 정착되는 주체관계 구조의 특성과 개념관계 구조의 특성은 권리관계 주체들 상호 간의 인적·물적 배려, 즉 역지사지(易地思之)의 타자배려 구조로 나타난다. 왜냐하면 2장 4절에서 살펴보았듯이 동등한 인간존엄성과 인간자격을 가진 두 주체 사이의 정상적인 관계는 역지사지의 타자배려관계형식 이외의 관계형식을 상상할 수 없기 때문이다. 이 관계형식은 인간 도덕성의 근원인 인간존엄성 및 인간자격에 근거하기 때문에 도덕관계의 형식이기도 하다. 따라서 의미관계 구조의 특성은 타자배려관계가 주체들 사이에 균형적인지 불균형적인지 그 여부, 즉 균형성 및 불균형성의 여부로 집약된다. 여기서 '균형성'은 주체들 사이 상호 타자배려를 의미하므로 권리관계의 도덕성으로 이어지고, '불균형성'은 주체들 사이 타자배려의 비상호성 내지는 편파성을 의미하므로 권리관계의 비도덕성으로 이어진다. 이상을 함의하고 있는 의미관계 구조 중 여기서 검토대상은 앞의 두 절, 3장 1절과 2절에 이어 현행 권리관계를 구성하는 마지막 구조요소인 현행 의미관계 구조다.

본절에서의 현행 의미관계 구조에 대한 검토는 다음 3단계로 진행한다. 우선, 현행 서구 자유주의 권리이론 및 담론의 최소 구성단위인 권리개념 및 의·책무개념을 그 의미요소 구성상의 특징에 따라 유형별로 분류할 것이다. 다음으로, 유형별로 분류된 개념들의 의미요소 관계구조, 즉 의미관계 구조를 분석한 다음 그 특성을 도출해 볼 것이다. 끝으로, 도출된 특성을 3장 3절에서 도출한 의미관계 기본구조의 특성에 비추어 그 부합 여부와 이 부합 여부가 소외에 대해 가지는 의미를 살펴볼 것이다.

이해를 돕기 위해 3장 3절에서 도출한 의미관계 기본구조의 특성에 대해 적요(摘要)한다. 의미관계 기본구조의 특성은 '균형성'인데, 이 균형성은 ['권리의미 요소' 및 '권리수행 의·책무의미 요소'가 포함된 권리의미](이하 '의·책무의미 요소 포함 권리의미')와 ['의·책무의미 요소' 및 '의·책무이행 권리의미 요소'가 포함된 의·책무의미](이하 '권리의미 요소 포함 의·책무의미')가 균형관계를 이루고 있음을 말해준다. 그리고 이 균형관계는 위에서 본 바처럼 권리관계 주체들 상호 간 역지사지의 균형적 타자배려관계, 즉 도덕적 관계로 이어진다.

이러한 균형관계를 내용으로 가지는 의미관계 구조의 구성은 개념의미 내부로부터 밖으로 표출되었을 때의 모습을 그려본다면 2절의 개념관계 구조의 외형적 특성을 따라 복합적으로 쌍방이 상호 교차하며 균형을 이루는 모습이 될 것이다. 따라서 검토의 초점은 현행 의미관계 구조의 특성이 의미관계 기본구조에서처럼 균형성으로 나타나는지 여부가 될 것이고, 권리관계 주체들이 타자배려의 균형관계로부터 소외되어 있는지 여부, 그리고 그 의미가 될 것이다.

이상 검토대상, 내용, 초점에 대한 설명을 염두에 두면서 아래에서는 우선 서구 자유주의 권리이론들을 통하여 현재 사용되고 있는 권리개념 및 의·책무개념을 유형별로 나누어 각 유형별로 이들 개념에 어떠한 의미관계 구조가 내재되어 있는지를 살펴본다.

서구 자유주의 권리이론들을 읽어가다 보면 크게 두 가지 유형의 권리형태들을 발견할 수 있다. 그 중 한 형태는 동일한 권리내용 속에 권리주체(권리대행 및 권리수임의 경우를 포함하여)가 권리의미 요소와 더불어 이에 상응하는 의무(혹은 책무)의미 요소를 동시에 가지게 되는 권리의 형태이다. 다른 한 형태는 이 권리주체가 가지는 권리의 내용 속에 단지 권리의미 요소만을 가지게 되는 권리의 형태이다. 전자의 경우에 해당하는 권리형태를 '의무(혹은 책무)의미 요소 내포권리' (이하 '내포권리')라고 부르고 후자의 경우에 해당하는 권리형태를 '의무(혹은 책무) 의미 요소 비내포권리' (이하 '외포권리')라고 부르기로 한다. 그러나 비록 이들 권리이론에 별도로 언급되거나 설명되어 있지는 않지만 이러한 권리의 형태를 의·책무와 의·책무주체의 관점에서 보면 위와 동일한 논리에서 '권리의미 요소 포함 의·책무' (이하 '내포 의·책무')와 '권리의미 요소 비포함 의·책무' (이하 '외포 의·책무')의 두 형태로 나누어 볼 수 있다. 이 두 형태의 의·책무는 각각 내포권리 및 외포권리 형태에 대응한다고 할 수 있는 것이다. 따라서 본 논의에서는 이를 추가하여 고려할 것이다.

이제 위에서 구분한 두 가지 권리형태의 실례를 몇몇 대표적 권리이론을 통해 살펴본다. 우선 게워스(A. Gewirth)의 한 논의에 나타나는 '인권' 은 내포권리의 대표적 예에 해당한다. 그는 모든 인간은 그가 인간인 한 인권의 주체이면서 이 인권에 상응하는 의무의 주체임을 전제하면서 "모든 개인은 다른 모든 인간에 대하여 자유와 유복함에 대한 권리(인권)를 가진다. 그러나 다른 모든 인간 역시 이 개인에 대하여 이와 똑같은 권리를 가지기 때문에 이 개인은 (그의 권리 속에) 이들에 대하여 그에 상응하는 의무를 (동시에) 가진다" (1996 : 6)고 말한다. 그리고 위의 인권과 같은 내포권리의 예로 '일할 권리' (1996 : 231), '먹을 권리', '교육받을 권리', '투표할 권리', '자존심을 가질 권리', '자기존엄을 유지할 권리' (1996 : 234 ; 참고 36, 79), '정의로운 전쟁에 참여할 권리' (1996 : 93) 등을 든다.

반면에 게워스는 외포권리로서 약속관계로부터 비롯되는 권리를 대표적 예로 든다. "당신이 내게 10달러를 주겠다는 약속으로부터 내게 당신에게서 10달러를 받을 권리가 생긴다면 당신이나 그 누구에 대하여도 이 10달러를 받을 권리에 상응하는 그 어떠한 의무도 따르지 않는다"(1996 : 233). 그에 의하면 이러한 외포권리는 "상이성 관계"(diversity relations)의 경우, 즉 〈권리-의·책무〉관계에 서는 두 주체 사이에 권리와 의무가 상이하게 부여되는 경우에 포함되는 모든 권리를 말한다(1996 : 233, 234, 37-38, 69-70). 그는 이와 관련하여 "기실 어떤 권리주체가 X에 대해서 가지는 권리로부터 그에 상응하는 의무가 따르지 않는 것이 보다 보편적이다"(1996 : 353)라고 밝힌다. 이로 미루어 게워스가 들고 있는 인권으로 대표되는 내포권리 형태의 예는 대체로 특수한 경우에 해당한다고 볼 수 있고, 약속을 대표로 하는 외포권리 형태 속에 대부분의 권리가 속한다고 볼 수 있을 것이다.

파인버그의 논의 속에서도 두 가지 형태의 권리가 언급되는데, 내포권리의 예로는 불특정 다수를 주체로 하는 '교육받을 권리', '학생들의 면역받을 권리'를 들 수 있다. 그는 이들 권리를 "강제적 권리"(mandatory rights)—권리주체가 그 잠재적 대상자 및 자신에 대하여 권리뿐 아니라 이에 상응하는 의무 또한 가지게 되는 권리—라고 부른다(1980a : 157). 그리고 외포권리의 예로는 "특별권"(rights *in personam*, or special rights), 즉 특정 개인 간의 인적·물적 교류관계로부터 비롯되는 권리 혹은 "요구권"(claim-rights)의 영역에 속하는 〈채권-채무〉관계의 '빚받을 권리', 약속관계의 '약속받은 내용에 대한 권리', 〈상해(傷害)-보상〉관계의 '보상받을 권리' 등을 찾아볼 수 있다(1966 : 142, 137-142).

라이온즈의 논의 속에서는 내포권리의 예로 '투표할 권리'를 들 수 있는데, 그의 다음과 같은 언급으로 미루어 더 많은 예가 있을 수 있음을 알 수 있다. "사람들은 어떤 것을 수행할 권리가 있다는 (그들의) 주장을 종종 (그들에게) 그것을 수행할 적극적 책무가 있음을 보임으로써 정당화할 수 있다"(1970 : 55). 즉 라이온즈는 '투표할 권리' 외에 사람들의 언행 속에서 내포의무 및 내포권리의 더 많은 예를 확인할 수 있다는 여지를 남겨놓고 있는 것이다. 반면에 그의 논의 속에 드러나는 외포권리의 예로는 "(권리-의·책무) 대응구조의 가장 분명한 경우" 혹은 "(권리-의·책무의) 긴밀한 대응관계"(tight correlations)의 경우로 들고 있는 "빚받을 권리"(1970 : 45-6)를 위시하여 "약속이나 서약, 보상을 필요로 하는 상해(傷害), 부모와 자식관계, 학생과 교사와의 관계 등의 결과"로 발생되는 권리들이 언급된다(1970 : 46-7).

끝으로 하트의 논의 속에 나타나는 두 가지 권리형태의 예들을 살펴본다. 그의 논의 중에서 분명하게 명시된 내포권리 형태의 예는 "특별권"의 범주에 속하는 "규제의 상호성"(mutuality of restrictions)[8]으로부터 비롯되는 권리들이다. 또 위의 예와 같은 '특별권'의 범주에 속하는 경우로서 "특별한 자연관계"(special natural relationship, 1955 : 187)—이를테면 "부모와 자식관계"—로부터 비롯되는 권리도 이에 덧붙일 수 있다. 부모와 자식관계에서 아이가 성인이 될 때까지 부모는 아이에 대한 양육권뿐 아니라 동시에 양육의무 또한 가진다고 볼 수 있기 때문이다.

---

8 하트는 이를 다음과 같이 설명한다. "일군의 사람들이 상호 협업관계에 서게 되면 이들 각자는 그 협업공동체의 규칙이 정하는 바에 복종할 책무를 가지게 되는데 … 이들 각자는 (그 협업공동체의 다른 모든 구성원들에 대하여 비슷한) 복종을 (요구할) 도덕적 권리를 가진다."(1955 : 185)

그 밖에 내포권리로 추정할 수 있는 예들이 있다. 이를테면 그에 의해 유일한 "자연권"(natural right)으로 불리고 있는 "평등한 자유권"이 이에 해당한다.[9] 그리고 '자연권'의 "구체적 예"(1955 : 176, 188)로 보는 "일반권"(rights *in rem*, or general rights, 1955 : 187–188)—즉 불특정 개인이 불특정 다수에 대하여 가지는 보호적 권리—도 내포권리에 해당된다. 이와는 대조적으로 하트가 구분하고 있는 '특별권'의 범주에 속하는 그 밖의 모든 권리는 외포권리의 예에 속한다고 볼 수 있다. 그는 그 대표적 예로 '약속관계로부터 비롯되는 권리'(1955 : 184)를 든다. 이 예는 파인버그나 라이온즈의 외포권리에도 포함되어 있다.

이상 살펴본 두 유형의 권리형태들과 이에 대한 권리이론가들의 설명에 근거하여 아래에서는 이들 두 유형의 권리형태가 가지는 의미관계를 분석하고 분석을 통해 드러난 구조의 특성에 대해 검토한다. 그러나 그 전에 잠시 〈권리–의·책무〉개념 관계와 권리 혹은 의·책무개념 자체에 내재되어 있는 의미관계의 차이를 통하여 의미관계에 대한 분석상의 한계에 대해 살펴본다. 첫 번째는 비가시성의 한계로서, 개념관계는 구체적으로 권리와 의·책무 사이의 〈개념–개념〉관계로 나타나기 때문에 겉으로 드러나는 반면, 의미관계는 한 개념의 내부 내용을 구성하는 의미요소 사이의 〈의미요소–의미요소〉 관계로 개념 내부에 내재하

---

9 하트는 이 자연권을 "평등하게 자유로울 수 있는 권리(equal right to be free)는 … 모든 인간이 그들이 특정 사회의 구성원으로서나 개인 간에 이루어진 모종의 특별관계에 서 있기 때문이 아니라 그저 인간으로서 가지는 권리"(1955 : 175)로 설명한다. 이로부터 게워스의 '인권'에서와 같이 모든 인간 개개인은 부여된 이 권리와 더불어 자신 이외의 타자들에 대하여 이 권리를 존중해 주어야 할 의무 또한 지게 된다고 추론할 수 있다.

기 때문에 겉으로 드러날 수 없다는 점이다. 따라서 두 번째 한계는 실효성(결정성과 가시성) 있는 관계의 비표출성으로, 개념관계는 개념관계 자체에 대한 분석만으로 그 관계성을 실효적으로 드러낼 수 있는 반면,[10] 의미관계는 그 자체에 대한 분석만으로는 그 관계성을 실효적으로 드러낼 수 없으며, 단지 개념이 사용되고 있는 문맥이 부여하는 실효적 관계성에 의존한다는 점이다. 그 결과 세 번째 한계는 구조분석의 한계성으로, 개념관계는 그 자체로부터 개념관계 구조의 실효성 있는 특성을 분석해낼 수 있음에 비해 의미관계는 그 자체로부터 의미관계 구조의 실효성 있는 특성을 분석해낼 수 없다는 점이다.

이상 개념관계와의 비교를 통해서 살펴본 의미관계에 대한 분석상의 한계(비가시성, 비표출성, 구조분석 한계성)를 극복하기 위해 '의미론적 분석'(semantic analysis)을 원용한다. 여기서 '의미론적 분석'은 개념의 의미에 대한 이해와 의미 내 의미요소 간 관계를 이 개념이 사용된 '문맥'(context)을 통해서 파악하는 분석기법으로 이해한다. 이를 원용하는 이유는 궁극적으로 권리(및 의·책무)개념 의미관계 구조의 가시적이면서도 결정성을 가지는, 즉 실효성 있는 특성을 드러내기 위한 것이다. 의미론적 분석을 원용할 때 개념에 대한 모든 의미론적 분석이 그렇듯이 권리(및 의·책무)개념의 의미요소 간 관계에 실효성을 부여해 줄 수 있

10 물론 개념관계도 실효적 관계성의 표출에서 일정의 한계를 지닌다. 이 한계는 3장 2절-2)의 라이온즈의 대응구조에서 보았듯이 관계의 중의성(重義性)과 같이 제약적 결정성으로 나타나는데, '세 번째 한계'에서 대비된 개념관계구조 특성의 실효성에도 그대로 적용된다. 개념관계 및 개념관계구조가 가지는 이러한 한계들은 개념관계 및 개념관계구조가 주체관계구조의 구조결정력의 범위 내에서만 실효성을 가질 수 있음을 말해준다.

는 문맥에 대한 선별이 선결되어야 한다. 문맥이 부여하는 의미요소 간 관계의 실효성은 바로 문맥의 실효성이기 때문이다. 모든 실효성 있는 문맥들이 여기서 일일이 고려될 수 없기 때문에 이들을 구조적 특성 속에 수렴하고 있는 문맥이 대표문맥으로 선별된다. 이렇게 볼 때 여기서는 3장 1절 및 3장 3절에서 도출하고 본장 1절 및 2절에서 살펴본 주체관계 구조와 개념관계 구조가 선택된다. 따라서 본절에서의 의미론적 분석을 통한 권리(및 의·책무)개념의 의미관계 구조에 대한 검토는 이들 두 구조가 문맥상으로 가지게 되는 구조적 규정력(이하 '구조규정력'[11])의 범위 안에서만 실효성 있는 결과를 도출할 수 있게 된다.

이제 의미론적 분석의 불가피성과 '구조규정력'을 염두에 두고 위에 집약한 두 유형의 권리개념들에 대한 의미관계에 대해 분석한다. 그리고 3장 3절에서 도출한 의미관계 기본구조 특성과의 부합 여부, 그 부합 여부가 권리관계 주체들의 소외에 대해 가지는 의미를 살펴본다. 두 유형 중 외포권리는 결론부터 미리 밝히면 불균형 의미관계 구조를 가지는 권리들이다. 그렇다면 이들 권리에 대응하는 의·책무개념들 역시 불균형 의미관계 구조를 가지는 것이 되겠다. 이들 외포개념들이 불균형 의미관계 구조를 가지는 이유는 다음과 같다.

---

11 이 구조규정력은, 단일행정(行程) 속의 권리관계를 3세부관계구조들로 구성되는 권리체계로 분석하는 데서 기인하는데, 권리관계체계를 구성하는 3세부관계구조들 사이의 질서로부터 나오는 힘이다. 이 구조규정력은 주체관계구조 〉 개념관계구조 〉 의미관계구조의 순의 크기로 배열된다. 주체관계구조와 개념관계구조 사이의 구조규정력관계에 대해서는 라이온즈의 대응구조를 예로 들어 설명하고 있는 앞의 각주를 참고하고, 의미관계구조와 나머지 두 구조 사이의 관계에 대해서는 본문에 나오는 관련 설명 참고.

첫째, 모두(冒頭)에 개념유형을 분류할 때 정의한 내용에서 보듯이 이들 개념은 '의 · 책무요소를 포함하지 않는 권리개념' 내지는 '권리개념요소를 포함하지 않는 의 · 책무개념' 이기 때문이다. 이러한 외포개념의 의미요소 간 관계는 〈권리의미 요소 → 의 · 책무의미 요소〉 관계와 〈권리수행 의 · 책무의미 요소 ← 의 · 책무이행 권리의미 요소〉 관계가 상호 대응하면서 균형을 이루어야 함에도 〈권리의미 요소 → 의 · 책무의미 요소〉 관계 하나만 존재한다. 그 결과 권리주체를 중심으로 하는 의미관계상의 불균형이 발생된다. 불균형성을 내용으로 하는 의미관계의 외양상의 특징은 앞절 일방성과 편중성을 외양상 특징으로 가지는 현행 주체관계 및 현행 개념관계에 유추될 수 있다.

둘째, 이들 개념은 게워스의 상이성 관계 이론에서 나타나듯이 서구 자유주의 권리이론 및 담론에 보편적으로 나타나는 권리형태라는 점에서 그렇다. 이 말은 이들 보편적인 외포개념들이 앞서 살펴본 현행 주체관계 구조 및 현행 개념관계 구조의 불평등성과 비상호성을 특징으로 하는 구조규정력 속에 있음을 말해주는데, 불평등성과 비상호성이 의미요소 간 관계에서의 불균형성으로 수렴된다. 결국 외포개념들의 의미관계 구조의 특성은 그 자체 의미관계가 형성해내는 특성에서나 문맥상의 구조규정력에 의해 부여되는 특성 양면에서 불균형성이 된다. 이러한 불균형성은 모두에서 밝힌 바처럼 권리관계 주체 간의 불균형적 타자배려와 비도덕성으로 이어진다.

외포개념들의 의미관계 구조에 대한 검토 다음에 남는 문제는 서구 자유주의 권리이론 및 담론에서 예외적 권리형태인 내포권리가 가지는 의미관계 구조에 대한 검토다. 그러나 그 의미관계 구조를 검토하기 전에 미리 밝혀야 할 것은 여기서 검토할 내포권리는 위와 같은 '예외성' 외에도 이 글의 논지에 해당하는 내포권리의 범위가 몹시 제한적이라는 점이다. 범위의 제약은 첫째, 위의 예들 중 일반권에 해당하는 모든 내포권리는 권리관계체계의 한 구성구조인 의미관계 구조조차도 가질 수 없다는 점에서 기인한다. 그 이유는 이 일반권은 모두 불특정 다수를 대상으로 하는 '선언적' 권리이므로 구체적 권리주체 관계로 수렴되기 전에는 권리관계를 구성할 수 없기 때문이다. 이를테면 '모든 사람의 말할 권리'는 'A가 B에게 말할 권리'의 형식으로 수렴될 때에만 구체적 권리관계를 구성한다. 둘째, 내포권리들 중 게워스의 '인권'을 비롯한 예들, 파인버그의 '강제적 권리', 라이온즈의 '투표권' 등에 내포된 '의·책무'는 권리관계에서 서로 마주하는 상대방을 향해 있기보다는 권리주체의 권리를 강화하는 방향으로 편향되어 있어 모두에 정의된 내포권리의 범주에 포함시키기 어렵기 때문이다. 즉 이들 내포권리는 그 의미의 초점을 정의에 함의된 '의·책무이행 권리' 대신에 '권리수행의 의·책무'에 두고 있는 것이다.

이상 두 제약사항을 고려하면 위의 예들 중에서 권리관계 기본체계로 편입될 수 있는 의미관계 구조의 내포권리(이하 '적합내포 권리')는 하트의 '상호 규제 의·책무권리', '〈부모-유아〉 간 권리'만으로 압축된다. 그리고 여기에 한 가지 덧붙이면 앞서 살펴본 레인볼트의 '의무권리(채무이행 권리)'가 될 것이다. 물론 이들에 대응하는 내포 의·책무들은 적합 의·책무가 된다. 그러나 이들 적합 내포개념들마저도 비록 '권리관계 기본체계'에 부합하는 의미관계 구조를 가지고 있지만, 구조규정력의 제약에 걸려 주체관계 구조나 개념관계 구조라는 문맥에 의탁하지 않고 독자적으로는 권리관계체계의 의미관계 구조로 편입될 수가 없다.[12] 내포권리가 가지는 이와 같은 범위상의 제약성 및 구조규정력상의 한계는 이 권리에 대응하는 의·책무에도 모두 해당한다. 결국 적합 내포개념들을 포함하는 모든 내포개념들에서도 실효성 있는 의미관계는 외포개념들에서와 같이 불균형성을 특성으로 가지는 구조로 나타나는 것이다. 다만 한 가지 다른 점은 외포개념들에서와는 달리 적어도 적합 내포개념들에서의 의미관계 구조의 불균형성은 그 자체적 특성에서 형성된 것이 아니라 문맥상의 구조규정력에 의해 부여된 것이라는 점이다.

지금까지의 서구 자유주의 권리이론 및 담론에서 차용되고 있는 현행 권리(및 의·책무)개념이 가지는 의미관계 구조에 대한 검토결과는 외포와 내포의 개념유형상의 차이에도 불구하고 이들 개념은 불균형성을 특성으로 하는 의미관계 구조를 가지는 것으로 나타났다. 불균형성을 특성으로 하는 현행 의미관계 구조는 우선 그 구성의 면모에서 '의·책무의미 요소 포함 권리의미'와 '권리의미 요소 포함 의·책무의미'가 균형관계를 이루고 있는 의미관계 기본구조에 대해 대척적이다. 현행 의미관계 구조는 '의·책무의미 요소 불포함 권리의미'와 이에 대응하는 '권리의미 요소 불포함 의·책무의미'로 구성되는 불균형 구조를 이루고 있는 모습인 것이다. 다음으로, 그 내용에서도 주체관계 구조의 평등성과 개념관계 구조의 상호성이 권리관계 주체들 상호 간의 인적·물적 배려, 즉 역지사지의 타자배려관계를 내용으로 하는 의미관계 기본구조

---

12 이렇게 압축된 3가지 예들은 본절에서 언급된 내포권리의 예들 중 정의된 내포권리개념의 의미에 부합하지만, 구조규정력의 한계에 걸려 의미관계구조에서 구조결정력을 가질 수가 없다. 이를테면, 레인볼트의 '의무권리(채무이행권리)'는 내포권리의 의미에 충실하게 '빚받을 의무'와 '빚갚을 권리'가 있음을 적시하지만, 채권 및 채권자 패권만을 지지해 주는 현행 개념관계구조와 현행 주체관계구조가 지배하는 현실에서는 그 본의가 현실화될 수 없는 것이다.

(이하 '기본구조')에 대해서 대척적이다. 이 대척성은 현행 의미관계 구조(이하 '현행 구조')는 현행 주체관계 구조의 불평등성과 현행 개념관계 구조의 비상호성을 반영하여 권리관계 주체들 상호 간의 역지사지의 타자배려관계 대신에 권리주체를 중심으로 하는 편중관계를 내용으로 가지고 있는 것이다. 끝으로, 모두에서 밝힌 바처럼 각 의미요소에는 권리관계에 서는 주체들의 인간존엄성과 인간자격이 담겨 있기 때문에 현행 의미관계 구조가 의미관계 기본구조에 대해서 가지는 이상의 외양상 · 내용상의 대척성은 비도덕성으로 이어진다.

비도덕성으로 이어지는 이러한 대척성은 한편으로는 현행 구조가 기본구조에 부합하지 않을 뿐만 아니라 현행 구조가 기본구조로부터 일탈 · 소외되어 있음을 말해준다. 현행 구조의 기본구조로부터의 소외는 주체 사이 자율성 평등과 상호성을 내용으로 하는 역지사지의 타자배려관계로부터 의 · 책무주체가 구조적으로 소외되어 있다는 의미이다. 의 · 책무주체가 타자배려관계로부터 소외되어 있다는 것은 동시에 도덕적 인간관계로부터 소외되어 있다는 말이기도 하다. 의 · 책무주체의 역지사지의 타자배려관계 및 인간적 도덕관계로부터의 소외되어 있다는 것은 권리관계 두 주체 사이의 균형관계가 권리주체 편중의 자기중심관계로 변모됨으로써 의 · 책무주체의 인간의미는 권리관계에서 구조적으로 주변화되어 있음을 말해준다. 그리고 의 · 책무주체의 '주변화'는 권리주체에 의해 의 · 책무주체의 인간존엄성 및 인간자격이 훼손 내지는 무시되고 있다는 의미이다. 그러나 주변화로 인한 인간존엄성 및 인간자격의 훼손/무시는 의 · 책무주체에 국한되지 않는다. 2장 4절에서 살펴본 인간존엄성의 기준이나 인간존엄성에 근거한 인가자격의 기준에 초점을 맞출 때 의 · 책무주체의 주변화를 구조화하고 있는 의미관계

구조에 같이 동참하고 있는 권리주체 역시 의 · 책무주체와 마찬가지의 도덕적 피해자가 되는 것이다. 권리 없는 책임만 지는 의 · 책무주체가 인간존엄성/인간자격 상실(결손)의 직접적 피해자라면, 의미관계 구조상 책임지지 않고 권리만 향유하는 권리주체는 인간자격/존엄성의 상실(결손)의 간접적 피해자가 되기 때문이다. 책임질 줄 모르는 인간이 어떻게 존엄하며, 책임만을 짊어지고 행동의 자율적 재량이 없는 인간이 어떻게 존엄할 것인가? 그래서 권리를 수반하는 의 · 책무와 의 · 책무가 따르는 권리(주체관계), 권리수행 의 · 책무와 의 · 책무이행 권리(개념관계), 권리수행 의 · 책무의미 요소와 의 · 책무이행 권리의미 요소(의미관계) 등의 대응구조는 인간자격/인간존엄성이 담긴 권리의 의미의 내포를 구성하는 중심요소가 되는 것이다. 결국 역지사지의 타자배려로부터의 소외는 인간자격으로부터의 소외이고, 이 자격으로부터의 소외는 바로 인간의 도덕적 정체성의 소외로 이어지는 것이다.

더구나 이렇게 구조화된 소외는 앞의 1절에서와 동일한 사회적 확산의 논리에서 사회적으로 구조화된 소외현상이 된다. 사회관계기본형식으로서의 권리관계에서 현행 주체관계 구조가 구조화된 자율성 불평등의 소외를 범사회적 인적 관계의 네트워크에 엮어넣듯이, 또 현행 개념관계 구조가 구조화된 비상호성과 부정의의 소외를 범사회적 물적 관계의 네트워크에 엮어넣게 되듯이 현행 의미관계 구조는 구조화된 인간자격에 대한 훼손/무시의 소외를 범사회적 윤리 네트워크에 엮어넣게 되는 것이다. 이 때 범사회적 윤리차원의 타자성 훼손/무시의 소외가 사회구성원들에 대해서 가지는 의미는 사회 도덕성의 훼손 내지는 파괴가 된다. 권리관계가 사회관계기본형식인 만큼 그 주체관계 및 물적 관계의 의미가 정착되는 의미관계는 사회협업의 측면에서 협업공동체 윤리관계의 근거가 되는데, 이 협업공동체 윤리관계야말로 사회구성원들의 도덕성을 지탱해 주는 버팀대가 되기 때문이다. 우리가 오늘날 주변에서 흔히 목격하는 것처럼 일부 사채업자나 고리대금업자들의 살인을 비롯한 비인간적 행태들, 노조의 힘에 의탁할 수 없는 근로자들의 정당한 노동권과 임금권을 짓밟고도 무사할 수 있는 기업들의 행태, 채산성 제고에 가려진 공해산업들의 생태계 파괴 행태 등, 부도덕한 이들 행태들은 타자성의 훼손/무시가 사회적으로 구조화된 가운데 협업공동체 윤리가 훼손 내지 파괴되고 있다는 징표에 다름 아닌 것이다.

4. 소외된 권리관계의 사회현상화와 폐단

본장은 권리 패러독스의 한 근거를 현행 권리관계에서 비롯되는 소외문제로부터 찾아보기 위한 것이었다. 소외문제를 패러독스에 연결시킨 이유는 사회의 기본관계 형식인 권리관계가 현실에서 강조되고 조밀해질수록 협업공동체로서의 사회의 협업질서와 협업유대, 그리고 협업윤리는 그 본의로부터 도를 더하며 더욱 빗겨나기 때문이었다. 또 권리관계로 구체화되는 권리에 집착하면 할수록 권리는 그 근거 및 내용에서 본원이 되고 있는 삶, 사회적 존재로서의 인간 삶으로부터 점점 더 멀어져 가는 것이 현실이기 때문이었다. 현상에 대한 강화와 집착이 그 본원의 약화와 소원으로 이어진다면 패러독스와 소외는 현행 권리관계라는 동전의 양면인 것이다. 현행 권리관계의 검토를 위하여 현행 권리관행과 제도를 담고 대표적 서구 자유주의 권리이론으로부터 3가지 권리관계 구조들을 추출하고 분석하여 각각의 특성을 도출하였다. 이어서 도출된 각각의 권리관계 구조의 특성을 3장 3절의 권리관계 기본구조들의 특성과 비교하면서 현행 관계구조들이 빚어내는 소외의 원인과 내용, 사회적 확산경위 및 결과적 사회현상, 사회의 주요 기본가치들에 대한 함의 등에 대해 살펴보았다.

이하에서는 다음과 같은 4가지 사안에 대해 논의하면서 본장을 마무리할 것이다. 1) 앞절의 현행 권리관계 3구조에 대한 논의를 소외를 중심으로 요약해 보고, 이로부터 공통점을 수렴하여 단일 행정(行程)으로서의 현행 권리관계가 빚어내는 소외의 총체적 특성을 도출해 본다. 2) 도출된 총체적 특성을 가지는 현행 권리관계가 사회적으로 확산되어 방치될 경우 결과적으로 어떠한 사회현상으로 귀결될지, 그리고 이러한 결과에 이르지 못하도록 억제하고 있는 법적 · 정치적 억제기구들의 성격에 대해 살펴본다. 3) 현행 권리관계가 빚어내는 소외의 총체적 특성상 귀결될 수밖에 없는 필연적 귀착점을 추론하고, 그 귀착점에 있는 오늘날의 대표적 권리관계는 무엇인지 확인해 본다. 4) 끝으로 이 대표적 권리관계가 결과적으로 어떠한 폐단들을 낳게 되는지를 생각해 본다. 다만, 이러한 생각이 필자에만 국한된 생각이 아님을 회자되는 이론가들의 입을 빌려 방증해 보려 한다. 그리고 그 방증의 신빙성을 높이기 위하여 권리이론과 동일한 사상적 · 이론적 전통에 있는 자유주의 이론가들의 입을 빌려볼까 한다.

우선, 본장에서 그간 논의된 내용에 대해 요약한다.

현행 권리관계 3구조로부터 야기되는 소외 관련 논의를 각 구조별로 요약하면 다음과 같다.

1) 현행 주체관계 구조와 평등한 자율성의 소외, 현행 주체관계

구조에서의 소외는 주체관계 기본구조의 특성인 자율성 평등에 근거해야 할 주체 간 관계질서가 현행 구조에서 권리주체 중심의 일방적 패권을 구조화하는 불평등 질서로 변모되어 기본구조로부터 일탈/소외된 데서 비롯되었다. 소외의 대상은 의·책무주체였고, 소외내용은 의·책무주체의 자율성과 이에 내재된 인간존엄성이었다. 이런 의미에서 현행 주체관계 구조는 권리주체와 평등한 자율성과 인간존엄성이 확보되어야 할 권리관계로부터 의·책무주체를 소외시키는 구조였다. 의·책무주체의 이러한 소외는 사회관계기본형식으로서의 권리관계의 보편적 성격 때문에 불평등하고도 자율적이지 못한 사회질서로 이어질 속성을 가지고 있었다.

2) 현행 개념관계 구조와 상호성의 소외. 현행 개념관계 구조에서의 소외는 개념관계 기본구조의 특성인 상호성에 근거해야 할 권리주체와 의·책무주체 사이의 상호 협업이 현행 구조에서 비상호성으로 변모되어 일탈/소외된 데서 비롯되었다. 소외의 대상은 의·책무주체였고, 소외의 내용은 협업과정과 결과에 결부된 부담과 이익에 대한 분담이 권리주체의 이익을 중심으로 비상호적으로 편중됨으로써 안게 되는 정의롭지 못한 부당한 손실이었다. 이런 의미에서 현행 개념관계 구조는 정의로워야 할 협업관계로서의 권리관계로부터 의·책무주체를 소외시키는 구조였다. 의·책무주체의 이러한 소외는 사회관계기본형식으로서의 권리관계의 보편적 성격 때문에 사회의 협업공동체적 유대의 훼손 내지 파괴로 이어질 속성을 가지고 있었다.

3) 현행 의미관계 구조와 균형적 타자배려의 소외. 현행 의미관계 구조에서의 소외는 의미관계 기본구조의 특성인 (주체관계질서의 평등성과 〈권리-의·책무〉관계로 표현되는 협업상의 상호성을 수렴하는) 타자배려

의 균형성이 현행 구조에서 불균형성으로 변모되어 일탈/소외된 데서 비롯되었다. 소외의 직접대상은 의·책무주체였지만 권리주체도 간접대상이었다. 소외의 내용은 권리주체 중심의 의미관계 편중에 의한 의·책무주체의 도덕적 정체성에 대한 훼손 내지는 무시였다. 이런 의미에서 현행 의미관계 구조는 역지사지의 타자존중을 그 기본틀로 가져야 할 권리관계로부터 의·책무주체를 소외시키는 구조였다. 의·책무주체의 이러한 소외는 사회관계기본형식으로서의 권리관계의 보편적 성격 때문에 사회의 협업공동체 윤리와 이에 의해 지지되는 사회구성원들의 도덕성의 훼손 내지는 파괴로 이어질 속성을 가지고 있었다.

그러면 이렇게 요약된 구조별 소외내용을 단일 행정에 담고 있는 현행 권리관계가 총체적으로 가지고 있는 특성과 함의는 무엇일까? 이를 살펴보기 위해 위의 요약에 드러나는 공통점을 수렴해 본다. 권리관계의 총체적 특성은 바로 구조별 특성의 종합된 내용일 것이기 때문이다. 첫 번째 공통점은 소외의 발단과 관련하여 소외는 현행 권리관계 구조들의 특성이 권리관계 기본체계의 구조의 특성과 대척적으로 일탈/소외된 데서 발단한다는 점이다. 둘째는, 소외대상과 관련하여 의·책무주체가 직접적으로 현행 권리관계의 3구조 전반에 걸쳐 소외된다는 점이다. 셋째는, 소외의 내용과 관련하여 의·책무주체에 대한 소외는 권리주체의 권리관계 질서에 대한 패권적 지배, 권리주체에 편중된 협업이익, 권리주체 중심의 편중된 인간정체성 존중을 그 내용으로 한다는 점이다. 넷째는, 소외의 사회현상과 관련하여 이와 같은 내용을 가지는 소외는 사회적으로 확산되면서 사회의 주요 기본가치들(질서평등성, 협업적 사회유대, 타자배려의 협업공동체 윤리와 사회구성원의 도덕성)의 훼손 내지는 파괴로 이어질 속성을 가진다는 점이다.

이상 수렴된 4가지 공통점들을 단일 행정(行程)속에 있는 권리관계의 총체적 특성에 담아 표현하면 다음과 같은 말이 될 것이다. 즉 권리기본관계와 대척적인 현행 권리관계는 사회구성원들에게 질서/이익/정체성 배려의 측면에서 사회협업관계를 전단(專斷)할 수 있는 권리주체측과 이 모든 측면에서 소외된 의·책무주체측 사이의 교호관계를 보편화시킴으로써 사회의 주요 기본가치들의 훼손/파괴하는 속성을 가지는 것이 그 총체적 특성이다. 그러나 이 중 핵심내용은 주권적 독립변수의 위치에 있는 권리주체와 이에 대해 종속변수와 같이 예속된 지위에 있는 의·책무주체 사이의 관계이다. 권리기본관계와의 대척적 소외도 이 관계로부터 발단하며 사회보편화의 대상도, 사회 주요 기본가치들에 대한 훼손/파괴의 속성의 씨앗도 이 관계로부터 배태되기 때문이다. 그래서 이하에서는 현행 권리관계의 핵심적 특성인 〈주권-종속〉의 관계가 사회적으로 확산되었을 경우 어떠한 사회모습으로 나타날지에 대해서 생각해 본다.

〈주권-종속〉의 권리관계는 사회협업에서 필요충족을 넘어 끝 모를 욕망 극대화로 치달을 수 있는 변동폭이 큰 관계이다. 변동폭은 주권자의 자의적 재량에 의해 좌우된다. 주권자는 아무런 책임이 따르지 않는 권리주체이기 때문이다. 이는 앞의 3장 1절에서 보았듯이 게워스의 '상이성 관계이론'에 뚜렷이 나타나 있거니와 하트를 비롯한 대표적 서구 자유주의 권리이론가들의 언급에서도 확인된다. 이러한 주권적 권리는 앞서 살펴보았듯이 주체관계에서는 '의·책무가 따르지 않는 권리', 개념관계에서는 '권리수행의·책무가 없는 권리', 의미관계에서는 '의·책무의미 요소를 포함하지 않는 외포권리' 등 현행 권리관계를 구성하는 3구조 모두에 공통적이다. 그리고 권리관계를 지배하는 주권적 권리의 모습은 권리관계선이 파인버그의 권리 지시방향을 따라 일방단선의 권리지시선 '→' 으로 상징적으로 묘사될 수 있다.

이렇듯 책임이 따르지 않는 주권적 권리가 지배하는 권리관계가 그 사회관계적 보편성을 따라 사회에 확산되었을 경우를 상상해 보라. 사회구성원 전원이 교호적으로 권리주체이자 의·책무주체일 수 있는 상황에서 〈주권-종속〉의 권리관계는 권리주권자의 자의적 재량을 경쟁적으로 극대화하는 쪽으로 몰아갈 것이다. 사회형편이 풍족하지 못할수록 더욱 그렇게 될 것이다. 〈주권-종속〉의 권리관계의 끝, 〈전유-전무〉(all-nothing)관계를 향하여 치달을 것이다. 사회구성원들 너나가 서로 동참하여 경쟁적으로 권리주권의 폭을 넓혀가다가 위와 같은 끝에 달했을 때, 우리는 거기에서 홉스가 말하는 만인 대 만인의 투쟁이 일어나는 '자연상태' (1968 : Chs. XIII, XIV)를 볼 수 있다. 그리고 동시에 그곳에서 홉스의 '권리 패러독스'를 볼 수 있다. 사회구성원 모두가 주권권리의 극대화를 놓고 투쟁하는 상황이 자연상태이고, 극한적 권리투쟁에서 결코 권리가 권리일 수 없게 되는 것이 권리 패러독스이다. 권리 패러독스의 상황에서는 힘이 바로 권리이기 때문에 무력이었든 부력(富力)이었든 강자가 바로 권리주권자가 된다. 홉스가 말하는 '자연권' (1968 : 189-190)이 바로 이러한 권리에 속한다.[13] 결국 현행 권리관계는 그 바탕을 홉스적 자연상태의 자연권관계에 두고 있다고 말할 수 있는 것이다. 이는 홉스와 로크의 자연권 이론 이래 오늘날의 권리이론에 이르기까지

---

13 홉스의 자연권에 대한 보다 자세한 논의는 이봉철, 2003 : 139-148 참고.

자유주의적 권리개념이 의·책무가 빠진 홉스적 자연권임을 밝혀놓은 샤피로(Shapiro)의 연구결과에서도 입증된다(1986 : 275-284).

현행 권리관계가 그 바탕을 홉스적 자연상태의 자연권관계에 두고 있다는 말은 권리 패러독스에 이를 정도의 범사회적 극한 권리투쟁을 억제할 수 있는 스스로의 이론적 장치를 가지고 있지 못하고 있다는 말이 된다. 이론적 장치의 바탕이 되어야 할 권리주권자의 책임, 즉 의·책무가 앞절에서 살펴본 것처럼 현행 권리관계를 구성하는 모든 구조에서 삭제되어 있으니 이는 당연한 귀결이기도 하다. 더불어 현행 권리관계에 대한 검토가 현행 서구 자유주의 권리이론 및 담론에 보편적으로 수용되고 있는 의·책무가 삭제된 3구조를 바탕으로 이루어졌다는 사실에서도 그렇다. 그렇다면 억제기능은 외부의 법적 사회정치제도에 의탁할 수밖에 없다. 그러나 사회상황상이나 법적 제도의 미비가 이 억제기능을 무력화하거나 약화시킬 수 있다. 사회상황이 악화되면 그나마 법적 제도마저도 힘을 쓸 수가 없게 된다. 올해 1월 초 아이티와 3월 초 칠레에 지진이 났을 때 법적·정치적 통제가 풀린 사회혼란상이 좋은 예다. 외부적 억제력은 상황논리의 변수에 불과한 것이다.

더불어 이론적으로 자체 억제장치를 가지지 못한 상태에서 의존할 수밖에 없는 외부의 법적·정치적 제도들은 현행 권리관계의 특성이 반영된 산물이다. 왜냐하면 현행 권리관계는 제도화된 권리질서의 외적 표현이고, 법적·정치적 제도들과 제도화된 권리질서는 서로 표리(表裏)의 관계에 있기 때문이다. 이에 대해서는 다음 5장에서 자세하게 볼 것이지만, 홉스나 로크의 사회계약을 통해 수립되는 공권력 하의 권리질서에서 그 뚜렷한 증거를 찾을 수 있다. 공권력에 의해 구성되는 권리질서는 사회계약의 근본목적에 함의된 근거권리 질서와 이율배반적으로 권리주권자가 주도하는 권리질서인 것이다. 이는 현행 권리관계가 반영된 권리질서이다. 그래서 루소는 홉스와 로크의 사회계약 자체가 한편으로는 힘 있는 강자의 지배적 권리를 보호하면서 다른 한편으로는 약자가 혁명을 통해 그 예속의 굴레를 벗는 것을 합법적으로 차단하기 위한 꼬드김 정치의 결과물이라고 혹평한다.[14] 루소의 혹평이 본 논의에서 시사하는 바는 현행 권리관계의 이론적 바탕 위에서 그 억제기능을 의존할 수밖에 없는 외부의 법적 사회정치제도는 사회파탄을 막으면서도 권리주권자의 권리관계 지배를 정당화해 주는 양면성 속에 있기 쉽다는 점이다. 그래서 현행 권리관계는 판을 깨지 않는 범위에서 강자독식이 합법적으로 허용되는 그런 권리관계이기 쉽다는 것을 시사해 주는 것이다.

이상 〈주권-종속〉관계의 특성을 가지는 현행 권리관계가 사회적으로 나타날 결과의 가능태와 이를 억제하기 위한 법적 · 정치적 억제장치의 성격에 대해 살펴보았거니와, 이러한 현행 권리관계로 엮어지는 사회로부터 평등한 협업질서, 상호적 협업유대, 타자배려의 균형에 근거하는 협업윤리와 사회도덕성 등의 확보를 기대하기는 어려울 것이다. 앞의 각 구조별 논의에서 현행 구조들이 가지는 소외 특성들의 사회적 함의를 논하는 자리에서는 하나의 개연적 속성으로 지적했지만, 이들 사회의 주요 기본가치들은 현행 권리관계에 의해 훼손 내지는 파괴되는 과정으로 현실화될 것이다. 그렇다면 이러한 현행 권리관계에서 〈주권-종속〉

14 전거표시에 혼란의 가능성이 있어 괄호전거보다 각주전거를 선택했음. J.-J. Rousseau, "Discourse on the Origin and Foundations of Inequality" (The Second Discourse) in *The First and Second Discourses of J.-J. Rousseau* : The Second Part(157-162) 참고.

관계는 왜 발생·유지되는 것일까? 인간의 지배욕 때문에? 인간이 사악하기 때문에? 이 질문에 대해 수없이 많은 답이 있을 수 있지만 주어진 논의범위인 권리관계 내에서 답을 찾기 위해서 범위 내에서 논의된 앞 절로 다시 돌아간다. 여기서의 관심은 이하 논의에서 그 이유가 해명되겠지만 권리관계 구성의 틀과 관련된 사항이다.

우선 '3장 3절'의 권리기본관계의 구성틀을 본다. 권리기본관계는 크게 권리관계 전체를 주관하는 인적 관계와 이에 뒤따르는 물적 관계로 나뉜다. 이를 권리기본관계를 구성하고 있는 기본구조들로 나누어 보면 주체관계 기본구조는 평등한 자율성에 입각한 인적 관계의 틀을, 개념관계 기본구조는 상호성에 입각한 물적 관계의 틀을 담아낸다. 그리고 의미관계 기본구조는 평등한 인적 관계와 상호적 물적 관계를 동시에 수렴하여 권리관계 주체들을 인간정체성의 균형적 의미의 틀로 엮어낸다. 이런 의미에서 의미관계 기본구조는 인적 관계와 물적 관계 모두를 포함하는 동시에 양편 모두에 나뉘어 속할 수 있다. 결국 권리기본관계가 인적·물적 두 관계로 구성되는 것은 3구조로 나누어 보아도 마찬가지인 것이다. 두 관계 중 인적 관계는 평등관계이기 때문에 '동시 쌍방 복선관계'로 표시된다. 이를 [A ⇄ B]로 표시할 수 있다. 물적 관계는 논의의 편의를 위해 특정의 한 시점만을 기준으로 하면 [A → (X) → B]로 표시된다. 여기서 '(X)'는 유·무형의 가치이다. 연결선 '→'는 앞서 본 바와 같은 파인버그의 권리지시선이다. 그러나 물적 관계에만 초점을 맞출 경우 이 연결선은 권리지시선이 아니라 물질운동의 자연법칙에 따른 '명령선'의 의미를 가진다.[15]

다음으로 앞의 논의 1절, 2절, 3절에서 살펴본 '현행 권리관계' 구성틀을 기호로 도식화해 본다. 위의 '3장 3절'에 대한 내용과 중복되는 부분을 피하면 인적 관계는 [A → B], 물적 관계는[A → (X) → B]로 나타난다. 기본관계와 현행 관계의 다른 점은 인적 관계에서 전자의 쌍방복선관계와 후자의 일방단선관계와의 차이다. 물적 관계는 공통적으로 언제나 한 방향만으로 이루어지는 것으로 나타날 수밖에 없다. 특정의 한 시점에서 어떤 물질이 한 곳에 존재하는 동시에 그곳에 존재하지 않을 수는 없기 때문이다. 물적 관계는 물질운동의 자연법칙을 반영할 뿐인 것이다.

권리기본관계의 구성틀과 현행 권리관계의 구성틀을 비교하여 살펴본 위의 내용에서 현행 권리관계 구성틀의 기호도식상의 특성은 인적 관계에서 전자의 쌍방복선, [A ⇄ B]에 대한 후자의 일반단선, [A → B]라 할 수 있다. 물적 관계는 두 틀 모두에서 공통적으로 [A → (X) → B]로 나타나므로 특성에 들 수 없다. 왜냐하면 특성은 변별성을 중심내용으로 하는데 물적 관계는 두 틀에서 공통적이어서 변별성이 없기 때문이다. 그러나 [A → B]로 도식화된 현행 권리관계 구성틀의 인적 관계(이하 '현행 인적 관계')는 일방단선관계라는 점에서 물적 관계의 기호도식과 그 형식에서 같다. 똑같이 일방단선관계다. 똑같다는 말은 인적 관계의 권리지시선이 물질운동의 '명령선'과 동일화되었다는 말이다. 〈주권-종속〉의 인적 관계가 물질운동의 명령관계로 동일화된 것이다.

물론 이러한 동일화도 권리관계를 시종일관 주관하는 권리관계

---

15 여기서의 물질운동은 평형상태에 있던 물질이 이동하면서 평형이 교란되고 다시 제로섬의 평형(zero-sum equilibrium)복구를 위하여 벌어지는 열역학적 물질(가역)운동을 말한다. 이 운동의 동인(momentum)은 불평등이며, 이 동인은 평형복구의 명령에 따라 작동한다.

주체들 간 인적 관계가 만들어낸 것이다. 단일 행정(行程)의 권리관계를 구성하는 인적 관계와 물적 관계 중 물적 관계는 스스로 관계를 설정하는 작위능력(作爲能力)이 없기 때문이다. 이러한 동일화는 인적 관계에서 있는 두 주체 중 권리주체에 의해 주도된 것이다. 왜냐하면 권리주체가 주권자이기 때문이다. 그러나 권리관계의 사회기본관계로서의 보편성 속에서 사회구성원 누구나 교호적으로 권리주체가 될 수 있으므로 권리관계에 참여하는 사회구성원 전원에 의해 이루어진 것으로 보아야 한다. 더 넓게 보면 사회적 존재로서의 인간은 권리관계를 통해 사회적 삶을 영위하므로 권리관계에 참여하는 인간 모두에 의해서 이루어졌다고 보아야 할 것이다.

그러면 권리관계에 참여하는 사회구성원이나 더 넓게 권리관계에 참여하는 인간 모두에 의해서 동일화가 이루어진 이유는 무엇일까? 기본적으로는 생존과 삶의 필요충족을 위해서일 것이다. 권리관계는 필요충족을 위한 유·무형 가치창출의 협업관계이기 때문이다. 그러나 권리기본관계에서 보았듯이 인적 관계의 물적 관계로의 동일화 없이, 즉 인적 관계를 쌍방복합관계로 유지하면서도 필요충족을 위한 권리협업관계는 이루어질 수 있다. 현행 권리관계에서 위와 같은 동일화가 이루어지고 있는 데는 필요충족을 위한 협업이라는 이유 외에 또 다른 이유들이 있어야 할 것이다. 여기에서 우리는 두 가지 사실을 고려하게 된다. 하나는 자연적 사실로서 유·무형의 가치는 희소하다는 점이다. 다른 하나는 인류의 사회역사적 사실로서 예나 지금이나 이 희소가치는 전쟁, 생존경쟁, 증식투쟁의 대상이 되어왔다는 점이다.

그러나 이 두 사실이 그대로 동일화의 이유로 연결되는 데는 무리가 있다. 희소한 가치를 더 크게 하거나 좀 적게 가지면 되는 것이고,

전쟁이나 투쟁 대신에 그에 쏟는 에너지를 더 긴밀한 협업을 이루어 가는 데 사용할 수 있기 때문이다. 그렇게 하는 가운데 권리기본관계는 유지될 수 있다. 자연적 사실과 사회역사적 사실 사이의 연결에도 같은 논리가 적용될 수 있다. 자연적 사실과 인류의 사회역사적 사실, 이 두 사실을 서로 연결하는 데에, 그리고 동일화와 두 가지 사실을 함께 묶어 연결하는 데에, 이들의 연결을 자연스럽게 이어주는 개념으로는 '유·무형 가치에 대한 소유욕', 즉 '재산 소유욕' 이외에 또 다른 개념이 있을까?

재산 소유욕에 대해 살펴보려면 루소의 '허영(*amour propre*)이론'[16]을 비롯하여 소유욕 근거와 관련한 수많은 도덕심리학적 이론들을 소개·검토해야 할 것이다. 재산 소유욕의 사회적 현상과 관련해서는 자유주의 전통의 재산권 이론을 비롯해서 사회주의 계열의 자본주의에 대한 수많은 분석이론들을 소개·검토해야 할 것이다. 더구나 〈지배-종속〉관계에 재산 소유욕을 연결시킬 경우 〈생산수단-지배수단〉관계, 〈부-권력〉관계와 관련한 수많은 '정치경제학' 이론들을 소개·검토해야 할 것이다. 그러나 다양하고도 다대한 양의 이론들에 대한 소개·검토는 필자의 능력범위나 본 논의의 범위를 훨씬 초과한다. 다만 본 논의의 범위에서 볼 때 재산 소유욕은 위에 언급한 인류의 사회역사적 사실의 근거이자 〈지배-종속〉 권리관계의 근거인데, 그 체현된 구체적 모습을 오늘날의 대표적 권리개념인 '재산권' 개념에서 확인할 수 있다는 점에서 엄청

16 전거표시에 혼란의 가능성이 있어 괄호전거보다 각주전거를 선택했음. J.-J. Rousseau, "Discourse on the Origin and Foundations of Inequality" (The Second Discourse), in *The First and Second Discourses of J.-J. Rousseau* : The First Part(특히 preface 〈91-97〉, 112, 130.

나게 초과될 노력에 대한 걱정을 덜 수 있을 것 같다.

재산권 개념은 5장에서 권리질서와 관련하여 살펴보겠지만, 오늘날의 권리이론을 포함한 자유주의 정치이론의 태두인 홉스와 로크의 자연권 이론에 그 역사적 뿌리를 두고 있다. 그리고 그 범위는 로크의 정의에 잘 나타나 있듯이 소유물에 대한 권리뿐 아니라 생명 및 자유에 대한 권리에 이르기까지 삶과 관련된 거의 전 영역을 포괄한다(1963 : §25, §27).[17] 이러한 역사적 깊이와 포괄성을 지닌 오늘날의 재산권은 권리기본관계의 내용인 필요충족권의 변형된 모습이고, 인적 관계를 물적 관계로 동일화시키는 맥점이 되며, 결과적으로 현행 권리관계의 본질이 응집된 총체적 표상이 된다. 현행 권리관계는 오늘날 재산권관계에 의해 대표되고, 오늘날 재산권관계는 바로 현행 권리관계가 사회적으로 응축된 사회기제가 되는 것이다.

그러면 오늘날 권리관계의 총체적 특성이 체현된 사회기제로서의 재산권관계가 빚어내는 소외는 어떠한 현상으로 나타날까? 첫 번째로, 재산권관계의 주체관계 구조에서의 소외현상이다. 인적 관계와 물적 가치관계의 동일화(이하 '동일화')는 물적 관계가 인적 관계로 일치되어 동일화되는 것이 아니라 인적 관계가 물적 가치관계로 흡수되어 동일화되는 모습이므로 인적 관계의 소외현상으로 나타날 것이다. 이는 재산으로 표현되는 물질가치를 주관해야 될 재산권관계 주체들을 거꾸로 물질가치가 주도하는, 아니면 적어도 이들 주체가 물질가치 사이의 관계를 대리하는 역전현상을 부를 것이다. 그리고 좀더 넓게 보면 물질가치의

---

17 로크의 재산권 이론에 보다 자세한 논의는 이봉철, 2003 : 148-155 참고.

세계(이하 '물질계')를 주관해야 될 인간세계가 거꾸로 물질계에 의해 주도되는 현상, 아니면 적어도 인간세계가 물질계와 등치되는 역전현상으로 나타날 것이다. 이러한 현상이 무엇을 의미하는지는 인간세계와 물질계 상호관계의 성격에 대한 다음과 같은 브라스토스(G. Vlastos)의 말에서 확인할 수 있다.

> 인간을 제외한 모든 사물이 가치를 가질 수 있다는 것은 오직 인간에 대해서일 때이다 … 따라서 모든 사물에 예외 없이 적용될 수 있는 진리는 어떠한 사물이건 가치가 있다고 여겨지는 사물 X는, 그것이 사람이 아닌 다음에야 어떤 인간에 대해서 가치를 가지게 되는 것이지, 그 자체가 가치롭다고 할 수는 없다는 말이다. 그래서 이들 사물들은 … 이들의 가치를 알아주는 가치부여자들의 범주(즉 인간세계)와는 전혀 다른 범주(즉 물질계)에 속하는 것이다 … 이런 의미에서 인간만이, 오로지 인간만이 스스로가 그 목적 자체인 것이다.(1962 : 48–49)

위의 블라스토스의 말로부터 동일화로 인한 소외현상을 한 마디로 표현한다면 그것은 주인이어야 할 인간세계와 객(客)이어야 할 물질계의 주객전도 현상이라 할 수 있을 것이다. 인간세계와 물질계가 이렇듯 전도된 상황에서 현행 권리관계의 총체적 특성이 체현된 재산권관계의 주체관계는 물론 물질계의 운동관계 논리인 불평등 논리에 지배될 것이다. 물질계의 불평등 논리에 지배되는 주체관계에서 인간세계에서만 있을 수 있는 자율성의 문제는 그 고려의 여지마저 찾기 어려울 것이다. 따라서 재산권관계에서는 주체들의 자율성 평등으로부터의 소외는 너무나 당연한 것이 될 것이다.

두 번째로, 재산권관계의 개념관계 구조에서의 소외현상이다. 동일화로 인한 또 다른 소외현상은 인간존엄성과 인간자격을 근거로 하는 호혜적 상호 협업관계가 재산으로 표현되는 물질가치가 중심이 되어 축재(蓄財)의 투쟁이 벌어지는 영합(Zero-Sum)관계로 변모될 것이라는 점이다. 여기서의 변모는 물론 현행 권리관계의 개념관계에서 살펴본 호혜적 상호성의 소외를 의미한다. 재산권관계에서 이러한 소외는 오늘날 재산에 대한 권리개념의 정의로부터 호혜적 상호성이 들어설 자리를 아예 삭제해 버리는 현상으로 나타난다.

이에 대해서는 구미 권리이론계의 선구자인 호펠드(W. N. Hohfeld)의 다음과 같은 지적에 잘 나타난다. 그는 우리가 사용하는 '재산권'(property right) 개념에 대한 오용에 대하여 재산권은 "형체가 없는"(incorporeal) 것으로 "실체가 있는 사물에 관계되는 (인간 사이) 법률관계의 집합을 의미하는" 것으로 사용되어야 하는데, 흔히 "말(馬)이나 일정 넓이의 땅"과 같은 "사물" 혹은 "물질적 실체"를 지칭하는 것으로 오용되고 있음을 지적한다(1919 : 28-29). 그는 이러한 혼동이 일어나는 이유는 "우리가 사용하는 많은 용어들이 원래가 실체가 있는 사물에만 적용되도록 되어 있어서 법적 관계와 연결되어 사용될 경우 엄밀히 말해서 (그 의미가) 상징적이거나 추상적이" 되기 때문이라 하면서 이러한 혼동은 '고질적 추세'(inveterate tendency)에 속하지만 그럼에도 분명히 고쳐져야 할 사항이라고 주장한다(1919 : 27-31).

호펠드는 위에서 권리개념의 개념상의 변화를 '오용'이나 '수정되어야 할 고질적 추세'로 지적하고 있지만, 이러한 재산에 대한 권리개념의 변화는 동일화의 논리 속에서 이해할 때 '오용'이나 '수정되어야 할 고질적 추세'라기보다는 동일화로 인한 당연한 귀결이라고 생각된다. 왜냐하면 동일화는 2장 4절의 인간이 중심에 서는 권리개념으로부터 인간을 삭제하는 함의를 가지기 때문이고, 인간이 삭제된 권리개념은 불가불 자격으로서의 의미로부터 생존과 삶의 수단인 물질가치로 실체화된 의미를 가지게 되기 때문이다. 인간이 삭제되고 인간자격으로서의 권리개념이 물질가치로 실체화될 경우, 재산권 개념관계 구조로 표현되는 재산권관계 주체 사이의 협업관계는 협업과정이나 결과에서 이 관계에 동참하는 상대방을 얼마나 더 활용하며 그와 나누는 부분을 얼마나 더 줄일 수 있느냐가 관건이 된다. 그 대신 권리기본관계의 협업과정과 그 결과에서 보듯이 상호 처지의 차이나 이 차이에 근거한 호혜적 정의배분이 관건이 되지는 않는다. 왜냐하면 권리개념에서 인간요소가 삭제되고 재산이라는 물질가치로 실체화된 된 가운데 위에서 본 주객전도 현상은 권리관계 주체들을 물질가치 획득의 수단으로 전락시키기 때문이다.

세 번째로, 재산권관계의 의미관계 구조에서의 소외현상이다. 재산권관계의 의미관계 구조상의 소외현상은 모든 인간가치의 물질가치화이다. 이는 재산권관계의 주체관계 구조상의 소외현상과 재산권관계의 개념관계 구조상의 소외현상, 이 둘이 재산권관계 의미관계 구조에서 결합되어 빚어지는 소외현상이다. 즉 모든 인간가치가 물질가치로 전위(轉位)되는 인간가치의 소외현상은 재산으로 표현되는 물질가치를 주관해야 될 재산권관계 주체들을 거꾸로 물질가치가 주도 내지는 대리하는 주객전도 현상과 인간적 요소가 물질가치 획득을 위한 수단이 되는 현상, 이 두 현상이 결합하여 빚어지는 결과적 현상인 것이다. 그리고 이는 '주객전도 현상'과 '수단화 현상'의 당연한 귀결이다. 왜냐하면 물질가치가 주인이 되고 물질가치가 목적이 되는 세상에서 한 인간의 가치 유무는 위에서 인용한 브라스토스의 말에 함의된 바에 따르면, 그가 가지고 있는 물질가치의 유무로 결정되고, 그의 가치의 고하는 그의 목적이 되는 물질가치의 귀천에 따라 위치지어질 것이기 때문이다.

이를테면 항간에 상투어가 되고 있는 '유전무죄, 무전유죄'라든가 '명품이 명품인간을 만든다' 등이 좋은 예가 될 것이다. 인간가치가 물질가치로 전위되는 인간가치 소외현상은 인간 도덕성의 '물성화'(物性化)에까지 이르게 된다. 이를테면 우정도, 효성도, 사랑도 오늘날 물질가치의 척도인 돈으로 대신할 수 있다. 심지어는 개인적 인간특성마저도 돈으로 만들 수도 바꿀 수도 있다. 오래 전에 마르크스(K. Marx)가 한 다음과 같은 말은 지금까지 살펴본 인간가치의 소외현상과 관련하여 매우 시사적이다.

1) **마르크스의 셰익스피어(W. Shakespeare) 인용** : "황금이라고? 그 번쩍거리는 진귀한 황금 말이야? 아니야 그것은 황금이 아니라 그 이상의 신(神)이야! 내가 황금숭배자라서 그러는 게 아냐 … 보라고! 검은 것을 흰 것이 되게 하고 부당한 것을 온당하게 하며 늙은이를 젊은이로, 비겁쟁이를 용감무쌍한 사람으로, 틀린 것을 맞는 것으로, 천한 사람을 귀한 사람으로, (그러니 황금이 아니라 신이 아니겠는가?)" (1978 : 102)
2) **마르크스의 셰익스피어 인용** : "이 황금, 노란색의 노예여! 그대는 종교 간의 분쟁도 화해로 이끌 수 있고 통합된 종교를 분열시킬 수도 있다. 저주받은 자를 축복으로 이끌고, 곰팡내 나는 나병환자도 열렬한 애모의 대상이 되게 하고, 도둑들도 상원의석에 앉혀 뭇사람의 경배의 대상이 되게 할 수 있다." (1978 : 103)
3) **마르크스의 말** : "돈의 속성이 내 인간성이고 내 능력의 핵심이다 … . 그래

서 내가 누구이고 내가 무엇을 할 수 있는가는 내 자신 개인적 특성에 의해 결정되지 않는다. 내가 못생겼더라도 나는 세상에서 가장 아름다운 여인을 살 수 있다. 그러니 나는 못생긴 것이 아니게 된다 … . 내 지체가 불구일지라도 돈만 있으면 6두마차를 탈 수 있으니 실질적으로 지체불구가 아니다. 내가 사악하고, 부정직하며, 파렴치하고, 멍청하더라도 내가 돈만 있으면 모두가 나를 존경한다. 돈은 최고의 선이기 때문에 돈의 소유자 역시 선이다 … . 돈 덕분에 모든 사람들이 하고 싶어하는 것을 할 수 있으니 모든 이렇다 할 인간들이 가진 능력을 가진 것과 같지 않은가?" (1978 : 103–104)

이상의 인용내용에는 많은 의미가 함축되어 있고, 이로부터 다양한 애깃거리를 끌어낼 수 있겠지만 본 논의의 논지인 '인성의 물성화' 에 초점을 맞추어 보면 대략 다음 사항으로 집약할 수 있다. 1) 황금이나 돈으로 대변되는 물질가치가 인간가치의 유무를 결정한다. 2) 황금이나 돈으로 대변되는 물질가치의 고하가 인간가치의 귀천을 결정한다. 3) 인성은 바로 황금이나 돈으로 표상되는 물성이다. 종합하면, 결론적인 문구는 '3)' 의 인용문 첫 구절, "돈의 속성이 내 인간성이고 내 능력의 핵심이다"가 될 것이다. 인간관계보다 물질가치가 더 중요하고, 물질가치가 신으로 군림하며, 인간 도덕성도 돈으로 살 수 있는 마당에 무슨 타자배려가 있고, 협업윤리가 있으며, 사회구성원들의 도덕성이 있을 것인가?

이제 끝으로 이러한 현행 권리관계가 응축된 사회기제로서의 재산권에 의해 빚어지는 소외현상의 결과로 나타나는 사회적 폐단들을 자유주의 계열의 학자들의 입을 빌려 확인하면서 본장을 마무리 한다.

첫 번째로, 오늘날 개인주의적 자유주의 쪽에서 나오는 권리이론들이 재산권관계에 매몰된 가운데 "그릇된 전제" 위에서 인간불평등을 조장하고 있음을 지적하는 철학적 논의들이 있다(Nagel, 1975 : 136–149 ; Ryan, 1977 : 126–141 ; Reiman, 1981 : 85–95 ; Christman, 1981 : 123–156). 이들이 공통적으로 주장하는 바에 따르면, 오늘날의 개인주의적 자유주의 이론들이 자유권과 재산권을 마치 동일한 것인 양 전제하고 있다는 것이다. 그러나 이는 마치 평등과 불평등을 동일한 것으로 전제하는 것과 같다는 것이다. 왜냐하면 자유권은 자율권평등원칙 하에 인적 관계에서 발생하는 것인 반면 재산권은 불가불 불평등을 그 운동법칙으로 삼는 물질 사이의 상호관계에 얽혀서 발생하기 때문이라는 것이다.

이러한 지적은 한편으로는 앞서 살펴본 '동일화 특성'이나 재산권관계의 사회기제화로부터 빚어지는 권리관계상의 폐해의 근거를 다시 한 번 확인시켜 준다. 다른 한편으로는 1절에서 사례로서 언급했던 현행 주체관계 구조상의 소외로부터 빚어질 사회적 폐단들, 즉 〈노–사양 계층〉관계 및 이 두 계층에 속하는 고용인과 사용인 간의 관계, 민주주의라는 간판 뒤에 가려진 정치적 지배층과 피지배층 사이의 관계 및 정치적 특권자와 피치자인 일반 시민 사이의 관계, 항간의 상투어 '유전무죄, 무전유죄'가 말해주는 사회기득권층과 사회약자층 사이의 관계 및 양 계층에 속하는 개인 간의 관계 등이 바로 재산권관계 주체들 사이의 불평등 논리의 연장선 위에 있음을 말해준다. 그러나 무엇보다도 위의 지적에서 드러나는 심각한 폐해는 사회 일반인들은 물론 지성계까지도 이러한 불평등 논리에 물들어 있다는 것이다.

두 번째로, 오늘날 자유주의 사회의 현실정치를 재산권 개념에 매몰된 일종의 재산권 전쟁 정치라고 지적하는 목소리들이 있다. 그 대표적인 한 예로 매킨타이어(A. MacIntyre)는 근대 이래의 정치를 "다른 수단에 의한 시민전쟁"—즉 재산과 재산권이라는 수단에 의해서 한편에서는 능력에 따른 정당한 "몫"을 내세우고 다른 한편에서는 "필요"를 내세워 치러지는 "있는 자"와 "없는 자" 간의 전쟁—이라고 규정한다. 그리고 자유평등권이 그 실효성을 잃은 가운데 불평등한 재산권을 호도하는 명분으로나 차용되는 한, 인간이 재산이라는 물질가치 추구의 수단으로 머무는 한, 이러한 일종의 전쟁 정치는 불가피하다고 주장한다(1981 : Ch. 17).

이러한 재산권 전쟁 정치가 상시적일 수밖에 없는 오늘날 자유주의 사회에서 3장 3절에서 살펴본 사회협업 관계로서의 권리관계나 호혜적 상호성에 근거한 협업유대를 기대하기는 어려울 것이다. 오히려 2절에서 살펴본 현행 권리관계의 개념관계 구조가 빚어내는 상호성으로부터의 권리관계 주체들의 소외를 더욱 악화시키고 강고하게 할 것이다. 그리고 2절에서 이러한 소외가 초래할 사회적 폐단들, 즉 사회협업의 공과(功過)와 무관한 사회적 부의 편중된 분배, 소득 불균형으로 인한 부익부빈익빈, 가진 자와 못 가진 자 사이의 계층불화, 자기만을 생각하는 개인적, 집단적 님비현상 등, 이 모두는 매킨타이어가 지적한 재산권 전쟁 정치의 단편적 사례들에 불과할 것이다.

바버(B. Barber)는 오늘날 자유주의 사회의 이러한 재산권 전쟁 정치를 일종의 "동물원 정치"라고 규정하면서 이 안에서의 권력 추구나 자유 추구 모두가 결국은 소유 논리의 연장선 위에 있음을 지적한다(1984 : 20-25, 67-79). 소유의 욕구는 권력을 권위로, 폭력을 권리로, 단순한 소유를 합당한 권리 하의 정당한 몫으로 바꾸어 가며 정글을 방불케 하는 재산획득 전쟁을 합법화한다는 것이다. 그 안의 인간들은 고독한 짐승들이고 이들의 물적 욕심을 채워주는 것, 그것이 오늘날 정치의 모습이라는 것이다.

세 번째로, 물질가치 추구를 목적으로 하는 재산권 중심의 "소유적 개인주의"가 지배하는 사회에는 인간과 인간 사이의 타자배려관계를 규제할 어떠한 도덕률도 실효적 힘을 잃을 수밖에 없음을 지적하는 논의 또한 적지 않다(Pateman, 1979 : 26–30 ; Pitkin, 1972 : 77–78 ; Downie, 1985 : 259–271). 이와 관련해서는 재산권관계 의미관계 구조가 빚어내는 소외현상을 논하는 자리에서 '주객전도 현상', '수단화 현상', '인간도덕성의 물성화' 등을 통해 살펴보았다. 그리고 그 일단은 3절에서 현행 권리관계의 의미관계 구조에서 빚어지는 권리관계 주체 간 역지사지의 타자배려 균형관계로부터의 소외현상을 논의하는 자리에서도 확인할 수 있다. 사실 위의 첫 번째, 두 번째 지적에서 살펴보았듯이 인간관계를 물질적 불평등관계로 보는 의식상의 소외가 상존해 있고, 재산으로 표현되는 물질가치의 소유욕을 동인(動因)으로 하는 재산권 전쟁 정치가 오늘날 자유주의 사회의 현실에서 3장 3절에서 본 바와 같은 타자배려관계의 도덕성이나, 이에 근거한 사회협업 윤리를 추구하려는 것은 어목구어(於木求漁)격의 부질없는 일이 될 것이다.

결국 권리관계가 재산권관계로 함몰되면서 야기되는 이러한 도덕성 상실의 사회적 결과는 3절에서 대표적 사례로 든 사채업자나 고리대금업자들의 살인을 비롯한 비인간적 행태들, 노조의 힘에 의탁할 수 없는 근로자들의 정당한 노동권과 임금권을 짓밟고도 무사할 수 있는 기업들의 행태, 채산성제고에 가려진 공해산업들의 생태계 파괴 행태 등으로 나타날 것이다. 이와 관련하여 한 지적은 좀더 완곡한 표현을 사용하여 시장 자본주의가 지배하고 있는 자유주의 사회에서 이렇듯 도덕성을 상실한 "경제적 인간"이 "도덕적 인간"을 대체하는 것은 갈수록 가속화될 것임을 경고한다(Gauthier, 1986 : Ch. IV).

제5장

권리질서와 질서-이율배반성

본장의 내용은 4장에서 살펴본 권리관계의 패러독스에 이어 권리질서에서 빚어지는 패러독스 현상을 질서-이율배반성에 초점을 맞추어 살펴본 것이다. 권리질서는 권리관계로 표현되기 때문에 소외문제를 빚어내는 현행 권리관계의 대척적 특성의 근거를 살펴본 것이기도 하다. 그런데 권리질서는 제도화된 정치사회질서로서의 자유주의 질서의 바탕이 됨과 동시에 그 유기적 일부가 되기 때문에 권리질서의 질서-이율배반성이 자유주의 질서에는 어떻게 나타나는지도 살펴보아야 했다. 결과적으로 권리질서를 포함한 자유주의 질서의 질서-이율배반성 문제를 살펴보는 일이 되었다. 본장에서는 이상의 과제를 서구 자유주의 정치이론들에 대한 검토를 통해 해결했다. 자유주의 이론들을 권리이론, 사회계약이론, 권위이론으로 나누어 이들 이론에 내재하는 근거질서와 구성질서를 선별해내고, 이 두 질서가 어떻게 상호 이율배반관계에 서게 되는지를 검토했다. 검토결과는 자유주의 이론을 구성하는 위의 세 범주의 이론들이 질서-이율배반성 문제에 노출되어 있는 것으로 나타났다. 자유주의 질서 속에는 세 근거질서 요소들이 구성하는 규범질서체계와 세 구성질서 요소들이 구성하는 실행질서체계가 상호 이율배반관계 속에 공존했다. 자유주의 이론들과 자유주의 질서는 부분적으로는 자유주의적이고 부분적으로는 비자유주의적이었다. 체계차원의 이들 이율배반성이 가지는 시사점과 의미를 밝힌 후 그 실천적 함의에 관한 향후 연구를 위해 하나의 가설을 제시했다.

* * *

앞의 4장에서는 권리 패러독스의 한 근거인 소외문제를 현행 권리관계에 대한 분석을 통해 살펴보았다. 현행 권리관계가 어떠한 소외구조를 가지는지, 소외의 내용은 무엇인지, 그리고 그러한 소외는 어떠한 사회적 결과를 가져오는지에 대해 살펴보았다. 그런데 현행 권리관계로부터 빚어지는 소외문제는 궁극적으로 현행 권리관계가 권리기본관계에 대해 가지는 대척적 특성에서 비롯되었다. 두 관계 특성상의 이러한 대척성은 두 관계를 구성하여 지지하고 있는 3세부관계 구조들 사이 모든 관계에 전면적이었다. 대척적 특성의 내용은 평등한 자율성에 대한 불평등성, 상호성에 대한 비상호성, 도덕적 정체성 배려의 균형성에 대한 불균형성이었다.

이러한 내용의 대척적 특성이 권리관계의 사회 기본관계로서의 보편성 속에서 권리관계로부터 개인 및 사회구성원들을 소외시키고 있었다. 그리고 이러한 소외는 사회의 주요 기본가치인 사회관계의 평등성, 사회협업의 유대, 사회협업 윤리와 사회구성원들의 도덕성에 대한 훼손 내지는 파괴로 이어지고 있었다. 결국 소외는 '권리관계' 라는 단일 현상 속에 내재하는 두 관계, 즉 권리기본관계와 현행 권리관계가 구성하는 상호 대척관계로부터 빚어진 것이었다. 현행 권리관계로부터 빚어지는 위와 같은 소외 이전에 먼저 현행 권리관계의 권리기본관계로부터의 소외의 선행이 있었던 것이다. 이렇듯 이론이나 언명에서 겉으로는 동일한 한 현상을 표상하지만 그 안을 들여다 보면 본의와 배리관계에 있는 현상을 패러독스라 부른다면 오늘날 모든 권리관계는 패러독스 속에 있다 할 수 있는 것이다.

본장에서는 소외문제의 발단근거인 권리관계의 패러독스 현상이 권리질서[1]에서는 어떻게 나타나는지 서구 자유주의 정치이론(이하 '자유주의 이론')에 내재하는 질서-이율배반성(이하 '이율배반성')을 통해 드러내 보이려 한다. 여기서 말하는 '질서-이율배반성'은 서구 자유주의 정치이론들이 이론적으로 구성해내는 구성질서와 이 질서가 근거하는 근거질서[2] 사이에 존재하는 대척적 관계성을 의미한다.[3] 그리고 여기서 말하는 서구 자유주의 정치이론(이하 '정치이론')은 근대 서구에서 발단하여 오늘에 이르고 있는 정치적 자유주의(이하 '자유주의')[4]에 대

1 권리질서는 권리주체와 '의무 및 책무주체'(이하 '의·책무주체') 사이 권리관계를 규율하는 질서를 가리키며, 여기서 이를 간략히 권리질서로 표현한 것은 서구의 권리 관련 이론들의 생략용어법을 따른 것이다. 이는 '권리이론', '권리관계' 등도 마찬가지이다.

2 여기서 '근거'는 정당성 근거를 의미하기 때문에 구성질서의 근거질서는 '정당화 질서' 혹은 '규범질서'로서의 성격을 가지며, 구성질서는 현실에서 그 실현을 목적으로 하기 때문에 '실행질서'로서의 성격을 가진다. 이러한 두 질서의 관계는 3장 3절에서 살펴본 권리기본관계와 4장에서 살펴본 현행 권리관계 사이의 상호관계와 같다 할 수 있다. 근거질서는 언제나 자유주의 근거규범인 자율성평등원칙이나 자율권평등원칙 등에 의해 정당화되는 질서로서 자유주의 이론 속에는 언제나 명시적·묵시적으로 내재되어 있는 질서이다. 이를 다양한 구성주의 이론들을 대상으로 논증해 놓은 연구로서는 T. K. Seung, *Intuition*(1993) 참고.

3 자유주의 이론들에 내재하는 질서-이율배반성은 질서의 종류별, 요소별, 근거규범별로 다양한 차원에 걸쳐 존재할 수 있을 것이나 여기서는 자유주의 이론들에 내재하는 구성질서의 최종 실행원칙과 근거질서의 최종 근거규범 간의 관계의 이율배반성에 대한 논의에 국한한다.

4 여기서의 '서구 자유주의는' '근대 유럽'에서 본격화되었다고 여겨지는 일종의

한 이론을 말한다. 자유주의의 발단시점에 대한 의견은 대체로 17세기 무렵으로 수렴된다.[5] 이 시기는 서구 근대사에서 만인자유평등 사상에 근거한 자율적인 인간상, 이른바 '근대적 인간상'이 보편화되어 가던 시점이며,[6] 그 인간상이 권리개념에 정착되어 가던 시점이다.[7]

이렇게 발단하여 오늘에 이르기까지 일관되게 견지되고 있는 자유주의의 공통적 특성을 그레이(J. Gray)는 '개인주의적' 인간·사회관으로 집약하면서 그 첫 번째, 두 번째 항목으로 '사회집체성에 대한 개인성의 우선', '모든 인간의 평등한 도덕적 지위'를 꼽는다.[8] 그리고 롤즈(J. Rawls)는 '양심과 사상의 자유에 대한 근대적 이해', '인간의 기본적 자유와 권리에 대한 헌법적 보호의 구상', '사회적 합의 및 정치제도는

'유럽 (정치적) 자유주의'로서 많은 역사적 사건들, 이를테면 종교개혁, 자연권 사상의 확립, 산업혁명, 프랑스혁명 등을 거치면서 19시기 이래 구미 각 나라에 국민기본권에 근거한 입헌자유주의로 정착하여 오늘에 이르는 자유주의이다. G. Ruggiero, *History* : Intro., Pt. I, Chs. I–IV ; G. H. Sabine, *A History of Political Theory* : Chs. 19, 20, 22, 24, 27, 32, 33 ; C. B. Macpherson, *Possessive Individualism* : Chs. I, VI.

5 이를테면 S. Macedo, *Liberal Virtues* : 4 ; J. Rawls, *Political Liberalism* : xxiv ; J. Gray, *Liberalism* : xi ; R. Hardin, *Liberalism, Constitutionalism, and Democracy* : 41.

6 '근대적 인간'의 출현과 그 출현이 자연권 전통과 정치사상 전통에 대하여 가지는 시사성에 대해서는 Q. Skinner, *Foundations* : Vol. I, Chs. 1–3, 8–9 ; A. Bullock, *Humanist* : Chs. 1, II ; D. Germino, *Machiavelli to Marx* : Ch.1 ; G. Ruggiero, *History* : Intro– §7.

7 많은 서구 자유주의 이론들은 이구동성으로 권리개념이 자유주의 질서개념체계의 한 요소로 확보되는 것은 근대 초 홉스와 로크의 자연권 이론부터임을 확인해 준다. 이를테면 J. Finnis, *Natural Law and Natural Rights* : 205–210 ; Richard Tuck, *Natural Rights Theories* : 119–142 ; Ian Shapiro, *Evolution* : Chs. 2–3 ; L. W. Sumner, *Moral Foundation* : Chs. 4 & 5 ; E. Kamenka, "Anatomy" ; D. D. Raphael, "Human Rights" ; Jack Donnelly, *Universal Human Rights* : Ch. 5 등.

8 J. Gray, *Liberalism* : xii.

동의에 근거하여 수립되어야 한다는 정신의 자연스런 수용' 등으로 요약한다.[9] 그러므로 그 발단 이래 오늘에 이르는 자유주의의 공통적 특성을 이상과 같은 그레이와 롤즈의 언급에 따라 이해한다면, 자유주의 이론은 적어도 그 중심내용에서 이러한 특성을 가지는 자유주의에 대한 이론이라 할 수 있다. 그리고 이런 점에서 자유주의 이론은 권리개념에 정착되는 인간상에 합당한 사회구성원들의 삶(이하 '자유주의적 삶')을 보호하기 위한 질서(이하 '자유주의 질서')에 대한 이론이라 할 수 있다.

권리질서의 패러독스 현상을 이 질서가 담겨 있는 권리이론에 국한하지 않고 내용상의 포괄성과 역사상의 깊이를 가지는 자유주의 이론에서 탐색하려는 이유는 권리질서가 자유주의 질서에서 차지하는 독특한 위상 때문이다. 권리질서가 자유주의 질서에서 차지하는 위상의 윤곽은 서구 학계의 정설이 되어있다시피 17세기에 발단하는 자유주의의 이론적 확립을 알리는 태두격의 홉스(T. Hobbes)와 로크(J. Locke)의 이론[10] 구성으로부터 엿볼 수 있다.

그 구성을 보면 이들 두 이론은 이하의 본장 논의에서 더 자세히 보게 되겠지만, 3가지 세부이론—자연권에 근거를 두고 있는 자연권적 권리이론(이하 '자연권근거 권리이론'), 사회계약이론, 공권력(정부)이론—으로 구성된다. 자연권근거 권리이론은 자유주의 질서주체의 권리주체로서의 자격과 관련한 권리질서에 대한 내용을 담고 있다. 사회계약이론은 자유주의 질서형성의 방법 및 질서의 성격과 관련한 사회계약질

---

9 J. Rawls, *Political Liberalism* : xiv-xv.

10 여기서는 T. Hobbes, *Leviathan* : 과 J. Locke, *Government*-Bk.II에 나오는 이론들을 말함.

서에 대한 내용을 담고 있는 데 반해, 공권력이론은 자유주의 질서의 관할력(공권력)의 근거 및 성격과 관련한 권위질서에 대한 내용을 담고 있다.

그런데 이러한 구성 속에서 권리질서에 대한 이론은 다른 두 요소질서에 대한 이론들의 근거가 되는 동시에 권리질서는 자유주의 질서의 근거로 나타난다. 홉스의 『리바이어던』[11]에 논의되는 사회계약이론과 공권력이론은 제1부 근대적 인간의 속성에 대한 성찰(Chs. I–XII)에 바로 뒤이은 자연권근거 권리이론(Chs. XIII–XIV)에 그 바탕을 두고 있다. 그러면서 권리질서는 자유주의 질서의 근거가 된다. 로크의 경우도 마찬가지로 그의 『시민정부론』[12]의 핵심내용이 담겨 있는 제2권(BOOK II)의 자유주의 질서 구성에 대한 근거이론은 자연권근거 권리이론의 골격이 담겨 있는 제2장이다. 즉 제2권에 나오는 권리질서에 대한 이론은 사회계약이론과 공권력이론의 근거가 되면서 권리질서는 자유주의 질서의 바탕을 이루고 있는 것이다.

본장에서는 이하 1절에서 3절까지 홉스와 로크의 이론구성 편제의 순서에 따라 자유주의 이론들을 '권리이론', '사회계약이론', '권위이론'으로 나누어 살펴본다. 그리고 4절에서는 요약과 더불어 본 논의를 통해 탐색된 권리질서의 패러독스 현상 및 권리질서가 근거되어 구성되는 다른 두 요소질서의 패러독스 현상이 자유주의 질서에는 어떻게 종

11 T. Hobbes, *Leviathan*. 이하 홉스 관련 논의 말미 괄호안의 '로마 숫자'는 이 책에서의 출처임.

12 J. Locke, *Government*–Bk. II. 이하 로크 관련 논의 말미 괄호안의 '§' 첨가 숫자는 이 책에서의 출처임.

합된 모습으로 나타나는지 그 윤곽을 그려본다.

1. 권리질서의 이율배반성

서두에서 자유주의의 태동과 관련하여 살펴본 바처럼 자유주의는 자유주의적 인간상, 즉 자유주의 주체의 자격을 담고 있는 권리개념의 정착과 역사적 궤를 같이한다. 자유주의는 권리주체로서의 자유주의 주체의 등장과 그 발단을 같이하는 것이다. 그런 점에서 서구 자유주의 권리이론(이하 '권리이론')은 그것이 사회계약이론이었건 질서관할력(공권력)에 대한 이론이었건 모든 자유주의 관련 이론들의 명시적 혹은 묵시적 근거이론이 된다. 그 대표적 예는 자유주의 이론의 태두격인 홉스와 로크의 이론구성을 통해 살펴본 바다.

권리이론들에 존재하는 권리질서는 본장 서두의 질서형태 구분에 따라 '근거권리질서'와 '구성권리질서'로 나누어 볼 수 있다. 근거권리질서는 권리주체 간의 질서가 자율성평등원칙에 부합하게 수립되고 이 원칙에 의해 규제되는 질서이다. 근거권리질서의 이러한 특성은 3장 3절에서 살펴본 권리기본관계에서 주체 사이 질서의 특성과 같다. 구성권리질서는 권리이론들에 이론적으로 구성되어 나타나는 질서로서 권리주체들의 권리실행과 더불어 이들 사이에 존재하는 질서이다. 구성권리질서의 이러한 특성은 4장 1절에서 살펴본 현행 권리관계에서 주체 사이 질서의 특성과 같다. 이 구성질서가 정당화되기 위해서는 자율성평등원칙에 부합해야 한다. 그 이유는 구성권리질서의 정당화 준거가 자율성평등원칙에 부합하게 수립된 근거권리질서이기 때문이다.

이렇듯 두 질서 모두가 부합해야 하는 원칙이 자율성평등원칙인데, 이는 자율성평등원칙이 자유주의 질서의 주체, 즉 상호 평등하게 자율적인 '근대적 인간' 사이의 관계를 규정하는 원칙이자 보다 근원적으로는 본원적 인간존엄성 평등을 내용으로 하는 도덕계율, 만인자유평등원칙의 실행원칙으로 존재하기 때문이다. 그래서 이하 권리이론들에 내재하는 권리질서의 검토기준은 자율성평등원칙이 된다. 아래에서는 자유주의 이론의 태두격인 홉스와 로크의 자연권 이론에 나타나는 권리질서부터 살펴본다.

홉스의 자연권이론에 나오는 자연상태의 인간(이하 '자연인')들은 너무나 철저하게 평등한 자연권 주체들로서(Ch. XIII) 자연권의 행사에서 무소불위의 자율권을 가지기에 자연권 충돌(이른바 '홉스적 권리 패러독스')이 상존하는 전쟁상태와 다를 바 없다(Ch. XIV). 이러한 자연상태에는 철저한 자율성평등원칙에 부합하는 권리주체들은 있으나 아직 권리질서가 없는 상태이다. 질서의 존재는 의·책무로 표현되는 책임으로 나타나는데, 권리질서 부재는 홉스가 자연권을 설명하는 14장에서 '의·책무가 따르지 않는 자연권', 즉 의·책무가 면책된 자연권을 설정하는 데서 확인된다. 권리질서는 전쟁상태의 원인이 되는 자연권을 포기하고 평화 속에 자기보존을 평등하게 보장받을 것을 목적으로 사회계약에 근거한 정부(정치질서와 공권력)의 수립과 더불어 존재한다(Ch. XVII). 권리질서 중 근거권리질서는 바로 이 사회계약의 목적에 포함되어 있고, 그 내용은 권리주체와 의·책무주체가 자율성평등원칙에 근거하여 각각 '의·책무가 따르는 권리'와 '권리를 수반하는 의·책무'를 가지고 상호 대등한 관계에 서는 질서이다. 이 질서는 평화 속에서 사회구성원들의 평등한 자기보존을 권리로서 보장해 준다는 점에서 사회계약 목적에 부합한다.

그러나 홉스의 이론에서 구성권리질서는 권리질서 주체 간의 관계가 자율성불평등을 결과하도록 설정됨으로써 근거질서와 이율배반적인 관계에 서게 된다. 이 이율배반관계는 사회계약 목적에 내재된 근거권리질서의 자율성평등원칙과 홉스가 구성해내는 권리질서의 자율성불평등원칙의 대척관계에서 비롯된 것이다. 그리고 그 궁극적 원인은 위에서 본 바와 같은 의·책무가 면책된 자연권이 정치사회에서도 그대로 유지되도록 구성권리질서가 설정됨에 있다. 이로부터 의·책무주체의 자율성이 권리주체의 자율성에 대한 복속되는 결과가 초래되는 것이다. 이러한 결과에 이르게 되는 경로는 다음과 같다. 권리주체의 권리는 소유권에 집중되는데,[13] 이 소유권은 공권력을 제외한 어떠한 사회구성원에 대해서도 절대적 배타성을 가진다(Chs. XXIV, XXI). 권리주체는 이 소유권을 자연상태에서와 같이 자신의 입맛(Appetites)대로 행사한다(Ch. XV). 이는 권리주체의 권리의 짝어(correlative)를 의·책무주체의 '무권리'(no-rights)로 연결시키는데, 이상의 경로 속에서 권리주체의 권리는 의·책무가 면책된 자연권과 다를 바가 없게 된다(Ch. XIV). 결국 구성권리질서 속에서 권리주체는 전적인 자율성으로 이 질서를 주도하게 되고, 의·책무주체는 질서주체로서의 자율성을 상실한 채 순전히 질서대상으로서의 지위로 전락하게 된다. 이 두 주체의 자율성은 마치 독립변수와 종속변수 사이의 함수관계에서처럼 불평등하기 때문에 자율성평등원칙에

13 이런 점에서 4장 4절의 소외 논의에서 살펴본 모든 권리관계가 물질가치 중심의 재산권관계로 함몰되어 나타나는 사회현상화는 홉스에까지 거슬러 올라가는 셈이다.

배치되고 구성권리질서와 근거권리질서는 상호 이율배반관계에 서게 된다. 이는 4장 1절에서 살펴본 현행 권리관계에서의 주체관계가 권리기본관계에서의 주체관계에 대하여 가지는 대척적 특성과 같다 할 수 있다.

로크의 자연권 이론에서도 자연권 주체로서의 자연상태의 인간(이하 '자연인')은 자연법의 규제 하에 있지만 평등하게 자율적인 존재이다(§6, §7, §87). 로크는 이러한 자연인을 '제왕'(帝王)이라 부른다(§123). 그리고 자연권 주체 간의 관계는 신(神)의 질서인 자연법 하에서 자율성평등원칙에 의해 규제된다(§2). 그러나 자연상태는 안전한 자연법질서의 부재로 홉스의 전쟁상태로까지 치달을 가능성을 안고 있는 불완전하고도 불편한 상태이다(§123-§128). 따라서 보다 안전하고 온전하게 자연권(생명권, 자유권, 재산권) 향유를 보장받을 것을 목적으로(§128-§129) 자연권 집행권을 포기(§130, §135)하여 정부 및 실정법 질서를 수립하는 사회계약을 체결한다(§95-§97). 권리질서는 이러한 사회계약 체결과 더불어 존재하게 된다. 그리고 그 중 근거권리질서는 사회계약 목적에 함의되어 있는데, 평등한 권리향유가 보장되도록 권리주체와 의·책무주체가 자율성평등원칙에 근거하여 각각 '의·책무가 따르는 권리'와 '권리를 수반하는 의·책무'를 가지고 상호 대등한 관계에 서게 되는 질서이다.

물론 로크의 자연상태에는 홉스에서와 다르게 불완전하나마 자연권 질서가 있다(§4, §87). 그 내용은 자율적인 자연인들의 자연법상의 평등한 자기보존권과 여타 자연인들이 이 권리를 존중해 줄 자연법적 의무이다. 이 의무에는 인류보존 의무도 포함된다(§8). 그러나 이는 자연인들 사이의 자연권 질서라기보다는 자연법의 주재자요 인간의 창조

주인 '신'(神)에 대한 의무 혹은 자연법적 의무에 반사된 자연권 질서이다. 즉 내가 내 자신을 보존할 자연권도, 상대방의 평등한 자기보존권을 존중할 의무도 자연권 주체나 의무주체를 향해 있는 것이 아니라 신 혹은 자연법에 대한 의무사항으로 존재하는 것이다. 그래서 사회구성원 간의 권리질서는 사회계약을 통한 정부 혹은 실정법의 수립부터 비롯된다.

로크의 권리이론에서 구성권리질서는 그 특징적인 면에서 홉스의 경우와 너무나 흡사하다. 우선 신에 대한 의무 외에는 타자에 대한 의·책무가 없는 제왕적 자연권(§123)은 집행권만을 정부에 넘긴 채 그대로 정치사회로 이전된다(§123-§126). 이러한 제왕적 자연권의 내용은 홉스에서와 같이 재산권(생명권과 자유권을 포괄)에 집중된다(§25, §27).[14] 정부는 이 집행권을 대행(§149)하기에 재산권의 보호자가 된다. 물론 로크의 재산권 조항에는 재산취득자의 필요를 충족하되 썩히거나 낭비하지 말며, 다른 사회구성원들의 절박한 필요에 충당할 만큼은 남겨두어야 한다는 재산취득상의 의무단서가 붙는다(§31). 그러나 이 단서는 화폐와 같은 무한 축적수단의 등장과(§50) 공리주의적 생산성 조건(§37)[15] 때문에 그 실효성을 가지기 어렵고, 그 결과로 재산권은 홉스에서와 같은 전유적 배타성 속에 안존할 수 있게 된다. 즉 재산권에 집중되는 구성권리질서는 권리주체의 전권적 지배질서인 것이다. 결국 홉스에서

14 이 내용은 앞의 홉스의 경우와 더불어 4장 4절의 소외 논의에서 본 재산권 집중 현상의 또 하나의 부가적 전거가 될 것이다.

15 이는 누구나 그가 소유한 땅에 투여한 노동의 생산성이 그렇지 않을 경우에 비해 더 크다면 남겨야 할 다른 사람의 생육에 필요한 몫을 넘어 땅을 더 취득할 수 있다는 허가조건을 말함.(§37 참고)

와 같은 논리에서 두 주체 간의 관계는 자율성불평등원칙에 의해 지배되므로 구성권리질서는 자율성평등원칙에 배치되고 근거권리질서와 이율배반관계를 구성한다.

이제 이하에서는 홉스와 로크 이래 그 많은 자유주의 권리이론들을 검토해야 하는데, 그 이론들을 본 논의가 모두 포괄할 수는 없으므로 근래의 대표적인 권리이론들을 검토한 후 그 검토결과의 타당영역을 확장하는 식으로 논의를 전개한다.

권리이론의 검토기준으로 설정한 자율성평등원칙은 근대 이래의 모든 인문학 관련 논의에서 절대적 대전제가 되어온 만큼 오늘날 권리이론들의 대전제로 수용되고 있다. 이를테면 오늘날 권리이론의 태두로 꼽히는 하트의 '자유권평등원칙'[16]이나 게워스의 '자유와 유복에서의 평등원칙',[17] 혹은 파인버그의 '인간존엄성 평등원칙'[18] 등은 '만인자유평등원칙' 및 그 실행원칙인 '자율성평등원칙'과 어구만 달리하는 동일한 의미의 표현이다. 이와 관련하여 하트의 다음 언급은 그 실천적 함의 또한 깊힘을 보여준다. "모든 인간이 평등한 자유권을 가진다는 것은 사소한 원칙처럼 보일지 몰라도, 자유주의 전통의 정치철학자들이 어떠한 정치적 행위이든 이를 정당화할 때 요구되는 최소한의 정당성 근거가 되어왔다."[19] 이러한 자율성평등원칙에 규제되는 근거권리질서는 홉스나 로크에서와 같이 권리주체와 의·책무주체가 각각 '의·책무가 따르

16 H. L. A. Hart, "Natural Right" : 175.
17 A. Gewirth, *Community of Rights* : 9.
18 J. Feinberg, "Nature and Value of Rights" : 151.
19 H. L. A. Hart, "Natural Right" : 175.

는 권리'와 '권리를 수반하는 의·책무'를 가지고 상호 대등한 관계에서는 질서이다.

그러나 이렇듯 자율성평등원칙을 대전제로서 전면에 내세우고 있는 대표적 권리이론가들은 이론 속에서는 이러한 대전제와는 상반되게 자율성불평등원칙이 지배하는 권리질서를 구성해낸다. 이러한 불평등한 구성권리질서는 이들 대표적 이론가들의 다음과 같은 언급에서 확인되는데, 이와 관련해서는 이미 앞장에서 상세히 소개된 내용이므로 여기서는 본절의 논지에 부합하는 내용만 적요한다. 이를테면 게워스가 '권리주체가 의·책무주체에 대하여 의무강요 여부를 선택할 수 있는 지위에 있다'고 표현할 때, 이는 게워스가 선택주권을 가지는 권리주체와 이 선택주권에 종속되는 의·책무주체 사이에 불평등한 권리질서를 구성하고 있음을 드러내준다. 이렇듯 자율성불평등원칙에 지배되는 구성권리질서는 파인버그에게서는 그가 권리주체에게 의·책무주체의 자유 및 부자유 여부를 결정할 수 있는 절대적 주권자로 표현할 때 드러난다. 그리고 라이온즈가 권리주체에게 의·책무주체에 대한 권리요구를 강제할 수 있는 위치를 부여할 때, 이는 그가 엄연히 의·책무주체의 자율성이 묵살되고 있는 불평등한 권리질서를 구성해내고 있음을 말해준다.

이렇게 구성되는 불평등한 권리질서를 하트는 권리주체의 의·책무주체에 대한 지위를 "끈 묶임"에 비유하여 "정확한 모습은 두 사람이 함께 (관계의) 끈에 묶여 있는 것이 아니라, 한 사람(의·책무주체)은 선 한 끝에 묶여 있지만 선의 다른 한 끝은 다른 한 사람(권리주체)의 손에 쥐어져 있어 그의 선택 여하에 따라 사용할 수 있도록 되어 있다"[20]고 말한다. 결국 이들 대표적 권리이론가들이 구성해내는 불평등한 권리질서는 한 마디로 〈지배-복종〉의 권리질서라 할 수 있는데, 이는 권리질서를 약속질서에 빗대어 "피약속자는 어떤 특정의 사물과 관련하여 … 상대방(약속자)의 의지를 지배할 수 있는 권위 혹은 주권을 가진다 … "(184, 강조 첨가)라는 하트의 말에 잘 집약되어 나타나있다.

이렇듯 권리주체와 의·책무주체 사이에 일종의 지배-복종의 권리질서가 설정된다고 보는 현행 대표적 권리이론가들의 입장은 하트의 "승낙과 권위화(권위부여)"의 경우에는 승낙자(권위화자)가 피승낙자(피권위화자)에 대한 "권리포기"(surrender of rights, 184)를 연상케 한다. 그런데 하트의 입장으로 대변되는 이러한 권리이론들에 나타나는 권리(자) 편향의 불평등 질서 인식은 하트의 다음과 같은 언급에서 보이는 바처럼 서구 지성사에 새겨진 통념을 반영하고 있는 듯하다. "(이러한) 관계의 구체적 모습은 (두 주체 간의) 법(혹은 권리)관계(*vinculum juris : obligare*)에 대한 지성사적 발전의 결과이다"(181).

이렇게 볼 때 서구 자유주의 권리이론들에 나타나는 구성권리질서는 권리주체의 의무주체에 대한 '일방적'이고도 '편향적'인 지배를 정당화하는 불평등 질서라고 말할 수 있을 것이다. 그리고 이는 앞서 자유주의 권리이론의 선구로 꼽히는 홉스와 로크의 이론에서도 확인한 바다. 어떻든 근래의 대표적 권리이론들이 구성해내는 위와 같은 불평등한 구성권리질서는 이들 권리이론이 수용하고 있는 근거규범인 자율성평등원칙에 배치된다. 따라서 이들 이론에 내재되어 있는 근거권리질서와 상호 이율배반관계를 구성한다. 더불어 서구 자유주의 이론들이 구성해

---

20 H. L. A. Hart, "Natural Right" : 181 ; 참고 H. L. A. Hart, *Essays* : 184. 이하 하트 관련 논의 중 괄호안의 아라비아 숫자는 H. L. A. Hart, "Natural Right" (1955)에서의 출처를 가리킴.

내는 구성권리질서의 불평등성과 질서-이율배반성이 서구 지성사의 결과라는 위 하트의 언급에 아래와 같은 하트의 언급을 이어보면 권리이론들의 구성질서가 아예 자유주의 전통에서 비껴 있는 인상마저 준다.

> 약속(권리)관계를 맺음으로써 … 그 관계의 당사자들은 … 기존의 도덕적 자율관계를 떠나 새로운 도덕적 관계를 수립한다 … 그래서 약속자가 어떻게 행동할 것인가를 피약속자가 결정하는 것은 **도덕적으로 정당하다**.(183, 강조 첨가)

하트의 이 언급은 간단히 말해 두 주체 사이에는 (역할상의 차이가 존재하는 것이 아니라) 도덕적 지위상의 불평등이 존재한다는 것이기에 피약속자의 약속자에 대한 지배는 도덕적으로 정당화될 수 있다는 말이다. 이 말은 아무리 약속관계라는 특수관계를 전제한 것이라고 하더라도 두 권리질서 주체 사이의 도덕적 불평등을 확언한 것으로 '만인자유평등원칙' 이라는 자유주의 대전제에 정면 배치되는 것이다.

이제 지금까지 살펴본 근래의 대표적인 자유주의 권리이론들에 대한 검토결과의 타당범위 확장을 시도해 본다. 첫째로, 한 연구[21]는 권리이론이 자유주의 발단 이래 오늘에 이르기까지 그 내용적 특성에서 변함이 없음을 보여준다. 이에 따르면 자기편중적 권리주체(275-276), 리버타리안적 재산권 중심의 권리내용(276-279), 권리근거로서 의·책

21 I. Shapiro, *Evolution*. 관련 논의 말미 괄호안의 아라비아숫자는 이 책에서의 출처임.

무와 결연된 권리의 배타적 지배성(279-282), 다원적이지만 정치적으로 공리주의적인 권리의 목표(282-284) 등이 홉스와 로크 이래 근래의 서구 자유주의 권리이론까지 집요하게 이어진다. 이렇듯 이론내용의 특성이 권리의 주체, 내용, 근거, 목표 면에서 홉스와 로크 이래 그대로 이어져 온다면 권리이론의 구성상의 특성, 이론에 내재된 근거권리질서, 구성권리질서, 두 질서 사이의 이율배반관계 역시 그대로 이어지고 있다 할 수 있다. 이는 앞서의 홉스와 로크의 이론을 포함한 대표 이론들에 대한 검토결과가 여타 자유주의 전통의 권리이론에도 타당할 것임을 시사해 준다.

둘째로, 또 한 연구[22]는 오늘날 자유주의 권리이론들의 이론구성 속에는 공통적으로 '권리-의 · 책무관계의 형식' (이하 '관계형식')[23]이 내장되어 있는데, 이 관계형식이 권리주체에 편중된 불평등을 구조화한다는 점을 논증한다. 이에 의하면 권리주체와 의 · 책무주체 사이 관계는 '쌍권-쌍무' 관계의 대등성이 확보되어야 함에도 불구하고 관계형식이 의 · 책무주체가 가지는 '의무권리' (duty rights)[24]를 구조적으로 은폐하도록 설정되어 있어 권리주체의 의 · 책무주체에 대한 일방적 지배가 정당화된다는 것이다. 이는 앞서 대표적 권리이론들에서 나타나는 불평등한

22 Bong-Cheol Lee, "Examining" : 253-256.

23 이 관계형식이 나와 있는 곳은 L. C. Becker & C. B. Becker, eds., Encyclopedia : 1104 ; D. Miller ed. *Blackwell Encyclopedia* : 443 ; A. Gewirth, *Community of Rights* : 8 ; A. Gewirth, *Human Rights* : 2.

24 이 용어는 '의무를 수행할 권리' 를 의미하는 것으로 전거된 연구에는 G. W. Rainbolt, "Rights" : 103-104에서 차용한 것으로 되어 있다. Bong-Cheol Lee, "Examining" : 245-246.

구성권리질서나 이로부터 야기되는 자율성불평등 문제 및 이율배반성 문제가 관계형식에서 비롯되는 구조적 특성임을 말해준다. 그리고 권리관계 주체 사이에 자율성불평등을 구조화하고 있는 이와 같은 관계형식과 관련해서는 그 일단을 4장 1절에서 살펴본 바이기도 하다. 결국 이러한 연구결과가 말해주는 것은 앞서 대표 이론들에 대한 검토결과는 관계형식이 공유된 여타 권리이론들에도 타당하게 된다는 점이다.

끝으로, 확장을 위한 마지막 근거로 앞절에서 인용한 하트의 한 언급을 재원용한다. 그 언급에 나타나 있듯이 근래 권리이론들에 구성되어 있는 권리주체와 의·책무주체 사이의 불평등 질서는 어제 오늘의 일이 아니라 '서구 지성사의 발전결과'라는 점이다. 이는 구성권리질서로부터 야기되는 권리질서의 이율배반성 또한 앞서 살펴본 홉스와 로크의 이론 및 대표 이론들에 국한되는 것이 아니라 이 '지성사' 속에 포함되는 여타 권리이론에도 공통적일 것임을 시사해 준다.

결국 자유주의 권리이론들의 내용구성상의 특성, 구성권리질서의 구조적 특성과 지성사적 전통, 이 모두가 자유주의 권리이론들에 공통적이라면 이로부터 홉스와 로크의 이론을 포함한 대표 이론에 대한 검토결과를 자유주의 전통 속의 여타 권리이론들에 확장할 수 있을 것이다.

2. 이율배반권리질서와 사회계약질서

사회계약이론이 자유주의 질서에 대하여 가지는 중요성은 이 질서가 (평등하게 자율적인) 사회구성원들을 위한 자기질서[25]로 존재하게 하는 방법과 그 정당성 근거를 제공하는 데 있다. 그 방법은 사회구성원 모두가 질서형성에 자발적으로 참여하여 동의에 근거한 합의질서를 이루는 것이다. 즉 자유주의 질서를 자기질서의 성격이게 수립하는 질서수립 방법은 평등한 질서수립 참여권, 동의권, 합의권을 전제하고 있는 것이다. 따라서 앞서 살펴보았듯이 서구 자유주의 사회계약이론(이하 '사회계약이론')은 권리이론에 그 바탕을 두고 있는 이론이 되는 것이다. 그리고 사회계약이론에 내재되어 있는 사회계약질서 역시 그 바탕을 권리질서에 두고 있다고 하는 것이다.

이렇듯 질서수립 참여권과 동의권, 합의권을 전제한 자유주의 질서 수립방법이 바로 사회계약인데, 이는 자유주의 사회에 자치적 정치질서를 수립하는 유일한 방법이다. 유일한 이유는 사회구성원 모두가 제왕과 같은 자율적 개인으로 구성되는 '수평' 사회에 '상-하' 위계가 불가피한 정치질서를 수립하기 위해서는 스스로 약속한 질서에 스스로 복종하게 하는 방법밖에 없는데, 이것이 바로 사회계약이기 때문이다. 그리고 이 방법의 정당성 근거는 자율권평등원칙에 있게 된다. 왜냐하면 '자발적 참여', '동의', '합의', 이 모든 사회계약 체결행위가 정당하기 위한 조건은 이 행위가 모든 평등한 권리주체들에게 평등한 자율권으로 보장되어야 하기 때문이다. 자율권평등원칙에 의해 정당화되는 사회계약에 의해 수립되는 질서를 여기서는 '근거사회계약질서'라 할 것이다. 사회계약이론들에는 이 근거질서가 정당한 사회계약 체결행위에 이미 전제

---

25 자기질서이기 위해서는 1차적으로 자기가 만든 질서여야 하고, 2차적으로 자기 지배형식을 가지는 질서여야 한다. 2차적 조건은 질서관할력과 관련되기 때문에 다음 3절에서 다루고 여기서는 1차 조건만을 다룬다.

되어 있기 때문에 그 밖의 이론적으로 구성되는 질서(이하 '구성사회계약질서')는 이 근거질서에 부합해야 한다. 이 때 그 부합 여부의 검토기준은 자율권평등원칙이 된다.

아래에서는 이상의 검토기준으로 홉스, 로크, 루소(J.-J. Rousseau)와 롤즈의 사회계약이론에 나타나는 사회계약질서를 차례대로 살펴본다.[26] 여기서 이 이론들을 검토대상으로 삼은 이유는 아래와 같다. 첫째, 전통이론 중에 홉스, 로크, 루소의 이론을 선택한 이유는 이들 이론이 롤즈(J. Rawls)에 의해서 근대 사회계약 전통이 부활[27]하기 전까지 적어도 근대 자유주의 사회계약이론을 대표하기 때문이다.[28] 둘째, 롤즈의 이론을 택한 이유는 롤즈의 이론이 사회계약 아이디어를 차용한 근래 다양한 이론들의 기점이 되면서도 가장 대표적이며, 여기서의 주 관심사인 정치사회질서 형성과 관련된 "시민적 사회계약이론" 혹은 "제헌적 사회계약이론"에 가장 가깝기 때문이다.[29] 한 가지 검토내용과 관련하여 앞서 홉스와 로크에서 살펴본 권리질서 부분과 겹치는 부분은 이하 논의에서 생략할 것임을 밝혀둔다.

---

26 여기서는 T. Hobbes, *Leviathan* ; J. Locke, *Government* : Bk. II ; J.-J. Rousseau, *Social Contract* ; J. Rawls, *Theory of Justice*를 앞에서부터 차례대로 그 관련 부분에 대해 검토한다. 각 검토 논의에서 출전은 앞의 전거순서대로 괄호 속에, (로마 숫자), ('§' 첨가 숫자), ('Bk' 첨가 숫자), (아라비아 숫자)로 표시함.

27 Michael Lessnoff(ed.), *Social Contract* : 1 ; D. Boucher and P. Kelly, *Social Contract* : 1.

28 이와 관련해서는 J. W. Gough, *Social Contract* : Chs. XI, XII. 이는 결과적으로 여기서 관련 검토대상이 많지 않음을 말해준다.

29 사회계약이론들에 대한 이러한 분류와 설명은 D. Boucher and P. Kelly, *Social Contract* : 4-13.

첫 번째로 홉스의 사회계약이론을 본다. 홉스의 이론에서 근거사회계약질서는 앞서 그의 권리질서에 대한 논의에 나타나는데, 구체적으로 사회계약 체결의 상황, 방법, 목적 등에 포함되어 있다. 이를 종합하면 평등한 권리질서 보장을 위해 일군의 자연상태의 인간(이하 '자연인')들 전체가 평등한 자율권 행사(자발적 참여, 동의, 합의)를 통해서 수립하는 정치사회질서가 바로 근거사회계약질서이다. 그런 만큼 이 질서에는 이미 자율권평등원칙이 내재되어 있다. 이 질서는 동시에 '자기질서'로서의 성격을 가지는데, 그 이유는 본절 머리에 밝힌 바처럼 사회의 수평적 특성과 질서의 위계적 특성이 조화될 수 있는 질서는 유일하게 자기질서이기 때문이다. 그러나 아래에서 보듯이 홉스는 사회계약을 통해 수립될 정치질서 및 그 관할력(공권력)과 관련한 별도 논의에서 근거사회계약질서와는 다른 새로운 질서를 제시한다. 이것이 홉스의 '구성사회계약질서'다.

홉스의 이론에서 정치질서와 공권력은 사회계약 과정의 별도 단계에서 수립되는데, 이 단계에서의 결정권은 원초 계약자 다수에게 일임됨과 동시에 명시적/묵시적으로 반대하는 소수는 이에 따르게 되어 있다(Ch. XVIII). 이 다수가 결정하는 질서 및 공권력은 근거사회계약질서와는 다른 별도로 구성된 사회계약질서로서, 결과적으로 다수에게는 자기질서이지만 소수에게는 자기질서가 아니게 된다. 결국 구성사회계약질서는 소수의 자율권 행사가 억제된 가운데 수립되기 때문에 자율권평등원칙에 배치되며 근거사회계약질서와 이율배반관계를 구성한다. 다른 한편 홉스는 원초 계약자들 이외의 차후세대(미래 사회구성원)들에게도 이 구성사회계약질서가 당연히 적용됨을 주장한다(Ch. XIV). 따라서 두 사회계약질서 사이의 이율배반성은 차후세대의 경우까지 연장된다.

이 이율배반성에는 그 밖의 다른 문제들이 수반된다. 이를테면 차후세대는 차치하고 원초 계약자들에 국한해서 보더라도 다수의 결정에 의해 수립된 정치질서를 (동의하지 않은) 소수에게 강요하는 것은 일종의 '정치적 강제'를 의미할 것이고, 이는 바로 다수만을 위한 '부분통치' 문제로 이어질 것이다.

더욱이나 홉스의 이론 속에서 정부는 사회계약을 통해 몰수된 권력을 일방적으로 접수하는 측이 되고, 국민은 (정부) 계약주체가 아니므로(Ch. XVIII) 폭압의 정부를 대체할 수가 없다. 즉 신민들의 보존과 안녕이라는 공권력 수립의 원래 목적(Ch. XVII)에 위배되어도 공권력에 묵종할 수밖에 없다. 물론 한 곳에서 홉스는 '정부가 국민보호의 목적을 훼손할 때' 복종의무가 종료된다고 말한다(Ch. XXI). 그러나 개인적 불복종은 용납이 안 되고 전체의 불복종은 바로 정부해체가 됨과 동시에 사회해체와 자연상태로의 복귀이기 때문에(Ch. XVIII) 실질상의 의미를 가지지 못한다. 오히려 홉스는 구성사회계약질서를 신민의 두려움, 즉 어겼을 때의 이익보다 처벌의 가혹함으로 유지해야 한다고 역설한다(Ch. XV). '칼에 의해 유지되지 않는 계약은 말장난에 불과'하기 때문이다(Chs. XVII, XVIII). 소수의 자율권 행사가 차단된 채 폭력에 의해 정치적 강제와 부분통치가 유지되는 셈이다. 결국 홉스의 구성사회계약질서는 근거사회계약질서와 이율배반관계를 넘어 자율권 억압으로까지 나타난다.

두 번째로 로크의 사회계약이론을 본다. 홉스에서와 마찬가지로 로크의 이론 속에서도 근거사회계약질서는 앞서 그의 권리질서에 대한 논의 중 사회계약 체결의 상황, 방법, 목적 등에 포함되어 있다. 즉 평화상태에서 평등하고도 보다 온전한 권리향유를 위해 일군의 자연인들 전체가 평등한 자율권 행사(자발적 참여, 동의, 합의)를 통해서 수립하는 정치사회질서가 바로 근거사회계약질서이다. 그런 만큼 이 질서에는 이미 자율권평등원칙이 전제되어 있다. 이 질서는 동시에 '자기질서'로서의 성격을 가지는데, 그 이유는 앞서 본 바와 같이 자기질서만이 사회의 수평적 특성과 정치질서의 위계적 특성을 아우를 수 있기 때문이다. 그러나 아래에서 보듯이 로크도 사회계약을 통해 수립될 정치질서와 이를 관할하는 공권력과 관련한 별도의 논의에서 근거질서와는 다른 새로운 질서를 구성해낸다.

로크의 사회계약이론에서도 홉스에서와 마찬가지로 한 사회계약 체결행위 내에 '정치질서 수립과정 및 공권력 수립과정 단계'(정부계약단계)가 포함되는데, 정부의 선택과 결정은 사회계약 체결자 전원이 아닌 다수에게 일임된다(§121, §132). 다수결정에 의해 수립되는 것이 로크의 구성사회계약질서인데, 이 때 로크의 경우는 홉스의 경우와 다르게 다수결정 조건에 소수가 묵시적으로 동의한 것으로 가정된다. 그러나 이 때의 가정은 소수의 반대를 전제하고 이를 묵살하기 위한 것이기 때문에 묵시동의는 '가정'이라기보다는 '간주'의 강제적 성격을 지닌다(§95－§97). 따라서 로크의 구성사회계약질서는 홉스에서와 같이 자율권평등원칙에 배치되고, 이 원칙에 근거한 근거사회계약질서와 이율배반관계에 서게 되며, 이 이율배반성은 소수에 대한 '정치적 강제'와 '부분통치'의 문제로 이어진다. 로크는 미래세대(외국인 포함)에게도 구성질서에 대한 묵시동의를 가정하는데(§119), 이 때 가정된 묵시동의는 미래에 그 여부가 확인되어야 하는 '확인문제'를 안고 있다. 이들의 동의가 확인되지 않을 경우는 원초 계약자 소수의 경우에서와 같이 이율배반성문제, 정치적 강제 및 부분통치의 문제가 야기된다.

물론 로크의 이론에는 정치질서 및 공권력과 관련하여 정치적 강제문제와 부분통치 문제를 해소할 길이 마련되어 있다. 이러한 조처는 그가 사회계약 체결시 원초 계약자들이 포기하는 것이 자연권 중의 자연법 집행권만(§130)이고, 이를 위임받는 정부는 대행권만(§149)을 가지게 된다는 언급에 나타난다. 이는 정부가 국민의 권리보호를 위한 수단임을 규정하는 것으로, 사회구성원들의 (정부교체) 혁명권(§221-§222)으로 연결된다. 원초 계약자들이나 미래세대는 혁명권을 행사하여 자율권 복권과 자기질서 복구의 기회를 가질 수 있게 되는 것이다. 그러나 그가 혁명권 발동에 덧붙이는 유효조건(§224-§226)[30]은 이러한 문제 해소책의 실효성을 무산시킨다. 그렇다면 위에서 살펴본 소수와 미래세대 각각에 해당하는 문제들 역시 그대로 유지되는 셈이 된다.

세 번째로 루소의 사회계약이론을 본다. 루소에 따르면 사회계약은 인간 삶의 평등한 보존을 위협하는 장애요인들이 커질 대로 커진 (타락한) 자연상태[31]의 한 시점에서 그 극복을 위해 일군의 자연인 전원에 의해 체결된다(BkI-6). 이 사회계약은 이들 자연인 각자가 여타 구성원 전체에게 자발적으로 자신의 (현재의) 자연권 모두를 남김 없이 양도하여 전체 구성원이 혼융(渾融)된 국가(공화국/단일정체)를 창출함으로써

---

30 로크의 혁명발기 조건은 1) 자연권 침해의 상당기간 지속, 2) 침해당한 다수에 혁명발기자들의 포함 등인데, 상당기간이 얼마 동안인지도 모호하고, 더구나 긴박한 혁명시점에서 발기자들이 사회의 다수에 포함되는지를 확인하는 것도 거의 불가능하다.

31 루소의 『사회계약론』(BkI-6)에 간단히 묘사되는 이 '타락한 자연상태'는 루소의 『인간불평등기원론』의 제1부에 나오는 '원초 자연상태'에 대조적으로 사용한 것이다. J.-J. Rousseau, "Discourse" (The Second Discourse) : The First Part & The Second Part ; J.-J. Rousseau, *Social Contract* : BkI-6 참고.

마무리된다(BkI-6, 8). 창출된 국가의 전체 구성원은 일체적 생명, 자아, 일반의사, 법률제정권을 가지는 혼연일체의 집단인격체를 형성하게 된다. 이와 동시에 각 구성원은 집단자아의 자기질서 하에 평등한 권리와 자유를 향유한다(BkI-6, 7, 8 ; BkII-6). 결국 루소의 이론에서 근거사회계약질서는 자율권평등원칙에 부합하는 사회계약 체결방법, 사회계약에 의해 수립된 국가(법과 주권), 그리고 사회구성원 개개인 모두를 포괄하는 집단자아의 자기질서 형식 속에 내재되어 있다. 더구나 루소는 정부를 계약상대가 아니라 사회계약으로 구성된 주권체로서의 국민이 일방적으로 임명할 심부름꾼으로 본다(BkII-2, BkIII-1, 16, 17). 따라서 홉스나 로크에서와는 다르게 정치질서와 공권력 수립에 뒤따르는 확인문제나 부분통치 문제, 정치적 강제문제가 일어날 여지가 없다.

그러나 문제가 일어나는 곳은 사회구성원의 동의와 관련이 없이 사회계약 체결과 동시에 존재하게 된다고 가정된 모호한 일반의사(一般意思)의 지배질서에서이다. 루소는 일반의사가 전체에게나 개인에게나 언제나 옳고도 좋기 때문에 국민의 법률제정까지 지도하는 무오류의 최종 공권력 근거라고 한다(BkI-6 ; BkII-1, 3 ; BkIV-1). 그래서 이에 의한 강압적 지배가 정당하다고 주장한다(BkI-7). 이렇듯 루소의 사회계약이론에서 구성사회계약질서는 바로 일반의사의 지배질서로 나타나는데, 우선 문제는 일반의사가 국민의 동의와 무관하게 가정된 질서주체로 나타남에도 불구하고 어떤 모습으로 어디에 존재하는지가 몹시 모호하다는 것이다. 루소에 따르면 일반의사는 개인이나 국민 일부의 의사도 아니고(BkI-7), 모든 국민의 전체 의사도 아니다(BkII-3). 그러나 개인들의 의사가 갈등할 때는 갈등하는 부분을 상쇄한 후 남는 의사들의 합(BkII-3), 즉 다수의 의사일 수도 있다. 이렇듯 일반의사 자체가 모호하면 그 지배질서 역시 모호하기 때문에 계약체결 후에라도 국민의 자율권 행사대상이 될 수 없다. 이 지배질서는 가정 속의 질서이면서 동시에 가정대상의 내용이 모호하여 그 입증이 불가능한 질서인 것이다. 그래서 일반의사의 지배질서는 원초 계약자들에게 견지되어야 할 자율권평등원칙을 훼손하게 되고, 그 결과 근거사회계약질서와 이율배반관계를 구성한다.

다음 문제는 이렇듯 모호한 일반의사의 특성과 관련된다. 위에서 본 바처럼 일반의사는 사회계약을 통해 형성된 유기적 전체 사회 속에 일종의 정신형태로 존재한다. 이는 일반의사가 부분을 용납하지 않는 유기적 전체 사회를 전제함을 말해주는 것으로 그 지배는 전체주의적일 수밖에 없다. 결국 일반의사 지배질서는 자율권평등원칙에 배치되면서 동시에 전체주의적 질서의 성격을 가지게 된다. 여기에 덧붙여 모든 공권력은 그 최종 권위가 어디에 있든 결국 정부를 구성하는 사람(통치자)에 의해 행사된다는 현실을 감안하면, 이 전체주의적 질서는 모호한 일반의사의 해석과 관련하여 정부—비록 심부름꾼이지만—의 자의적 질서로 전단될 위험에도 노출되어 있다. 그 유사한 예는 히틀러를 비롯한 파시스트들의 질서에서 찾을 수 있을 것이다.

이제 끝으로 오늘날 사회계약이론의 한 대표 이론으로서 롤즈의 사회계약이론을 본다. 롤즈의 사회계약이론은 자신의 말대로 로크, 루소, 칸트 등의 근대 자유주의 사회계약이론의 전통을 계승하면서도 이들 전통 이론보다 그 추상화 수준을 한 차원 높인 것이다(p. 11). 여기서 전통의 계승은 전통 이론들의 사회계약 체결의 상황 및 방법, 목적 등에 내함되어 있는 근거사회계약질서의 전수이다. 즉 원초적 입장(12, 136–142)에 있는 자유롭고 평등한 주체[32]들이 자율적 합의를 통해(11–17) 상호 공정한 사회협력을 목적으로 이를 규제할 사회기본구조로서의 정의원칙[33]을 자기질서로 채택(7-11)한다는 것이다. 그리고 채택된 정의원칙에 대해서 정의사회를 구성한 원초 계약자들은 소극적으로 이를 수용하고 지지할 자연적 정의 '의무' (334-340, 114-117)와 동시에 적극적으로 이를 준수하고 이행할 '책무' (342-350, 108-114)를 진다는 것이다. 이 근거사회계약질서는 앞서 살펴본 홉스, 로크, 루소에 나오는 그것과 중심 내용에서 다를 바가 없다.

다음으로 한 차원 높인 추상화는 원초 사회계약과 관련한 두 단계의 가정으로 이루어진다. 그 첫 단계는 원초 상황 속의 원초 계약자들은 정의원칙 채택에 자발적으로 참여 · 동의 · 합의할 것이라는 가정이다. 이는 원초 계약자들을 가리고 있는 가상적 무지의 장막과 더불어 계약 체결상황 전반을 가정 속에 가두어 두는 꼴이 되어 롤즈의 이론을 가정적 사회계약이론이 되게 한다.[34] 두 번째 단계는 원초 계약에서 채택된 정의원칙은 원초 계약자들은 물론 현재와 미래의 사회구성원들에게도 채택되고 준수될 것이라는 가정이다. 이는 원초 계약이 일종의 '모델 사회계약' 의 성격을 가지게 한다.[35] 즉 일반 사회구성원들이 체결할 어

---

32 롤즈가 『정의론』에서 그리고 있는 원초적 인간은 자유롭고 평등한 가운데 각자 삶에서 합목적적이고 합리적인 인간이고, 정의감을 가지며, 그러기에 도덕적인 인간이다. 이들의 관계는 완전히 대등하며 동시에 서로의 일에 별 흥미를 가지지 않는 그런 관계이다(11-17). 그리고 이들은 자신의 과거 이력이나 현재의 사회적 지위 등을 모르게 하는 일종의 '무지의 장막' (veil of ignorance, 136-142)에 싸여 있는 상태에 있다.

33 여기서 사회정의원칙으로서의 '기본구조' 는 모든 정치 · 경제 · 사회의 제(諸)제도와 심지어는 가족제도, 즉 사적 영역까지 침투하는 폭넓은 관할력을 가진다. 사회정의원칙에 대한 설명은 같은 책(1971) : 3-11 참고.

34 롤즈는 스스로가 원초 사회계약 상황을 순전히 가상적 상황이라고 한다(16).

35 롤즈는 『정의론』(*A Theory of Justice*)을 보완설명하는 자리에서 그의 사회계약이

떠한 사회계약도 모델 사회계약으로서의 이 원초 계약의 모든 특성을 가져야 하는 것이다. 사실 롤즈의 『정의론』의 대부분은 이 모델 사회계약의 가정된 정당성과 보편성을 논증하는 것으로 구성되어 있다 해도 무리가 없을 것이다.

이렇게 보면 롤즈의 이론에서 구성사회계약질서는 바로 그의 모델 사회계약 도출요건(혹은 전통 사회계약의 추상화 요건)인 두 단계 가정에 대한 입증 속에서 드러날 질서가 되는 셈이다. 따라서 검토의 초점은 이 가정의 입증문제에 놓이게 된다. 가정의 입증은 가정된 사안의 진리가(眞理價)와 정당성이 필연적임을 논리적으로 보이거나 가정된 사안에 대한 경험적인 확인을 통해서 가능하다. 그러나 적어도 자유주의 질서에 관한 한 그 질서의 진리가나 정당성을 질서주체의 판단에 의존하기 때문에[36] 현실적으로 주체들의 판단을 경험적으로 확인하는 방법을 택할 수밖에 없다. 그렇다면 가정입증의 문제는 롤즈의 모델 사회계약 내용인 정의원칙이 원초 계약자들에 의해서나 현재나 미래의 일반 사회인들에 의해서 자발적으로 수용됨을 확인할 수 있느냐의 여부가 된다. 부분적으로 확인이 안 될 경우는 홉스나 로크에서와 같은 부분통치 문제와 부분에 대한 정치적 강제의 문제가 뒤따른다. 전체적으로 확인이 안 될 경우에는 루소에서 본 일반의사로부터 야기되는 전체주의 문제가 뒤따른다.

론이 담겨 있는 '원초상태이론'과 '무지의 장막이론'은 현실사회를 대표하기 위한 장치로 쓰였음을 계속 강조하면서 일종의 모델(사회계약)임을 언급한다. J. Rawls, *Political Liberalism* : I－§4.

36 이와 관련해서는 L. Green, "Commitment" : 240－267 ; T. Nagel, "Moral Conflict": 300－324 참고.

그리고 이 모든 문제는 '이율배반성' 문제로 수렴된다.

그러나 롤즈는 이상과 같이 복잡한 문제를 야기하는 확인문제를 의도적으로 회피했음을 밝힌다(336). 회피방법은 합의됐다고 가정된 정의원칙을 수용/지지해야 할 '자연적 의무'를 사회구성원 전원에게 일방적으로 부과함으로써이다. 의무는 말뜻 그대로 동의가 필요 없는 일방적 책임이다. 따라서 수용에 반대하는 사회구성원들에게는 수용/지지의무는 일방적 강제일 뿐이다. 이러한 회피방법 속에서 롤즈의 구성사회계약질서로서의 정의질서와 관련한 '동의', '합의', '수용/지지'는 확인되어야 할 가정적 사안으로부터 기정사실로 전위된다. 그리고 이 정의질서는 동의에 근거하지 않고 일방적 의무를 부과하기 때문에 자율권평등원칙에 배치되며, 가정적 모델 사회계약에 내재되어 있는 근거사회계약질서와 이율배반관계에 서게 된다. 더구나 의무적으로 수용/지지되어야 하는 롤즈의 정의질서는 사회의 '기본구조'라는 점에서 그 침투범위가 전통적 사회계약의 범위를 능가한다. 이를테면 그 관할범위가 후자에는 없는 사적 영역의 가족제도에까지 미친다. 이럴 경우 여기에는 도덕적 강제에 따르는 양심적 고통까지 수반될 수 있다. 물론 롤즈는 정의원칙에 대한 (수용/지지보다 적극적인) 준수/이행책임은 동의를 요건으로 하는 '책무'로 규정한다. 그러나 이는 일차적으로 부과된 정의의무를 보다 적극적으로 준수하고 이행할 가외의 책임일 뿐이다. 그의 '보다 나은 자의 짐' (noblesse oblige, 116)이라는 말이 여기에 해당한다. 결국 의무의 강제성은 여전히 유지되고 두 사회계약질서 사이의 이율배반관계도 그대로 유지된다.

3. 이율배반권리질서와 권위질서

여기서 검토대상이 되는 권위이론 역시 그 근거는 서두에서 밝힌 바처럼 권리이론이다. 그리고 자유주의 질서에 자치질서의 특성을 부여하는 권위질서 역시 그 근거를 권리질서에 두고 있다. 권위는 말뜻 그대로 자기질서에 대한 스스로의 자발적 복종의 대상인데, 자기질서로서의 자유주의 질서의 수립이나 이에 대한 자발적 복종에는 정치·사회구성원들의 자율권을 내용으로 하는 평등한 권리질서를 전제하기 때문이다. 권위는 정치사회의 제도적 개념으로서 이 개념이 자유주의 질서에 대해서 가지는 중요성은 이 질서의 관할력(공권력)에 대한 복종이 자율적 복종책무(obligation)에 근거할 때만 정당화됨을 규정해 준다는 데에 있다.[37) 즉 다양한 성격의 복종이 다양한 성격의 질서관할력에 대응한다면 그 중에서도 자율적 복종에 대응하는 것이 권위인데, 자유주의 질서의 공권력은 권위일 때 정당화된다는 것이다. 그래서 이하에서 검토할 자유주의 권위이론(이하 '권위이론')은 공권력에 대한 이론들 중 하나의 특별한 범주에 속하는 이론이 되는 셈이다.

권위로서의 공권력이 어떻게 수립되는지에 대해서는 앞서 검토한 사회계약질서의 특성에 그 윤곽이 들어 있다. 물론 여기서 말하는 사회계약질서는 권리질서에 바탕을 두고 있기 때문에 권위질서 수립에 담

---

37 D. Miller ed. *Blackwell* : 28-31 ; V. Bogdano ed., *Blackwell Encyclopedia*(*Political Institution*) : 34-35.

겨 있는 윤곽은 궁극적으로 권리질서에 바탕을 둔 윤곽이 된다. 이 윤곽을 권위의 측면에서 재구성하면 이어지는 내용과 같다. 평등한 자율권 행사에 근거한 사회계약 체결행위는 한편으로는 정치사회질서의 자기질서화 행위이지만, 다른 한편으로는 그 관할력(공권력)에 자기지배적 성격을 부여하기 위한 권위화 행위이기도 하다. 자기질서가 명실공히 '자기질서'에 합당한 실효성을 가지기 위해서는 그 질서관할력의 성격이 자기지배(자치)적이어야 하기 때문이다. 그리고 그 유일한 방법은 사회계약질서에서와 마찬가지로 자율권평등원칙에 근거한 합의적 권위화 방법, 즉 사회계약 방법인 것이다. 그래서 사회계약을 통해 권위화된 자치적 질서관할력(공권력)이 권위가 된다. 자율적 존재들에게 자기지배는 자율적 복종과 짝을 이룬다. 권위의 자율적 복종에 대한 대응성(correlativity)은 바로 이상과 같이 권위가 가지는 자기지배 속성에서 나온다. 이렇듯 권위 속에는 사회계약의 특성이 전제되어 있다. 이는 권위이론에 아래의 홉스나 로크의 이론에서 보듯이 사회계약이론이 전제되어 있음을 말해준다.

권위와 권위이론에 사회계약 특성이 전제되어 있다는 것은 여기서의 관심사인 권위행사자와 권위수용자 사이의 질서(이하 '권위질서')와 관련하여 두 가지 사항을 시사한다. 그 중 하나는 사회계약질서가 자율권평등원칙에 의해 정당화되어야 하듯이 권위질서 또한 자율권평등원칙에 의해 정당화되어야 한다는 점이다. 왜냐하면 자율권이 불평등한 가운데서도 권위와 자율적 복종이 대응관계를 이루는 권위질서가 있을 수 있기 때문이다. 이를테면 노예나 종은 자율권 불평등관계에 있는 주인의 마음을 헤아려 스스로 알아서 주인의 권위에 복종할 수 있다. 이러한 자율적 복종은 권위주의적 독재가 고질화되어 있는 정치현실에도 나타날 수 있는 현상이다. 따라서 '권위-자율적 복종'의 단순 대응관계에 근거하는 권위질서가 사회계약적 자기질서를 관할하는 자기지배적 권위질서, 즉 '자율적 복종=자기지배의 결과'의 등식에 부합하는 권위질서이기 위해서는 자율권평등원칙에 근거한 권위화에 의해 정당화되어야 한다. 이 후자의 질서가 '근거권위질서'가 되는데, '자율적 복종'이나 '자기지배'는 모두 자율권 행사이기 때문에 질서주체들의 평등한 자율권은 계속 '견지'된다. 따라서 이하에서 검토기준은 자율권평등원칙이 되며, 검토의 초점은 권위이론에 내재된 근거권위질서와 이론적으로 구성되어 있는 '구성권위질서' 사이의 이율배반관계 여부이다.

두 번째는 자유주의 질서가 사회계약적 합의를 통한 제도로서 존재하듯이 자유주의 질서의 관할력인 권위 또한 합의기제로서의 사회계약을 통한 권위화의 결과이기 때문에 제도로서 존재한다는 점이다. 그래서 아래에서 살펴볼 권위이론들이 흔히 오해하듯이 질서관할력으로서의 권위는 특별한 개별적 주체(개인/소수/다수)에게 소유될 수 있는 것이 아니라, 평등하게 자율적인 사회구성원에게 공유되는 '제도'일 뿐이다. 사실 서구 자유주의 권위이론들이 당면하는 공통적인 문제는 아래에서 보듯이 이들에 의해 구성된 구성권위질서로부터 야기되는 '자율권 포기'의 문제와 이에 연결되어 있는 '판단 포기' 문제인데, 이들 문제는 궁극적으로 이들 이론이 권위를 특정 권위행사자의 소유물로 이해하기 때문에 발생한다. 여기서는 이렇듯 소유적으로 이해된 권위개념을 '소유적 권위개념'이라 부르기로 한다.

이하에서는 우선 위의 두 번째 시사점과 관련하여 서구 자유주의의 권위이론들에 나타나는 권위개념에 대한 소유적 이해의 실상을 추적한다. 다음으로 이러한 소유적 권위개념으로부터 야기되는 공통적인 문제점들과 이 문제점들에 함의되어 있는 이율배반성 문제를 첫 번째 시사점에서 도출된 검토기준에 비추어 드러내 본다. 아래에서는 먼저 권위개념에 대한 소유적 이해가 서구 자유주의의 선구적 권위이론들에는 어떻게 나타나는지 살펴보기 위해 홉스, 로크, 루소의 권위이론을 본다.

홉스에서 리바이어던(Leviathan)은 권위대행자로서 사회계약이라는 권위화 행위를 통해 모아진 모든 자연권, 즉 공권력을 구성사회계약질서 수립단계에서 다수결의 결정에 따라 1인 또는 소수의 권력담당자(정부)에게 양도하는데, 이 권력담당자들이 리바이어던의 절대적 권력을 행사하는 권위를 소유한다(Chs. XVI, XVIII).[38] 이는 로크에서도 마찬가지이다. 사회계약을 통해 모아진 자연권 집행권이 공권력 담당자들에게 위임되는데(§121, §130), 이들은 이 공권력을 집행하는 권위를 '대행권' (fiduciary power)이라는 명목으로 소유한다(§149). 이상 홉스와 로크에서 권위에 대한 소유개념적 이해는 홉스의 정의(각주 38)에 잘 나타나 있듯이 '피권위대행자(국민)-권위대행자(정부)' 사이에서 '자율권 포기-권위소유' 의 관계 속에 드러난다. 루소의 경우에는 사회계약을 통해

38 홉스의 『리바이어던』 16장에 따르면 권위는 권리주체의 권리행사 자격이다. 그래서 권리주체와 권위주체(author)는 동일인이다. 그러나 권위주체는 권리주체의 '권위를 대행하는 사람' (actor)도 될 수 있다. 이 때 이 대행자는 원래 권위주체에 의해 권위화된(authorize) 후 원 권위주체의 권위를 자신의 권위로 실행하게 된다. 결과적으로 권위대행자는 피권위대행자가 포기한 권위행사 자율권을 자기권위로 소유하는 것이 된다. 이상은 홉스의 권위에 대한 정의에 나타난 권위질서인데, 이는 로크와 루소의 경우에도 타당하다 할 수 있다. 비록 로크의 『시민정부론』과 루소의 『사회계약론』에는 자세한 설명 없이 '권위', '권위화' 개념 등이 사용되고 있지만 그 의미하는 바는 위의 홉스의 경우와 같다할 수 있다. 각각 J. Locke, *Government*-Bk. II : §87, §89 ; J.-J. Rousseau, *Social Contract* : Bk. II-6, 7 참고. 여기서와 이하 논의에서 출전 표시는 각주 26)에 따름.

모아진 자연권의 총합인 공권력은 국민이 보유한다 하지만, 그 행사의 최종 권위는 루소의 사회계약이론에 대한 논의(이 글 2절)에서 보았듯이 '일반의사'에 일임됨과 동시에 국민은 자율권 포기의 상태에 있게 된다(BkI-6 ; BkII-1, 4, 6, 7). 즉 권위는 일반의사에 소유되며, 이런 점에서 홉스나 로크의 소유개념적 권위와 다를 바가 없다. 물론 루소는 현실적 권위실행을 국민의 심부름꾼인 정부(권위대행자들)에게 맡긴다(BkII-2 ; BkIII-1). 그러나 루소의 이론에는 정부계약 단계가 아예 없기 때문에 정부는 권위화된 계약주체일 수 없다. 결국 모든 권위는 일반의사에 의해 전유된다.

이렇듯 자유주의 확립 시기부터 권위자/권위대행자/일반의사의 일종의 소유물로 이해되었던 권위개념은 근래 서구 자유주의 권위이론들에도 그대로 이어진다. 이를테면 평판 높은 노모스(NOMOS) 시리즈의 제1호에 실린 이론들에서부터 최근의 이론에 이르기까지 권위주체와 관련된 논의 속에서 쉽게 확인할 수 있다.[39] 그리고 이러한 저간의 추세는 드 죠지(T. De George)가 근자의 권위이론들을 살펴보면서 집약한 모델 권위개념에 그대로 반영되어 있다. 그에 따르면 이 모델개념은 "(1) A는 D라는 특수성 때문에 C라는 분야에서 B에 대해 권위를 가지거나, (2) A는 D라는 특수성 때문에 C라는 직위에서 B에 대해 집행할 수 있는 일종의 권리나 권력으로서의 권위를 가진다"[40]고 되어 있다. 여

---

39 이를테면 노모스 제1호를 편집한 프리드리히(C. J. Friedrich)의 글, "Authority" : 45 ; B. Lincoln, *Authority* : 1-4 ; M. Estlund, *Democratic Authority* : 2.

40 R. T. De George, *Nature and Limits* : 14-21. 그리고 그의 "Nature and Function" : 77 참고.

기서 (1)과 (2)는 A의 권위를 A가 개인(person as individual)일 경우와 공인(person in the position)일 경우로 구분했음을 보여준다. 그러나 이러한 구분에도 불구하고 권위의 근거는 A의 자질상의 특성 (D)로 수렴됨을 보여준다. 두 종류의 권위 모두가 '특정인의 자질'에 근거한다는 점에서는 다를 바가 없게 되는 것이다.[41] 특정인의 자질은 그에게 소유된 것인 만큼 두 종류의 권위 모두가 소유적 성격을 띨 수밖에 없는데, 이는 결국 근래의 권위이론에도 위에서 살펴본 선구적 자유주의 권위이론의 소유적 개념이 이어지고 있음을 말해준다.

뿐만 아니라 권위개념의 기원과 관련한 정평 있는 이론들은 이러한 소유개념화 현상이 앞서 본 홉스, 로크, 루소를 훨씬 지나 로마(Rome)의 공화정 시대로 거슬러 올라감을 보여준다.[42] 이들에 따르면 서구 자유주의 전통의 권위개념은 로마의 "auctoritas"로부터 유래된 것이라 하는데, 이는 "주제자(auctor)[43]가 될 권리"를 의미한다. 이 때 주제자는 "설립자", "창시자", "창조자"와 같은 특정의 자질을 가진 사람으로서 권위는 바로 이러한 주제자의 자질 속에 존재하는 것으로 이해된다.[44]

지금까지 권위이론들의 권위개념에 대한 소유적 이해의 실상에 대해 살펴보았다. 그 결과를 종합해 보면 권위개념에 대한 소유적 이해

---

41 그래서 베일즈(M. D. Bayles)는 이러한 권위의 구분을 권위개념의 소유적 성격을 줄이려는 노력으로 평가하면서도 개인의 개인화와 인격화에 강하게 들어 있는 권위개념의 소유적 성격을 바로잡으려는 노력은 성공적이지 않다고 지적한다. M. D. Bayles, "Function and Limits" : 104.

42 이를테면 H. Arendt, "What Authority?" : 99–103 ; R. S. Peters, "Authority" : 148–149 ; R. B. Friedman, "On the Concepts" : 74–77.

43 창조주(자), 주제하는 주체, 저자의 의미로 오늘날 'author'의 의미와 비슷함.

44 R. S. Peters, "Authority" : 148–49.

는 자유주의의 선구적 이론들, 근래의 주도적 권위이론들, 이 권위이론들에 차용되고 있는 모델 권위개념, 심지어는 로마적 어원에서까지 확인된다는 말이 된다. 그렇다면 권위를 소유적으로 이해하는 것이 서구 자유주의 권위이론들에 거의 공통적이라고 일반화하더라도 큰 무리는 아니라 할 수 있을 것이다. 이제 이상의 논의를 바탕으로 아래에서는 이들 권위이론이 당면하는 공통적인 문제와 이로부터 소유적 권위개념에 근거하여 구성되는 구성권위질서 및 이 질서가 야기하는 이율배반성 문제에 대해 살펴본다.

소유적 권위개념 전통 속에 매몰되어 있는 권위이론들이 공통적으로 당면하는 첫 번째 문제는 홉스, 로크, 루소 등의 이론에서 보았듯이 권위수용자의 (권위행사와 관련한) 자율권 포기의 문제이다. 여기서 자율권 포기는 '권위수용자(국민) 〈A〉 – 권위행사자(공권력담당자) 〈B〉' 사이에서 〈A〉가 〈B〉를 권위화한 후 〈B〉에게 일방적으로 복종함으로써 야기된다. 〈A〉는 '권위행사와 관련한 자율권' (이하 '자율권')을 마치 일종의 소유물처럼 〈B〉에게 양도하고 〈B〉는 이를 접수했기 때문에 전자의 자율권은 포기된 상태에 이른다. 결과적으로 권위화 과정 이후 두 사람의 자율권은 불평등해져 이들 사이의 권위질서는 자율권불평등원칙에 근거하여 운용될 수밖에 없는데, 이 권위질서가 바로 소유적 권위개념에 근거하여 권위이론들이 구성해내는 구성권위질서이다. 자율권불평등원칙에 근거하여 운용될 수밖에 없는 이 구성질서가 자율권평등원칙에 배치되며 근거권위질서와 이율배반관계를 구성하는 것은 당연하다. 그런데 이렇듯 자율권불평등원칙에 근거하여 운용되는 구성권위질서의 파급효과는 그 관할 하에 있는 사회계약질서에까지 거꾸로 소급된다. 즉 이 구성권위질서는 설사 자율권평등원칙에 부합하는 근거사회계약질서일지라도 권위소유자가 좌지우지하는 타율질서로 운용되게 한다.

두 번째 문제는 '권위행사 및 권위질서와 관련한 판단 포기' (이하 '판단 포기')의 문제이다. 위에서 본 자율권 포기의 문제와 판단 포기의 문제는 동전의 양면과 같다. 왜냐하면 자율권은 자율권 주체의 말과 행동의 선택과 그 실행으로 나타나는데, 그 선택과 실행은 언제나 주체의 판단을 통해서 나타나기 때문이다. 즉 판단은 자율권을 전제하기 때문에 자율권 포기는 곧바로 판단 포기로 이어진다. 이는 프리드만(R. B. Friedman)의 다음 언급 속에도 극명하게 드러난다.

> 어떤 권위를 받아들인 사람은 자신의 사적 혹은 개인적 판단(의 자율권)을 이미 포기했다고 말할 수 있다. 왜냐하면 그는 그가 (이 권위에) 복종하는 조건으로서 그가 (이 권위를) 이해하고 (이 권위에 대해 왜) 만족할 수 있는지 그 이유를 묻지 않을 것이기 때문이다. 반대로 권위를 가진다는 것은 그 권위에 대한 복종을 받아낼 조건으로서 복종할 사람에게 그 복종에 관한 어떤 이유를 제공할 필요가 없다는 것이다. 이런 의미에서 어떤 명령에 복종한다는 것은 이와 관련된 특정의 사안에 대한 자신의 판단을 포기하고 그 대신 자신의 행동지침으로서 다른 사람의 판단을 수용한다는 것을 포함한다.[45]

이 인용문이 의미하는 바는 간단히 말하여 권위수용자는 자신이 참여하고 있는 권위질서에 대한 판단을 포기한 채 권위행사자가 주도하

---

45 R. B. Friedman, "On the Concept" : 64-65. 프리드만은 이 언급과 관련하여 이러한 견해는 많은 자유주의 정치이론가들의 입장이기도 함을 밝히고 있다. 그의 글 '각주 17' 참고.

는 권위질서에 노예나 종과 같이 묵종한다는 말이 된다. 질서관계에서 한 편이 판단을 포기한 가운데 타방에 묵종하는 것은 결과적으로 전자의 후자에 대한 의지의 예속인데, 전자와 같은 사람이 바로 노예나 종이기 때문이다.[46] 그리고 이를 '국가/정부-국민' 사이의 권위질서에 대입하면 권위수용자인 국민은 정부의 권위행사 내용에 대한 판단의 자율권을 포기하고 질서주체로서 권위질서에 대한 비판적 참여의 자율권 역시 포기한 가운데 정치적 예속관계에 선다는 말과 같다. 이는 우선 자율권 평등원칙에 배치되며, 사회계약 체결을 통해 수립되는 '자기지배 결과 = 자율적 복종' 형식의 근거권위질서와 이율배반관계를 구성한다. 다음으로, 판단 포기를 통해 권위수용자가 노예/종의 지위로 전락하게 하는 권위질서는 인간존엄성이 그 근거가 되는 자율성평등원칙에도 배치된다.

그런데 이상과 같은 판단 포기 문제는 플렛스만(R. Flathman)의 지적에 따르면, 권위이론가들에만 나타나는 것이 아니라 그 외타의 많은 정치이론가 및 사상가들에게서도 폭넓게 발견된다.

> 권위와 권위관계에서 그 권위를 수용하고 그 권위에 복종하는 사람들이 그 권위를 소유하고 있는 사람이나 규칙 혹은 직책에 자신들의 판단을 포기한다는 주장에 많은 사람들이 맞장구를 쳐왔다. 고드윈(W. Godwin)과 워프처럼 (국가/정부의) 정치적 권위에 반대하는 무정부주의자들로부터 롤즈나 라즈

---

46 판단 포기가 어떻게 노예/종의 지위로 이어지는가에 해서는 L. H. Perkins, "Reconciling" : 116 ; R. P. Wolff, *Defense* : 14-15 참고.

(J. Raz), 오크숏(M. Oakshott)처럼 권위에 대한 열렬한 지지자에 이르기까지 수많은 정치학도들이 그간 노래의 후렴구처럼 같은 목소리를 내고 있는 소절은, (권위행사자 A의) 권위가 지시하는 것은 그 장점 여부에 대한 B(피권위행사자)의 판단과는 무관하게 언제나 이(권위)에 복종해야 한다는 것이다.[47]

이제 끝으로 소유적 권위개념의 근거, 즉 인간의 자질상의 차이(특정자질을 기준으로 본 권위소유자 자질의 우위와 권위수용자 자질의 열위의 차이)와 관련한 도덕적 불평등의 문제이다. 이 문제는 롤즈가 민주적 평등이 부재하는 정치사회를 '자연적 귀족주의' (natural aristocracy)와 '실력사회' (meritocratic society)로 예시하는 데서[48] 그 정치적 함의를 찾아볼 수 있다. 여기서 민주적 평등의 부재는 바로 만인자유평등원칙의 부재이며, 그 부재의 원인은 '차이＝불평등' 의 합법화에 있다. 즉 전자는 선천적 자질의 차이를 정치·사회적 불평등으로 제도화한 것이고, 후자는 후천적 능력의 차이를 정치·사회적 불평등으로 제도화한 것이다.

그런데 이상의 제도화에는 마치 '남녀의 차이＝남녀의 불평등' 의 등식에서와 같은 특정 자질상의 차이에 근거하는 정치사회구성원들의 도덕적 불평등에 대한 합법화가 전제되어 있다. 소유적 권위개념에 근거한 구성권위질서는 바로 이러한 '차이＝불평등' 의 등식을 정치질서관할력 운용의 근거로 제도화한다는 점에서 롤즈의 자연적 귀족주의 질서나 정치적 실력사회질서와 같은 정치적 효과를 가진다. 즉 롤즈가

47 Richard E. Flathman, *Practice* : 90.

48 J. Rawls, *Theory of Justice* : 순서대로 §12, §17 참고.

예시하는 두 질서에서와 같이 사회구성원들의 도덕적 불평등을 전제한 정치질서가 정당화되어 있는 것이다. 결국 소유적 권위개념에 근거한 구성권위질서는 근거권위질서와의 이율배반관계를 넘어 그 정치적 효과가 사회구성원들의 도덕적 지위상의 불평등을 정치질서 속에 제도화하는 데까지 미치게 되는 것이다. 이는 엄연히 반자유주의적이다.

이렇듯 소유적 권위개념에 근거한 구성권위질서는 자유주의의 정치적·사회적·도덕적 정당화원칙들—자율권평등원칙, 자율성평등원칙, 만인자유평등원칙 등—을 차례로 위배하면서 근거권위질서와의 이율배반관계를 넘어 도덕적 자율성까지 철저하게 소외시킨다. 그 결과는 이상에서 살펴본 소유개념적 권위개념에 근거한 구성권위질서의 지배가 보편화되어 있는 자유주의 정치현실에 절망한 나머지 '철학적 아나키즘'[49]을 옹호할 수밖에 없다는 고뇌어린 고백으로 나타나게 된다. 워프는 그의 유명한 『아나키즘 옹호론』(*In Defense Of Anarchism*)에서 그가 "개인의 도덕적 자율성과 국가의 정당한 권위가 조화될 수 있는 현실적 정치형태가 가능한지를 탐색해 보았건만 끝내는 좌절하고 말았다"[50]고 고백하면서 우리가 당면하고 있는 자유주의적 정치질서의 문제를 다음과 같이 밝히고 있다.

---

49 '철학적 아나키즘'은 자유주의적 정치질서의 권위와 그 정당성 근거인 개인 자율성이 상호 조화될 수 없기 때문에 현실적으로 가장 바람직하다는 자유주의 정치질서마저 수용할 수 없다는 입장의 아나키즘이다. 이와 관련해서는 R. P. Wolff, *Defense* : Ch. 3 ; R. P. Wolff, *Poverty* 참고.

50 R. P. Wolff, *Defense* : 69.

만약 자율성과 권위가 끝내 양립될 수 없다면 우리 앞에 놓인 길은 두 가지이다. 우리는 철학적 아나키즘을 수용하는 가운데 모든 정부를 정당성이 없는 단체로 규정하고 그 정부의 모든 명령을 스스로 매번 판단하고 평가하여 이에 대한 복종 여하를 결정하든가, 아니면 우리는 정치라는 세계에서 이제 더 이상 자율성에 대한 추구를 부질없는 것으로서 포기하고 그것이 어떤 형태의 정부이건 그때그때 가장 정당해 보이고 이로워 보이는 정부에게 복종할 수밖에 없다. (만일 우리가 이 후자의 길을 택할 경우에는 우리가 여타 종류의 정부를 제쳐두고 민주적 정부에만 그 정당성을 부여하여 이에 복종해야 할 하등의 보편적 이유가 없다는 것을 밝히지 않을 수 없다.)"[51]

4. 이율배반권리질서와 자유주의 질서

지금까지 권리 패러독스 현상을 권리질서의 질서-이율배반성과 이로부터 이어지는 사회계약질서 및 권위질서의 질서-이율배반성을 통해 살펴보았다. 이렇게 한 이유는 권리질서는 다른 두 요소질서의 바탕질서가 되기 때문이었다. 권리질서가 다른 두 요소질서의 바탕이 됨은 이미 밝혀진 바와 같이 사회계약질서 및 권위질서의 질서-이율배반성이 권리질서 질서-이율배반성 문제의 근원이 되는 자율성평등원칙과 자율성불평등원칙의 연장인 자율권평등원칙과 자율권불평등원칙으로

51 R. P. Wolff, *Defense* : 71.

부터 비롯되고 있다는 점이 잘 말해준다. 이렇듯 사회계약질서와 권위질서의 바탕이 되는 권위질서는 결국 이들 세 질서로 구성되는 자유주의 질서의 토대질서가 된다 할 수 있다. 따라서 권리질서의 질서–이율배반성은 사회계약질서 및 권위질서의 질서–이율배반성과 더불어 자유주의 질서의 질서–이율배반성으로 이어지게 된다. 그래서 이하에서는 지금까지 살펴본 이들 요소질서의 질서–이율배반성이 자유주의 질서에는 어떤 총체적인 모습으로 나타나는지, 그리고 어떤 시사점과 의미를 가지는지에 대해 살펴보며 본장을 마무리한다.

자유주의 질서는 세 요소질서인 권리질서, 사회계약질서, 권위질서가 유기적으로 통합되는 질서이기 때문에 이들 세 질서 각각에 내재해 있는 근거질서와 구성질서는 자유주의 질서 내부에 근거질서체계(규범질서체계)와 구성질서체계(실행질서체계)를 구성하게 된다. 규범질서체계는 지금까지 살펴본 세 질서, '근거권리질서, '근거사회계약질서', '근거권위질서'를 질서요소로 하여 구성된다. 이들 세 규범질서 요소는 자유주의 질서와 관련하여 오늘날 우리에게 익숙한 '상투어'—'개인주의 (권리)질서', '자기질서', '자치질서'—에 각각 대응하는데, 이는 다음과 같은 표현으로 집약할 수 있다 : '정치·사회구성원들은 도덕적·정치사회적으로 각자가 평등하게 자율적이고, 이들의 정치질서는 자발적 동의에 근거한 합의에 의해 수립되며, 자율적 복종을 담보해 주는 질서여야 한다.' 이렇게 집약한 자유주의 규범질서체계는 적어도 두 가지 시사점을 가진다. 그 하나는 이 규범질서체계가 모든 자유주의 질서이론들이 그 밖의 질서이론들에 대해서 가지는 나름의 규범적 특수성을 규정해 주는 테두리를 제시해 준다는 점이다. 그 둘은 자유주의 질서를 자유주의적 '삶'의 질서로 이해할 때 이 규범질서체계는 자유주의 질서의 존재이유와 목표를 제시해 준다는 점이다. 즉 자유주의 질서는 자유주의적 삶이 규범질서체계에 부합하는 질서 속에서 가장 잘 영위될 수 있기 때문에 존재하는 것이고, 그 삶의 보호를 위해서 존재해야 한다는 것이다.

실행질서체계는 지금까지 살펴본 세 질서, '구성권리질서, '구성사회계약질서', '구성권위질서'를 질서요소로 하여 구성된다. 이들 세 실행질서 요소는 자유주의 질서와 관련하여 오늘날 우리에게 익숙한 '상투어'—'개인주의 (권리)질서', '자기질서', '자치질서'—를 간판으로 걸고 그 뒤에서 자유주의 질서를 현실적으로 주도하고 있는 질서이다. 그런데 실행질서체계는 다음과 같이 집약될 수 있다 : '부분적으로나 전체적으로 타자를 위한 타자에 의한 타율적 질서는 결과적으로 질서주체인 사회구성원들의 정치적·사회적 자율권 행사의 불평등과 자율성 및 도덕적 지위에서의 불평등을 (정치사회)제도적으로 강요하는 질서이다.' 이렇게 집약한 자유주의 실행질서체계는 규범질서체계의 시사점에 견주어 다음과 같은 대척적 시사점을 가진다. 첫째, 이 실행질서체계의 일부 혹은 전체를 구성해내는 정치질서이론은 규범적 척도에서 볼 때 그 해당부분만큼은 자유주의 이론이 아니라는 점이다. 둘째는 자유주의 질서의 존재이유와 목적에서 볼 때 이 질서체계에 접속되어 있는 질서는 자유주의적 '삶'을 배반하는 질서라는 점이다.

이상의 두 질서체계 사이에 체계차원으로 확대된 이율배반성이 자유주의 이론과 자유주의적 삶의 질서에 대해서 가지는 첫 번째 시사점은, 지금까지 검토한 이론들이 부분적으로는 자유주의 이론이면서도 부분적으로는 비자유주의 이론이라는 점이다. 두 번째 시사점은, 자유주의적 삶의 질서와 관련하여 이들 이론에 내재하는 질서 또한 부분적으로는 자유주의적 질서이고 부분적으로는 비자유주의적 질서라는 점이다. 이상의 두 시사점이 의미하는 바는 이론과 삶의 실천적 질서 모두가 자유주의 부분과 비자유주의 부분으로 구성되는 상반된 양면성 속에 있다는 것이다. 이는 마치 같은 자유주의 이론 내에서도 같은 자유주의 사회를, 한편에는 안정된 정의질서 사회의 모델로 그려내는 롤즈류의 이상이론(ideal theory)[52]들이 있고, 다른 한편에는 이와는 상반되게 '시민전쟁이 상존하는 사회', '정글 같은 동물원 정치사회', '순간의 선거 이후 국민이 계속 노예적 지배 하에 있는 정치질서의 사회'로 그려내는 현실론[53]들이 있는 것과 같다.

이렇듯 이론적·실천적으로 이율배반적인 양면성은 물론 권리 패러독스의 한 축을 이루는 권리질서의 질서-이율배반성 문제로부터 귀결된 것이다. 그리고 그런 점에서 자유주의 질서의 이율배반적 양면성도 권리 패러독스 현상의 연장선 위에 있다 할 수 있을 것이다. 이를테면 권리 패러독스에 연해 있는 '자유주의 패러독스'라 할까? 이는 마치 4장에서 살펴본 권리관계에서 비롯되는 소외현상이 권리관계에만 국한되지 않고 범사회적 인간소외 현상으로 이어지는 것과 같다.

이상의 시사점 및 의미를 바탕으로 권리 패러독스의 한 축으로서의 권리질서의 질서-이율배반성에 대한 본장 논의의 지평 확대를 위해 일종의 '자유주의 패러독스 현상'과 관련한 가설을 제시해 본다. 가설로 제기하는 이유는 가칭 '자유주의 패러독스 현상'은 이 책의 논지인 '권리 패러독스'와 연결되어 있으되 논지의 범위 밖의 또 다른 문제이기 때

52 이를테면 J. Rawls, *A Theory of Justice* ; *Political Liberalism*.

53 각각 순서대로 A. MacIntyre, *After Virtue* : Ch. 17 ; B. Barber, *Strong Democracy* : 20–25, 67–79 ; C. Pateman, *Problems* : 26–30.

문이다. 이 가설은 이율배반적 모순 속에 있는 자유주의 질서가 가지는 실천적 함의와 관련된 것인데, 두 질서체계 사이에 존재하는 이율배반성이 의미하는 이론상 및 실천상의 상반된 양면성은 평면적으로 공존하기보다는 어쩌면 표리상반(表裏相反)관계 속에 공존한다는 점에 주목한다. 마치 자유주의라는 겉포장과 그에 가려진 비자유주의적 내용물과의 관계와 같은 양면상반관계에 비유될 수 있을까? 왜냐하면 자유주의 특성이 담긴 규범질서체계는 위에서 본 '상투어'처럼 언제나 단순명료한 캐치프레이즈로 표면화되는 데 비해 실행질서체계는 이론적 구성의 복잡성과 난해성을 헤집어야 찾아지기 때문이다.

이는 마치 겉보기에 가려진 속을 면밀히 검토해야 배리(背理)의 논리 속에 숨어 있는 패러독스를 찾아낼 수 있는 것과 같다 할 수 있을 것이다. 그래서 이렇듯 규범질서체계만 도드라져 나타나고 실행질서체계는 잘 드러나지 않는다면(그리고 그 결과 이 두 질서체계 사이의 이율배반성 역시 잘 드러나지 않는다면) 자유주의 질서의 이해와 수용에서 이 질서의 모순성에서 야기되는 패러독스 현상이 초래될 수 있을 것이다. 이를테면 비록 가설적 연계 속에서이지만 자유 속의 정치적 해방을 꿈꿨던 동·서 시민혁명들의 이상이 사후(事後) 현실정치 속에서 겪게 되었던 좌절, 자유주의라는 간판 뒤에 숨을 수 있는 권위주의적 독재, 비(非)서구 사회의 서구 자유주의 정치가치 수용에서 드러나는 이상(규범질서 가치)과 현실(실행질서 가치)의 갈등—이를테면 1990년대 중후반 이래 지금까지 그 접점을 찾지 못하고 있는 '인권 보편주의 가치'와 '서구(문화)적 인권가치'의 대립—등이 그 예가 될 수 있을 것이다.

정위(正位)

여기서 정위(正位)는 패러독스의 해소를 의미한다. 즉 본의(모습)와 일탈된 의미(모습) 사이 배리(背理)관계의 해소를 의미한다. 제3부에서의 정위대상은 제2부 4장에서 살펴본 권리관계 패러독스와 5장에서 살펴본 권리질서 패러독스이다. 권리관계 패러독스의 해소를 통해 정위된 권리관계는 이에 내재하는 대척성이 해소된 권리관계이고, 권리질서 패러독스의 해소를 통해 정위된 권리질서는 이에 내재되어 있는 질서-이율배반성이 해소된 권리질서이다. 그래서 정위작업은 대척성과 질서-이율배반성의 해소작업이 된다. 이런 의미에서 정위작업은 앞서 살펴본 소외문제의 권리관계상 및 권리질서상의 발단근원을 바로 잡는 작업이기도 하다. 6장에서는 권리기본관계와 현행 권리관계 사이의 배리관계의 해소를 통해 권리관계에 대한 정위와 정위된 권리관계로 표현되는 권리질서에 대한 정위를 모색해 본다. 7장에서는 권리질서를 유기적 부분질서로 포함하고 있는 자유주의 질서의 정위된 모습을 정위된 권리관계로 구성하여 재현해 본다. 권리관계 및 권리질서에 대한 정위작업은 지금까지의 논의형식이 그랬듯이 권리관계나 권리질서의 구체적 사안과 내용을 일일이 다룰 수 없기 때문에 각각의 구조적 특성을 중심으로 이루어진다.

제6장

현행 권리관계의 정위

본장은 앞서 권리 패러독스의 한 축인 권리관계의 대척적 특성에 대한 정위를 모색해 본 것이다. 권리관계에 내재되어 있는 대척적 특성이 현행 권리관계가 권리기본관계에 대해 가지는 대척적 특성에서 비롯된 것이고, 바로 이 대척적 특성으로부터 소외문제가 빚어지고 있다는 점에서, 여기서의 정위작업은 소외문제발생의 근원을 바로 잡는다는 의미를 가진다. 우선 정위작업의 준비로 왜 권리관계 정위작업을 먼저 하는지, 정위요건은 무엇인지, 정위작업의 준거가 될 권리관계의 모델은 어떤 모습일지 등에 대해서 살펴보았다. 다음으로 정위준거 권리관계 모델에 비추어 권리관계에 대한 정위작업을 수행하였다. 정위작업은 현행 서구 자유주의 권리이론 및 담론에 보편적인 현행 권리관계에 대한 수정을 통하여 정위준거 권리관계 모델에 부합하는 부합권리관계를 도출하는 과정 속에서 이루어졌다. 결과적으로 도출된 부합권리관계가 정위된 권리관계였다. 부합권리관계로부터 이 관계로 표현되는 부합권리질서의 특성을 도출하였다. 도출된 부합권리질서의 특성은 다음에 이어질 7장에서 정위된 권리관계로 재현될 정위된 자유주의 질서의 바탕으로서 정위된 권리질서의 특성을 밝히기 위함이다.

* * *

본장에서는 권리 패러독스의 한 축이 되고 있는 권리관계에 내재되어 있는 대척적 특성에 대한 정위작업을 수행한다. 권리관계의 정위는 권리기본관계와 현행 권리관계 사이 배리관계의 해소이다. 권리관계에 내재되어 있는 대척적 특성으로부터 소외문제가 빚어지고 있다는 점에서 여기서의 정위작업은 소외문제 발생의 근원을 바로 잡는다는 의미를 가진다. 그러나 현행 권리관계에 대한 수정을 통한 권리관계의 정위작업에 진입하기 전에 왜 정위작업을 권리질서에 우선하여 권리관계부터 시작하는지, 정위될 권리관계의 요건은 무엇인지, 정위작업이 준거해야 할 정위준거 권리관계 모델의 특징적 모습은 무엇인지 등에 대하여 살펴본다.

1. 권리관계 정위가 선행되는 이유

1) 권리관계 패러독스와 권리질서 패러독스의 상호관계

4장에서의 논의는 권리관계로부터 빚어지는 소외문제는 궁극적으로 현행 권리관계와 권리기본관계 사이에 구성되는 대척적 특성에서 비롯된 것임을 보여주었다. 그리고 이러한 소외문제와 그 직접근원으로서의 대척성은 권리관계가 구성하는 패러독스의 내용이었다. 그런데 현행 권리관계와 권리기본관계 사이에 구성되는 대척적 특성은 권리관계의 한두 경우에 국한되는 개별적 특성이 아니라 구조적인 것이었다. 즉 모든 권리관계에 보편적인 특성인 것이다. 이와 같이 사회의 특정부문에서 발생하는 모든 관계에 보편적인 특성을 구조화할 수 있는 것은 그 부문 관계의 질서밖에 없다. 이를테면 정치관계에서 불평등 특성을 가지는 보편적 정치관계 구조는 정치적 불평등 질서에 의한 것이고, 마찬가지로 평등의 특성을 가지는 정치관계 구조는 정치적 평등질서에 의한 것이다.

이렇듯 보편적으로 어떤 관계구조에서의 특성은 바로 그 관계를 규율하는 질서의 특성을 함의하고 이를 반영한다. 또 역으로 어떤 질서의 구체적 내용은 그 질서의 규율대상인 관계로 나타난다. 보편적으로 관계는 질서의 외적 표현인 것이고, 질서는 그 스스로를 구체화할 수 있는 것이 아니라 관계를 통해서만 자신을 시현(示現)하는 것이다. 따라서 권리관계와 권리질서의 상호관계는 권리질서는 권리관계로 표현되고 권리질서의 특성은 권리관계의 구조적 특성으로 나타나는 관계라고 할 수 있다.

5장의 논의는 권리질서상의 패러독스 현상을 근거권리질서와 구성권리질서 사이에 구성되는 질서-이율배반성으로 드러냈다. 그러면 권리관계와 권리질서의 상호관계를 위와 같이 이해할 때 권리관계상의 패러독스와 권리질서상의 패러독스의 상호관계는 어떻게 설명될 수 있을까? 우선, 주요 개념 사이의 관계에 대해 정리해 본다. 구성권리질서는 이론적으로 구성되어 제도로 나타나는 질서이다. 따라서 구성권리질서는 현재 실행되고 있는 권리관계, 즉 현행 권리관계를 규율하는 제도적 질서이다. 그러나 모든 구성질서는 그 정당성을 부여받을 수 있는 정당화 질서에 근거할 수밖에 없다. 근거질서는 바로 구성질서가 근거해야 할 정당화 질서에 대한 지칭인 것이다. 이런 의미에서 근거권리질서는 5장 서두에서 본 바와 같이 구성권리질서의 정당화 질서이다. 그리고 권리기본관계를 규율하는 질서가 된다. 3장 3절에서 본 바와 같이 권리기본관계역시 모든 권리관계의 정당화 준거가 되기 때문이다. 권리질서의 질서-이율배반성은 말뜻 그대로 이율배반관계에 있는 위의 두 질서가 구성하는 대척성을 간결하게 표현한 용어에 불과하다. 권리관계에 구성되는 대척성을 질서에 적용한 표현인 것이다.

다음으로, 권리질서상 근거권리질서의 자율성평등 특성과 구성권리질서의 자율성불평등 특성 사이에 빚어지는 질서-이율배반성은 권리관계상 권리기본관계를 구성하는 3기본구조와 현행 권리관계를 구성하는 현행 3구조 사이에 빚어지는 3가지 대척적 특성과 어떤 관계에 있는지를 살펴본다. 3가지 대척적 특성은 각각 〈자율성평등-자율성불평등〉 사이, 〈상호성-비상호성〉 사이, 〈타자배려균형성-타자배려불균형성〉 사이에 빚어지므로 여기서 살펴보려는 내용의 핵심은 한편으로는 권리기본관계의 3기본구조 각각의 서로 다른 세 특성—자율성평등, 상호성, 타자배려균형성—이 근거권리질서의 특성인 자율성평등과 어떤 관계에 있는지를 밝히는 일이 된다. 그리고 다른 한편으로는 현행 권리관계의 현행 3구조 각각의 서로 다른 3특성—자율성불평등, 비상호성, 타자배려불균형성—이 구성권리질서의 특성인 자율성불평등과 어떤 관계에 있는지를 밝히는 일이 된다.

그런데 위에서 살펴보았듯이 관계의 구조적 특성은 그 관계를 규율하는 질서의 특성과 같기 때문에, 그리고 근거권리질서는 권리기본관계를 규율하고 구성권리질서는 현행 권리관계를 규율하기 때문에 살펴보려는 〈권리기본관계의 구조적 특성-근거권리질서의 특성〉 사이의 관계는 자율성평등 특성의 공유관계가 되어야 하고, 〈현행 권리관계의 구조적 특성-구성권리질서의 특성〉관계는 자율성불평등 특성의 공유관계가 되어야 한다. 다시 말하면 권리기본관계의 3기본구조 각각의 특성은 자율성평등과 같아야 하고, 현행 권리관계의 현행 3구조 각각의 특성은 자율성불평등과 같아야 한다.

과연 그런지 살펴보기 위해 앞서 살펴본 권리기본관계 체계를 구성하는 3기본관계 구조가 가지는 특성들을 종합하고, 현행 권리관계체계를 구성하는 현행 3구조가 가지는 특성들을 종합하여 권리관계체계상의 대척관계를 구성한 후, 단일 행정(行程)으로서의 권리관계의 대척적 특성으로 집약한다. 논의의 편의를 위해 종합된 결과부터 먼저 밝히고, 추론과정은 이 결과도출의 이유에 대한 설명으로 갈음한다. 먼저 종합된 결과를 밝히면 권리기본관계 체계를 구성하는 3기본구조의 특성들이 종합된 특성은 자율성평등과 같게 되고, 현행 권리관계체계를 구성하는 현행 3구조의 특성들이 종합된 특성은 자율성불평등과 같게 된다. 그 이유는 다음과 같다.

우선, 권리기본관계 체계를 구성하는 3기본구조의 종합된 특성이 자율성평등과 같게 되는 이유는 권리기본관계 체계의 두 구조적 특성, 상호성과 타자배려균형성이 그 관계주체 〈A-B〉 지위 사이의 자율성평등 특성으로 수렴되기 때문이다. 여기서 '수렴'은 상호성과 균형성에 포함된 주체 간 처지의 차이의 폭이 자율성의 폭에 포함됨으로써 결국 두 내용에 평등성이 견지됨을 의미한다. 이를테면 개인적 특성과 인생목표 등을 포함하는 현재의 처지에서 서로 차이를 가지는 가(○과 같은 사람), 나(△와 같은 사람), 다(□와 같은 사람)가 있다고 할 때 이 세 사람 간 관계에서 자율성평등은 '가', '나', '다' 각각이 가지는 처지의 차이만큼의 폭을 가지게 될 것이며, 협업관계로서의 권리관계에서 추구되는 필요충족의 상호성의 내용이나 타자배려 균형의 내용 역시 이 폭만큼의 편차를 가지게 될 것이다. 그럼에도 여전히 서로 다른 개인적 특성, 인생목표 등을 포함하는 현재의 처지가 반영된 자율성은 평등하게 되는 것이다.

다음으로 현행 권리관계체계를 구성하는 3기본구조의 종합된 특성이 자율성불평등과 같게 되는 이유는, 현행 권리관계체계의 두 구조적 특성인 비상호성과 타자배려불균형성, 위 권리기본관계 체계 및 3기본구조의 경우와는 반대로 그 관계주체 〈A–B〉 지위 사이의 자율성불평등 특성으로 수렴되기 때문이다. 여기서의 '수렴'은 자율성불평등의 폭이 비상호성과 불균형성에 포함된 주체 간 개인적 특성과 인생목표 등을 포함하는 처지의 차이의 폭을 능가함으로써 결국 두 내용에 불평등성이 견지됨을 의미한다. 이를테면 다(□)가 나(△) 혹은 가(○)에게 '□' 유형의 인간형에나 부합하는 자율성을 강요하든지, 아니면 '가'와 '나' 각각의 자율성 자체를 억압 내지는 묵살하는 경우가 이에 해당할 것이다. 즉 권리관계 주체 중 특정인의 자율성에 반영된 처지가 상대방의 처지에 강요되어 후자의 처지를 동일화하거나 아예 전자의 처지를 대체할 때의 경우가 될 것이다. 결과적으로 이 경우 후자의 자율성은 전자의 자율성의 종속적 위상을 가지게 된다.

위와 같은 이유에서 권리기본관계 체계의 종합된 특성은 자율성평등이 되고 현행 권리관계체계의 종합된 특성은 자율성불평등이 된다. 그리고 권리기본관계는 그 체계적·구조적 특성을 포함한 총체석 특성(이하 '권리기본관계의 특성')이 자율성평등으로, 현행 권리관계는 그 체계적·구조적 특성을 포함한 총체적 특성(이하 '현행 권리관계의 특성')이 자율성불평등으로 집약된다. 그렇다면 권리관계의 구조적 특성인 대척성은 〈자율성평등-자율성불평등〉 사이의 대척성이 되고, 권리질서의 특성인 질서-이율배반성, 즉 권리질서에 내재된 두 질서 사이의 대척성 역시 〈자율성평등-자율성불평등〉 사이의 대척성이 되므로 상호 대척성의 내용은 같게 된다. 결국 살펴보려했던 권리관계의 구조적 특성과 권리질서 특성 사이의 상호관계는 대척적 특성의 공유관계가 되는 것이다. 이로부터 이제는 권리기본관계와 이를 규율하는 근거권리질서의 특성은 공히 자율성평등이고, 현행 권리관계와 이를 규율하는 구성권리질서의 특성은 자율성불평등이라 말할 수 있게 됐다. 또 역으로 근거 권리질서의 자율성평등 특성은 자율성평등관계인 권리기본관계로 표현되고, 현행 권리질서의 특성인 자율성불평등은 자율성불평등관계인 현행 권리관계로 표현된다고 말할 수 있게 됐다.

권리질서와 권리관계가 이렇듯 대척성을 공유하고 있다면 5장에서 살펴본 질서-이율배반성은 4장의 소외문제에 대한 논의와 어떤 관계에 있을까? 이미 살펴보았듯이 4장에서 논의된 소외문제는 현행 권리관계를 구성하는 현행 3구조들의 특성이 권리기본관계를 구성하는 3기본구조들의 특성에 대해 대척적이었기 때문에 빚어진 것이었다. 이러한 소외문제를 이제는 간단히 줄여서 현행 권리관계의 자율성불평등 특성이 권리기본관계의 자율성평등 특성에 대척적이었기 때문에 빚어진 것이라 할 수 있다. 더불어 이를 권리질서의 측면에서 볼 때 소외문제는 현행 권리관계를 규율하는 구성권리질서의 자율성불평등 특성이 권리기본관계를 규율하는 근거권리질서의 자율성평등 특성에 대척적이었기 때문에 빚어진 것이라 할 수 있다.

그러나 관계의 특성은 질서의 특성을 함의 및 반영하는 것이고

질서는 그 자신을 관계 속에 시현하므로 질서의 특성이 선행하고 관계의 특성은 선행된 질서 특성의 표현에 불과한 것이 된다. 이러한 〈'관계' - '질서'〉 상호관계의 보편원리에 따르면, 4장에서 살펴본 소외문제의 보다 깊은 근원은 현행 권리관계가 권리기본관계에 대해 가지는 대척성 이전에 구성권리질서가 근거권리질서에 대해 가지는 대척성에 있는 것이 된다. 또한 그 대척성의 내용은 자율성평등과 자율성불평등의 대척성이 된다. 결국 4장에서 살펴본 소외문제는 구성권리질서의 자율성불평등에 그 근원을 가지며, 소외문제의 직접계기가 되는 현행 권리관계의 구조적 특성 — 자율성불평등, 비상호성, 타자배려불균형성 — 은 구성권리질서가 가지는 자율성불평등 특성의 표현에 불과한 것이 되는 것이다. 따라서 소외는 먼저 권리질서의 질서-이율배반성에서 빚어진 것이고, 그 계기는 구성권리질서의 자율성불평등 특성이 되는 것이다.

2) 권리관계가 정위의 우선대상이다

위 1절-1)에 근거하면 본장이 속해 있는 제3부에서의 정위작업은 권리관계에 선행하여 그 특성을 규정하고 있는 권리질서부터 시작되어야 한다. 왜냐하면 위에서 살펴보았듯이 4장에서 살펴본 소외는 권리관계에 내재되어 있는 대척성보다 먼저 권리질서의 질서-이율배반성에서 빚어진 것이라면, 권리기본관계와 현행 권리관계 사이에서 빚어지는 권리관계 패러독스의 원인은 근거권리질서와 구성권리질서 사이에서 빚어지는 권리질서 패러독스인 질서-이율배반성이기 때문이다.

그럼에도 권리관계부터 정위작업을 시작하는 이유는 다음과 같다. 첫째 이유는, 정위될 권리질서의 구체적 내용이 무엇인지 먼저 살펴보기 위해서이다. 정위된 권리질서는 정위될 권리관계의 특성만을 표현할 뿐, 그 구체적 내용은 정위될 권리관계로 시현되기 때문에 그 정위된 내용이 무엇인지 구체적으로 살펴보기 위해서는 불가불 권리관계에 대한 정위작업을 우선할 수밖에 없는 것이다. 이 첫 번째 이유가 왜 합당한지는 7절에서 살펴보게 될 부합권리질서의 내용에서 확인할 수 있을 것이다. 둘째 이유는, 내용중복을 피하기 위해서이다. 정위된 권리질서의 구체적 내용은 어차피 정위될 권리관계가 되기 때문에 권리질서에 대한 정위작업을 먼저 할 경우는 그 내용이 뒤이은 권리관계에 대한 정위내용과 겹치게 되는 것이다. 이상 첫째 이유와 둘째 이유는 종합하면 권리관계에 대한 정위는 권리질서에 대한 정위이기도 하다는 말이 된다. 즉 정위될 권리관계에는 권리질서 내용범위 중 권리관계가 표현하고 있는 부분에 국한되는 부분만큼에 대한 정위내용이 전제되어 있을 뿐만 아니라, 어차피 정위내용은 정위될 권리관계로 표현되기 때문에 권리관계에 대한 정위가 우선되는 것이 보다 합리적이라는 말이다.

더불어 권리질서는 이 질서가 포함되는 자유주의 질서와의 유기적 관계 때문에 그 정위된 내용은 권리관계의 정위될 내용에 국한될 수가 없다. 따라서 끝으로 셋째 이유는, 권리질서 정위에 대한 논의는 종합적 성격의 자유주의 질서 정위에 대한 논의로 나타나게 되는데, 이 후자의 논의는 그 성격상 권리관계 정위에 대한 논의 후에 이루어질 수밖에 없기 때문이다. 5장에서 살펴본 바와 같이 권리질서는 유기적 질서체계로서의 자유주의 질서의 부분질서이기 때문에 정위된 권리질서는 정위된 자유주의 질서의 모습에 포함되어 나타나야 한다. 그러나 정위될 권리질서는 권리관계의 정위된 모습으로 표현되기 때문에 정위된 자유주의 질서는 정위될 권리관계로 표현되게 된다. 이는 결국 권리관계와 권리질서의 상호관계상 권리관계를 규율하는 권리질서가 먼저 정위되어야 함에도 불구하고 논의순서상 권리관계가 먼저 정위되어야 함을 말해준다. 이 세 번째 이유가 왜 합당한지 그 구체적인 내용은 7장에서 살펴보게 될 정위된 권리질서에 근거하여 권리관계로 재현되는 정위된 자유주의 질서에서 확인할 수 있을 것이다.

2. 정위될 권리관계의 요건

위에서 권리관계의 정위가 왜 우선되어야 하는 이유가 밝혀졌으니 이제 정위될 권리관계의 요건에 대해 살펴본다. 정위될 권리관계의 요건을 살펴보는 이유는 권리관계에 대한 정위작업이 준거해야 할 권리관계의 모델(이하 '권리관계 정위준거 모델')을 도출하기 위해서이다. 정위될 권리관계의 요건은 내용상의 요건과 형식상의 요건으로 나뉜다.

1) 내용상의 요건

우선 내용상의 요건에 대해서 살펴본다. 정위될 권리관계의 내용상의 요건, 즉 권리기본관계와 현행 권리관계 사이의 배리관계 해소를 위한 요건은 어떠해야 할지에 대해서 살펴본다. 이를 살펴보는 이유는 배리관계의 해소가 권리관계 중 권리기본관계와 현행 권리관계 중 어느 한편의 다른 한편으로의 수렴 속에서 모색되어야 할지, 권리기본관계와 현행 권리관계의 상호 절충 속에서 모색되어야 할지, 아니면 제3의 대안적 준거권리관계를 도출한 가운데 모색되어야 할지가 불분명하기 때문이다. 결론부터 말하면 배리관계의 해소는 근거권리질서가 규율하는 권리기본관계에 부합하는 방향에서 모색되어야 한다. 그 첫째 이유는 앞서 살펴본 바와 같이 근거권리질서의 특성은 권리기본관계의 특성으로 이어지는데, 권리기본관계는 근거권리질서에 포함되어 있는 자유주의 질서의 근거원칙들을 이 질서와 모두 공유하기 때문이다. 권리기본관계와 근거권리질서는 만인자유평등원칙과 그 실행원칙인 자율성평등원칙, 그리고 최종 도덕계율로서 인간존엄성평등원칙을 공유하는 것이다. 둘째 이유는 권리기본관계는 근거권리질서에 함의되어 있는 자유주의 질서의 존재이유와 목표(5장 4절 참고), 즉 자유주의적 삶에 대한 보호를 이 질서와 공유하기 때문이다.

권리기본관계는 근거권리질서와 이상의 첫째 및 둘째 이유에서 밝힌 특성들을 공유하고 있기 때문에 모든 권리관계의 정당화 준거가 된다. 그리고 권리기본관계가 모든 권리관계의 정당화 준거가 된다는 말은 권리기본관계에 대해 대척관계에 있는 현행 권리관계는 정당성이 없는 부당한 권리관계라는 말이 된다. 따라서 셋째 이유는 권리기본관계의 현행 권리관계로의 수렴 가능성이나 두 관계 사이의 절충 가능의 여지가 없어지면서 권리기본관계가 정위작업의 준거가 되기 때문이다. 더불어 넷째 이유는 이렇듯 자유주의 근거원칙들이 주는 규범적 힘과 자유주의 질서의 정당성을 근거권리질서와 공유하고 있는 권리기본관계를 정위준거로 삼을 경우 자유주의 질서의 대전제들이 바뀌지 않는 한, 정위작업의 준거마련을 위한 제3의 대안적 준거권리관계의 모색이 불필요해지기 때문이다.

이상의 이유들로부터 정위될 권리관계의 내용상의 요건인 배리관계의 해소는 현행 권리관계를 권리기본관계에 부합시키는 쪽에서 모색될 수밖에 없게 되는 것이다. 여기서 현행 권리관계의 권리기본관계로의 부합을 통한 배리관계의 해소가 의미하는 바는, 배리관계의 해소를 위해서는 권리기본관계를 준거하여 현행 권리관계를 수정해야 한다는 말이 된다. 그 수정작업의 구체적 내용은 4장에서 살펴본 현행 권리관계를 구성하는 현행 3구조를 3장 3절에서 살펴본 권리기본관계의 3기본구조에 준거하여 수정하는 일이 될 것이다. 그리고 수정의 결과는 권리기본관계의 3기본구조 특성의 공유로 나타나야 한다.

2) 형식상의 요건

이제 정위될 권리관계의 형식상의 요건에 대하여 살펴본다. 권리기본관계에 부합하게 현행 권리관계에 대한 수정을 통하여 구성될 정위될 권리관계의 내용에는 권리기본관계 3기본구조의 모든 특성이 담겨야 하되 그 형식은 계약관계의 형식이어야 한다. 그 이유는 정위될 권리관계는 '제도적 질서'로서의 정위된 권리질서의 표현이고, 제도적 질서로서의 정위된 권리질서는 계약질서의 특성을 가지기 때문이다. 정위된 권리질서의 계약질서 특성이 어떻게 정위될 권리관계의 계약관계 형식으로 이어지는지는 다음 4단계로 설명된다. ① 모든 관계는 그 관계를 규율하는 질서의 표현이듯이 현행 권리관계는 구성권리질서의 표현이고, 정위될 권리관계는 정위될 권리질서의 표현이다. ② 그런데 정위될 권리질서는, 마치 정위될 권리관계를 권리기본관계에 준거하여 현행 권리관계에 대한 수정을 통하여 도출하듯이, 근거권리질서에 준거하여 구성권리질서에 대한 수정을 통하여 도출하게 된다. 물론 여기서 정위될 권리질서는 그 전체모습 중 위 1절-2)의 정위순서에 대한 논의에서 살펴본 정위될 권리관계로 표현되는 부분만큼에 해당하는 권리질서이다. ③ 이렇게 도출되는 정위될 권리질서는, 마치 정위될 권리관계가 권리 기본관계의 특성을 모두 담아내듯이, 사회계약을 통해서 제도화되는 근거권리질서의 계약질서로서의 특성을 모두 담아낸다. 제도적 질서가 가지는 계약질서의 특성은 5장 2절에서 살펴본 사회계약에서와 같이 자율적으로 평등한 주체들 사이에 제도적 질서를 수립하는 유일한 방법인 계약방법으로부터 연유한다. ④ 위 1절－1)에서 보았듯이 질서의 특성은 관계의 특성으로 이어지기 때문에 정위될 권리질서의 계약질서의 특성은 정위될 권리관계의 계약관계 형식으로 이어진다. 종합하면, 정위될 권리관계는 제도적 질서로서의 정위될 권리질서를 표현해야 하므로 이 관계는 정위될 권리질서의 계약질서의 특성을 반영하여 계약형식에 담겨야 하는 것이다.

정위될 권리관계가 위에서와 같이 계약형식에 담겨 표현될 때, 여기에는 자율적으로 평등한 사회구성원들의 평화로운 공존이라는 사회계약의 목적 역시 담기게 된다. 더불어 이 목적달성의 필수적 수단인 자발적 계약 참여, 동의, 합의 등 사회계약질서의 모든 특성도 담기게 된다. 왜냐하면 정위될 권리관계는 근거권리질서에 부합하는 정위될 권리질서의 모든 특성을 공유해야 하는데, 여기서 정위의 준거점이 되는 근거권리질서에는 사회계약의 목적이 함의되어 있기 때문이고, 사회계약질서의 특성들은 바로 이 목적의 필수적 부수조건이기 때문이다. 그리고 5장 2절에서 본 바와 같이 사회계약은 자유주의 질서 제도화의 계기가 되면서 그 질서상의 특성은 자유주의 질서제도를 구성하는 모든 제도적 질서에 계약형식의 특성으로 내재되기 때문이다.[1] 이 질서상의 계약형식 특성은 제도화된 질서의 일관성원칙에 따라 정치사회 차원에서 개인차원에 이르기까지 제도적 특성으로 견지되는 것이다. 결국 정위될 권리관계의 형식요건은 정위의 준거점으로서의 근거권리질서에 함의된 사회계약의 목적, 그리고 자유주의 질서의 정치·사회제도 차원의 질서에서부터 개인차원의 권리질서까지를 관통하는 사회계약질서의 특성, 이 모두가 담기게 되는 계약형식이 되는 것이다.

3. 권리관계 정위준거 모델

이상 정위될 현행 권리관계가 갖추어야 할 내용상 및 형식상의 요건인 권리기본관계에의 부합, 권리기본관계의 구조적 특성의 공유, 사회계약 목적과 사회계약질서의 모든 특성을 반영하는 계약형식 등은 현행 권리관계에 대한 정위작업이 준거해야 할 준거기준이 된다는 점에서 바로 현행 권리관계의 정위준거가 되는 권리관계(이하 '준거권리관계')의

---

1 그 역사적 진위 여부를 떠나 서구 자유주의 사회는 오늘날까지 사회계약을 근거로 형성된 정치사회로 여겨진다. 이런 의미에서 자유주의가 태동한 서구 사회를 흔히 '계약사회'라고 특징짓는다. 롤즈의 책 『정의론』에서 보듯이 사회계약은 사회구성원 사이 관계 속에서 정치사회의 기본구조를 결정하는 방식이기 때문에 사회계약의 특성은 정치사회구성원 사이의 사회관계 형식을 계약 형식으로 규정한다. 계약관계형식에 담기는 사회관계, 즉 계약관계는 오늘날 서구 사회를 포함하여 자유주의에 속하는 모든 사회의 구성원 간 관계가 전형적으로 계약관계로 특징화되는 데에서도 나타난다. 역으로 계약관계는 사회구성원들의 개인적 삶의 요구 및 질서를 〈권리-의·책무〉관계에 담아 공적인 정치사회적 요구 및 질서로 묶어내는 '사회 최소단위의 전위(轉位)기제'로서의 특징을 가진다는 데에서도 나타난다. 이러한 특징들은 모두 사회계약에 근거해서 출범한 정치사회가 사회계약적 특성을 견지하도록 지지한다.

내용상 특징이 된다. 그런데 이러한 내용을 가지는 준거권리관계는 자유주의 질서가 제도화된 자유주의 사회에 보편적인 계약관계에서 흔히 찾아볼 수 있다. 그 흔한 예들 중에 이를테면 A와 B 사이 가옥매매를 내용으로 하는 계약관계를 그 대표적인 한 예로 들어본다. A가 가옥을 팔려할 경우 광고나 복덕방에 의뢰하여 매도상대를 구할 것이다. 이 때 B가 매수자로 나설 경우 A와 B 사이에는 상호 매도조건과 매수조건에 대한 구체적 협의가 진행될 것이다. 협의의 진행과정에서 매매조건이 A와 B 각각에게 합당하다고 판단되면 두 사람은 상호 동의를 통한 합의에 근거하여 매매계약관계를 수립할 것이다. 그리고 합의된 조건대로 매매계약관계를 이행할 것이다. 물론 계약 이행과정에서 상호 협의, 상호 동의, 상호 합의를 전제하여 계약내용에 대한 변경·수정·폐지를 결정할 수 있다.

그러면 주변에서 흔히 볼 수 있는 이 가옥 매매계약관계가 과연 준거권리관계의 내용상 특성에 부합하는지 살펴본다. 우선 권리기본관계에 부합하여 3기본구조의 특성을 공유하는 조건을 만족하는지 살펴본다. 매매계약관계의 성립에서 〈A–B〉 간 인적 관계는 자율성평등원칙에 근거해 있으며, 관계가 정상적으로 유지되는 한 그 이행 및 종료에 이르기까지 자율성평등원칙이 준수될 것임을 예측할 수 있다. 개념관계로 표현되는 물적 관계는 A와 B 각자가 자율적으로 헤량한 매매조건 하에서 가옥매매의 상호 협업이 이루어졌기 때문에 호혜적 상호성을 만족한다. 의미관계로 표현되는 타자배려에서도 매매계약의 체결에서 이행 및 종료에 이르기까지 A와 B가 서로 대등한 협의·동의·합의주체로 인정하고 있기 때문에 균형적이다. 그렇다면 〈A–B〉 사이 가옥 매매계약관계는 권리기본관계와 그 구조적 특성을 공유하면서 권리기본관계에 부합하게 수립되어 있다 할 수 있다.

다음으로 이 계약관계는 A와 B 사이에 가옥매매라는 상호 필요충족을 위해 자발적으로 상호 협의, 상호 동의, 상호 합의에 근거한 계약관계를 수립하여 이에 참여하고 있다는 점에서 사회계약의 목적인 평화로운 상호 공존(상호 필요충족) 및 이를 위해 필수적인 사회계약질서의 특성(자발적 협의, 동의, 합의)들을 포섭해야 할 조건을 만족하고 있다 할 수 있다. 더불어 〈A–B〉관계는 계약형식의 관계에 담겨 있기 때문에 물론 이상의 특성들이 담기는 표현형식 조건도 만족한다. 결국 이상을 종합하면 우리 주변에서 흔히 볼 수 있는 〈A–B〉 사이 가옥 매매계약관계는 준거권리관계가 갖추어야 할 제반 조건을 만족한다 할 수 있는 것이다.

이제 준거권리관계가 갖추어야 할 제반 조건을 만족하는 위 〈A–B〉 사이 가옥 매매계약관계의 표현형식은 어떤 모습이 될지 살펴보면서 우선 이로부터 보편적인 계약관계의 표현형식을 도출해 본다. 〈A–B〉 간 가옥 매매계약관계는 [A는 B에게 가옥을 매도할 것을 동의(약속)하고 B는 A에게 가옥을 매수할 것을 동의(약속)함과 동시에 각각이 각각에 대하여 각각의 동의(약속)를 수락함으로써 A(가옥매도)와 B(가옥매수) 사이에 계약이 성립한다]는 형식으로 표현될 수 있다. 이 표현형식은 가옥 매매계약관계에 서는 주체만 바꾸면 모든 가옥 매매계약관계에 적용될 수 있다.

그러나 A와 B는 (갑)과 (을)처럼 모든 계약관계 주체에 대한 범칭으로 사용할 수 있기 때문에 가옥 매매계약관계의 불특정의 보편주체로 일반화할 수 있다. 즉 계약관계에 서는 '누구나'가 되는 것이다. 그리고 가옥매도를 불특정의 계약내용 z로 바꾸고 가옥매수를 불특정의 계약

내용 w로 바꾸면 불특정의 보편적 계약내용으로 일반화할 수 있다. 여기서 z는 A가 가지고 있거나 할 수 있는 능력범위의 계약내용이 되고, w는 B가 가지고 있거나 할 수 있는 능력범위의 계약내용이 된다. 즉 계약관계 주체의 능력범위 안의 사물이나 행위가 되는 것이다. 이렇듯 일반화된 계약주체와 일반화된 계약내용을 합하면 계약관계에 대한 일반표현형식을 얻을 수 있다. 이는 항간에 상식이 되고 있는 표현형식, [A는 B에게 z할 것을 동의(약속)하고 B는 A에게 w할 것을 동의(약속)함과 동시에 각각이 각각에 대하여 각각의 동의(약속)를 수락함으로써 A(z)와 B(w) 사이에 계약이 성립한다]로 나타난다.[2]

그런데 모든 계약관계는 상대방인 타자를 전제하는 사회관계이며, 계약관계 주체 사이의 상호 필요충족을 위한 협업관계이다. 위의 〈A–B〉 간 가옥 매매계약관계는 A의 가옥매도 필요충족과 B의 가옥매수 필요충족 사이에 이루어지는 협업관계인 것이다. 이는 피고용인의 일할 필요충족과 사용인의 사업상의 필요충족 사이에 이루어지는 고용계약이나 채무자의 대금차용의 필요충족과 채권자의 대금대여의 필요충족 사이에 이루어지는 〈채권–채무〉 계약관계에서도 마찬가지이다. 3장 1절에서 살펴보았듯이 권리관계는 상호 필요충족을 위한 협업관계로부터 발단한다. 따라서 상호 필요충족을 위한 협업관계로서의 계약관계로부터도 권리관계가 발생한다. 계약관계에는 언제나 권리관계가 수반되는 것이다.

---

2 인터넷 다음백과사전, "Contract," in *Wikipedia*(2010.2.4 탐색) ; 계약과 사회계약의 관계에 대해서는 이봉철, 『새 정치가치』(1998) : 2장 참고.

역으로 권리관계는 언제나 권리 및 의·책무를 내용으로 하는 계약관계로 표현할 수 있다. 위의 계약관계 일반 표현형식을 권리관계로 표현하면, [A는 B에게 z할 것을 동의(약속)하고 B가 이를 수락함으로써 A에게는 z할 권리와 의·책무가 발생함과 동시에 B는 A에게 w할 것을 동의(약속)하고 A가 이를 수락함으로써 B에게는 w할 권리와 의·책무가 발생한다]가 될 것이다. 이제부터는 이를 '계약권리관계 일반 표현형식'이라 부르기로 한다. 여기에서 z와 w는 계약관계의 내용이자 권리관계의 내용이다. A는 z라는 권리관계내용에 대한 권리 및 이에 따르는 의·책무의 주체가 되고, B는 w라는 권리관계내용에 대한 권리 및 의·책무의 주체가 된다.

이상 준거권리관계가 갖추어야 할 제반조건—권리기본관계에의 부합, 권리기본관계의 구조적 특성의 공유, 사회계약 목적과 사회계약질서의 모든 특성을 반영하는 계약형식으로의 표현—을 만족하는 '계약권리관계 일반 표현형식'을 계약관계의 대표적 사례인 가옥 매매계약관계의 표현형식의 일반화를 통해 도출해 보았다. 이렇게 도출된 계약권리관계 일반 표현형식은 준거권리관계 모델의 성격을 가진다. 즉 권리관계에 대한 정위작업이 준거해야 할 모델 권리관계로서의 성격을 가지는 것이다. 그래서 이하에서는 이 일반표현형식을 '권리관계 정위준거 모델'을 줄여 표현한 '정위준거 모델'이라 부르기로 한다.

이 모델로 표현되는 준거권리관계의 내용상 및 구조상 특성은 모두 권리기본관계의 특성에 대응한다. 대응하는 이유는 준거권리관계 및 정위준거 모델이 권리기본관계의 구조적 특성을 공유하면서 이에 부합하도록 도출되었기 때문이다. 다만 다른 것은 첫째, 권리기본관계가 2장의 삶의 지평과 본원적으로 접속된 가운데 롤즈의 원초상황으로부터 도출된 것이라면, 준거권리관계 및 정위준거 모델은 사회계약의 목적과 그 질서상의 특성들을 담고 있는 '계약제도'에 함의되어 있는 권리관계라는 점이다. 둘째, 권리기본관계가 2장 4절에서 살펴본 인간존엄성평등원칙에 근거하는 권리관계라면, 준거권리관계 및 정위준거 모델은 이 원칙 외에 정위될 권리관계로 재현될 정위된 자유주의 질서제도에 의해 규율되는 권리관계라는 점이다. 따라서 준거권리관계 및 정위준거 모델은 현행 자유주의 질서제도 하에서 시행되고 있는 모든 권리관계의 정당화 근거가 됨과 동시에 이들 관계에 대한 검토 및 수정의 기준이 된다.

이제 아래에서는 정위준거 모델로서의 준거권리관계의 구조적 특성을 살펴본다. 이 구조적 특성은 권리기본관계의 구조적 특성과 기본내용에서는 다를 바가 없다. 그러나 첫머리에 아래와 같은 상위의 정위된 자유주의 질서제도들, 즉 사회계약 목적 및 사회계약질서의 특성에 부합하는 정치사회질서의 규제조건이 자리한다. 왜냐하면 위에서도 언급했듯이 준거권리관계는 제도적 성격을 가지는 관계이기 때문이다.

[제도적 규제조건 : 준거권리관계 주체들은 사회계약에 근거한 정치사회질서, 근거권리질서, 계약제도 및 규율 내에서, 그리고 계약내용 및 조건과 관련하여 평등하게 상호관계를 창출함과 동시에 이에 구속된다. 그러나 이 당사자 상호관계가 제3자에 대한 위해나 부당한 차별을 목적으로 하는 내용이어서는 안 된다는 조건[3] 하에서 다음과 같은 특징을 가지는 준거권리관계에

3 계약적 권리관계에서는 당사자가 제3자에 대한 위해나 부당한 차별을 목적으로 해서는 안 된다는 '비위해(非危害), 비차별단서'는 사회계약에 근거하는 자유주의 질서의 첫머리 원칙인 만인자유평등원칙과 자율성평등원칙이 계약적 권리관계가 가지는 당사자 상호관계의 '특수성'에 적용될 때 자연스럽게 귀결된다.

선다.]

첫 번째 특성은 권리기본관계의 주체관계 구조의 특성과 대응하는데, 준거권리관계 주체들이 자율성평등원칙에 근거하는 권리-의·책무관계에 서는 점이다. 이는 준거권리관계의 형식인 계약관계가 자발적 동의와 합의에 근거한 계약체결을 통해 수립되지 않을 경우, 이를테면 사기(詐欺)나 협박의 경우 유효한 권리 및 의·책무를 발생할 수 없음은 이 특성을 반증한다. 이러한 주체관계 구조를 이하에서는 '준거주체관계 구조'라 부르기로 한다. 더불어 '준거주체관계 구조'에 부합하는 현행 '주체관계 구조'를 '부합주체관계 구조'라 부르기로 한다.

둘째 특성은 권리기본관계의 개념관계 구조의 특성에 대응하는데, 준거권리관계 주체들은 책임이 따르는 이익과 권리가 따르는 부담, 즉 의·책무가 따르는 권리와 권리를 수반하는 의·책무를 가지기 때문에 상호성이 담보되는 〈쌍권-쌍무〉의 개념관계에 서는 점이다. 이를테면 앞서 살펴본 가옥의 매매(물론 모든 일반 유무형의 물적 거래행위도 포함)에서 흔히 볼 수 있는 개념관계로, 사전의 합의가 없는 한, 매도자는 매수자로부터 가옥대금을 받을 권리와 더불어 집을 양도할 의·책무를 동시에 지게 되며, 이는 역으로 매수자의 경우도 마찬가지다. 이하에서는 이렇듯 상호성이 담보되는 〈쌍권-쌍무〉의 형식 속에 있는 개념관계

더구나 3장 1절서 살펴본 권리관계의 '사회관계 기본형식'으로서의 특성과 4장 1절에에서 살펴본 권리관계의 전사회적 확산의 특성을 고려하면, 계약적 권리관계가 가지는 '특수성'은 2장 3절에서 살펴본 '인본모순원칙'에 저촉되지 않고는 범사회적 규제력을 가지는 만인자유평등원칙과 자율성평등원칙의 테두리를 벗어날 수 없다.

를 '준거개념관계 구조'라 부르기로 한다. 더불어 〈쌍권-쌍무〉관계에 부합하는 현행 개념관계 구조를 '부합개념관계 구조'라 부르기로 한다.

셋째 특성은 권리기본관계의 의미관계 구조의 특성과 대응하는데, 준거권리관계 주체 사이의 협의 및 합의과정에 대등한 타자존중의 균형이 이루어져야 하는 점이다. 타자존중의 균형은 자율성평등과 호혜적 상호성이 결합하여 반영된 것으로, 이는 마치 체결된 계약조건의 유지·변경·폐지와 관련한 제반 협의 및 합의 절차가 양 당사자 모두에게 공정하게 적용되어야 함을 말한다. 타자존중의 균형을 담고 있는 권리관계의 구조적 요소를 '준거의미관계 구조'라 하고, 이에 부합하는 현행 의미관계 구조를 '부합의미관계 구조'라 부르기로 한다.

이어지는 다음 절들에서는 위에서 계약관계의 특성에 따라 재구성된 준거권리관계를 구성하고 있는 3구조를 기준으로 현행 권리관계의 3구조에 대한 검토 및 수정을 통해 정위작업을 진행할 것이다. 정위의 목적은 소외의 근원이 되고 있는 현행 권리관계의 권리기본관계에 대한 대척적 특성을 해소하려는 것이다. 이 해소는 권리관계에서 빚어지는 소외문제는 권리관계의 대척적 특성에서 야기되고, 이 대척적 특성의 근원은 권리질서의 질서-이율배반적 특성에 있다는 점에서 5장 1절의 권리질서 질서-이율배반성 문제의 해결과 더불어 소외의 보다 본원적인 근거마저 해소한다는 의미를 가진다. 그리고 이미 제도화된 준거권리관계와 현행 권리관계의 '제도 대(對) 제도'의 수정이라는 면에서 현실적 대안성을 가진다. 더불어 권리관계는 권리질서의 표현이라는 점에서 현행 구성권리질서의 수정이라는 의미 또한 가진다.

이어지는 4, 5, 6절에서는 본절에서 도출한 정위준거 모델로서의 준거권리관계를 기준으로 현행 권리관계의 뼈대를 이루고 있는 3가지

구조의 각각에 대해 검토·수정한다. 7절에서는 이상 검토·수정을 통해 정위된 현행 권리관계, 즉 부합권리관계로부터 부합권리질서를 도출한다. 도출된 부합권리질서는 그 '권리관계적 국한성'에도 불구하고 7장에서 부합권리관계로 재현될 '정위된 자유주의 질서'의 토대질서가 된다.

검토 전에 이하 3가지 구조에 대한 검토와 이를 통한 문제해결 시도과정에서 준거권리관계가 담당할 역할에 대해서 간단히 언급한다. 첫 번째는 검토과정에서 검토지표와 평가기준—각각 준거주체관계 구조, 준거개념관계 구조, 준거의미관계 구조—을 제공하는 역할이다. 이는 현행 권리관계의 3구조로부터 준거권리관계에 부합하는 구조들(이하 '부합구조')을 모색하는 데에 필요하다. 두 번째는 검토를 통해 모색될 새로운 권리관계인 부합권리관계의 모델 역할이다. 이 역할은 정위작업을 통해 검토되고 평가된 모든 내용, 즉 현행 권리관계의 3구성구조들에 대한 검토 및 평가, 그리고 수정내용이 준거권리관계에 부합되게 수렴되어야 하기 때문에 필요하다.

4. 주체관계 구조의 검토와 수정

검토를 통한 해결책 모색의 첫 번째 대상으로 현행 권리관계의 주체관계 구조를 서구 자유주의의 권리에 관한 이론과 담론에 보편화되어 있는 '권리표현 일반형식' (formula of the general conceptual structure of a right)[4]을 통해서 살펴본다. 이 일반형식에 대해서는 이미 4장에서 그 내용과 특성에 대해서 상세히 살펴본 바다. 따라서 본절 논지에 해당하는 부분만 간단히 짚어간다. 이 형식은 [A는 B에 대하여 Y라는 이유 때문에 X와 관련한 권리를 가진다]는 담론구조 명제(언명)로 집약된다. 여기서 "권리의 본질"은 개념주체 간 관계의 특성을 반영하여 권리주체의 "유익함(interests)에 대한 정당한 요구"(justified claim)로, 그리고 이에 대응하는 "의·책무의 본질"은 의·책무주체의 "부담(burdens)에 대한 정당한 이행책임"(justified requirement)으로 이해된다.[5)]

이 명제에서 문제는 표현형식을 주체 B에 초점을 맞추어 볼 때 [B는 A의 권리에 대응하는 의·책무를 진다]는 언명과 [B는 X와 관련한 의·책무를 진다]라는 언명이 생략되어 있다는 데서 출발한다. 생략된 부분을 복원해 보면 [B는 A에 대하여 Y라는 이유 때문에 X와 관련한 의·책무를 진다]가 되고, 이를 일반형식에 대입해 보면 [A와 B는 Y라는 이유 때문에 X와 관련하여 각각 권리를 가지고 의·책무를 진다]라는 복원된 권리표현 일반형식을 얻을 수 있다.

그런데 이 복원된 표현형식에서 뚜렷이 드러나는 것은 A는 권리의 주체일 뿐, '의·책무가 따르는 권리'의 주체가 아니라는 점과 B 역시

---

4 L. C. Becker & C. B. Becker, eds., *Encyclopedia of Ethics(1992)* : 1104 ; A. Gewirth, *Community of Rights* : 8. 여기서 사용한 용어 '권리표현 일반형식'은 게워스의 설명을 근거로 조어(造語)한 것이다. 한 가지 덧붙일 것은 이 표현형식은 '요구권'을 예로 하여 구성된 것인데, 이 요구권은 권리의 한 종류라기보다는 법적·도덕적 권리를 모두를 포괄하는 권리일반을 그 요구속성을 강조하여 표현한 것이라는 점이다. 이와 관련해서는 위의 L. C. Becker & C. B. Becker(1992) : 1104 ; D. Miller et als. *Blackwell Encyclopedia*(1987) : 443 참고.

5 L. C. Becker & C. B. Becker, eds., *Encyclopedia of Ethics* : 1104 ; A. Gewirth, *Community of Rights* : 8–9. 이들 문헌에서는 '책무'를 모두 '의무'로 표현하고 있는데, 이는 전술한 것처럼 "의·책무"의 축약형이다.

의 · 책무의 주체일 뿐, '권리를 수반하는 의 · 책무'의 주체는 아니라는 점이다. 이상 복원된 표현형식은 〈A–B〉관계가 A를 중심으로 편중된 자율성불평등 관계임을 말해주는 것이다.[6] 이는 앞서 도출한 준거권리관계 모델의 표현형식, [A는 B에게 z할 것을 동의(약속)하고 B가 이를 수락함으로써 A에게는 z할 권리와 의 · 책무가 발생함과 동시에, B는 A에게 w할 것을 동의(약속)하고 A가 이를 수락함으로써 B에게는 w할 권리와 의 · 책무가 발생한다]를 위의 권리관계 일반 표현형식과 비교해 보면 잘 드러난다. 즉 준거권리관계 모델에는 A와 B 모두 권리 및 의 · 책무주체임에 비해 권리관계 일반 표현형식에서 A는 오로지 권리주체로만, B는 오로지 의 · 책무주체로만 지정되어 있는 것이다.

2장 4절에서 보았듯이 자율성이 행위능력의 자유와 행위결과에 대한 책임의 결합물이라면, A는 행위능력에 대한 자유만의 주체이고 B는 행위결과에 대한 책임만의 주체이기 때문에 이들 사이의 자율성은 불평등할 수밖에 없다. 더구나 '권리표현 일반형식'은 권리관계 모델과 같은 구조의 표현이기 때문에 이에 담겨 있는 현행 주체관계 구조는 권리관계 주체 사이에 자율성불평등관계를 구조화하고 있다 할 수 있다. 더불어 무릇 모든 주체관계 속에는 어떤 형태이든지 주체 사이의 질서

6 이는 앞서 도출한 준거권리관계 모델의 표현형식, [A는 B에게 z할 것을 동의(약속)하고 B가 이를 수락함으로써 A에게는 z할 권리와 의 · 책무가 발생함과 동시에 B는 A에게 w할 것을 동의(약속)하고 A가 이를 수락함으로써 B에게는 w할 권리와 의 · 책무가 발생한다]를 위의 권리표현 일반형식과 비교해 보면 잘 드러난다. 즉 준거권리관계 모델에는 A와 B 모두 권리 및 의 · 책무주체임에 비해 권리표현 일반형식에서 A는 오로지 권리주체로만, B는 오로지 의 · 책무주체로만 지정되어 있는 것이다.

를 포함한다는 점을 고려할 때, 이 복원된 표현형식은 바로 권리질서 주체 간에 불평등 질서를 구조화하고 있음도 알 수 있다.

이렇듯 권리관계 주체들 사이에 자율성불평등관계와 불평등 질서를 구조화하고 있는 표현형식은 이 형식에 담겨 있는 현행 주체관계 구조 자체가 불평등 구조임을 말해준다. 그렇다면 현행 주체관계 구조가 준거주체관계 구조에 부합하기 위해서는 그 구조적 특성인 불평등이 평등이 되도록 구조 수정이 불가피하다. 이하에서는 이 구조 수정을 위의 복원된 표현형식을 통해 살펴보고, 이로부터 부합주체관계 구조를 도출해 본다.

첫 번째 수정 : 복원된 표현형식, [A와 B는 Y라는 이유 때문에 X와 관련하여 각각 권리를 가지고 의·책무를 진다]의 A의 '권리' 및 B의 '의·책무'는 A의 '의·책무가 따르는 권리'와 이에 대응하여 B의 '권리를 수반하는 의·책무'로 바뀌어야 한다. 이는 위에 제시된 준거권리관계 모델의 표현형식의 z와 w로 표시되는 A와 B의 권리 및 의·책무의 내용에 부합하는 수정을 의미한다. 그리고 이러한 수정은 4장 1절에서 살펴본 레인볼트(G. W. Rainbolt)의 다음과 같은 주장에 의해 지지된다. 본절의 논지에 해당하는 부분을 다시 인용한다.

> … 의무권리는 매우 일상적이다. **모든 전형적인 법체계에 따르면 나는 나의 빚을 갚을 의무권을 가진다.** … 재판관들은 의당 형을 선고할 법적 의무권을 가진다. 의무권은 자주 언급되지 않는 경향이 있다. 왜냐하면 사람들은 그의 의무이행을 스스로가 요구하지는 않는 경향이 있기 때문이다 … . '(1) P_1이 A를 할 권리를 가진다'가 '(2) P_1이 A를 할 의무가 없다'를 포함한다고 생각하는 것은 틀린 것이다 … . (1)이 (2)를 포함한다고 생각하는 사람들은 자유

권(liberty rights)에 너무 사로잡혀있기 때문이다. **이 점은 권리이론가들의 공통된 오류다.**(1993 : 103–105 강조 첨가)

위의 인용문에서 본 논의가 주목하고 싶은 것은 다음 사항이다. 1) 채무자도 채권자에 대해서 일종의 권리, 즉 '의무권리'를 가진다. 2) 의무권리는 일상적(도덕적)일 뿐 아니라 법적으로도 보장된다. 3) 채무자의 빚갚을 의무가 (사전 합의 없이) 이 의무를 이행할 '의무이행권리'로부터의 자유를 포함하지 않듯이 채권자 P_1의 빚받을 권리는 (사전합의 없이) '권리실행의무'로부터의 자유, 즉 그의 자의적 판단에 따른 빚받지 않을 자유를 포함하지 않는다. 4) 의무권리는 '강제권리'와 같은 것이다.[7] 5) 범칭 'P_1'으로 표시되는 모든 권리주체가 가지는 '권리실행의무'의 보편적 존재를 도외시하는 것(또 이 권리에 대응하는 의무주체의 '의무이행권리'를 도외시하는 것)은 기존 권리이론가들 대부분의 공통된 오류이다. 이 중 '1)'항에서 '3)'항까지의 내용은 위 '권리표현 일반형식'에 소실되어 있는 〈의·책무이행권리(채무자)–권리실행의·책무(채권자)〉관계가 주체관계에 필히 존재해야 함을 보여준다. 더불어 이 관계의 복원을 통해서만이 두 주체 사이의 (자율)평등성과 (이익/부담)상호성이 담보될 수 있음을 시사해 준다. 위 '5)'항은 이상의 첫 번째 수정이 '권

---

7 이 '강제권리'라는 용어는 인용문에서 그대로 옮겨온 것으로 파인버그(J. Feinberg)가 권리의 종류를 분류할 때 사용한 것이다. 이와 관련해서는 J. Feinberg, "A Postscript" (1980a) : 157. 그러나 "강제권리"는 "의무권리"와 그 내용구조를 달리한다는 점에서 레인볼트의 혼동으로 짐작된다. 이 혼동과 관련해서는 6절에서 다룬다.

리표현 일반형식'에 대한 수정일 뿐 아니라, 이 형식을 수용하고 있는 서구 자유주의 권리이론 및 담론의 전통적 오류에 대한 수정이기도 하다는 것을 말해준다.

위 레인볼트의 예에서와 같이 '의·책무이행권리'(및 이에 대응하는 '권리실행의·책무')의 존재를 직·간접으로 확인해 주는 다른 언급들도 있다. 이를테면 레인볼트가 예로 들고 있는 파인버그(J. Feinberg)의 '강제권리'(mandatory rights)[8]에 대한 언급, 하트(H. L. A. Hart)와 롤즈(J. Rawls)가 그들의 논의 속에서 협업 참여자들이 상호 쌍권-쌍무관계에 있음을 밝히는 "규제의 상호성(mutuality of restrictions) 원칙"[9]에 대한 언급, 이 원칙을 근거로 하트의 일반권은 특별권과 같음을 밝히는 넬슨(W. Nelson)의 논증,[10] 그리고 권리가 쌍권·쌍무의 사회관계에서나 이해될 수 있는 개념임을 '권리침해 성립조건'에 대한 분석을 통해 드러내 보이는 거트(H. J. Gert)의 논증[11] 등이 그 예들이다.

---

8 그 예는 이를테면 '초등교육을 받을 권리'로부터 '초등교육을 받을 의무'가 면제될 수 없는 것과 비슷한 경우이다. J. Feinberg, "A Postscript" : 157. 여기에도 각주-7)의 레인볼트에 대한 지적사항이 적용되며, 이와 관련해서는 6절에서 다룬다.

9 이 원칙은 요약설명하자면 협업공동체에 속한 모든 구성원들 개개인은 그 공동체의 규율에 복종할 책무를 짐과 동시에 다른 구성원들에 대하여 같은 복종을 요구할 권리를 가진다는 원칙이다. 이와 관련해서는 H. L. A. Hart, "Natural Rights" : 185 ; J. Rawls, *Theory of Justice* : 112, 343.

10 W. N. Nelson, "Special Rights, General Rights" : 413–414. 여기에서 넬슨은 협업관계에 서는 모든 사람들은, 이를테면 한 국가사회구성원 모두는 특별한 관계에 있다고 볼 수 있기에 한 국가사회 내에 '일반권'이 존재할 수 없음을 하트의 '규제의 상호성원칙'을 근거로 논증한다. '일반권'('특별권')에 대한 설명과 정의는 이글 6절 참고.

11 H. J. Gert, "Rights and Rights Violators" : 688–694. 여기서 거트는 권리–의·책무

두 번째 수정 : 첫 번째 수정과 더불어 B의 '의 · 책무에 수반되는 권리'는 A의 '권리에 따르는 의 · 책무'와 연결되기 때문에 A와 B는 각각 동시적인 권리주체 및 의 · 책무주체로 수정되어야 한다. 이 수정과 관련하여 이제부터는 지금까지 사용해 온 용어 '의 · 책무가 따르는 권리'와 '권리를 수반하는 의 · 책무'를 레인볼트의 용어[12]를 원용하여 각각 '권리 및 권리실행의 · 책무'와 '의 · 책무 및 의 · 책무이행권리'라고 표기한다.

세 번째 수정 : 권리와 관련된 서구 자유주의 이론들이 이해하고 있는 '권리의 본질'과 이에 대응하는 '의 · 책무의 본질'은—〈요구-책임〉관계의 내용이 되는 '유익함'과 '부담'에 각각 대응하는 것이 아니라—각각 '책임이 따르는 유익함'과 '권리가 따르는 부담'으로 수정되어야 한다. 이러한 수정은 A와 B는 권리와 의 · 책무로 표현되는 이익/부담의 배분에서 상호성관계에 서있음을 말해준다.

이상의 수정이 반영된 표현형식은 준거권리관계 모델의 표현형식, [A는 B에게 z할 것을 동의(약속)하고 B가 이를 수락함으로써 A에게

관계는 권리-의 · 책무관계에 서있는 당사자들 모두가 서로가 서로에 대하여 권리주체이자 동시에 의 · 책무주체라는 사실에 대한 공지와 이해가 확립된 사회관계에서만 유효하게 작동할 수 있음을 〈로봇-인간〉관계, 〈철부지 어린애-성인〉관계 등의 반증을 통하여 논증한다.

12 레인볼트는 '책무'를 모두 '의무'로 표현하고 있는데, "의무권리"는 보다 정확히 말하면 "의 · 책무권리"이다. 이렇게 표현된 용어의 내포는 의 · 책무주체의 '의 · 책무' 및 '의 · 책무이행권리'이다. 그리고 이 내포에는 그 대응개념으로 권리주체 측의 '권리 및 권리실행의 · 책무'가 포함된다. 따라서 이 글에서는 이제부터 이 개념에 관한 한 A측에는 '권리 및 권리실행 의 · 책무'로 이에 대응하는 B측에는 '의 · 책무 및 의 · 책무이행권리'라 풀어서 표기한다.

는 z할 권리와 의·책무가 발생함과 동시에, B는 A에게 w할 것을 동의(약속)하고 A가 이를 수락함으로써 B에게는 w할 권리와 의·책무가 발생한다]에 부합하게 [A와 B는 Y 때문에 X와 관련하여 발생하는 권리-의·책무관계에서 자율성평등원칙 하의 상호 〈쌍권-쌍무〉관계에 선다]로 수정하여 기술할 수 있다.

준거권리관계 모델의 표현형식에 부합하게 수정된 위 표현형식을 '부합권리주체관계 표현형식'이라 부르기로 한다. 부합 권리주체관계 표현형식 속에는 한편에는 (겉으로 드러난) 권리주체(A)와 이에 대응하는 의·책무주체(B)가 짝을 이루는 권리질서 관계구조가 들어 있다. 다른 한편에는 (겉에 드러나지 않은) '권리실행의·책무'의 주체(A)와 이에 대응하는 '의·책무이행권리'의 주체(B)가 짝을 이루는 권리질서 관계구조가 들어 있다. 이렇듯 두 구조를 한 표현형식 속에 가지고 있는 '부합권리주체관계 표현형식'은 두 구조가 동시에 구성해내는 하나의 체계, 즉 '권리주체관계 구조체계'로 존재함을 알 수 있다.

이 '권리주체관계 구조체계'는 이상의 수정과정에 드러나 있듯이 '책임이 따르는 이익과 권리가 따르는 부담', '권리와 의·책무를 내용으로 하는 A와 B 사이의 상호 '〈쌍권-쌍무〉관계', 'A와 B 사이의 자율성평등관계'의 특성을 가진다. 이상의 특성들은 2절-2)에서 살펴본 계약관계의 특성이자 근거권리질서의 특성에 부합하는 만큼 위와 같은 체계적 모습 속에 있는 주체관계 구조는 바로 준거권리관계에 부합하는 '부합주체관계 구조'가 된다.

이상에서 우리는 현행 서구 자유주의 권리 이론 및 담론에 보편적인 '권리표현 일반형식'으로부터 현행 권리관계의 주체관계 구조를 추출하였고, 이 현행 주체관계 구조에 대한 검토·평가·수정을 통해 부합주체관계 구조를 도출하였다. 이로써 현행 권리관계에 대한 정위작업의 일단이 마무리된 셈이다.

5. 개념관계 구조의 검토와 수정

앞절에서는 현행 서구 자유주의 권리이론 및 담론에 보편적인 주체관계 구조에 대한 수정을 통해서 부합주체관계 구조를 도출했다. 그러나 현행 권리관계의 주체관계 구조에 대한 수정을 놓고 다음과 같은 반론을 예상할 수 있다. 즉 [‘의 · 책무가 따르는 권리’ 와 ‘권리를 수반하는 의 · 책무’ 는 권리–의 · 책무 권리질서 주체관계 구조가 그 실질적 내용(주체가 가지는 권리 및 의 · 책무)을 의탁하고 있는 개념관계 속에 이미 내재되어 있기 때문에 그와 같은 수정이 불필요하다?]는 주장이 있을 수 있다. 사실 4절의 권리표현 일반형식에서 A, B는 각각 ‘의 · 책무가 따르는 권리’ 및 ‘권리를 수반하는 의 · 책무’ 의 주체로서 상호 권리 질서관계에 서 있을 가능성이 있다. 반론이 주장하는 개념관계가 4절에서 질서주체관계 구조에 초점을 맞추어 검토한 권리표현 일반형식에는 포착되지 않지만 아래에서 검토할 개념관계 구조 속에 숨어 있을 수도 있는 것이다.

그렇다면 직접적으로는 반론이 주장하는 바대로 준거권리관계 주체관계에 부합하는 주체관계 구조의 도출을 위해 앞서 권리표현 일반형식을 중심으로 이루어진 검토 및 수정작업은 불필요한 것이 되고 만다. 그리고 간접적으로는 현행 권리관계가 가지는 주체관계 구조의 특성을 권리주체에 편중된 불평등하고도 일방적인 것으로 평가한 4장 1절의 논의과정 역시 그 근거를 상실하게 되고 만다. 그래서 이하에서는 현행 서구 자유주의 권리이론 및 담론에 보편적인 또 하나의 구조, '개념대응관계 구조'를 통해서 현행 개념관계 구조에 대해 검토해 본다. 검토의 결과는 간접적으로 위의 예상반론에 대한 답변 및 답변근거를 마련해 줄 것이다.

〈권리-의·책무〉 개념관계 구조와 관련하여 전통적 서구 자유주의 권리이론과 담론에 보편적으로 수용되고 있는 이론은 권리와 의·책무가 항상 1 : 1 대응관계의 짝을 이룬다는 '대응이론'(correlativity theory)이다. 그런만큼 이 이론은 '현행 개념관계 구조'에 대한 이론이 된다. 아래에서는 이러한 대응이론을 본격적으로 체계화한 라이온즈(D. Lyons)의 대응구조이론(1970)을 통해 검토해 볼 것이다. 그러나 검토 전에 3절에서 살펴본 바와 같이 (검토지표와 평가기준을 제공하는 역할을 담당하고 있는) 준거권리관계에 내재되어 있는 준거개념관계 구조를 추출하여 살펴본다. 이어서 5장 1절에서 살펴본 구성권리질서의 개념관계 구조를 추출하여 이에 대비해 본다. 이 추출과정에서의 용어표현은 '각주 12)'에 설명한 레인볼트의 '의무권리' 개념의 분석개념들을 원용한다.

우선 준거개념관계 구조를 보면 권리주체측에는 '권리 및 권리실행의·책무'가 있고, 의·책무주체측에는 '의·책무 및 의·책무이행권리'가 있기 때문에 3절에서 도출한 '부합주체관계 체계'의 두 주체관계 구조에 대응하는 두 개의 복합된 〈권리-의·책무〉 개념관계가 동시적으로 공존한다. 이 둘을 각각 〈관계 1〉과 〈관계 2〉로 나누어 각각을 도식화하면 [관계 1 : 권리 → 의·책무] ; [관계 2 : '권리실행의·책무' ← '의·책무이행권리']로 표현할 수 있다.[13] 이를 '쌍방복합균형관계'라 부른다면 그 외형상의 특징은 〈관계 1〉이 일상적 권리이론 및 담론에 표명되어 있는 반면 〈관계 2〉는 소실되어 나타난다는 점이다. 그리고 그 내용상의 특징은 앞서 살펴본 부합주체관계체계 구조의 자율성평등이 견지되는 가운데 권리관계주체 사이의 균형성과 상호성으로 나타난다. 균형성은 〈권리 → 의·책무〉 개념관계와 〈'권리실행의·책무' ← '의·책무이행 권리'〉의 두 개념관계가 상호 대응하는 데서 나온다. 상호성은 권리관계주체 간 물적 관계인 상호 협업과정에서 권리 및 의·책무의 대상이 되는 '이익'과 '부담'이 권리주체 측과 의·책무주체 측 양편에 정의롭게 분담되는 데서 나온다.

다음으로 현행 개념관계 구조를 준거개념관계 구조에 대조해 보면 권리주체 측에는 '의·책무가 따르지 않는 권리'가 있고, 의·책무주체 측에는 '권리를 수반하지 않는 의·책무'가 있기 때문에 여기에는 그간의 일상적 권리이론 및 담론의 표현에서 보듯이 〈권리 → 의·책무〉 개념관계 하나만이 존재한다. 이를 '일방단순편중관계'라 부른다면 그 외형상의 특징은 〈권리 → 의·책무〉 개념관계 하나로만 나타나고, (여기에는 준거개념관계 구조에서와는 달리) 드러나지 않는 별도의 개념관계는 없다. 그렇기 때문에 그 내용상의 특징 역시 준거개념관계 구조의 경우와 대조적으로 비상호성과 일방성이 된다. 비상호성은 권리에 대한 의·책무의 대응만이 존재하는 반면, 이에 균형자 역할을 할 〈권리실행의·책

13 여기와 이하에서 '→', '←'는 파인버그(J. Feinberg)의 '권리지시선'인데, 화살표의 방향은 그가 말하는 권리의 "지시적 요소"(directional element)를 반영하고 있다. J. Feinberg, "The Nature and Value of Rights" : 149. 그리고 한 가지 덧붙일 것은 전거한 파인버그의 논의는 4장의 각주 7)에서 설명한 서구전통의 '권리우선성 통념'을 확인할 수 있는 한 예이고, 그의 '권리 지시선'이나 '권리의 지시적 요소'는 그러한 관념이 구체적으로 가시화된 모습이기도 하다는 점이다.

무 ← 의 · 책무이행권리〉 관계가 빠진 데서 기인한다. 일방성은 권리행사의 대상이 되는 이익이 권리측에만 있게 됨과 동시에 의 · 책무의 대상이 되는 부담/책임은 의 · 책무측 한편에만 쏠려 있는 데서 발생한다. 이하에서는 이렇듯 일방단순편중의 개념관계 형식 속에 있는 개념관계 구조를 '일방단순편중 개념관계 구조'라 부를 것이다.

이상 준거권리관계와 구성권리질서에 내재되어 있는 두 개념관계 구조를 특징적으로 대비하면 다음과 같다.

(1) **[준거권리관계에 내재된 개념관계 구조]** : '의 · 책무가 따르는 권리'와 '권리를 수반하는 의 · 책무'가 '쌍방복합균형관계'를 구성함으로써 균형적이고도 상호적인 대응관계 구조를 이룬다.

(2) **[현행 권리관계에 내재된 개념관계 구조]** : '의 · 책무가 따르지 않는 권리'와 '권리를 수반하지 않는 의 · 책무'가 '일방단순편중관계'를 구성함으로써 권리개념에 불평등하고도 일방적으로 편중된 대응관계 구조를 이룬다.

이제 이상 대응개념관계 구조에 비추어 서구 자유주의 권리이론 및 담론에 보편적인 대응이론을 대표하는 라이온즈의 권리–의 · 책무 대응구조이론을 살펴본다. 라이온즈의 대응구조이론에 대해서는 앞서 4장 2절에서 살펴보았기 때문에 본절의 논지에 해당하는 부분인 대응구조이론의 체계만 집약한다(1970 : 46–49).

1. **권리 및 의 · 책무의 필연적 공존** : 권리 및 의 · 책무 중 어느 한쪽

도 다른 쪽 없이는 발생하지 않는다.

2. 의 · 책무의 근거는 권리의 정당한 자격에 있다.
3. **권리 및 의 · 책무의 상호 전제성** : 권리 및 의 · 책무 중 어느 한쪽만 밝혀지면 다른 한쪽의 존재 여부는 이로부터 유추될 수 있다.
4. **권리 및 의 · 책무의 구체적 · 결정적 대응성** : 권리 및 의 · 책무 중 어느 한쪽에 대한 상술내용은 다른 한쪽에 대한 상술내용을 결정한다.
5. **권리 및 의 · 책무의 개념적 대응성** : 두 개념은 서로가 개념적 짝을 구성한다.
6. **권리와 의 · 책무의 내용을 연결해 주는 공식적인 규칙의 존재** : 두 당사자 중 일방, (이를테면) A가 상대방, (이를테면) B를 통제할 권리는 B가 A의 통제에 따를 B의 의 · 책무와 연결되며, 이는 마치 A의 채권이 B의 채무와 연결되는 것과 같다.

이상과 같은 대응구조이론의 특성을 구체화하기 위하여 본절 모두(冒頭)의 예상반론의 주장을 여기 논의전개 배경으로 한다. 예상반론의 주장근거는 '1' 항에서부터 '5' 항에 이르기까지 기술된 내용 모두를 포괄할 수 있다. 이 내용에는 권리주체 및 책무주체가, 이를테면 A와 B로 구체화되어 있지 않은 상태에서 보편적 개념 사이의 관계만 기술되어 있어 이 대응이론구조에 위 '(1)' 항 '근거개념관계 구조' 의 특성들이 잠재되어 있다고 간주할 수 있는 것이다.

그 이유는 첫째, 이들 5가지 내용에는 〈권리–의 · 책무〉 개념관계의 구체적 내용이 1) 〈권리 → 의 · 책무〉이든 아니면 2) 〈의 · 책무 ← 권리〉이든 언제나 〈권리 → 의·책무〉의 형태로밖에 나타나지 않기 때문이다. 반론은 그 논거를 이렇듯 '1' 항에서부터 '5' 항까지의 표현이 가지고 있는 의미의 이중성에 두고 있을지도 모른다. 즉 위의 '1)' 은 '2)' 도 포함된 의미로 쓰인다고 주장하더라도 이들 5가지 항목의 내용 속에서는 반박의 여지를 찾을 수 없는 것이다. 둘째, 이 의미상의 이중성은 모든 권리관계 속에는 균형성과 상호성이 담보된 개념관계 구조가 내재되어 있다는 주장을 뒷받침해 줄 충분한 여지를 제공하기 때문이다. 셋째, 특히 위의 집약한 내용 중 '2' 항은 앞서 '각주 13)' 에 언급한 파인버그의 '권리지시선' 의 방향을 말해주는 것으로 권리우위의 편중성을 암시하지만, 그렇다고 이것만으로는 이 편중성이 일방적 편중성인지 쌍방 상호적 편중성인지를 확정짓기는 아직 어렵기 때문이다.

그러나 라이온즈의 대응구조가 가지는 이러한 중의성(重義性)으로부터 오는 모호성은 '6' 항의 "공식적인 규칙"에서 그 실체가 드러난다. 모호성의 실체가 '6' 항에서야 드러나는 이유는 권리 및 의·책무의 두 주체 A와 B가 구체화되어 이들 각각에 권리와 의·책무가 분리된 모습으로 부여될 수밖에 없기 때문이다. 다시 말해서 여기서는 '1' 항에서 '5' 항까지의 기술내용이 가지는 이중성이 두 주체의 확정과 더불어 하나의 내용으로 고정되어 나타나기 때문인 것이다. '6' 항은 그 항목내용에 확연하듯이 대응구조이론에 나타나는 〈권리 → 의·책무〉 개념관계 구조가 앞서 개념관계를 간편화한 '(2)' 항 '개념관계 구조' 의 모든 특성을 가지는 일방단순편중관계 구조임을 말해준다. 즉 '6' 항에서 〈권리 → 의·책무〉관계 구조는 '편중적' 속성뿐 아니라 더 나아가 '일방적' 속성마저 가지고 있음을 드러내게 된다.

위의 집약내용 '2' 항의 '권리의 정당한 자격' 이 균형성과 상호성에 의해 지지되지 않고 불균형과 일방성에 의해 지지됨도 바로 이 '6' 항을 통해서 알 수 있다. 또 '6' 항으로 미루어 라이온즈가 대응구조 적용의 '대표사례' 로 들고 있는 〈채권－채무〉관계 역시 '일반단순편중 구조' 속에 있음도 알 수 있다. 결국 라이온즈의 대응구조는 제 '(2)' 항 '개념관계 구조' 에 요약된 '일방단순편중관계 구조' 라고 말할 수 있는 것이다. 이로부터 예상반론이 그 주장근거를 '일방단순편중 구조' 에 두고 있음 역시 분명해졌다.

이상 서구 자유주의 권리이론의 전통적 대응이론을 대표하는 라이온즈의 대응구조이론에 대한 분석결과는, 준거개념관계 구조에 부합하는 부합개념관계 구조를 도출하기 위해서는 현행 개념관계 구조를 담고 있는 이 대응구조에 대한 수정이 불가피함을 말해준다. 수정기준은 3절에서 도출한 준거개념관계 구조의 특성이 되는데, 그 특성을 적요하면 다음과 같다. 즉 준거권리관계 주체들은 책임이 따르는 이익과 권리가 따르는 부담, 즉 의 · 책무가 따르는 권리와 권리를 수반하는 의 · 책무를 가지기 때문에 상호성이 담보되는 〈쌍권－쌍무〉의 개념관계에 선다는 점이다.

준거개념관계 구조에 부합하도록 라이온즈의 대응구조를 수정할 경우 '1' 항에서 '5' 항까지의 각 기술내용에는 공통적으로 ['권리실행의 · 책무' ← '의 · 책무이행권리']를 포함하는 추가적 내용이 첨가되어야 한다. 집약내용 '1' 항을 예로 들면, [1. 권리와 의 · 책무의 필연적 공존 : 권－의 · 책무 중 어느 한쪽도 다른 한쪽 없이는 발생하지 않는다]는 [1. 〈권리와 의 · 책무〉 및 〈'권리실행의 · 책무' 와 '의 · 책무이행권리'〉의 필연적 공존 : 〈권리와 의 · 책무〉 및 〈'권리실행의 · 책무' 와 '의 · 책무이행권리'〉의 두 개념관계에서 각 관계의 짝 어느 한쪽도 다른 한쪽 없이는 발생하지 않는다]로 수정되어야 한다.

그리고 제'6'항 "공식적 규칙"은 다음과 같이 수정되어야 할 것이다. [6. 권리와 의·책무 및 '권리실행의·책무'와 '의·책무이행권리'의 내용을 연결해 주는 공식적인 규칙의 존재 : 두 당사자 A와 B는 둘 사이의 〈권리-의·책무〉관계에서 각각 '권리와 의·책무' 및 '권리실행의·책무와 의·책무이행권리'를 가지며 상호 자율적으로 평등한 '권리 및 의·책무'의 주체와 '권리실행의·책무 및 의·책무이행권리'의 주체가 된다. 이는 마치 A의 채권과 B의 채무가 연결되고 동시에 B의 채무에 대한 '의·책무이행권리'와 이에 대한 A의 '권리실행의·책무'가 연결되는 것과 같다.]

이상 라이온즈의 대응구조에 대한 수정결과를 종합하면 첫째, 이 구조가 현행 개념관계 구조를 대변한다는 점에서 현행 개념관계 구조로부터 '부합개념관계 구조'를 도출한 결과가 된다. 그리고 대응구조는 주체관계의 균형성과 상호성을 담보하도록 수정되었기 때문에 부합개념관계 구조 역시 균형성과 상호성을 담보한다. 둘째, 대응구조가 위에서 밝힌 것처럼 '(2)'항 '현행 권리관계에 내재된 개념관계구조'와 같기 때문에 위의 수정은 '(2)'항을 '(1)'항에 수렴한 결과가 되는데, 이는 부합개념관계 구조의 도출이 2절-1) '내용상의 요건'에서 살펴본 정위작업의 방향을 따라 이루어졌음을 말해준다. 셋째, 위 첫 번째와 두 번째 내용을 종합하면, 본절 서두에 제시되었던 예상반론의 기각사유의 근거가 된다. 즉 [서구 자유주의 권리이론 및 담론에 일상적으로 사용되는 개념관계 구조 속에는 '의·책무가 따르는 권리'나 '권리를 수반하는 의·책무'가 들어 있지 않으므로 4절에서 이루어진 '주체관계 구조에 대한 수정'은 불가피하다. 그 이유는 위에 살펴본 바 대응구조이론에 대한 검토 및 수정을 통한 부합개념관계 구조의 도출이 말해준다. 결국 예상반론은 기각될 수밖에 없다]. 이상 준거권리관계에 부합하는 개념관계 구조인, 부합개념관계 구조를 도출함으로써 현행 권리관계의 정위작업의 두 번째 단계를 마무리하게 되었다.

마무리하기 전에 서구 자유주의 권리이론과 담론에 보편적으로 수용되고 있는 개념 대응구조이론과 관련하여 한 가지 첨언한다. 그간에 이 대응구조이론에 대해서는 권리개념의 유형(6절 참고)과 관련하여 그 적용범위를 놓고 서로 다른 견해들이 제기되어 설왕설래 중에 있고, 아직도 그 시원한 해결을 못 보고 있는 현안 중의 하나로 되어 있다.[14] 이를테면 한편으로 서구(특히 구미)의 권리담론체계의 주춧돌 역할을 한 호펠드(W. N. Hohfeld)의 권리체계론 이나 하트의 논의 속에는 완벽한 대응구조를 전제하고 있는 반면,[15] 다른 한편으로 파인버그나 라이온즈[16]를 비롯한 근자의 많은 관련 이론가들은 그 경우가 '한정적' 임을 주장한다.[17]

물론 이 두 입장 중 어느 쪽이건 이 이론의 보편성과 타당성은 다 같이 인정하고 있다. 이 두 입장의 분기점은 앞서 살펴본 라이온즈에서 뚜렷한데, 후자 측이 '일반권' (즉 불특정 다수를 주체로 전제한 모든 추상적

---

14 이와 관련해서는 단편적이나마 J. Waldron, "Rights in Conflict" : 503–519 ; J. Waldron, *Theories of Rights* : "Introduction" (1–20) 참고.

15 이를테면 W. N. Hohfeld, *Fundamental Legal Conceptions* ; H. L. A. Hart, "Natural Rights".

16 이를테면, J. Feinberg, "Duties, Rights, and Claims" ; D. Lyons, "Correlativity".

17 그 설왕설래의 내용를 여기에 일일이 소개할 수는 없고 그 소이연의 근거논리만 살펴본다. '일반권' 과 '특별권' 에 대한 사례와 관련설명에 대해서는 6절 참고.

이고 일반적인 권리)과 '특별권'(즉 현시적이고도 구체적인 개인행위와 연결되는 개인적 권리)을 엄밀히 구분하여 특정 권리주체가 구체화되는 특별권에만 대응이론을 적용하는 데서 분별된다. 물론 불특정 다수에 대한 불특정 다수의 '일반권'은 선언적 성격을 가지기 때문에 구체적인 권리주체관계를 전제하는 특별권으로의 수렴 없이는 그 직접적인 대응구성이 불가능하다. 이를테면 [인간은 누구나 자유롭게 말할 권리를 가진다]에서의 '말할 자유권'은 [구체적으로 나나 누군가가 누군가에 대해서 어떤 구체적인 내용의 말을 할 권리를 가진다]는 형식의 언명으로 전환되지 않는 한, 주체나 내용에서 구체성과 결정성을 가지는 의·책무와 대응할 수 없는 것이다. 이상의 '수렴조건'에 대해서는 6절에서 보다 자세히 살펴본다.

그러나 권리 및 의·책무 관련 선언적 언명은 궁극 그 구체적 개인주체를 전제하기 때문에 '일반권'은 언제나 '특별권'으로 수렴될 수 있다. 그러므로 모든 권리 및 의 · 책무는 그 현실적 실현에서 '완전대응구조'를 구성한다 할 수 있는 것이다. 기실 대응이론의 적용범위가 '한정적'이라고 주장하는 입장은 '일반권'을 제외한 '특별권'이나 '요구권'에만 대응이론이 적용된다고 보는 입장으로, 이는 위와 같은 '일반권'과 '특별권'의 관계를 간과한 데서 기인한다고 볼 수 있다. 이와 관련하여 보다 자세한 사례들과 이에 관련한 논의에 대해서도 이어지는 6절에서 다룰 것이기에 설왕설래의 논쟁에 휩싸여 있는 이론들의 문제점만을 다음과 같이 간단히 지적하고 지나간다. 대응이론과 관련해서 논쟁중에 있는 이론들은 거개가 대응이론 적용범위에만 치중할 뿐, 그 어느 하나도 이 글에서 시도한 바와 같은 대응구조이론 자체를 분석하고 평가해 보는 노력 없이 모두가 '일방단순편중 구조'를 수용하고 있다는 점이다.

6. 의미관계 구조의 검토와 수정

본절은 현행 권리관계에 대한 정위작업의 마지막 단계에 해당하는데, 여기서의 주된 과제는 권리 및 의·책무개념 자체에 대한 검토를 통하여 준거권리관계에 부합하는 이들 개념의 의미관계 구조를 모색하는 일이다. 그러나 다음과 같이 예상되는 제2의 반론이 있을 수 있으므로 본절은 이 반론에 대한 답을 구하는 가외의 과제 또한 안고 있다. 반론은 [현행 주체관계 구조와 개념관계 구조는 앞서 살펴본 바처럼 현행 권리관계에 대한 정위를 위해 수정이 필요하다 하더라도, 몇몇 서구 자유주의 권리이론들이 밝히고 있는 예들에서 보듯이 권리들 중에는 그 속에 이미 의·책무가 포함되어있는 권리들이 있기 때문에 문제해결을 위한 수정이 불필요하다?]는 내용으로 제기될 수 있다.

이 반론은 4절과 5절에서 검토 및 수정한 내용은 수용하면서 그 논점을 서구 자유주의 권리이론들에 사용되고 있는 '권리' 용어들의 의미관계 구조에만 국한시키고 있다. 하지만 이 반론이 가지는 여파는 개념의미관계 구조에만 국한되는 것이 아니라, 4절과 5절에서 이루어진 모든 논의결과에까지 미친다. 즉 만일 반론의 주장대로 의·책무를 포함하는 권리들이 있고, 이들이 권리주체관계 및 권리주체 질서관계에서 구조결정성을 가진다면 4절과 5절에서 이루어진 검토결과와 수정내용은 그 근거를 상실한 무의미한 것이 되고 마는 것이다. 그런만큼 이 반론은 지금까지 논의의 실효성 및 정당성 여부를 가름하는 시금석이 된다고 볼 수 있다. 그래서 이 절에서는 부합의미관계 구조의 도출을 주목적으로 하지만 이에 못지않게 예상반론에 대한 대응논의 역시 주목적과 같은 비중으로 다룰 것이다.

서구 자유주의 권리이론들에 나타나는 권리개념들에는 두 가지 유형의 개념형태가 있다. 그 중 하나는 동일한 권리내용에 대하여 권리주체(권리대행 및 권리수임의 경우를 포함하여)가 권리와 더불어 이에 상응하는 의무(혹은 책무)를 동시에 가지게 되는 개념형태이다. 다른 하나는 권리주체가 단지 권리만을 가지게 되는 개념형태이다. 전자의 경우에 해당하는 권리형태를 '의무(혹은 책무)내포권리' (이하 '내포권리')라고 부르고 후자의 경우에 해당하는 권리형태를 '의무(혹은 책무)비내포권리' (이하 '외포권리')라고 부르기로 한다. 더불어 이들 권리이론에 별도로 언급되거나 설명되어 있지는 않지만, 이러한 권리의 형태를 의·책무와 의·책무주체의 관점에서 보면 위와 동일한 논리에서 '권리포함 의·책무' (이하 '내포 의·책무')와 '권리 불포함 의·책무' (이하 '외포 의·책무')의 두 형태로 나누어 볼 수 있다. 이 두 형태의 의·책무는 각각 내포권리 및 외포권리 형태에 대응한다. 본 논의에서는 이들 두 의·책무개념 형태까지 포함하여 살펴볼 것이다. 이하에서는 이상 구분한 두 가지 권리형태의 실례를 몇몇 대표적 권리이론을 통해 살펴본다. 이들 권리형태의 예들과 이에 대한 분석내용과 관련하여 한 가지 첨언할 것은 본절 논의와 4장 3절에서의 논의 분석대상의 동일성 때문에 두 논의 간 중복되는 부분이 있으나 본절 논의의 논지를 견지하기 위해서 부득이 중복을 감수할 수밖에 없다는 점이다.

우선 게워스(A. Gewirth)의 한 논의에 나타나는 "인권"[18]은 내포권리의 대표적 예에 해당한다. 그는 모든 인간은 그가 인간인 한 인권의 주체이면서 이 인권에 상응하는 의무의 주체임을 전제하면서 다음과 같이 말한다.

> 모든 개인은 다른 모든 인간에 대하여 자유와 유복함에 대한 권리(인권)를 가진다. 그러나 다른 모든 인간 역시 이 개인에 대하여 이와 똑같은 권리를 가지기 때문에 이 개인은 이들에 대하여 그에 상응하는 의무를 가진다 … . 모든 개인은 다른 모든 인간의 위와 같은 권리를 존중해야 하고 동시에 이들로부터 이와 같은 그의 권리를 존중받아야 한다 … .(1996 : 6)

그리고 위의 인권과 같은 내포권리의 예로 '일할 권리' (1996 : 231), '먹을 권리', '교육받을 권리', '투표할 권리', '자존심을 가질 권리', '자신의 존엄을 유지할 권리' (1996 : 234 ; 참고 36, 79) 그리고 '정의로운 전쟁에 참여할 권리' (1996 : 93) 등을 든다.

반면에 게워스는 외포권리로서 약속관계로부터 비롯되는 권리를 대표적 예로 든다. "당신이 내게 10달러를 주겠다는 약속으로부터 내게 당신에게서 10달러를 받을 권리가 생긴다면 당신이나 그 누구에 대하여도 이 10달러를 받을 권리에 상응하는 그 어떠한 의무도 따르지 않는다" (1996 : 233). 그에 의하면 이러한 외포권리는 "상이성관계" (diversity relations)의 경우, 즉 권리-의 · 책무관계에 서는 두 주체 사이에 권리와 의무

18 여기서 왜 갑자기 '인권' 인가 하고 생각할지 모르지만 인권은 범인류를 그 주체로 하는 인간의 보편적 권리라고 하는 점에서, 그리고 이 개념은 그간 이어져 온 권리개념이 19세기 말경 그 대상을 인류로 확대하면서 새롭게 보편화된 권리개념이라는 점에서 의당 권리이론의 대상으로 보아야 한다.

가 상이하게 부여되는 경우에 포함되는 모든 권리를 말한다(1996 : 233 ; 참고 234, 37–38, 69–70). 그는 이와 관련하여 "기실 어떤 권리주체가 X에 대해서 가지는 권리로부터 그에 상응하는 의무가 따르지 않는 것이 보다 보편적이다"(1996 : 353)라고 밝힌다. 이로 미루어 게워스가 들고 있는 인권으로 대표되는 내포권리 형태의 예는 대체로 특수한 경우에 해당한다고 볼 수 있고, 약속을 대표로 하는 외포권리형태 속에 대부분의 권리가 속한다고 볼 수 있을 것이다.

파인버그의 논의 속에서도 두 가지 형태의 권리가 언급되는데, 내포권리의 예로는 불특정 다수가 주체가 되는 '교육받을 권리', '학생들의 면역 받을 권리'를 들 수 있다. 그는 이들 권리를 "강제적 권리"(mandatory rights)—권리주체가 그 잠재적대상자 및 자신에 대하여 권리뿐 아니라 이에 상응하는 의무 또한 가지게 되는 권리—라고 부른다(1980b : 157). 그리고 외포권리의 예로는 "개인적 특별권"(in personam rights) 혹은 "요구권"(claim–rights)의 영역에 속하는 〈채권–채무〉관계의 '빚받을 권리', 약속관계의 '약속받은 내용에 대한 권리', 〈상해(傷害)–보상〉관계의 '보상받을 권리' 등을 찾아볼 수 있다(1966 : 137–142).

라이온즈의 논의 속에서는 내포권리의 예로는 '투표할 권리'를 들 수 있는데, 그의 다음과 같은 언급으로 미루어 더 많은 예가 있을 수 있음을 알 수 있다.

> 사람들은 무엇인가를 수행할 의무가 있음에도 불구하고 이 의무를 그저 무엇인가를 수행할 권리를 가진다고 종종 말하는 경우가 있다 … . (또 역으로) … 사람들은 어떤 것을 수행할 권리가 있다는 (그들의) 주장을 종종 (그들에게) 그것을 수행할 적극적 책무가 있음을 보임으로써 정당화할 수 있다.

(1970 : 55)

즉 라이온즈는 '투표할 권리' 외에 사람들의 언행 속에서 내포의무 및 내포권리의 더 많은 예를 확인할 수 있다는 여지를 남겨놓고 있는 것이다. 반면에 그의 논의 속에 드러나는 외포권리의 예로는 "(권리-책무) 대응구조의 가장 분명한 경우" 혹은 "(권리-의무의) 긴밀한 대응관계"(tight correlations)의 경우로 들고 있는 "빚받을 권리"(1970 : 45-6)를 위시하여 "약속이나 서약, 보상을 필요로 하는 상해(傷害), 부모와 자식 관계, 학생과 교사와의 관계 등의 결과"로 발생되는 권리들이 언급된다(1970 : 46-47).

끝으로 하트의 논의 속에 나타나는 두 가지 권리형태의 예들을 살펴본다. 그의 논의 중에서 분명하게 명시된 내포권리 형태의 예는 "특별권"(rights in personam, or special rights)—즉 특정 개인 간의 인적·물적 교류관계로부터 비롯되는 권리—의 범주에 속하는 "규제의 상호성"(mutuality of restrictions)으로부터 비롯되는 권리들이다. 그는 이 '규제의 상호성'에 해당하는 경우가 우리 삶의 여러 부문에서 발견됨을 전제한다. 그러면서

> "일군의 사람들이 상호 협업관계에 서게 되면 이들 각자는 그 협업공동체의 규칙이 정하는 바에 복종할 책무를 가지게 되는데 … 이들 각자는 (그 협업공동체의 다른 모든 구성원들에 대하여 비슷한) 복종을 (요구할) 도덕적 권리를 가진다."(1955 : 185)

고 말한다. 다만 여기서는 인용문에 나타나 있듯이 의무가 선행하고 권

리가 뒤따르는 모습이기에 내포권리라기보다는 내포책무라고 부르는 것이 보다 적절하다 하겠다.

하트의 논의에 나타나는 내포권리 형태에 속하는 그 밖의 예들은 명시된 예라기보다는 논리적 추정에 따른 것이다. 이를테면 그에 의해 유일한 "자연권"(natural right)으로 불리고 있는 "평등한 자유권"이 이에 해당한다. 하트가 말하는 "평등하게 자유로울 수 있는 권리"(equal right to be free)는 마치 게워스의 '인권'과 같이 "모든 인간이 그들이 특정사회의 구성원으로서나 개인 간에 이루어진 모종의 특별관계에 서 있기 때문이 아니라 그저 인간으로서 가지는 권리"(1955 : 175)인 것이다.

따라서 모든 인간 개개인은 부여된 권리와 더불어 자신 이외의 타자들에 대하여 이 권리를 존중해 주어야 할 의무 또한 지게 된다고 추론할 수 있는 것이다. 이러한 추론의 근거는 모두가 자신의 권리만을 주장하고 타인의 권리에 대한 존중의무를 부정할 경우, 이는 마치 홉스(T. Hobbes)의 전쟁상태로 특징지어지는 "자연상태"(1968 : 183-190)와 다를 것이 없을 것이라는 데 있다. 즉 홉스의 자연상태에서는 권리의 의미가 상실되는 '권리 패러독스' 문제에 직면하게 될 것이기 때문이다. 이러한 추론은 하트가 범주화하고 있는 "일반권"(rights in rem, or general rights, 1955 : 187-188)—즉 불특정 개인이 불특정 다수에 대하여 가지는 보호적 권리—모두에 해당된다. 그 추론근거는 그가 이 '일반권'—이를테면 '자유로운 표현의 권리'—이 위와 같은 논리적 추정이 가능한 '자연권'의 "구체적 예"에 불과(1955 : 176, 188)하다고 보는 데에 있다. 또 '특별권'의 범주에 속하는 경우인 "특별한 자연관계"(1955 : 187)—이를테면 "부모와 자식관계"—로부터 비롯되는 권리의 경우인데, 부모와 자식관계에서 아이가 성인이 될 때까지 부모는 아이에 대한 양육권뿐 아니라 동시에 양육의무 또한 가진다고 볼 수 있다.

이와는 대조적으로 하트가 구분하고 있는 '특별권'의 범주에 속하는 모든 권리는 위에 든 예들을 제외하고 외포권리의 예에 속한다고 볼 수 있다. 그는 그 대표적 예로 약속관계로부터 비롯되는 권리를 들고 있다. "우리가 약속에 의하여 무엇인가를 수행하기로 했으면 우리는 자율적으로 (그 약속을 이행할) 책무를 지게 됨과 동시에 약속의 상대방에게 (약속수행의 책무에 상응하는) 권리를 창출 혹은 부여하게 된다. 우리는 (약속관계의 수립으로 인하여) 그 이전에 어떤 것을 자유롭게 선택하여 행할 기존의 도덕적 독립성을 잃고 새로운 도덕적 관계를 형성하게 되는 것이다"(1955 : 184). 여기에서는 약속자의 책무와 피약속자의 권리가 연결되는 모습이기 때문에 약속자의 입장에서 보면 외포책무의 경우에 해당한다 하겠지만 피약속자의 입장에서 보면 외포권리의 예로 보아야 할 것이다.

이상 서구 자유주의 대표적 권리이론들을 통하여 두 권리유형의 사례와 이와 관련한 설명을 살펴보았다. 이제 이하에서는 이상 두 권리유형의 사례 및 설명을 근거로 준거권리관계에 부합하는 '부합의미관계구조'를 모색한다. 우선, 두 권리유형이 가지는 의미관계 구조상의 특성을 살펴보면서 모색대상의 범위를 선별한다. 두 유형 중 의미관계의 모양새가 뚜렷한 외포권리를 먼저 살펴본다. 앞서 설명에 나타나 있는 외포권리의 사례는 5절 라이온즈의 대응구조이론에 나오는 예들과 거의 중첩된다. 이를테면 약속으로부터 발생되는 권리(Gewirth, Feinberg, Lyons, Hart), 채무(Gewirth, Feinberg, Lyons), 배상받을 권리(Feinberg, Lyons), 특별권 범주에 속하는 권리들(Feinberg, Hart) 등이다.

이러한 중첩은 외포권리의 의미관계 구조가 대응구조의 개념관계 구조를 닮아 있음을 말해준다. 즉 (한 의미요소인) '의·책무가 따르지 않는 권리'와 (다른 한 의미요소인) '권리를 수반하지 않는 의·책무'가 내적으로 일방단순편중관계를 구성함으로써 권리개념 요소에 편중된 불평등하고도 일방적인 내적 대응관계를 이루는 것으로 나타남을 말해준다. 따라서 비록 권리개념의 내적 속성이지만, 5절에서 살펴본 현행 개념관계 구조의 특성을 모두 지닌다고 볼 수 있다. 결국 외포권리의 경우 그 의미관계 구조는 마치 프랙탈(practal) 구조에서처럼 그 의미요소 간 '관계'의 구조적 특성과 현행 개념관계 구조의 그 개념 간 '관계'의 구조적 특성이 동일하게 나타난다 할 수 있다. 그렇다면 외포권리는 '부합의미관계 구조' 모색대상 개념범위에서 제외된다. 이와 더불어 외포권리에 대응하는 외포의·책무도 제외된다. 합하여 외포유형의 개념들은 모두 제외된다.

외포개념들이 위에서와 같이 '부합의미관계 구조'의 모색대상에서 제외되면 이제 모색대상의 범위는 내포권리(및 이에 대응하는 내포의·책무, 합하여 내포개념)에 국한된다. 따라서 이하의 모든 '부합의미관계 구조' 모색 관련 논의도 이제부터는 내포개념들에 국한된다. 내포개념들의 중심개념으로서의 내포권리에 대한 앞서 설명들을 집약해 보면, 그 의미관계 구조는 '의·책무가 따르는 권리'와 '권리를 수반하는 의·책무'가 내적으로 쌍방복합균형관계를 구성함으로써 균형적이고도 상호적인 내적 대응관계를 이루고 있는 것으로 간주된다. 따라서 모색하려는 '부합의미관계 구조'의 개념유형의 범위는 일단 내포권리개념으로 간주할 수 있다. 그러나 일단 간주할 수 있을 따름이지 아직 위의 사례를 포함한 내포권리 모두를 그 대상범위로 확정할 수는 없다. 확정할 수 없는 것은 아래와 같은 이유[19]에서이다.

첫째, 앞서의 사례들 중에는 어느 하나의 사례에도 3절 레인볼트의 '의무권리'에서와 같이 권리의미 요소와 의·책무의미 요소의 분화된 모습을 드러내 주는 내포권리개념이 없기 때문이다. 더불어 앞서 권리이론가들의 설명에도 내포권리개념이 분화된 개념요소나 분화된 의미요소로 구성되어 있음을 추정할 수 있는 어떠한 윤곽마저도 나타나 있지 않기 때문이다. 이러한 상황은 5절에서 살펴보았듯이 개념 사이의 관계미결정성 속에서 야기되는 의미상의 부유(浮遊)상황이나 다를 바가 없다. 즉 주체관계상으로나 개념관계상으로 확정적 분화에 대한 단서가 없는 미분화상태의 내포권리(및 내포의·책무, 합하여 내포개념)는 라이온즈의 개념대응 구조 '1'항에서 '5'항까지의 〈권리개념-의·책무개념〉 사이 권리지시선의 방향의 불확정성이 초래하는 의미상의 중의성(重義性)을 가지게 되는 것이다. 의미미결정성은 바로 의미관계의 미결정성으로 연결되기 때문에 이로부터 의미관계 구조를 확정지을 수가 없다.

이상과 같은 개념표현 및 설명상의 충족조건을 '분화표현 조건'이라 부르기로 하면, 이러한 '분화표현 조건'을 충족하지 못함으로써 미결정성 속에 있는 위의 사례들 모두가 부합의미관계 구조 모색의 대상에서 제외될 수밖에 없다. 다만 그 밖의 사례들이 있을 수 있기 때문에 그 기준모델 및 대상범위를 정한다면 내포권리(및 내포의·책무, 합하여 내포개념)들 중 레인볼트의 '의무권리'와 같은 부류가 그 대상이 될 것이다. 이렇게 되면 예상반론의 주장이 근거할 수 있는 내포개념의 범위도

---

19 4절과 5절에서 각주나 본문을 통해서 특정의 권리이론들과 관련하여 유보한 모든 논의는 이하 첫째, 둘째 이유를 논의하는 부분에서 다루어진다.

이에 따라 레인볼트의 '의무권리' 부류 내포개념에 국한된다.

둘째, 위와 같은 미분화 및 미결정성 속에 있는 내포권리(및 내포의·책무, 합하여 내포개념)들은 불특정 다수를 (권리 및 의·책무)주체로 전제한 일종의 '선언적' 권리로서 실행 권리질서를 구성하는 데 차용될 수 없기 때문이다. 이는 마치 5절의 말미 첨언에서 언급한 바 일반권리가 특별권리로 수렴되지 않을 경우 실행 권리질서 구성에 차용될 수 없는 이유와 같은 이유에서이다. 이해를 돕기 위해 이 이유에 대해 좀더 부연하면 다음과 같다.

앞서의 사례에 드러나 있듯이 내포권리는 대부분의 일반권 범주에 속하는 권리들(Gewirth, Feinberg, Lyons, Hart)과 극소수의 강제권 범주에 속하는 권리들(Feinberg, Lyons), 예외적 특별권인 '규제 상호성' 관계에 근거하는 권리들 및 특별한 자연관계에 근거하는 권리들(Hart) 등으로 크게 구성된다. 그러나 이들 권리 모두는 이론가들의 설명에 나타나 있듯이 그 주체를 불특정 다수로 하고 있다. 하트의 특별권 범주에 속하는 내포권리들도 이 점에서는 마찬가지이다. 이들 권리가 실행 권리질서 구성에 차용될 수 없는 이유는 이들 권리가 '선언적 권리', 즉 권리질서 구성 이전에 주체들의 자격을 선언/규정하는 일종의 자격권이기 때문이다. 이를테면 '일반권'은 하트의 말대로 자연권적 자격권이다. 파인버그의 '강제권'이나 라이온즈의 '투표권' 등은 시민자격권이다. 하트의 '상호 규제성원칙'에 근거한 특별권도 일종의 집단자격권이다.

자격권은 구체적 권리관계에 수렴됨이 없이는 그 자체 실행 권리관계에 편입될 수 없다. 그리고 구체적인 권리관계로 수렴되기 위해서는 마치 레인볼트의 '의무권리' 처럼 구체적 주체관계, 즉 〈채권자–채무자〉 관계, 그리고 구체적 개념관계, 즉 〈'권리 및 권리실행의·책무' – '의·책무 및 의·책무이행권리'〉 관계가 추론될 수 있는 권리관계로 수렴되어야(이하 '수렴조건') 한다. 결국 여기서도 부합의미관계 구조에 대한 모색의 대상은 레인볼트의 '의무권리' 부류의 내포권리(및 의·책무, 합하여 내포개념)들이 되며, 앞서 내포권리의 사례들은 이에서 제외된다. 더불어 예상반론의 주장의 근거가 될 수 있는 내포개념들 역시 '수렴조건'을 충족하는 것들이어야 한다.

셋째, 앞서의 내포권리의 사례들은 마치 파인버그의 '강제권리'와 같이 거개가 그 의미관계 구조상 권리주체의 권리를 강화하는 의·책무를 내포하는 것으로 해석될 여지밖에 없기 때문이다.[20] 이를테면 게워스의 '인권'의 경우, 불특정 다수가 서로 인권행사를 존중할 의·책무는 가지지만 인권실행 의·책무의 이행을 존중할 의·책무는 가지지 않는 것이다. 이는 앞서 사례의 내포권리개념들에 홉스의 '권리 패러독스'를 피하기 위한 권리에 대한 상호 존중의무 이외에는 권리와 동시적으로 병존하는 의·책무의미 요소가 존재하지 않음을 말해준다. 이 의미요소의 부재는 마치 '일방편중개념관계 구조'에서와 같이 권리의미 요소 편중으로 귀결된다. 즉 앞서 사례의 내포권리들에 포함된 의·책무의미 요소는 오히려 권리의미 요소를 더 강화하는 방향으로 힘을 실어주게 되는 것이다.

하트의 일반권을 대표하는 '자유평등권'이나 라이온즈의 투표권도 이에서 다르지 않다. 결국 레인볼트의 '의무권리'가 가지는 균형적

---

20 이를테면 내포권리에 속하는 '의무교육권', '면역처방권', '투표권' 등은 구체적 주체관계를 전제하지 않는 한, 내포된 의·책무보다는 개인의 권리를 강화하는 효과를 가지는 것은 우리가 일상에서 흔히 경험할 수 있는 일이다.

의미관계 구조—〈권리의미 요소-의·책무의미 요소〉관계와 〈권리실행의·책무의미 요소-의·책무이행권리의미 요소〉관계, 이렇게 두 개의 의미관계가 이루는 쌍방복합균형의미관계 구조—의 균형이 내적으로 권리의미 요소 중심으로 편중되어 있는 것이다. 이는 의미관계 구조가 충족해야 할 개념 내부 의미요소 사이의 균형관계 조건(이하 '의미균형조건')에 대한 결격이다. 그리고 의미균형 조건에 결격인 의미관계 구조가 일방단순 개념관계 구조를 경유해서 불평등하고 비상호적인 권리질서로 매몰될 수밖에 없음은 자명하다.

이렇게 보면 앞서 내포권리의 사례들에서는 이 조건을 만족하는 개념을 찾아볼 수 없다. 다만 앞서 사례에는 포함되어 있지 않지만 레인볼트의 '의무권리'는 이 조건을 만족하는 한 예가 되겠다. 그리고 이상의 이유에서 4절 '각주 7)'에서 레인볼트가 '의무권리'를 '강제권리'에 비유한 것을 '혼동'이라 지적한 것이다. '의미균형 조건'과 관련한 이상의 논의는 세 가지를 밝혀준다. 하나는, 부합의미관계 구조 모색대상인 내포권리는 '분화표현 조건' 및 '수렴조건'에 더해 '의미균형 조건'까지 만족해야 하는 개념범위로 국한된다는 점이다. 둘은, 이 범위의 대표적 예는 레인보트의 '의무권리'가 된다는 점이다. 셋은, 이상 내포개념 범위의 한계와 관련된 두 가지 사항은 예상반론의 주장근거인 내포개념에도 그대로 타당하다는 점이다.

'부합의미관계 구조' 모색의 대상선별을 위해서 서구 자유주의 권리이론 및 담론에서 사용되고 있는 권리개념을 두 유형으로 나누어 검토해 본 이상의 논의를 집약해 보면 다음과 같다. 첫째, 외포권리는 대상범위에서 제외된다. 이에 대응하는 외포의·책무도 제외되기 때문에 외포개념의 범주는 아예 제외된다. 둘째, 대상범위는 내포권리(및 내포의 · 책무, 합하여 내포개념)에 국한된다. 셋째, 대상범위는 내포권리개념들 중에서도 '분화표현 조건', '수렴조건', '의미균형 조건'을 충족하는 개념들로 좁혀진다. 넷째, '분화표현 조건', '수렴조건', '의미균형 조건'을 충족하는 내포권리(및 내포의 · 책무, 합하여 내포개념)는 앞서 대표적 권리이론가들의 사례나 설명에서는 찾을 수 없다. 다섯째, 앞서 사례나 설명에는 없지만 레인볼트의 '의무권리' 개념은 내포권리개념이면서 '분화표현 조건', '수렴조건', '의미균형 조건'을 모두 충족한다. 여섯째, 예상반론의 주장근거인 내포개념들도 이상의 3조건을 만족하는 범위에 속해야 하며, 그 대표적 예는 레인볼트의 '의무권리' 개념이다.

결국 이상 검토 · 논의해 본 결과는 본절에서 모색하려는 '부합의미관계 구조'가 레인볼트의 '의무권리' 개념과 같은 유형의 내포권리(및 내포의 · 책무, 합하여 내포개념)가 가지는 의미관계 구조여야 함을 말해준다. 더불어 예상반론의 주장 역시 레인볼트의 '의무권리'에 그 근거를 둘 때만이 타당함을 말해준다. 만일 예상반론이 그 주장대로 서구 자유주의 권리이론 및 담론에 차용되고 있는 앞서 사례와 같은 내포권리(및 내포의 · 책무, 합하여 내포개념)에 그 타당근거를 두고 있다면 우리는 또다시 5절에서 살펴본 바와 같은 혼란에 빠지게 될 것이다. 즉 주체관계상으로나 개념관계상으로 확정적 분화에 대한 단서가 없는 미분화상태의 내포권리개념에 그 주장의 근거를 두고 있을 경우, 내포권리(및 내포의 · 책무, 합하여 내포개념)는 라이온즈의 개념대응 구조 '1'항에서 '5'항까지의 권리개념의 개념관계로부터 기인되는 바와 같은 의미 미결정성 속에서 부유하다가 주체관계와 개념관계를 확정짓는 '6'항에서와 같이 '일방단순편중 구조'의 특성을 가지는 의미관계 구조로 귀결되고 말 것이다. 이렇게 볼 때 레인볼트의 '의무권리' 개념은 본절에서 모색하려는

'의미관계 구조'의 대상개념 유형이나 본절의 대응과제인 예상반론과 관련하여 가히 내포개념의 모델이라 할 수 있다. 그래서 이하에서는 레인볼트의 '의무권리' 개념을 '레인볼트 모델개념'이라 부르기로 한다.

지금까지 '부합의미관계 구조' 모색의 대상개념 유형을 선별함으로써 그 모색대상 개념의 범위 및 그러한 개념이 되기 위한 자격기준을 확정하였고, 예상반론 주장이 타당할 수 있는 개념범위도 확정하였다. 그리고 이에 근거하여 '레인볼트 모델개념'을 도출하였다. 이상이 본 논의의 중간결산이라면 이제는 확정된 범위 및 조건에 부합하는 개념들이 가지는 의미관계 구조로부터 '부합의미관계 구조'를 도출하고, 예상반론에 답하면서 본절을 마무리해야 할 때다. 이하 마무리 작업은 위에서 도출된 '레인볼트 모델개념'을 중심으로 이루어질 것이다. 그러나 이 마무리 작업 전에 먼저 '부합의미관계 구조' 도출과 관련한 한계점에 대해서 생각해 본다.

위와 같은 선별 및 모델개념 도출은 '계통'과 '개체' 사이의 프랙탈 구조적 동일성 논리를 원용해서 의미관계 구조의 특성과 동일성 속에 있는 〈권리-의·책무〉개념관계 구조의 특성을 기준하여 이루어졌다. 그렇게 한 이유는 우선 이들 개념의 의미관계가, 마치 개념관계가 주체관계의 내용이 되듯이 개념관계의 직접적 내용이 되기 때문이었다. 다음으로는 의미관계의 내재성 때문에 이를 가시화하는 데 적절한 방편이 되기 때문이었다. 그러나 개념관계와 의미관계는 비록 그 내적 속성은 동일하다 하더라도 그 표현양태 및 성격에서 다음과 같이 현격한 차이를 가진다. 첫 번째 차이점은 개념관계는 구체적으로 권리와 의·책무 사이의 '〈개념-개념〉관계'로 나타나기 때문에 겉에 드러나는 반면, 의미관계는 한 개념의 내부 내용을 구성하는 의미요소 사이, 〈의미요소-의미

요소〉관계로 개념 내부에 내재하기 때문에 겉에 드러날 수 없다는 점이다. 따라서 두 번째 차이점은 개념관계는 권리질서관계나 주체관계로 표출될 수 있는 반면, 의미관계는 위와 같은 질서관계나 개념주체관계 없이는 그 관계성을 드러내 보일 수가 없다는 점이다.

결론적으로 이상의 두 차이점들은 개념관계는 주체 사이의 관계에 대한 분석을 통해 그 구조적 특성이 드러날 수 있음에 반해, 의미관계는 '의미론적 분석'을 통해서만이 그 구조적 특성을 이해할 수 있다는 점으로 수렴된다. 이 결론적 차이점은 다음과 같이 부연될 수 있다. 첫째는, 모든 개념은 그 개념이 사용되고 있는 문맥을 통해서만이 실효성(결정성과 가시성) 있는 의미를 드러내게 되기 때문에 개념의 의미에 대한 의미론적 분석에는 문맥이 전제된다는 점이다. 둘째는, 권리(및 의·책무) 개념의 의미관계 구조분석에서 고려될 문맥은 권리질서관계, 권리주체관계, 권리개념관계 모두이거나 어느 둘 혹은 어느 하나라는 점이다. 셋째는, 문맥에 대한 고려를 전제하는 이러한 의미론적 분석의 조건(이하 '의미문맥조건')은 본절의 논의의 주목적인 '부합의미관계 구조' 도출의 걸림돌이 된다는 점이다. 결국 이상의 차이점들(비가시성, 비표출성, 의미문맥조전)은 권리개념 및 의·책무개념 자체의 의미관계에 대한 검토와 '부합의미관계 구조' 도출의 한계를 말해준다. 이하에서는 이러한 한계를 '의미관계 구조 도출 한계'라 부를 것이다.

'의미관계 구조 도출 한계'에 대해 고려하지 않을 경우 '레인볼트 모델개념' 유형의 내포권리가 가지는 의미관계 구조를 '부합의미관계 구조'로 선택하면 된다. 이렇게 하면 이 권리의미 요소(의·책무이행권리 요소)는 자연히 대응이론에 따라 의·책무의미 요소(권리실행의·책무요소)를 불러들이게 될 것이다. 그 결과 두 번째 과제인 예상반론에 대한 대응과 관련해서도 [예상반론은 '레인볼트 모델개념' 유형의 내포권리(및 내포의·책무)에는 그 타당근거를 둘 수 있지만 외포개념들을 포함한 그 외타의 개념들에는 타당근거를 둘 수 없다]고 하면 된다.

그러나 '의미관계 구조 도출 한계'를 고려할 경우에는 두 과제에 대한 답은 다음과 같을 것이다. 우선 주 과제와 관련해서는 '레인볼트 모델개념'이 가지는 의미관계 구조라 할지라도 5절과 4절에서 수정을 통해 도출된 '부합개념관계 구조'나 '부합주체관계 구조'의 구조규정력을 빌리지 않고는 준거권리관계에 부합하는 의미관계 구조로 역할을 할 수가 없다고 답할 수밖에 없다. 그 첫 번째 이유는, 의미관계 구조는 그 내재적 존재구속성 때문에 언행을 통해서 그 개념이 밖으로 드러날 때만이 권리관계의 한 구조적 축으로서 의미를 가질 수 있기 때문이다. 둘째는, 개념이 밖으로 표명되는 순간 개념의미관계 구조는 질서주체관계 구조와 개념관계 구조에 규제되게 되기 때문이다. 이상의 이유들은 이를테면 〈채권-채무〉관계와 관련하여 현행 서구 자유주의 권리 이론 및 담론, 그리고 그 실행관행에서 레인볼트의 '의·책무권리'가 제 역할을 하지 못하고 있는 현실이 반증한다.[21]

결국 '레인볼트 모델개념'인 '의무권리'의 의미관계 구조가 '부

---

21 레인볼트의 '의무권리(채무이행권리)'는 내포권리의 의미에 충실하게 '빚받을 의무'와 동시에 '빚갚을 권리'가 그 개념의 의미요소로 공존하고 있음을 여실히 보여주지만 채권 및 채권자 패권만을 지지해 주는 현행 개념관계구조와 현행 주체관계구조가 지배하는 현실에서 그 본의가 현실화될 수 없는 이유는, 이미 4장의 '각주 12)'에서 지적했듯이 레인볼트의 '의무권리(채무이행권리)'가 구조규정력의 한계에 걸려 의미관계구조에서 구조결정력을 가질 수가 없기 때문이다. 현행 권리관계에서 채무자가 돈 갚을 권리가 있다는 주장이 우리에게 현실성 있게 다가오지 않는 것은 바로 이러한 이유 때문인 것이다.

합의미관계 구조'가 되기 위해서는 이 개념이 5절과 4절에서 수정을 통해 도출된 '부합개념관계 구조'나 '부합주체관계 구조'의 문맥 속에서 표명되어야 하는 것이다. 이상은 종합적으로 개념의 의미관계 구조는 분명 권리관계를 구성하는 구조적 인자는 될 수 있으나 질서주체관계 구조나 개념관계 구조의 구조규정력에 의탁하지 않고 혼자만의 힘으로는 권리관계나 권리질서의 어떠한 성격도 규정할 수 없음을 말해준다. 결국 부합의미관계 구조는 부합주체관계 구조 및 부합개념관계 구조의 문맥 속에서 〈권리의미 요소-의·책무의미 요소〉관계와 〈권리실행의·책무의미요소-의·책무이행 권리 의미요소〉가 한 쌍이 되어 쌍방복합균형 의미관계 구조를 구성할 때의 의미관계 구조가 되는 것이다.

다음으로 위에서 도출된 '부합의미관계 구조'를 근거로 본 절 머리에 제기한 예상반론에 대해 답한다. (1) 예상반론은 그 주장근거를 현행 의미관계 구조의 근거의미관계 구조에의 부합성에 두고 있기 때문에 '의미문맥조건'을 고려하면 그 근거의 타당성을 부합주체관계 구조나 부합개념관계 구조에 둘 수밖에 없다. (2) 그러나 두 부합구조들은 불가피한 수정을 통해서 도출된 것인 만큼 예상반론의 '수정불필요' 주장은 기각된다. (3) 더불어 예상반론이 그 주장의 타당성을 부합주체관계 구조나 부합개념관계 구조에 둘 경우 '수정불필요' 주장의 기각과 더불어 이글의 논지로 흡수되는 결과가 된다.

7 부합권리관계와 부합권리질서

지금까지 현행 권리관계의 3구조인 '질서주체관계 구조', '권리-의·책무개념관계 구조', '권리 및 의·책무개념들의 의미관계 구조'를 정위준거 모델로서의 준거권리관계의 3준거구조를 기준으로 검토하고 수정하였다. 그 결과 자율평등성과 상호성이 담보된 '부합주체관계 구조'와 쌍방향 복합구조를 가지는 '부합개념관계 구조'를 도출할 수 있었다. 더불어 근거의미관계 구조에 부합하는 '부합의미관계 구조'는 '의미문맥 조건' 충족을 전제한 '레인볼트 모델 의미관계 구조'여야 함을 보였다. 이 마지막 사안과 관련하여 '의미관계 구조 검토 한계'에 대한 지적과 더불어 이 모델에 부합하는 개념들의 범위를 획정하였다. 이는 현행 권리이론 및 담론에 사용되는 권리(및 의·책무)개념들의 대부분을 차지하는 외포개념들 전체와 극히 한정된 범위 외 그 밖의 내포개념들의 의미관계 구조 수정을 시사한다.

이렇게 도출된 3부합구조들은 부합권리관계를 구성하는 내용이 되므로 결국 부합권리관계가 도출된 셈이다. 부합권리관계의 도출은 결과적으로 정위된 권리관계의 도출을 의미한다. 부합권리관계의 도출로 권리관계에 대한 정위작업의 목표인 권리관계의 대척적 특성, 즉 권리기본관계와 현행 권리관계 사이에 빚어지는 대척적 특성이 해소되었기 때문이며, 이 대척적 특성으로부터 야기되는 권리관계의 소외문제가 해소되었기 때문이다. 이제 이하에서는 이렇듯 도출된 부합권리관계, 즉 정위된 권리관계로 표현되는 권리질서의 특징은 무엇일지에 대해 살펴보면서 본장을 마무리한다.

부합권리관계는 권리기본관계의 내용상의 특성을 계약관계형식에 담고 있는 준거권리관계를 기준으로 현행 권리관계의 수정을 통하여 도출되었다. 그런데 권리관계는 권리질서의 구체적 내용의 표현이며, 권리관계의 특성은 권리질서의 특성이 이어진 것이다. 그렇다면 부합권리관계는 권리기본관계로 표현되는 근거권리질서의 질서상의 특성을 계약질서 형식에 담아낸 준거권리질서를 기준으로, 현행 권리관계로 표현되는 구성권리질서의 수정을 통하여 도출될 부합권리질서의 표현이어야 한다. 그리고 부합권리질서의 특성은 부합권리관계의 특성으로 나타나야 한다.

그렇다면 부합권리관계, 즉 정위된 권리관계로 표현되는 부합권리질서 혹은 정위될 권리질서의 특성은 어떤 모습과 성격으로 부합권리관계의 특성에 담겨 있을까? 4절에서 6절까지의 논의에서 살펴보았듯이 부합권리관계의 모든 특성은 계약관계의 형식에 담겨 계약적 권리관계(이하 '계약권리관계')의 특성으로 표현되었다. 그런데 모든 관계의 특성은 그 관계를 규율하는 질서의 특성이므로 계약권리관계의 특성은 바로 계약적 권리질서(이하 '계약권리질서')의 특성이 된다. 그리고 부합권리관계의 특성은 계약권리질서의 특성이 되므로 이 계약권리질서의 특성은 부합권리질서의 특성과 같게 된다. 결국 부합권리관계로 표현될 부합권리질서의 특성은 계약권리질서의 특성이 되기 때문에 부합권리질서의 특성을 밝히는 일은 계약권리질서의 특성을 밝히는 일과 같다.

자율적으로 평등한 두 주체 A와 B 사이의 계약권리관계는 앞의 3절의 '계약권리관계 일반표현형식'에서 살펴본바와 같이 [A는 B에게 z할 것을 동의(약속)하고 B가 이를 수락함으로써 A에게는 z할 권리와 의·책무가 발생함과 동시에 B는 A에게 w할 것을 동의(약속)하고 A가 이를 수락함으로써 B에게는 w할 권리와 의·책무가 발생한다]로 표현된다. 여기서 동의(약속)는 바로 평등한 자율권행사가 있었음을 말해주고, 동의의 수락은 둘 사이 자율권행사 결과 합의에 도달해 계약권리관계가 성립했음을 말해준다. 이렇게 성립된 계약권리관계의 특성은 관계

당사자들의 평등한 자율성이다. 계약권리질서는 평등한 자율성을 특성으로 가지는 계약권리관계를 규율하는 질서이다.

그래서 계약권리질서의 첫 번째 특성은 계약권리관계 당사자들(A, B) 사이에 '자율성평등관계'가 견지되도록 규율하는 자율성평등질서로 나타난다. 이 때 관계당사자 사이의 자율성평등관계를 견지하는 자율성평등질서 속에는 본장 3절에서 살펴본 바와 같이 자율평등성뿐 아니라 상호성과 타자배려의 균형성이 수렴되어 있다. 계약권리질서로서의 자율성평등질서로서의 특성으로부터 강압이나 사기에 의해 맺어진 계약권리관계는 원인무효가 된다.

계약권리질서의 두 번째 특성은 계약권리관계 당사자 A와 B에만 국한되는 계약권리질서 효력의 '특수성'이다. 이 두 사람 사이의 계약권리관계의 범위와 관계의 내용은 이들 사이의 특수사안인 만큼 이 관계를 규율하는 계약권리질서 역시 이 당자들에게만 해당된다. 이를테면 A와 B 사이의 계약권리관계의 내용이 이와 무관한 제3자 C에게는 적용될 수 없듯이 A와 B 사이의 계약권리질서는 이와 무관한 C에게는 적용될 수 없는 것이다. 이러한 특수성은 배타성을 함의한다. 그러나 계약권리질서가 가지는 이러한 특수성과 배타성은, 계약권리관계 당사자들이 이들과 평등한 자율권을 향유하고 있는 여타의 타자들과 더불어 공존하는 사회에 존재하는 만큼, 만인자유평등원칙과 자율성평등원칙의 규제범위와 이들 원칙에 근거해서 수립된 정치사회질서가 가지는 도덕적/제도적 규제범위 내에서의 특수성과 배타성일 뿐이다.

계약권리질서의 세 번째 특성은 계약권리관계 당사자들에게 계약권리질서에 대한 질서의 적용 및 집행의 권리와 동시에 질서의 준수 및 이행의 의·책무를 발생시키는 점이다. 〈A–B〉관계에서 A는 B에 대해

계약권리질서를 적용하고 집행할 권리를 가짐과 동시에 계약권리질서를 준수하고 이행할 의·책무를 지며, B 또한 A에 대해 계약권리질서를 적용하고 집행할 권리를 가짐과 동시에 계약권리질서를 준수하고 이행할 의·책무를 지게 되는 것이다. 이는 마치 6절에서 보았듯이 하트가 말하는 '규제 상호성원칙'이 준용되는 상황과 같다. 결과적으로 계약권리관계 당사자 A와 B는 계약권리질서에 대해 쌍권적이고 쌍무적인 질서주체관계에 서게 된다. 이 주체관계는 외형상 A와 B가 상호 계약권리질서에 대해 권리 및 의·책무를 내용으로 하는 쌍방복선의 평등질서관계로 나타난다. 이는 'A가 B에 대해 z라는 권리 및 의·책무를 가지고, B는 A에 대해 w라는 권리 및 의·책무를 가지는' 계약권리관계가 〈쌍권-쌍무〉관계를 내용으로 쌍방복선균형관계로 나타나는 것과 같다.

계약권리질서의 넷째 특성은 이상 살펴본 3특성—자율성평등질서의 특성, 특수성 및 배타성, 그리고 바로 위에서 본 〈쌍권-쌍무〉질서관계의 특성—의 종합된 의미로부터 구성된다. 즉 자율적으로 평등한 A와 B가 상호 간에게만 특수하게 〈쌍권-쌍무〉를 발생시키는 계약권리질서에 구속된다는 말은 A와 B 사이에 양자 모두가 귀속될 입법이 이루어졌음을 의미하는데, 이로부터 계약권리질서의 넷째 특성을 계약권리관계 당사자 사이의 '자율적 입법질서'로서의 특성이라 할 수 있다. 물론 이 때 '자율적 입법'은 〈A-B〉 사이 계약권리질서의 특수성이 일정 범위—만인자유평등원칙 및 자율성평등원칙과 이 원칙에 근거한 정치사회질서치질서가 규제하는 범위—내에 국한되기 때문에 기존 사회의 관습에 준하거나 법제도에 의존해서 이루어질 수 있다. 그러나 어떠한 준거에서건 스스로를 규율할 질서를 스스로 설정했다는 점에서는 자율적 입법행위와 다를 바가 없다. 계약권리질서의 이러한 자율적 입법질서의 특성은 주변에서 흔히 볼 수 있는 계약서에서 확인할 수 있다.

다섯 번째 특성은, 이렇듯 자율적 입법질서로서의 계약권리질서의 특성은 민주적 자기질서이자 자치질서라는 점이다. 자기질서인 이유는 입법이 기존 사회의 관습에 준하거나 법제도에 의존해서만 이루어졌건, 여기에 기존 관습과 법제도 범위 내에서 당사자, A와 B에게만 국한되는 특정의 질서내용이 첨가되었건, 당사자들 스스로의 합의에 의해서 창출된 질서이기 때문이다. 물론 자기질서이기는 하지만 합의당사자 어느 한편도 전유할 수 없다는 점에서 공동의 자기질서이다. 그리고 평등한 주체 사이의 합의로 창출되기 때문에 절차에서 민주적이다. 다음으로 자치질서인 이유는 스스로 만든 질서에 스스로가 구속되기 때문이다. 계약권리질서의 구속력은 A와 B가 입법시에 자율권 행사를 통한 권위화에 근거한다. 이런 의미에서 이 질서의 구속력의 성격은 타율의 요소가 개입되는 '권력'이라기보다는 자율성이 형성해내는 '권위'이다. 계약권리질서의 구속력은 A와 B가 이 질서에 대해 가지는 권리 및 의·책무로 표시된다. 앞서 보았듯이 질서의 적용 및 집행의 권리와 질서의 준수 및 이행의 의·책무로 표시되는 것이다.

끝으로 여섯 번째 특성은, 계약권리질서는 정치사회질서제도의 최소단위의 정치질서이며, 그런 의미에서 사적요구를 사회화시키고 정치화시켜 공적요구로 전환시키는 최소단위의 전위기제(轉位機制)라는 점이다. 계약권리질서의 정치적 성격은 이 질서의 본원이 정치사회질서의 유기적 부분질서로서의 권리질서라는 데서 나온다. 계약권리질서에서 '계약'은 그 본원인 권리질서가 담기는 형식이기 때문이다. 계약권리질서의 정치적 성격은 보다 구체적으로 민주정치적 성격이다. 왜냐하면 위 다섯 번째 특성에서 보았듯이 이 질서는 계약권리관계 당사자들이 상호합의라는 민주절차를 통해서 수립한 자기질서이자 자치질서이기 때문이다. 최소의 단위질서인 이유는 계약권리질서가 최소의 사회관계 단위인 개인과 개인 2인 사이 계약권리관계를 규율하는 질서이기 때문이다.

그리고 정치질서 최소단위로서의 계약권리질서가 사적요구를 공적요구로 전환시키는 최소단위의 전환기제인 이유는 다음 두 가지로 설명된다. 하나는, 이 질서가 정치사회구성원들의 삶에서 비롯되는 모든 사적 요구를 사회화와 정치화를 통해 공적 요구로 수렴하는 정치사회질서의 최소단위라는 점 때문이다. 다른 하나는, 이 질서는 최소단위 관계로서의 계약권리관계를 규율하는데, 모든 권리관계는 3장 1절에서 보았듯이 권리관계 당사자들의 개인적 삶의 필요충족요구를 사회 최소단위의 공적 요구인, 당사자 간 공동의 삶의 요구로 묶어내기 때문이다. 이 최소단위인 공동의 삶의 요구가 사회적 보편성과 정당성을 얻으면 요구의 공적 영역을 생성하게 되는 것이다. 이러한 의미에서 여기서의 '정치'라는 표현은, 자율적으로 평등한 사회구성원들의 삶의 요구가 사회관계 일반형식인 권리관계를 통해 공적 요구로 수렴되기 위해 사회적 보편성과 정당성을 확보해 가는 과정으로 이해된다.

이상 살펴본 계약권리질서의 특성들은 본 절 서두(序頭)에 밝혔듯이 부합권리질서의 특성이 된다. 요약하자면, 자율성평등질서로서의 특성, 정치사회질서로서의 자유주의 질서 및 그 근거원칙의 범위 내에서의 제한적 특수성, 〈쌍권-쌍무〉의 질서관계, 민주적 입법질서, 정치사회질서의 최소단위 질서 및 사적 삶의 요구를 공적 요구로 전환시키는 최소단위 기제 등이 부합권리질서의 특성인 것이다. 그리고 부합권리질서의 이러한 특성들은 그대로 부합권리관계에 표현되어 있다. 1) 자율성평등질서 특성은 상호성과 타자배려 균형성을 함의하는 자율성평등관계로, 2) 제한적 특수성은 부합권리관계가 담기는 형식인 계약관계의 (비위해, 비차별의) 제한적 특수성으로, 3) 〈쌍권-쌍무〉질서관계는 이를 반영한 부합권리관계의 〈쌍권-쌍무〉의 부합개념 구조로, 4) 민주적 입법질서로서의 특성은 부합권리관계가 담기는 형식인 계약에서 계약당사자 사이의 상호 합의관계로, 그리고 5) 최소질서단위 및 최소전위기제로서의 특성은 모든 권리관계가 사회관계 중 개인적 삶의 필요충족 요구 공동의 요구로, 묶어내는 기본관계단위 형식이라는 점으로 각각 표현되어 있는 것이다.

물론 부합권리질서와 부합권리관계의 이러한 특성상의 대응관계는 본장 1절-2)에서 권리질서정위의 범위와 관련하여 전제했듯이 정치사회질서로서의 자유주의 질서의 유기적 부분질서를 구성하는 권리질서 내용범위 중 권리관계가 표현하고 있는 부분에 국한되는 부분만큼에 해당한다. 즉 위의 특성상의 대응관계는 부합권리질서 중 부합권리관계로 표현된 부분에 국한되는 것이다. 그러나 이러한 범위상의 국한성에도 불구하고 같은 특성을 공유하는 정위된 권리관계로서의 부합권리관계와 정위된 권리질서로서의 부합권리질서의 도출은, 유기적 부분질서로서의 권리질서로부터 이어지는 자유주의 질서에 대한 정위작업의 발판이 된다. 그 이유는 아래와 같다.

위에서 요약한 정위된 권리질서로서의 부합권리질서의 6가지 특성을 풀어서 정리하자면, 이 질서는 계약관계질서로서 자율적 합의질서이고, 민주적 입법질서이며 권위질서라고 특징지을 수 있다. 그리고 이러한 특징들이 가지는 정치사회적 함의는 부합권리질서가 질서당사자들의 합의를 통하여 사적(私的) 자율질서를 공적(公的) 정치사회질서로 생성해내는 기본적인 단위기제로 기능한다는 점이다. 물론 여기서 정치사회질서는 자유주의 질서를 가리킨다. 왜냐하면, 5장 1절에서 살펴본 바와 같이, 권리질서는 그 본원에서 자유주의 질서의 유기적 부분질서이기 때문이다. 그리고 자유주의 질서 중에서도 5장 4절에서 살펴본 '자유주의 실행질서체계'를 '자유주의 규범질서체계'에 부합하게 수정하여 도출될 '정위된 자유주의 질서'가 된다. 왜냐하면 부합권리질서는, 구성권리질서를 근거권리질서에 부합하게 수정하여 도출된 정위된 권리질서로서 정위된 자유주의 질서의 유기적 부분질서가 되기 때문이다.

그런데 부합권리질서는 부합권리관계로 표현되기 때문에 부합권리질서가 기본단위기제가 되어 생성되는 정위된 자유주의 질서의 구성내용은 부합권리관계로 표현될 수 있다. 이는 자유주의 질서에 대한 직접적인 정위작업 없이 정위될 자유주의 질서를 부합권리관계로 재현함으로써 자유주의 질서에 대한 정위작업을 대신할 수 있다는 말이 된다. 그리고 이는 이 책의 논지범위를 벗어나는 자유주의 질서에 대한 직접 정위작업을 피하면서도 권리질서가 유기적 부분질서로 구성되는 자유주의 질서에 대한 정위작업이 가능함을 말해준다. 바로 이러한 재현을 통한 자유주의 질서에 대한 정위작업이 다음 7장에서 해결하려는 과제이다.

제7장

부합권리관계와 정위된 자유주의 질서

본장에서는 본장이 속하는 제3부의 목적에 따라 현행 자유주의 질서에 대한 정위작업을 수행했다. 그러나 현행 자유주의 질서에 대한 직접적인 정위작업은 '권리' 가 주제인 본장의 범위를 벗어나기 때문에 정위된 자유주의 질서를 부합권리관계로 재현해내는 간접적인 정위방법을 택했다. 1절에서는 정위작업의 기준을 마련하기 위하여 정위될 자유주의 질서의 내용상 요건은 '자유주의 규범질서체계' 로부터 도출하였다. 그리고 제도상의 요건은 정치질서제도에 보편적인 '구성조건' 및 '정당성 조건' 을 차용하고, 여기에 본장에서 요구되는 '표현조건' 을 첨가하여 도출하였다. 2절에서는 1절의 '내용상의 요건' 을 만족하는 정위된 자유주의 질서를 부합권리관계로 재현했다. 3절에서는 1절의 '제도상의 요건' 을 만족하는 정위된 자유주의 질서제도를 롤즈의 정의이론 속에 포함되어 있는 '위임책무이론' 을 활용하여 부합권리관계로 재현했다. 롤즈의 이론을 활용한 이유는 정위준거가 되는 '자유주의 규범질서체계' 에 질서제도에 대한 내용이 결여되어 있기 때문이었다. 우선, 3절-1)에서 3절-5)까지의 논의를 통하여 롤즈의 '위임책무이론' 을 분석하여 '책무 · 의무 · 권리 3위임이론과 롤즈의 2층위 위임질서체계 모델' 을 도출하였다. 다음으로 롤즈의 '2층위 위임 질서체계 모델' 에 결여되어 있는 '개인층위질서' 를 보완하여 3절-6)에서 '쌍권 · 쌍무 3층위 위임질서체계' 모델을 도출하였다. 이로써 3절의 목적인 정위된 자유주의 질서제도의 부합권리관계를 통한 재현을 달성하였다. 4절에서는 2절의 '내용상 재현' 및 3절의 '제도상 재현' 을 통해 정위된 자유주의 질서의 견지에서 보는 '정치세계의 모습' 을 특징별로 살펴보고, 이를 바탕으로 우리에게 익숙한 '정치질서' 를 정위된 자유주의질서에 비추어 볼 때 어떤 모습이어야 할지 그 윤곽을 그려보았다.

* * *

본장은 본장이 속하는 제3부의 목적에 따라 6장에서 현행 권리관계 및 구성권리질서에 대한 정위작업에 이어 현행 자유주의 질서에 대한 정위작업을 하기 위한 곳이다. 보다 구체적으로 6장의 정위작업에서와 같이 5장 4절에서 살펴본 '자유주의 실행질서체계'를 '자유주의 규범질서체계'에 부합하게 수정하여 '부합자유주의 질서체계', 즉 정위된 자유주의 질서(이하 '정위자유주의 질서')를 도출하기 위한 곳이다. 그러나 6장 7절에 언급했듯이 현행 자유주의 질서에 대한 직접적인 정위작업은 '권리'가 주제인 본절의 범위를 벗어난다. 따라서 간접적인 정위작업의 방법을 택하여 정위자유주의 질서가 6장에서 구성권리질서를 수정하여 도출된 부합권리질서, 즉 정위된 권리질서로부터 어떤 모습으로 귀결되어 나타날지에 대해 살펴볼 것이다.

정위자유주의 질서가 부합권리질서로부터 어떤 모습으로 귀결되어 나타날지를 살펴보는 것이 간접적이나마 현행 자유주의 질서에 대한 정위작업과 같은 의미를 가지는 것은 다음 두 이유 때문이다. 우선, 이는 현행 자유주의 질서가 대척적 현행 권리관계와 이율배반적인 현행 권리질서로부터 어떤 모습으로 귀결되어 나타나는지를 살펴본 것(5장)과 같은 문맥상의 위상을 가지기 때문이다. 즉 근거권리질서가 '자유주의 질서규범체계'로 귀결되고 구성권리질서가 '자유주의 질서실행체계'로 귀결되어 현행 권리질서의 질서-이율배반성이 현행 자유주의 질서의 질서-이율배반성으로 귀결되는 것과 똑같은 문맥구조로 연결되기 때문이다. 다음으로, 부합권리질서가 현행 권리질서에 대한 정위를 통한 대척성 및 질서-이율배반성의 해소이듯이 부합권리질서로부터 귀결되는 정위자유주의 질서는 현행 자유주의 질서에 대한 정위를 통한 현행 자유주의 질서의 질서-이율배반성의 해소이기 때문이다.

부합권리질서로부터 귀결될 위와 같은 정위자유주의 질서의 모습을 살펴보려 할 때 그 모습은 권리관계의 형식으로 표현되어야 한다. 왜냐하면 우선, 권리질서는 권리관계로 표현되고 부합권리질서는 부합권리관계로 표현되기 때문이다. 다음으로, '귀결'의 말뜻대로 정위자유주의 질서에 이르기 위한 현행 자유주의 질서에 대한 정위작업을 가정할 때, 이는 마치 현행 권리관계에 대한 수정을 통한 권리관계의 정위작업(6장)에서처럼 그 과정 및 결과가 부합권리관계를 통해 이루어져 부합권리관계로 표현되어야 하기 때문이다.

물론 (본장에서는 가정된) 이 정위과정 및 (본장에서 재현될) 결과 표현에는 권리개념이 포함된다. 권리개념은 부합권리관계나 부합권리질서의 바탕개념이 되기 때문이다. 그러나 여기서의 '권리개념'은 3장 서두에서 밝힌 바와 같이 만인자유평등원칙(이나 자율성평등원칙)으로부터 추론되는 일종의 관념상의 '추론권리개념'이다. 그리고 2장에서 살펴본 '근거' 및 '내용'을 가지며 권리주체에게 '인간존엄성' 자격을 부여해 주는 그런 '추론권리개념'이다. 종합하면, 본장에서 현행 자유주의 질서가 부합권리질서로부터 어떤 모습으로 귀결되어 나타날지를 살펴보는 것은 정위자유주의 질서를 부합권리관계와 규범적 '추론권리개념'으로 재현해내는 일과 같게 되리라는 것이다.

재현될 정위자유주의 질서의 기본내용은 자유주의 규범질서체계의 내용에 부합해야 한다. 부합권리관계는 현행 권리관계를 권리기본관계와 구조적 특성을 공유하도록 수정하여 도출된 정위된 권리관계이고, 권리기본관계는 자유주의 규범질서체계의 근거가 되는 근거권리질서에 의해 규율됨과 동시에 이 질서를 표현하기 때문이다. 그러나 여기서 부합권리관계에 의해서 재현될 정위자유주의 질서 구성형식 및 제도상의 표현은 5장 4절에 설명되어 있는 규범질서체계의 구성형식 및 제도상의 표현을 답습하지 않을 것이다.

이를테면 자유주의 규범질서체계를 구성하는 사회계약질서의 기본정신인 자기질서나 권위질서의 기본정신인 자치질서에 부합하는 내용은 가지되 두 질서의 용어는 사용하지 않을 것이다. 그 이유는 6장 1절의 '권리관계 패러독스와 권리질서 패러독스의 상호관계'에 대한 설명에서 찾아볼 수 있다. 즉 사회계약질서 및 권위질서의 내용은 권리질서가 되고 권리질서는 권리관계의 용어로 표현되어 질서의 용어설명 표현 용어 '권리관계'와 내용표현 용어 '권리관계'가 상호 중복되기 때문이다.

재현된 정위자유주의 질서는 앞서 도출한 부합권리관계와 부합권리질서가 가지는 정위된 특성이 실효적 제도로 표현될 수 있게 하는 지지기반 역할을 하게 될 것이다. 모든 권리질서와 권리관계의 제도적 특성은 그 상위제도인 정치사회질서의 제도적 특성에 의해 결정되는데, 부합권리관계와 부합권리질서가 가지는 정위된 특성의 최종 제도적 기반은 정치사회질서로서의 정위자유주의 질서의 제도적 특성에 있기 때문이다.

본장에서의 논의는 (1) 정위자유주의 질서의 내용 및 제도의 구성요건, (2) 부합권리관계와 정위자유주의 질서내용의 재현, (3) 부합권리관계와 정위자유주의 질서제도의 재현, (4) 재현된 정위자유주의 질서가 보는 '정치세계' 및 '정치질서의 의미'의 순서로 전개될 것이다. 우선 아래에서는 정위자유주의 질서 재현과 관련한 일종의 청사진으로 정위자유주의 질서의 내용 및 제도의 구성요건에 대해 살펴본다.

1. 정위자유주의 질서의 내용 및 제도의 구성요건

본절은 6장에서 도출된 부합권리관계의 근거원칙, 구조적 특성, 그리고 내용을 바탕으로 정위자유주의 질서를 어떻게 재현해낼 것인지 그 밑그림을 마련하기 위한 것으로, 여기에서 다룰 내용은 크게 두 가지이다. 우선, 재현될 정위자유주의 질서가 갖추어야 할 자격 및 충족해야 될 조건 등 내용구성 요건을 이 질서가 부합해야 할 자유주의 규범질서체계에 함의되어 있는 내용구성상의 요건으로부터 도출해 본다. 다음으로, 내용요건을 만족하는 정위자유주의 질서를 제도[1]로 구성하여 표현할 때 어떤 제도구성상의 요건을 충족해야 할지를 제도의 구성형식 요건, 정당성 요건, 표현요건으로 나누어 살펴본다.

---

1 '제도'는 권리관계의 수립·변경·폐지 및 관계주체들의 행위세칙 등과 관련한 조건 및 절차를 규정하고 있는 좁은 의미의 제도적 질서장치뿐 아니라 원칙질서, 개인행위 세칙 모두를 포함하는 넓은 의미의 제도로 사용된 것이다. 혼동을 피하기 위하여 넓은 의미의 경우는 주로 '질서체계'라는 용어를 사용할 것이나 문맥상의 혼동가능성이 없을 때는 구분 없이 사용할 것이다.

1) 정위자유주의 질서의 내용구성 요건

여기에서 재현될 정위자유주의 질서는 현행 자유주의 질서를 자유주의 규범질서체계에 부합하게 수정하여 도출된 부합자유주의 질서여야 하는 만큼 5장 4절에서 살펴본 자유주의 규범질서체계의 목적, 보호대상, 성격에 부합해야 한다. 자유주의 규범질서체계의 목적은 사회계약의 목적에 함의되어 있는 정치사회구성원들의 평화로운 공존의 유지와 보호를 목표로 한다. 이 때 공존한다는 것은 정치사회구성원들 삶의 공존이고, 공존의 유지와 보호는 만인자유평등원칙이 준수되는 범위 안에서 정치사회구성원들의 전면적(全面的) 삶의 내용에 대한 보호이다. 이 전면적 삶의 내용이 자유주의 규범질서체계의 보호대상인 것이다. 그런데 이 삶은 5장 4절에서도 언급된 바이지만 '자유주의적 삶'이다. 삶은 삶이되 자유주의 성격의 삶인 것이다. 자유주의적 삶이란 5장 서두에 자유주의의 발단과 관련하여 살펴본 바처럼 만인은 자유롭고 평등하다는 신념이 정치사회구성원들 사이의 관계를 규정하는 기본원칙으로 수용된 가운데 구성원들 개개인이 권리주체로서 살아가는 삶이다. 각자의 자율적 삶이 권리로서 보장되는 삶인 것이다.

정치사회질서의 성격은 이 질서가 보호하고자 하는 삶의 성격에 따라 결정된다. 모든 사람이 자유롭고 평등하다는 신념이 인간관계의 기본원칙으로 수용되고 있는 정치사회에서, 자율적 삶을 권리로서 보호하는 것을 목표로 하는 정치사회질서는 정치사회구성원들 스스로의 자율질서일 수밖에 없다. 자율질서는 스스로를 스스로 질서지우는 가운데 초인간적 질서나 제3자에 의한 상위질서가 들어설 여지가 없는 질서이다.

따라서 자율적 정치사회질서로서의 자유주의 규범질서체계의 성격은 자기질서이자 자치질서가 된다. 우리는 이러한 성격의 질서를 자율성평등원칙에 근거하는 권리질서에 이어지면서 자율권평등원칙에 지배되는 5장 2절의 근거사회계약질서와 5장 3절의 근거권위질서에서 이미 살펴보았다. 그리고 이러한 성격의 질서의 주체가 바로 권리주체임도 이미 5장 1절의 근거권리질서에서 살펴보았다.

정위자유주의 질서는 바로 위 본장 서두에서 언급한 바와 같이 이상 자유주의 규범질서체계의 목적, 이 질서가 보호하려는 대상, 이 질서의 성격에 부합하는 질서여야 한다. 이하에서는 정위자유주의 질서가 갖추어야 할 이상의 내용구성 요건을 항목별로 나누어 살펴본다.

첫 번째 요건은 자유주의 규범질서체계에 부합해야 하는 정위자유주의 질서의 목표상의 요건이다. 정위자유주의 질서는 인간존엄성평등원칙에 근거하고 자율성평등원칙에 의해 지지되는 정치사회구성원들의 삶이 정치사회의 모든 영역 및 층위에 걸쳐 자율적으로 영위될 수 있도록 시혜(施惠)나 긍휼(矜恤)로서가 아닌 권리로서 보호되는 것을 목표로 해야 한다. 여기서 '권리로서 보호'의 의미는 초인간적 질서나 플라톤(Platon)의 철인왕(哲人王)과 같은 제3의 우월한 기획가의 마스터플랜에 의한 보호가 아니라, 권리주체로서의 사회구성원들 스스로에 의한 보호를 의미한다.[2] 그리고 정위자유주의 질서의 모든 내용은 이 목표에 의

---

2 자유주의 질서에서 '권리로서 보호'가 무엇을 의미하는지는 애커먼(B. Ackerman)의 『정의론』(*Social Justice in the Liberal State*, 1980)에 잘 나타나 있다. 애커먼은 이곳에서 철저하게 자유주의적인 질서 하의 삶의 투쟁을 '중립성 대화'(neutral dialogue)를 통한 '권리투쟁'(rights struggle)으로 그려내면서, 보호되어야

해 규제되어야 한다. 이런 의미에서 이 목표는 만인자유평등원칙이 수용되고 있는 모든 정치사회의 질서목표이기도 하다.

두 번째는 자유주의 규범질서체계에 부합해야 하는 정위자유주의 질서가 보호해야 될 대상의 내용상의 요건이다. 정위자유주의 질서는 만인자유평등원칙 및 자율성평등원칙 하에 정치사회의 모든 영역 및 층위에 걸쳐 있는 정치사회구성원들의 자율적 삶의 내용을 포괄하여 권리로서 보호해야 한다. 이를 질서대상의 포괄성 조건이라 한다면 이 조건은 다음과 같은 세 가지 기준을 동시에 만족해야 한다.

(1) 현재적 삶의 내용과 관련한 횡적 포괄성 기준이다. 이 기준은 정위자유주의 질서가 전통적인 분류기준인 정치, 경제, 사회, 문화 등 전부문에 걸쳐 현재 삶의 전 영역을 포괄할 때 만족된다.

(2) 현재적 삶의 내용전개에 내재되어 있는 질서와 관련한 종적 포괄성 기준이다. 이 기준은 정위자유주의 질서가 현 상황 속에서 삶의 수준에서의 상하, 삶의 내용에서의 완급 및 경중 등 삶의 종적 전개국면을 모두 포괄하고, 이 종적 전개국면에 내재되어 있는 상하/완급/경중의 우선성 질서를 포섭하고 있을 때 만족된다.

(3) 삶의 미래지향과 관련한 융통성 기준이다. 이 기준은 정위자유주의 질서가 잠재적 상황변화와 미래 삶의 진전에 따른 가변성에 융

할 삶의 권리를 '허구적 자연권이론' 및 초인간질서를 전제하는 '신정적 계약이론'으로부터 해방하여(6, 331-333, 336-345, 참고 §67) 자유주의 문화의 소산이자 그 문화를 생활하는 구체적 개인(100, 327, 353)의 행위—즉 대화를 통한 권리투쟁—에 그 근거를 수립한다. 괄호안의 숫자는 위 책에서의 출처를 가리킴.

통성 있게 조응할 수 있을 때 만족된다. 여기서 가변성은 삶의 새로운 요구와 삶의 환경변화로부터 초래되는 것으로, 이 요구 및 변화가 사회구성원들에게 보편성과 정당성을 가지게 되면 정위자유주의 질서의 횡적·종적 포괄성이 넓혀지게 된다. 그리고 기존의 정치사회질서는 이렇게 확장된 만큼 더 새롭게 형성(변화와 생성)된다.

세 번째는 자유주의 규범질서체계에 부합해야 하는 정위자유주의 질서의 성격상의 요건이다. 요건은 크게 두 가지 세부조건으로 나누어 볼 수 있다. 그 중 세부조건-(1)은, 정위자유주의 질서 성격을 규정하는 내용은 자율권평등원칙 하에 사회구성원들 스스로가 만든 자기질서이자 스스로를 통치하는 자치질서여야 하는 점이다. 이는 정위자유주의 질서의 주체와 대상이 동시에 사회구성원 자신이 된다는 것을 의미한다. 즉 정위자유주의 질서는 자율질서여야 하는 것이다. 이런 의미에서 정위자유주의 질서는 궁극적으로 사회구성원들의 자율적 삶의 질서와 같다.

그 이유는 다음 두 단계로 설명된다. 우선, 정위자유주의 질서가 그 목적과 대상에서 사회구성원들 삶의 전(全) 내용을 보호한다는 것은 궁극적으로 사회구성원 개개인 간의 삶의 관계를 질서지어 보호하겠다는 말이 되는데, 이는 사회구성원들 간의 삶의 질서를 보호하겠다는 의미이다. 다음으로 정위자유주의 질서는 자율질서이기 때문에 보호주체와 보호대상이 같게 되는데, 이는 보호주체인 정위자유주의 질서가 바로 보호대상인 삶의 질서와 같다는 말이 된다. 결국 정위자유주의 질서는 사회구성원들이 자신들의 사회적 삶 속에서 스스로 만든 질서의 규제를 통해 스스로를 보호하기 위한 자율적인 삶의 질서인 것이다. 더구나 구성원 개개인의 삶은 권리로서 보호되어야 하므로 정위자유주의 질서는 자율적 삶의 질서임과 동시에 구성원 간 삶의 권리질서이기도 하다.

다음으로 세부조건-(2)는, 정위자유주의 질서가 자율권평등원칙 하에 자기질서이자 자치질서로서의 성격을 가지기 위해서는 자율성평등원칙 하에 자기질서이자 자치질서의 성격을 가지는 사회구성원 간 개인질서 바탕 위에 수립되어야 한다는 점이다. 이는 자율권평등질서로서의 정위자유주의 질서는 자율성평등질서로서의 사회구성원 간 개인질서, 즉 6장 7절의 부합권리질서의 특성을 가지는 권리질서를 단위질서로 가져야 한다는 말과 같다.

그렇게 돼야 하는 이유는 다음 두 단계로 설명된다. 우선, 삶은 모든 영역 및 층위에 걸쳐 사회구성원 개개인이 실질적 주체가 되어 영위되는 유기적 통일체로서 개인차원이나 사회차원 모두에서 동일할 수밖에 없기 때문이다. 다음으로, 이렇듯 삶의 동일한 지평이 전제될 때 사회구성원 전체의 자율적 삶의 질서는 모든 질서에 견지되어야 할 일관성 원칙상 구성원 개인 간 자율적 삶의 질서의 집적일 수밖에 없기 때문이다.

세부조건-(2)는, 바꾸어 말하면 사회구성원 개인 간 삶의 질서가 그 성격에서 부합권리질서와 같은 자율성평등질서이면 사회구성원 전체의 삶의 질서 역시 그 성격에서 자율권평등질서일 수밖에 없다는 말이 된다. 그리고 이는 세 가지 의미를 가진다. 그 하나는 사회구성원 개인 간 형성되는 삶의 자율성평등질서로서의 단위질서는 개인적 삶의 요구를 2인 사이의 공적 삶의 요구로 묶어내는 최소단위질서인 권리질서라는 의미이다. 두 번째, 그런 의미에서 이 최소단위질서로서의 권리질서는 6장 7절에서 본 바와 같이 삶의 동일한 지평 위에서 개인들의 삶의 요구를 정위자유주의 질서의 대상인 사회구성원 전체의 공적 삶의 요구로 전위(轉位)시키는 최소단위의 전위기제라는 의미이다. 세 번째, 삶의 내용은 권리의 내용에 담기고 삶의 자율질서는 권리질서에 담겨 단위질서에서건 그 집적인 정위자유주의 질서에서건 모두 권리관계로 표현될 수 있다는 의미이다. 모두 권리관계로 표현될 수 있는 이유는 모든 권리질서는 권리관계로 표현되기 때문이다.

종합하면, 삶을 권리로서 보호함을 목적으로 하고 삶의 모든 내용이 담긴 삶의 권리를 보호대상으로 하는 정위자유주의 질서의 성격요건은 위의 두 세부조건-(1)과 (2)에 부합할 때 만족되는데, 그 첫 번째는, 정위자유주의 질서가 자기질서이자 자치질서로서의 자율질서여야 한다는 점이다. 두 번째는, 자율질서로서의 정위자유주의 질서는 개인적 삶의 요구를 공적 삶의 요구로 묶어내는 최소의 단위이자 이를 사회 전체의 공적 삶의 요구로 전위시키는 최소의 전위기제로서의 자율적 권리질서에 그 바탕을 두어야 한다는 점이다. 세 번째는, 이렇듯 자율적 권리질서에 바탕을 두는 정위자유주의 질서는 (부합)권리관계로 표현된다는 점이다.

2) 정위자유주의 질서의 제도구성 요건

위에서는 정위자유주의 질서가 만족해야 할 내용구성 요건을 이 질서가 부합해야 할 자유주의 규범질서체계에 함의되어 있는 내용에 준거하여 항목별로 나누어 살펴보았다. 그러나 자유주의 규범질서체계에 함의되어 있는 내용에는 질서제도와 관련된 사항이 포함되어 있지 않다. 이 체계에는 규범질서로서 모든 제도적 질서의 정당화 근거만이 마련되어 있는 것이다. 그러나 정위자유주의 질서는 현실 질서제도로서의 자유주의 실행질서체계의 수정을 통해 나타나는 제도적 질서이기 때문에 제도적 구성으로 나타나야 한다. 정위자유주의 질서가 이렇게 제도적으로 구성될 때 여기에는 그 구성형식 및 구성된 질서제도의 정당성과 관련해서 요구되는 요건들을 만족해야 한다. 또 이렇듯 정당성 요건에 부합하게 구성된 질서제도는 부합권리관계로 재현되어야 하므로 권리관계 형식으로 표현되어야 한다는 표현상의 요건 역시 만족해야 한다. 이들 요건의 세부내용은 아래와 같다.

정위자유주의 질서의 제도구성상의 요건은 제도구성의 형식, 제도의 정당성, 제도의 표현 등 3가지 세부요건으로 나누어 볼 수 있다. 이들 세부요건을 차례대로 살펴본다. 세부요건-(1)의 '제도구성의 형식'과 관련하여 정위자유주의 질서의 제도적 구성은 위에서 살펴본 내용상의 요건들을 모든 정치사회질서에 보편적인 질서제도 구성형식에 담아내야 한다. 보편적인 질서제도 구성형식은 다음과 같다. 모든 정치사회질서는 명시적이든 묵시적이든 그 체계적 특성에서 층위별 질서로 구성되며, 이 층위별 질서 간에는 일정한 질서, 즉 질서층위들이 그 배열상 일정의 서열 속에 있다.

그래서 모든 정치사회질서는 질서층위 구조와 질서층위 간 서열질서가 결합해서 구성해내는 일정한 '질서체계'의 형태로 존재한다. 먼저 이 질서체계의 '층위별 구조'는 ① 각종 도덕규율을 포괄하는 포괄적 규범질서로 나타나는 원칙질서층위, ② 원칙질서층위를 다양한 사회현실에 반영하여 실행화한 제도적 질서층위(이하 '제도질서층위'), ③ 이러한 원칙과 질서제도 내에서 사회구성원들 사이의 관계에서 생성되는 개인행위질서층위(이하 '개인질서층위')[3] 이렇게 3층위의 구조를 보인다.

다음으로, '질서층위 간 서열질서'는 축차적 관할서열과 중첩적 관할서열로 구성되는데, 축차적 관할서열은 '3층위구조'가 원칙층위질서를 필두로 원칙질서층위가 제도질서층위 및 개인질서층위를 관할하고 제도질서층위가 개인질서층위를 관할하는 관할상의 내림차순 서열질서로 나타난다. 중첩적 관할서열은 원칙질서층위가 제도질서층위뿐 아니라 개인행위질서층위까지 포함하여 관할하고, 이 제도질서층위는 다시 개인질서층위를 관할하는 중첩된 서열질서로 나타나는 데서 찾아볼 수 있다. 이를테면 개인행위질서를 제약하는 상위질서가 제도적 질서뿐 아니라 원칙질서까지 포괄하는 것은 이를 반영하는 것이다. 이런 점에서 모든 정치사회질서는 원칙층위에서 개인행위 층위에 이르기까지 상호 '연관적'이며 '중첩적'이다. 정위자유주의 질서가 이상과 같은 3층위 질서체계에 담기면 3층위 정위질서체계를 구성하는 결과가 될 것이다.

세부요건-(2)의 '구성될 제도의 정당성요건'과 관련하여, 정위자유주의 질서의 내용을 담아내야 하는 위 '세부요건-(1)'과 같은 질서체계는 정치사회구성원들에게 정의로워야 하기 때문에 정의원칙에 의해 정당화되어야 한다. 그 정당성은 보다 구체적으로 '세부요건-(1)'

---

3 정치사회의 제도중심 질서체계를 논의할 때 개인층위질서는 흔히 무시되거나, 언급되더라도 그 내용은 원칙층위질서 및 제도층위질서(이하 '제도권질서')의 관할사항으로 일임되어 생략된다. 이는 정치사회질서 체계의 질서 확보기능만이 강조되고 질서형성(변화와 생성)의 기능이 소홀히 되는 것이다. 그 결과 정치사회질서 변화와 질서 생성의 근거가 개인 삶의 요구와 유리되거나, 제도권질서에 부합하는 삶의 요구에만 국한되거나 제도권 질서에 의해 왜곡될 수 있다. 제도질서체계가 삶의 요구에 대한 보수적 폐쇄성을 띠게 되는 것, 시민사회가 사적 영역과 공적 영역으로 분립되어 그 간극에 대한 별도의 인위적 정치사회화 과정의 필요성이 대두되는 것 등은 이러한 개인층위질서의 '무시'나 '생략'과 관련이 있다. 이상의 내용과 관련해서는 본장 말미에서 보다 자세히 살펴본다.

의 질서체계를 구성하는 층위별 3질서 및 축차적 관할서열과 중첩적 관할서열로 구성되는 층위 간 질서가 정의원칙에 근거를 두어야 한다. 결국 3층위 질서체계 구성의 근거원칙은 정의원칙이 되어야 하는 것이다. 정의원칙에 의해 이렇듯 정당화된 3층위 질서체계에 담길 정위자유주의 질서의 내용은 물론 본절 서두에 밝힌 자유주의 규범질서체계의 목적, 이 질서가 보호하려는 대상, 이 질서의 성격에 부합함으로써 정당화된다.

더불어 부합권리관계의 도출준거가 되었던 권리기본관계가 3장에서 살펴보았듯이 롤즈의 원초적으로 정의로운 상황에서 발단한 권리관계라는 점은 자유주의 질서규범체계에 의해 지지되는 정당성 기반을 더욱 두텁게 해준다. 적어도 초인간질서를 전제하지 않고 인간이 질서의 주체가 되는 인간에 의한 인간의 질서인 한, 그리고 그 질서를 권리관계로 표현하는 한 평등한 자율성, 호혜적 상호성, 타자배려균형성을 특성으로 가지는 권리기본관계와 이에 준거하여 도출된 부합권리관계는 정의로울 수밖에 없는 것이다.[4] 이렇게 보면 구성된 제도에 담길 정위자유주의 질서의 내용은 이미 정당화 요건을 충족하고 있는 셈이다. 따라서 구성될 제도의 구성형식으로서의 3층위 질서체계만이 정당화 대상으로 남게 된다.

세부요건-(3)의 '구성될 제도의 표현요건'과 관련하여, '세부요

4 인간존엄성평등, 자율성평등, 만인평등이 중심적인 사회조직의 원리로 수용되는 정치사회에서의 정의기준은 불가불 사회구성원들의 자율적 합의의 결과일 수밖에 없음을 보여주는 논의들은 많다. 이와 관련해서는 대표적으로 L. Green, "Commitment" : 240-267 ; T. Nagel, "Moral Conflict" : 300-324 참고.

건-1)과 2)'에 부합하게 구성되는 3층위 질서체계는 6장 3절의 '권리관계정위 준거모델'에서 본 바와 같은 계약권리관계 형식으로 표현되어야한다. 즉 6장 7절에서 부합권리질서를 권리관계 형식으로 표현한 것과 같이 3층위 질서체계로 구성된 정위자유주의 질서를 적용하고 집행할 권리와, 이 질서를 준수하고 이행할 의·책무가 쌍방복합의 쌍권적이고 쌍무적인 질서주체관계(이하 '쌍권·쌍무질서 권리관계') 형식으로 표현되어야 하는 것이다. 여기서 '쌍권·쌍무질서 권리관계'는 부합권리질서의 특성으로 수렴된 부합권리관계 특성의 표현이라는 점에서 부합권리관계의 이음동의어(異音同義語)이다. 여기서 '수렴'의 의미는 6장 1절에서 권리질서 특성이 어떻게 권리관계 특성과 같아지는가를 설명하는 자리에서 살펴본 바이다.

위의 표현요건을 따를 경우, 우선 3층위 질서체계 중 3개의 질서층위는 모두 쌍권·쌍무질서 권리관계로 표현되어야 한다. 이를테면 각 질서층위에 조응하여 원칙층위 쌍권·쌍무질서 권리관계, 제도층위 쌍권·쌍무질서 권리관계, 개인행위층위 쌍권·쌍무질서 권리관계 등의 형식으로 3층위구조를 표현해야 한다. 다음으로, 이렇게 표현되는 3개의 층위별 쌍권·쌍무질서 권리관계는 상호 연관적이고 중첩적인 질서 속에 있어야 한다. 즉 원칙층위 쌍권·쌍무질서 권리관계는 제도층위 쌍권·쌍무질서 권리관계와 개인행위층위 쌍권·쌍무질서 권리관계를 관할하고, 제도층위 쌍권·쌍무질서 권리관계는 개인행위층위 쌍권·쌍무질서 권리관계를 관할하는 관할상의 축차적·중첩적 서열질서로 구성되어야 한다.

이 표현요건에 초점을 맞추어 '정위자유주의의 제도구성상의 요건'을 부합권리관계로 재현한다는 것을 다시생각해 보면, 이는 정위자유주의 질서의 제도적 구성을 부합권리관계로 재현하는 것이라기보다는 '세부요건-1)과 2)'에 부합하게 구성된 정위자유주의 질서의 제도를 3층위 질서체계로 새롭게 구성하여 쌍권·쌍무질서 권리관계로 표현하는 것에 더 가깝다 할 수 있다. 왜냐하면 우선, 부합권리관계는 롤즈의 정의로운 원초사회의 권리관계(3장)를 준거하여 도출(6장)된 정의로운 권리관계이기 때문이다. 다음으로 정의로운 이 부합권리관계의 표현양태가 바로 '쌍권·쌍무질서 권리관계'이기 때문이다.

2. 부합권리관계와 정위자유주의 질서내용의 재현

이상 1절-1)에서는 부합권리관계와 부합권리질서로부터 귀결될 정위자유주의 질서가 갖추어야 될 내용상의 요건을 목적, 대상, 성격으로 나누어 살펴보았고, 1절-2)에서는 정위자유주의 질서의 제도적 구성요건을 구성형식, 정당성, 표현형식으로 나누어 살펴보았다. 이하에서는 위 1절-1)과 관련하여 정위자유주의 질서의 이러한 내용구성상의 요건이 부합권리관계에 갖추어 있는 내용으로부터 얼마나 그리고 어떻게 충족될 수 있는지에 대해 항목별로 나누어 살펴본다. 바꾸어 말하면 정위자유주의 질서를 1절-1)에서 살펴본 내용상의 요건에 부합하게 부합권리관계로 재현해 보려는 것이다. 물론 부합권리관계로 재현되지 않는 부분은 선별되어 보완될 것이다. 6장 7절의 말미와 본장 서두에 밝힌 바처럼 부합권리관계로 정위자유주의 질서를 이렇게 재현하는 과정을 자유주의 실행질서체계에 대한 정위작업 과정으로 간주할 것이다. 그리고 이렇게 재현된 정위자유주의 질서를 담아낼 제도는 3절에서 모색될 것이다.

위 자격과 조건 중 첫 번째, 정위자유주의 질서의 전체 내용을 규제할 목적은 부합권리관계에 포함되어 있는 다음과 같은 내용으로 구성된다. 즉 (1) 4장 1절의 근거권리질서의 목적의 내용과 (2) 3장 1절의 권리기본관계의 도출에 원용한 롤즈의 사회협업관계로서의 권리관계의 발단목적의 내용으로 구성된다. 이들 내용은 근거권리질서와 권리기본관계가 부합권리관계 도출의 근거가 된다는 점에서 부합권리관계의 목적이기도 하다.

그 요점을 적요하면 '(1)'의 근거권리질서의 목적은 자율성평등원칙에 근거한 평화로운 사회구성원들의 공동체 삶을 확보하는 것인데, 이는 사회계약의 목적이며 근거사회계약질서, 근거권위질서의 목적이기도 하다. 이런 점에서 이 목적은 바로 규범적 자유주의 질서체계의 존재이유이자 목적이 되므로 재현될 정위자유주의 질서의 목적과 접속된다.

'(2)'의 권리기본관계는 자율성평등원칙, 호혜적 상호성원칙, 타자존중균형원칙을 근거로 이루어지는 사회협업관계이다. 이러한 협업관계로서의 권리기본관계는 그 목적을 자율성평등 및 균형적 타자배려의 틀 속에서 이루어지는 상생공존의 호혜적 공동체 삶에 두고 있는데, 이는 부합권리질서의 준거가 되는 위의 근거권리질서의 목적과 동일하다. 결국 권리기본관계의 목적은 근거권리질서를 경유하여 정위자유주의 질서의 목적에 접속되는 것이다.

종합하면, 정위자유주의 질서의 목적은 근거권리질서의 목적 및 권리기본관계의 목적과 동일하기 때문에 이 목적은 부합권리관계 목적을 구성하고 있는 위와 같은 내용에 담겨 재현된다.

두 번째, 질서대상 내용의 포괄성 조건은 부합권리관계의 개념적 바탕을 이루고 있는 다음과 같은 내용으로 충족될 수 있다. 우선, 권리내용의 횡적·종적 조건은 2장에서 논의한 (1) 권리의 근거(2장 1절), (2) 권리내용(2장 2절), (3) 권리내용의 축차질서(2장 3절) 등 3항목으로 충족된다. 다음으로 가변성에 대한 융통성 조건은 삶의 내용변화 및 환경변화에 열려 있는 '생성적 기본권' (2장 3절)으로 충족된다.

요점만을 적요하면, 횡적 기준은 권리근거(2장 1절)가 생명활동의 양태와 결부된 인간 존재양태에 두고 있는데, 이는 바로 삶의 자연적 생존 및 사회적 삶을 모두 포괄하기 때문에 포괄성 조건 중 횡적 기준의 바탕이 된다. 더불어 권리내용(2장 2절)을 구성하는 3범주의 내용—생성적 기본권, 최소목적행위권, 목적증가행위권—의 횡적 단면은 권리근거가 제공하는 횡적 기준의 바탕 위에 나열되는 권리종류의 목록을 제공한다.

종적 기준과 관련하여 권리내용(2장 2절)은 위에 적요했듯이 횡적 단면은 횡적 기준에 권리종류 목록을 제공하지만 그 종적 단면은 그대로 삶의 종적 전개 전체를 포괄하기 때문에 종적 기준을 만족한다. 더불어 이 종적 전개국면 속에는 3범주의 삶의 권리가 상하, 완급, 경중의 우선순위에 따라 배열되는 축차질서(2장 3절)가 내재되어 있기 때문에 정위자유주의 질서가 포섭해야 할 권리내용 내재질서 역시 제공한다.

삶 및 환경의 가변성에 따른 융통성 기준은 모든 권리의 생성 바탕이 되는 '생성적 기본권' (2장 3절)의 속성에 의해 만족된다. 생성적 기본권은 변화수용의 끝이 열려 있기 때문에 생존 및 삶의 내용 및 여건의 변화에 융통성 있게 대응할 수 있다. 이 융통성 속에는 권리내용 및 권리항목의 생성·변경·사멸의 반영을 포함한다.

종합하면, 정위자유주의 질서대상의 포괄성 요건은 부합권리관계의 개념적 바탕이 되고 있는 2장에서의 논의내용들이 전부 만족하기 때문에 질서대상과 관련해서도 정위자유주의 질서의 권리보호 대상은 위와 같은 권리내용을 가지는 부합권리관계로 재현된다.

세 번째, 정위자유주의 질서의 성격요건을 간단히 요약하면 정위자유주의 질서는 그 성격이 자율질서여야 하고(첫째 세부조건), 이 자율질서 성격은 사회구성원들 개인 삶 사이에 구성되는 최소단위의 자율질서 성격에 바탕을 두어야 한다(둘째 세부조건)는 것이다. 그런데 여기서 수행해야 할 과업은 부합권리관계로 자율질서 성격의 정위자유주의 질서를 재현하는 일이기 때문에 부합권리관계로 표현되는 부합권리질서가 자율질서이며 동시에 사회구성원들 삶 사이 질서의 최소단위임을 보이면 성격요건은 충족된다. 이는 바꾸어 말하면, 부합권리관계는 부합권리질서를 표현하기 때문에 부합권리질서가 자율적이며, 사회구성원들 삶의 최소질서단위임을 보이면 이는 부합권리질서로부터 유기적으로 이어지는 정위자유주의 질서를 재현하는 것과 같다는 말이다.

이렇게 볼 때 정위자유주의 질서의 성격상의 내용은 위에 요약된 성격요건을 만족하는 '자율질서'이자 동시에 '최소단위-2인질서 바탕의 (정치사회) 질서'로서의 내용이어야 하는데, 이러한 성격상의 내용은 다음 두 논의내용으로 재현된다. '자율질서'로서의 내용은 (1) 부합권리관계가 근거하고 있는 3장 3절의 권리기본관계의 특성과 이 특성이 어떻게 근거권리질서의 자율성평등으로 수렴되는가를 보인 6장 1절의 논의내용으로 재현된다. 그리고 (2) '최소단위-2인질서 바탕의 (정치사회) 질서'로서의 내용은 자율질서로서의 정위자유주의 질서가 계약질서의 특성을 가지는 부합권리질서의 정치적 성격, 최소 정치질서 단위로서의 역할, 사적 요구를 공적 요구로 전환하는 최소단위의 전환기제로서의 역할 등을 밝혀놓은 6장 7절의 논의내용으로 재현된다.

'(1)' 의 재현될 성격상의 내용인 '자율질서' 와 관련하여 요점만 적요하면, 3장 3절에서 살펴보았듯이 부합권리관계의 준거가 되는 권리기본관계는 이를 구성하는 3기본구조의 자율성평등 특성, 상호성 특성, 타자배려균형 특성으로 지지되는 권리관계이다. 그리고 6장 1절에서 살펴보았듯이 이 3가지 특성은 주체관계구조의 자율성평등 특성으로 수렴된다. 결국 권리기본관계의 총체적 특성은 권리관계 주체 사이의 자율성평등으로 수렴되는 것이다.

그런데 질서는 관계로 표현되고 질서의 특성은 관계의 특성으로 이어지기 때문에 권리기본관계를 규율하는 근거권리질서의 특성은 자율성평등이 되고, 이 근거권리질서에 준거하고 있는 부합권리질서 특성 역시 자율성평등이 된다. 자율성평등에 의해 유지되는 권리주체들의 질서는 자율질서이다. 따라서 두 권리질서는 똑같이 자율질서가 되는 것이다. 결국 정위자유주의 질서의 자율질서로서의 성격상의 내용은 부합권리질서를 표현하는 부합권리관계로 재현된다.

'(2)' 의 재현될 성격상의 내용인 '최소단위-2인질서 바탕의 (정치사회) 질서' 와 관련하여 요점만 적요하면, 부합권리관계로 표현되는 자율질서로서의 부합권리질서는 6장 7절에서 살펴본 대로 계약질서의 특성 속에서 계약당사자 2인 사이에 구성되는, 절차에서는 민주적이요, 성격에서 공적인 입법의 성격을 가지는 질서이기 때문에 민주적 입법질서라고 부를 수 있다. 그리고 부합권리관계로 표현되는 부합권리질서는 정치사회질서로서의 정위자유주의 질서의 유기적 부분질서이기 때문에 민주적 입법질서는 정치질서로서 자기질서와 자치질서로서의 특성을 가진다.

따라서 위의 모든 특성을 종합할 때 모든 질서 및 관계의 최소단위인 2인 사이에 구성되는 부합권리질서는 자기질서와 자치질서로서의 정위자유주의 질서의 최소 정치질서 단위가 된다. 최소의 정치질서 단위가 된다는 것은 부합권리질서의 개별주체의 개인적 삶의 요구를 2인 사이의 공동의 요구로 묶어 정치화하여 공적 요구로 전위시킬 수 있는 최소단위의 전위기제라는 말과 같다. 결국 정위자유주의 질서는 그 최소단위질서로서, 그리고 사회구성원들 삶의 요구를 공적 요구로 정치화하는 최소 전위기제로서 부합권리질서를 그 바탕에 두고 있는 것이다. 이러한 부합권리질서를 표현하는 것이 부합권리관계이기 때문에 부합권리질서를 바탕에 두고 있는 정위자유주의 질서는 의당 부합권리관계로 재현된다.

3. 부합권리관계와 정위자유주의 질서제도의 재현

위의 2절에서는 정위자유주의 질서의 내용을 부합권리관계로 재현했다. 정위자유주의 질서의 목적, 보호대상, 질서성격의 내용들은 부합권리관계의 내용(부합권리관계의 핵심개념인 권리내용 포함)만으로 새로운 내용의 첨가 없이 빠짐 없이 재현되었다. 정위자유주의 질서의 재현과 관련하여 이제 남은 과제는 2절에서 재현된 내용을 1절-2)의 구성형식, 정당성, 표현형식을 포함하는 '정위자유주의 질서의 제도적 구성요건'에 부합하는 제도적 질서에 담아내는 일이다. 그런데 이 남은 과제는, 위의 1절-2)의 세부요건-(3)항 말미에 언급했듯이 정위자유주의 질서의 구성된 제도를 부합권리관계로 재현하는 것이라기보다는 차라리 정위자유주의 질서를 정의원칙에 근거한 3층위 질서체계로 새롭게 구성하여 쌍권·쌍무질서 권리관계로 표현해내는 일이 된다.

그 이유를 다시 부연하자면, 부합권리관계는 이미 정의로운 권리관계이며, 그 표현양태가 '쌍권·쌍무질서 권리관계'이기 때문이다. 그래서 1절-2)의 구성요건을 다시 정리하면, 정위자유주의 질서의 제도는 부합권리관계로 재현될 대상이 아니라 정의원칙을 기본바탕('(2)항'의 정당성 조건)으로 하여 수립된, 축차적이고 중첩적인 내부질서를 가지는, 3층위 질서체계로 새롭게 구성('(1)'항의 구성형식조건)하여 쌍권·쌍무질서 권리관계로 표현('(3)항'의 표현형식 조건)되어야 할 대상이 된다.

위에 정리된 구성요건 중 '정의원칙이 축차적이고 중첩적인 내부질서를 가지는 3층위 질서체계의 바탕이 되어야' 한다는 의미는 롤즈의 정의원칙에 대한 설명(1971 : 7-11)에 잘 나타나 있다. 롤즈에 의하면, 정의원칙은 기본적인 권리와 의무 및 사회협업의 과정과 결과에서 발생하는 이익과 부담에 대한 배분을 담당하는 주요 사회제도들의 정의로움 여부를 결정하는 "사회기본구조"(basic structure of society)를 대상으로 한다.

좀 쉽게 풀이하면, 정의원칙이 바탕이 되는 주요사회제도들은 위와 같은 권리 및 의무를 정의롭게 배분하는 정의구조를 내부에 갖추고 있는 제도들이 되는 셈이다. 마치 '권리'가 인간 삶의 제 분야와 제 층위를 포괄하여 엮어내는 통섭(統攝)개념이듯이 정의원칙은 모든 정의로운 사회제도에 깃들어 있는 통섭 내부구조라 할까? 여기서 '주요 사회제도들'은 헌법으로 규정되는 정치구조나 중추적인 경제적·사회적 제도를 의미한다.

이러한 주요 제도들의 예로 롤즈는 '사상 및 양심의 자유에 대한 법적 보호제도', '시장경쟁제도', '생산수단의 개인재산권제도', '일부일처 가족제도' 등을 든다(7). 이들 예에 시사되어 있듯이 '제도'는 좁은 의미의 기구적 성격의 제도와 질서를 포함하는 넓은 의미를 가지기 때문에 이 '제도' 속에는 본절의 관심대상인 정치사회질서의 보편적 구성형식인 3층위 질서체계가 물론 포함된다. 그래서 '정의원칙이 축차적이고 중첩적인 내부질서를 가지는 3층위 질서체계의 바탕이 되어야' 한다는 말은 '위와 같은 내부질서를 가지는 3층위 질서체계'(이하 '3층위 질서체계')가 정의원칙에 의해 관통되어 정의로운 3층위 질서체계(이하 '정의 3층위 질서체계')가 되어야 한다는 말과 같다.

그런데 정의원칙은 모든 정의로운 제도를 통섭하여 '내부구조'로 존재하기 때문에 정의원칙으로 모든 정의로운 제도를 통섭하여 구성해낼 수 있다. 그리고 역으로 어떠한 제도이건 정의원칙을 내부구조로 하여 구성되는 제도는 모두 정의로운 제도라 할 수 있다. 이를테면 정의원칙을 내부구조로 하여 구성되는 헌법적 정치구조나 중추적인 경제제도 및 사회제도는 정의로운 정치구조나 정의로운 경제 및 사회제도이다. 마치 부합권리관계로 재구성된 권리질서나 그 연장선상에 있는 자유주의 질서가 정위된 권리질서나 정위자유주의 질서인 것과 같은 이치이다.

같은 맥락에서 정의로운 3층위 질서체계는 정의원칙을 내부구조로 가지는 정의 3층위 질서체계이다. 그렇다면 정위자유주의 질서의 제도적 구성조건 '(1)항의 구성형식조건'과 '(2)항의 정당성 조건'을 만족하는 새롭게 구성될 3층위 질서체계는 정의 3층위 질서체계가 되며, 이 체계는 3층위 질서체계를 정의원칙을 내부구조로 하여 구성함으로써 모색될 수 있다는 말이 된다. 여기에 덧붙여 이렇게 정의원칙을 내부구조로 하여 구성된 3층위 질서체계를 부합권리관계의 이음동의어인 쌍권·쌍무질서 권리관계로 표현해내면 제도적 구성조건 '(3)항의 표현조건'까지 만족하게 되어 본절의 과업인 정위자유주의 질서의 제도적 구성을 완수하는 셈이 된다. 결국 본절의 '남은 과제'는 2절에서 부합권리관계로 재현된 정위자유주의 질서의 내용을 담아낼 정의 3층위 질서제도를 쌍권·쌍무질서 권리관계로 표현하는 일이 되는 것이다.

이하에서는 이 '남은 과제'를 롤즈의 "위임책무"(fiduciary obligation)이론[5]으로부터 위임질서체계 모델을 도출하여 해결하려 한다. 롤즈의 위임책무이론을 준용하는 이유는 크게 3가지이다. 우선, 원칙층위질서와 제도층위질서 사이 연결의 성격이 '위임연계'임을 밝혀주기 때문이다. 다음으로, 이 위임연계가 정의원칙으로 관통되어 있음으로써 질서제도에 이미 정의원칙이 내부구조로 내장되어 있기 때문이다. 끝으로, 정의 3층위질서의 정의내부구조를 구성해야 할 정의원칙을 도출하는 데에는 본절의 논지뿐 아니라 본장 및 이 책의 범위를 훨씬 벗어나는 가외의 논의가 필요한데, 이러한 가외의 노력을 줄여 논의의 경제화에 도움이 되기 때문이다.[6]

---

5 롤즈의 '위임책무이론'에 대한 논의는 주로 그의 책 *A Theory of Justice* : Chs. II, VI에 의존한다. 혹자는 '정의'에 관한 저술에 '권리'나 의·책무에 대한 본 논의가 근거하는 것이 주제의 성격에서 좀 잘 맞지 않는다는 느낌을 가질지 모르겠다. 그러나 나는 오히려 가장 적합한 관계에 있다고 본다. 권리와 의·책무야말로 인간사회의 협조관계에서 고려되어야 할 자유(이익)나 제약(부담)의 분담(분배)문제와 직결되어 있고, 바로 이 분담(분배)의 정당성을 가려주는 것이 '정의'의 역할이기 때문이다.

6 본 논의가 제일 많이 의존해야 할 기존의 권리이론 중 정의이론의 맥락 속에서 체계화된 것은 몹시 드물다. 기존 권리이론들은 정치사회적인 정의가치보다는

논의는 크게 3단계로 나누어진다. 제1단계에서는 롤즈의 위임책무이론으로부터 '남은 과제' 해결의 실마리를 탐색할 것이다. 탐색 논의는 3절-1)에서 이루어진다. 제2단계에서는 롤즈의 '위임책무' 이론으로부터 '위임책무', '위임의무', '위임권리'를 도출하여 권리개념체계를 구성하고 이를 보편화하여 층위질서별 부합권리관계를 구성하는 권리개념 및 의·책무개념으로 재편성할 것이다. 2단계 논의는 정의원칙을 내부구조로 가지는 '3층위 질서체계'를 부합권리관계로의 재현—보다 구체적으로는 그 표현형식인 '쌍권·쌍무질서 권리관계'로 표현—해내기 위한 준비로서 3절-2)에서 3절-5) 전반부에 걸쳐 이루어질 것이다. 3절-5) 후반부와 3절-6)으로 구성되는 제3단계에서는 '쌍권·쌍무질서 권리관계'로 표현되는 '3층위 질서체계'를 모색할 것이다. 여기서는 롤즈의 위임책무이론에 근거한 '2층위 위임 질서체계' 모델의 도출, 모델의 보완, 그리고 최종 목표로서 정위자유주의 질서를 담아낼 지도적 모델인 '쌍권·쌍무 3층위 위임질서체계'의 도출이 이루어질 것이다.

인간존엄성이라는 윤리적 가치에 그 일차적 정당성을 걸고 있다. 이는 한면으로는 현행 권리개념·이론의 모태가 되는 자연권개념 및 자연권 이론이 이성적 존재로서의 인간본체론에서 출발하기 때문임을 말해주지만, 다른 한면으로는 이하의 논의에서 드러나듯이 권리이론들은 사회정의질서가 요구하는 윤리적 정당성 외의 제도적 정당성 조건을 충족해야 한다는 가외의 2차적 정당성요구를 충족시키는 데는 미흡한 상황에 있음을 말해준다. 이런 점에서 롤즈의 위임책무이론은 기존의 권리이론들에서는 찾아보기 어려운 가외의 정당성 논거를 본 논의에 제공해 주는 셈이 된다.

1) 위임책무이론과 과제해결 실마리

프리차드(H. A. Prichard)는 일찍이(1940) 약속으로 인해 발생되는 책무에 대하여 다음과 같은 의문을 제기했다.

> 우리는 모종의 행위에 대한 약속이나 동의 혹은 수임(undertaking)을 통하여 그 행위에 대한 책무를 창출하는 듯이 생각한다. … 그러나 … (이러한 겉보기와는 달리) 우리가 무엇을 하겠다는 이른바 약속으로 인해 창출되는 것은 그 진면목에서 … 그 약속된 행위를 수행할 책무가 아니라 다른 무엇인데, 이 (다른 무엇)의 창출로 우리는 그 약속한 바를 수행하게끔 구속되는 것이고 … 이 (다른 무엇)의 창출로 (비로소) 약속한 바에 대한 우리의 책무가 발생되는 것이다. … (그런데) 문제는 그 것(다른 무엇)이 무엇인지를 밝히는 것이 문제다.[7]

이를 간략히 하면, 약속을 포함한 언질행위(동의, 승낙 등) 자체에서 그 언질행위의 내용을 이행해야 할 책무가 발생되는 것이 아니라, 그러한 책무를 야기하는 그 무엇이 창출되고 책무는 바로 이 창출된 그 무엇에서 비롯되는데, 그 무엇이 무엇인지를 밝히는 것이 문제라는 말이다. 즉 우리는 항용 약속을 포함한 언질행위를 그에 따를 책무의 근거로 보는 데 반해, 프리차드는 약속을 포함한 언질행위를 단지 그에 따를 책

7 H. A. Prichard, *Moral Obligation* : 169-170, 179.

무의 근거를 촉발시키는 하나의 매개체 내지는 계기일 뿐 그 근거는 따로 있다고 보는 것이다.[8)]

이러한 문제제기 후에 프리차드가 어딘가 존재하는 약속책무의 근거에 대하여 내린 결론은 다음과 같다.

> 내가 제안하고 싶은 일반적 결론은 … 이것 혹은 저것을 하겠다는 (약속행위에 대한 평상적 의미에서의) 약속은 일견 합의된 것들을 지키기로 하는 [또 다른 하나의 통괄적 선(先)합의처럼 보이는] 무엇인가가 공유된 개인들 사이에나 존재할 수 있다는 것이다. … 그러나 이 (선 합의와 같이 보이는 그 무엇은) 다른 합의들과는 달리 언어의 사용을 요하지 않는다. … (일상적) 합의들의 존재에 시사되어 있는 그 무엇(즉 선 합의와 같이 보이는 그 무엇)은 흡사 또 다른 하나의 합의처럼 보이지만 엄밀히 말하여 또 다른 합의로 볼 수는 없다.(179)

이 결론은 프리차드는 자신이 제기한 문제의 해답을 찾지 못했음을 말해준다. 그리고 여기에는 그가 찾고자하는 '그 무엇'의 성격에 대한 윤곽만을 분명히 할 수밖에 없었던 고뇌의 고백이 담겨 있다.

위와 같은 프리차드의 문제에 대한 하나의 답은 롤즈의 책 『정의

---

8 Prichard는 "약속"(promise)을 포함하는 언질행위를 하나의 개념 혹은 개념의 "발성"(noise)으로 이해하는데(172ff), 사실 약속을 포함하는 언질행위를 묘사하는 개념들 속에는 '약속은 지켜져야 한다'는 등의 '책무' 개념까지 포함되는 것은 아니라는 점에 유의할 필요가 있다. 이를테면 '아버지'라는 개념 속에 '가족을 부양해야 할 책무'라는 의미가 포함되어 있지는 않듯이.

론』(*A Theory of Justice*, 1971)[9]에서 찾아볼 수 있다.

> 나는 신뢰원칙에 대한 앞서의 설명이 프리차드가 제기한 문제에 답이 됨을 밝히고 싶다. … **정의로운 약속관행이 공적으로 형성된 규율의 체계로 존재하고 또 공평성원칙이 존재하면 위임책무**(fiduciary obligation)**에 대한 이론**(적 설명)**에 부족함이 없다.** 공평성원칙의 원용은 순전히 가상적인 것이다. 그래서 프리차드가 (말하는) 그 무엇, 그에게 선(先)합의처럼 보였으나 실제로는 (선 합의가) 아닌 그 무엇에 해당하는 것은 (다름 아니라) 정의로운 언질행위관행에 연계된 공평성원칙(principle of fairness)에 대한 가상합의인 것이다. (350, 강조 첨가)

프리차드의 문제에 대한 위와 같은 롤즈의 답 속에는 (1) 프리차드의 문제는 약속책무가 '위임책무임'을 이해하지 못한 데서 비롯된 문제라는 점과, (2) 위임책무는 기능상으로 언질행위로부터 따르는 책무를 위임해 주는 선(先)합의에서 비롯되는 상위질서가 전제되나 그러한 선 합의질서는 실재하지 않고 다만 가상합의의 "정의로운 언질행위관행에 연계된 공평성원칙"으로부터의 위임이라는 점을 인정할 수밖에 없다는 점, (3) 가상합의의 내용은 약속과 같은 언질행위에서 공평성원칙을 준수하자는 무언의 합의라는 점, (4) 따라서 약속과 같은 언질행위에 따르는 책무의 근거, 즉 책무라는 구속성의 근거는 '정의로운 공적 약속규

---

9 J. Rawls, *A Theory of Justice* : 349–350. 이하 롤즈 관련 논의에 나타나는 괄호안의 숫자는 이 책에서의 출처를 가리킴.

율체계' 와 이에 연계된 공평성원칙에 있다는 점 등이 포함되어 있다. 그리고 이러한 함의를 가지는 롤즈의 답이 시사해 주는 것은 '약속', '동의' 와 같이 언어적 관습을 활용한 언질행위로 인해 발생되는 듯이 보이는 책무는 그 근거를 그 언질과 관련된 정의로운 규율제도와 이 제도에 연계된 가상합의의 공평성원칙에 두고 있다는 점이다.

이상 약속언질 행위에 따르는 약속책무에 대한 프리차드의 심도 있는 문제제기와 그에 대한 롤즈의 답(이하 '롤즈 답')에는 롤즈의 '위임책무이론' 의 윤곽이 담겨 있다. 그러나 롤즈의 책 어느 곳에도 '위임책무이론' 에 대한 체계적 설명이 없다. 다만 위 롤즈의 답 속에는 제시된 윤곽이 "부족함이 없는" 이론조건, 즉 이론구성에 '충분조건' 임이 언급되어 있을 뿐이다. 따라서 '위임책무이론' 을 활용하여 '남은 과제' 를 해결하려는 본절의 입장에서는 제시된 윤곽에 들어 있는 '위임책무이론' 의 충분조건에 대한 분석을 통하여 '남은 과제' 해결의 실마리를 구할 수밖에 없다. 따라서 아래에서는 롤즈의 '위임책무이론' 구성의 충분조건이 들어 있는 롤즈 답의 내용 중 다음 사항을 '남은 과제' 해결의 단서(端緖)로서 주목하고자 한다.

첫째 실마리, 프리차드의 문제와 이 대상으로 하고 있는 약속책무는 약속행위로부터 야기된 개인 사이 약속관계에서 발생한 것이라는 점이다. 약속관계는 3장 1절에서 권리관계의 발단과 관련한 롤즈의 설명을 통해서 살펴보았듯이 약속을 내용으로 하는 개인 사이의 권리관계, 즉 '약속권리관계' 이다. 그리고 이전 논의 여러 곳에서 살펴보았듯이 권리질서는 권리관계를 규율하기 때문에(특히 6장 1절 참고), 약속권리관계로부터 발생하는 약속책무는 약속권리질서에 대한 책무이다. 따라서 약속책무가 존재한다는 것은 약속권리질서로서의 '개인행위층위질서' 가 존재함을 암시한다. 여기서 '암시' 한다고 표현한 이유는 위의 롤즈의 답 속에서는 '개인층위질서' 의 존재를 추론할 수 있는 근거가 없기 때문이다. 그 존재 여부는 롤즈의 이와 관련된 논의 속에서 더 찾아보아야 할 것 같다. 여기서 말하는 '가상합의' 는 프리차드의 '선합의' 를 연상시키는 것으로서, 인간에 구유되어 있다고 가정되는 '이성관념' (Kant, 1959 : 22–24, 29, 39, 49) 속에서 이루어지는 '원초계약(original contract)' (Kant, 1970 : 79–81 ; Gough, 1967 : 181–183 ; Rawls, 1971 : §3, §24, §29, §40)과 같은 것으로 여겨진다.

더불어 약속권리관계는 3장 1절의 논의에 이어지는 3장 3절의 '권리기본관계' 에서 본 바와 같은 '쌍방복합 〈권리–의·책무〉관계' 로 표현되고, 이는 바로 부합권리관계의 준거가 되기 때문에 개인층위질서로서의 약속권리질서의 표현형식은 '쌍권·쌍무질서 권리관계' 가 된다. 프리차드의 문제와 롤즈의 답이 대상으로 하고 있는 여기서의 약속책무는 바로 이러한 '쌍권·쌍무질서 권리관계' 표현형식에 속하는 형태의 책무이다. 즉 3장 3절 '권리기본관계' 의 '개념관계' 에서 의·책무주체에게 발생되는 '(의·책무이행) 권리를 수반하는 의·책무' 의 형태로서 '쌍권·쌍무질서 권리관계' 에서 약속자가 피약속자에 대하여 가지는 책무를 가리킨다. 이하에서 언급되는 모든 약속책무는 바로 이러한 형태의 책무임을 별기한다.

둘째 실마리, 약속책무 구속성의 근거는 "정의로운 약속관행이 공적으로 형성된 규칙의 체계"와 가상합의의 "공평성원칙"이라는 점이다. 여기서 "정의로운 약속관행이 공적으로 형성된 규칙의 체계"는 사회에 공적으로 수용되고 있는 정의로운 약속규율이나 약속제도를 가리킨다는 점에서 약속과 관련한 '정의로운 제도층위질서' 로 이해한다. "공평성원칙"은 말뜻 그대로 약속질서의 공평한 적용을 규율하는 원칙질서를 가리킨다는 점에서 '원칙층위질서'로 이해한다. 다만, 이러한 이해에는 두 가지 유보가 따른다. 그 하나는 약속책무의 두 근거, "정의로운 약속관행이 공적으로 형성된 규칙의 체계"와 가상합의의 "공평성원칙"은 약속책무가 위임책무로 되기 위한 '(충분)조건'으로 표명되어 있기 때문에 롤즈의 논의를 더 살펴보면서 '조건'의 내용이 밝혀져야 한다는 점이다. 다른 하나는 롤즈의 답 상단에 언급되어 있는 "신뢰원칙"이 또 하나의 원칙층위질서로 간주되는데, 이 원칙이 공평성원칙과 어떤 관계에 있는지는 롤즈의 논의를 더 살펴보아야 밝혀질 것 같다.

셋째 실마리, 약속책무 구속성의 근거로서 "정의로운 약속관행이 공적으로 형성된 규칙의 체계"와 가상합의의 "공평성원칙"이 상호 연계되어 있다는 점이다. 이는 롤즈의 답의 하단에 "정의로운 언질행위 관행에 연계된 공평성원칙"으로 언급되어 있다. 이 언급은 약속책무의 두 근거인 제도층위질서로서의 '정의로운 약속제도'와 원칙층위질서로서의 '공평성원칙(및 신뢰원칙)'이 상호 연계되어 있음을 말해준다. 그런데 '정의로운 제도층위질서'는 정의원칙을 내부구조로 하여 구성된 제도층위질서이다. 왜냐하면 본절 서두에서 살펴보았듯이 롤즈의 정의원칙은 모든 '정의로운' 제도의 통섭적 내부구조로서 모든 제도를 통섭하여 정의로운 제도로 구성해낼 수 있고, 역으로 어떠한 제도이건 정의원칙으로 구성되는 제도는 모두 '정의로운' 제도가 되기 때문이다. 그렇다면 '정의로운 약속제도'와 '공평성원칙'이 상호 연계되어 있다는 것은 정의원칙과 공평성원칙이 상호 연계되어 있다는 말과 같아진다.

그리고 롤즈의 답 속에 '정의로운 제도층위질서'가 사용된 '조건적 문맥'으로 이상과 같이 이해된 바를 다시 풀어보면, 약속과 관련한 제도층위질서가 약속책무의 유효한(정당한) 제도적 구속근거가 되기 위해서는 정의원칙을 내부구조로 가지는, 혹은 정의원칙에 근거하여 구성된 제도층위질서여야 한다는 말이 된다. 이로부터 두 가지 밝혀져야 할 사안이 대두된다. 그 하나는 제도층위질서가 어떻게 정의원칙을 내부구조로 가지게 되는지, 혹은 어떻게 정의원칙에 근거하여 구성되는지와 관련된다. 다른 하나는 정의원칙과 공평성원칙(및 신뢰원칙)은 어떤 관계에 있는지가 밝혀져야 할 과제이다. 두 번째 사안은 위 둘째 실마리에서 제기된 문제, 약속책무의 두 근거인 제도층위질서로서의 정의로운 약속제도와 원칙층위질서로서의 공평성원칙(및 신뢰원칙)이 서로 어떻게 연계되는지의 문제와도 관련된다. 이 두 가지 사항 역시 롤즈의 관련논의를 더 살펴보면서 밝혀보려 한다.

넷째 실마리, 위 롤즈의 답에 나타나 있듯이 약속책무의 유효한 구속성은, 두 구속성 근거로서 제도층위질서인 정당한 약속제도와 원칙층위질서인 공평성원칙으로부터 그 유효구속성을 '위임'받은 위임책무라는 점이다. 여기서 두 구속성 근거로부터의 '위임'은 개인층위질서인 약속권리질서에 이르는 '위임질서'를 전제한다. 왜냐하면 '위임'은 언제나 상하관계나 주객관계를 전제하고, 이들 관계는 〈상-하〉 사이의 질서나 〈주-객〉 사이의 질서를 표현하기 때문이다. 여기서의 위임질서는 1절-2)의 '(1)항'과 같은 보편적 정치사회질서 체계의 층위 간 서열질서를 따라, 최상위의 원칙층위질서인 공평성원칙에 대해 약속권리관계 주체들이 가지는 책무와, 차(次)상위의 제도층위질서인 정의로운 약속질서제도에 대해 약속권리관계 주체들이 가지는 책무가, 맨 밑의 개인층위질서(롤즈 답에는 아직 미결상태)인 약속권리질서에 대해 약속권리관계 주체들이 가지는 책무로 위임되는 질서이다.

이상 '남은 과제'—정의원칙에 근거하여 구성된(혹은 정의원칙을 내부구조로 가지는) 3층위 질서체계를 '쌍권·쌍무질서 권리관계'로 표현해내는 과제—해결과 관련하여 롤즈 답의 내용을 분석하여 4가지 실마리를 얻었다. 이제 이하에서는 이들 실마리의 내용을 위의 해결해야 될 과제에 초점을 맞추어 집약해 보고, 이들 실마리를 풀어가는 데 앞으로 더 밝혀져야 할 문제점들을 종합하면서 '남은 과제' 해결의 밑그림을 그려본다.

위에서 살펴본 4가지 실마리들의 내용이 해결해야 될 '남은 과제'에 대하여 가지는 의미와 보완되어야 할 미결과제들을 집약하면 다음과 같다. 첫째 실마리가 가지는 의미는, 앞으로 롤즈의 논의로부터 밝혀져야 하겠지만 3층위 질서체계 중 개인질서층위를 구성할 바탕, 즉 위임책무로서의 약속책무의 확보이다. 더불어 약속책무개념이 표현형식 조건을 만족하는 '쌍권·쌍무질서 권리관계' 표현형식에 부합하는 책무형태라는 점에 대한 확인이다. 둘째 실마리는, 약속책무 구속성의 두 근거, '정의로운 약속제도'와 '공평성원칙'의 존재에 대한 확인을 통해서 제도층위질서 및 원칙층위질서를 구성하는 데 실마리를 확보했다는 의미를 가진다. 다만 '정의로운 약속제도'와 '공평성원칙'의 존재가 어떻게 약속책무가 위임책무가 되기 위한 충분조건인지와 '신뢰원칙'과 '공평성원칙'이 어떤 관계에 있는지는 앞으로 밝혀져야 할 과제이다. 셋째 실마리는, 정의원칙과 '공평성원칙'이 상호 연계되어 있다는 사실 확인의 의미를 가진다. 이는 '정의로운 약속제도'와 '공평성원칙'의 상호 연계사실 및 '정의로운 약속제도'의 조건과 접속되는데, 앞으로 롤즈의 논의로부터 밝혀내야 할 과제이다. 넷째 실마리는, 약속제도와 공평성원칙 사이에 서열질서로서의 위임질서가 존재하며, 이는 약속책무에 제도상 및 원칙상의 구속성을 위임해 주는 '끈'(350)으로 작용한다는 사실의 확인이다. 여기에 첫째 실마리에서 미결사항으로 지적한 개인질서층위만 확보된다면 3층위질서는 이 '끈'으로 엮어진 3층위 질서체계를 구성하게 될 것이다.

결국 4가지 실마리들이 '남은 과제' 해결에 대해 가지는 의미는, 본절에서 구성해내려는 3층위 질서체계의 재료들 및 구성요건과 관련하여 롤즈의 '위임책무이론'으로부터 무엇을 얻을 수 있고 무엇이 더 보완되어야 하는지에 대한 정보를 제공한다는 점이다. 그래서 이하에서는 1절-2)에 제시된 3층위 질서체계의 '구성요건'에 따라 지금까지 살펴보고 그 의미를 집약한 4가지 실마리들을 재구성해 본다.

먼저 무엇을 얻을 수 있는지를 3가지 세부구성 조건에 따라 재구성해 본다. 첫 번째로, 넷째 실마리의 약속제도와 공평성원칙 사이의 위임질서를 중심으로 한 위임체계 구성은 본절에서 구성해내려는 3층위 질서체계의 1절-2), '(1)항', '구성형식 조건'을 부분적으로 만족한다. 위의 위임체계 구성에 약속책무개념에 근거하는 개인층위질서만 보완된다면 정치사회질서 체계의 보편적 구성형식인 개인질서층위, 제도질서층위, 원칙질서층위, 이렇게 3층위가 다 포함된다. 3층위 질서체계의 원칙질서층위에서 (보완될) 개인질서층위로 이어지는 내부질서인 '서열질서'는 정치사회질서 체계의 보편적 구성서열을 그대로 따를 때 원칙질서층위 → 제도질서층위 → 개인질서층위로 이어지는 서열을 따른다. 물론 롤즈의 위임책무이론에서도 그대로 나타나는지는 확인할 문제로 남는다. 3층위 질서체계의 내부질서가 과연 '중첩질서'로서의 특성까지 가지는지는 롤즈의 관련 논의로부터 앞으로 밝혀져야 할 과제이다.

두 번째로, 위임책무로서의 약속책무가 속해 있는 위임질서 속에 구성되어 있는 3층위 질서체계는 1절-2)의 '(3)항', '표현형식 조건'을 만족한다. 왜냐하면 프리차드의 문제와 롤즈의 답이 대상으로 하고 있는 약속책무는 첫째 실마리에서 살펴보았듯이 '쌍권·쌍무질서 권리관계' 표현형식에 속하는 형태의 책무인데, 이는 바로 공평성원칙과 정의로운 약속제도로부터 위임된 것이기 때문이다. 물론 3층위 질서체계의 내부질서인 서열질서 역시 '표현형식 조건'을 만족한다. 내부질서는 다름 아닌 위임질서이고, 이 위임질서는 '표현형식 조건'을 만족하는 위임책무의 질서이기 때문이다.

마지막 세 번째로, 위임책무로서의 약속책무가 속해 있는 위임질서 속에 구성되어 있는 3층위 질서체계는 1절-2)의 '(2)항', '정당성 조건'을 부분적으로 만족한다. 우선, 제도층위질서인 정의로운 약속제도는 정당성 조건을 만족한다. 왜냐하면 셋째 실마리에서 살펴보았듯이 롤즈가 그의 답에서 사용한 '정의로운'이라는 말에는 정의원칙을 내부구조로 가지고 있다는 의미 혹은 정의원칙으로 구성되었다는 의미가 함의되어 있기 때문이다. 다만 남은 문제는 셋째 실마리에서 언급한 '정의원칙에 근거하여 이 제도층위가 구성되는지 여부' 혹은 '정의원칙이 이 제도의 내부구조가 되는지 여부'를 밝히는 것이다. 나머지 3층위 질서체계를 구성하는 각각의 층위와 내부질서로서의 위임질서의 정당성 여부는 셋째 실마리에서 지적한 '공평성원칙과 정의원칙의 관계'가 밝혀진 후에 결정될 것이다. 왜냐하면 정치사회질서 체계의 보편적 구성서열을 따를 경우, 층위별 3층위질서의 구성과 그 내부질서인 위임질서는 결국 공평성원칙을 내부구조로 가지는 층위별 구성임과 동시에 내부질서는 공평성원칙의 원칙층위질서의 위임질서이기 때문이다. 즉 층위별 구성과 내부질서가 정당한지의 여부를 결정하는 것은 정의원칙이기 때문에 그

층위별 구성과 내부질서의 위임근거가 되는 공평성원칙이 과연 정의원칙과 어떤 관계를 가지는지가 밝혀진 후에야 그 정당성 여부가 판명될 수 있는 것이다.

위에서 4가지 실마리로부터 무엇을 얻을 수 있는지를 3가지 세부구성 조건에 따라 재구성해 보았으니 이제 정위자유주의 질서제도의 3가지 세부구성 조건에 초점을 맞추어 무엇이 보완되어야 하는지 4가지 실마리에 지적된 미결과제들과 관련하여 살펴본다. 우선, 1절–2)의 '(3)항', '표현형식 조건'은 만족된 상태이기 때문에 고려대상에서 제외한다. 물론 '개인질서층위'가 보완될 대상으로 남아 있으나 이 층위구성의 바탕인 약속책무가 '쌍권·쌍무질서 권리관계' 표현형식에 속하는 형태의 책무이기 때문에 미리 만족된 것으로 간주한다.

다음으로 구성형식조건과 관련하여 원칙질서층위 → 제도질서층위 → 개인질서층위로 이어지는 서열질서가 롤즈의 위임책무이론에서도 그대로 나타나는지와 이 3층위 질서체계의 내부질서가 과연 '중첩질서'로서의 특성까지 가지는지에 대한 확인문제가 미결상태인데, 이는 '개인질서층위'를 보완하여 3층위 질서체계를 구성한 후에 롤즈의 관련 논의로부터 확인될 것이다. 이 확인문제는 첫째 실마리에서 지적한 '개인질서층위' 보완문제와 연결된다.

끝으로, 정당성 조건과 관련하여 정당성 조건의 부분만족의 문제는 셋째 실마리에서 지적한 '정의원칙에 근거하여 이 제도층위가 구성되는지 여부' 혹은 '정의원칙이 이 제도의 내부구조가 되는지 여부'의 문제와 '공평성원칙과 정의원칙의 관계를 밝히는 문제'와 연결된다. 그러나 이 문제들을 종합해 보면 공평성원칙의 위임질서 속에 있는 약속제도에 어떻게 공평성원칙이 아닌 정의원칙을 내부구조로 가지는 '정의로운 약속제도'가 구성될 수 있는지의 문제가 되기 때문에 결국 정의원칙과 공평성원칙의 상호관계가 밝혀진 후에 살펴볼 문제가 된다. 그리고 여기에는 둘째 실마리에서 지적된 약속책무가 위임책무이기 위한 조건('정의' 약속제도와 '공평성' 원칙의 존재)의 내용을 밝히는 문제 및 셋째 실마리에서 지적된 약속책무의 두 위임근거로서 '정의로운 약속제도'와 '공평성원칙' 사이의 상호 연계를 밝히는 문제가 연결된다. 또 서로 다른 명칭의 원칙 사이의 관계라는 면에서 둘째 실마리에서 지적된 '신뢰원칙과 공평성원칙 사이의 관계'를 밝히는 문제도 여기에 연결된다.

이렇게 보면 미결과제들과 관련한 보완사항은, 가장 많은 미결과제들과 연결되어 있는 '정의원칙과 공평성원칙 사이의 관계'가 무엇인지를 밝히는 문제부터 풀어가야 할 것 같다. 그리고 문제해결 결과를 바탕으로 약속책무의 위임체계의 모습을 살펴보고, 그 모습 속에서 약속책무를 근거로 하는 '개인층위질서'가 어떻게 나타나는지 확인해 보아야 할 것 같다. 물론 확인이 안 되면 드러난 위임체계에 부합하는 '개인층위질서'를 보완해야 할 것이다. 이상의 작업이 완료되면 적어도 약속책무를 중심으로 하는 3층위 질서체계를 그려볼 수 있을 것이다. 그러나 이상의 모든 작업은 약속책무에 국한되어 이루어질 것이기 때문에 이렇게 이루어진 작업결과, 즉 3층위 질서체계를 보편화하는 일이 무엇보다도 중요한 과제로 남게 될 것이다. 이 과제 역시 본절의 논의는 어차피 정의이론 선상에 있어야 하므로 우선적으로는 롤즈 논의의 도움을 얻어 풀어가도록 할 것이다. 물론 도움이 어려울 경우에도 정의이론의 선상에서 보완되도록 해야 할 것이다. 이하에서는 위의 문제풀이순서에 따라 우선 약속책무의 궁극적 두 근거가 되고 있는 '정의원칙과 공평성원칙 사이의 관계'가 무엇인지에 대해 살펴본다.

2) 약속책무의 두 위임근거 : 공평성원칙과 정의원칙

롤즈는 '모든 책무가 공평성원칙으로부터 비롯된 위임책무임'을 설명하는 과정에서 약속책무를 그 대표적 예로 삼는다(112, 113-114). 여기서 유의할 점은 약속책무는 공평성원칙으로 비롯되는 '모든 책무'의 한 대표적 예에 불과하다는 것이다. 약속책무의 발생계기가 되는 '약속'이란 롤즈에 의하면 사회적으로 공유된 관행적 규칙체계에 의해 규정된 특정의 행위를 말한다(344). 이를테면 '나는 X하기를 약속한다'는 언어행위가 이에 해당한다. 이러한 약속행위는 홉스(T. Hobbes)의 전제적 권력과 같이 상호 신뢰를 강제할 수 있는 제도적 장치가 없는 상황에서 사회적 약속관행을 이용하여 상대방(피약속자)에게 먼저 자신(약속자)의 신뢰를 담보하는 역할을 한다(346).

이 때 이러한 자신의 신뢰가 담보될 수 있는 이유는 그 사회적 약속관행이 약속자, 피약속자 모두에게 정의롭다고 인지되기 때문이다. 그리고 이 두 당사자 간의 유효한(정당한) 약속관계는 약속자가 약속행위를 통하여 이 정의로운 약속관행을 피약속자에 대하여 의도적으로 촉발함으로써 비롯된다(346). 결국 유효한 약속은 그 근거를 정의로운 약속관행에 두고 있다는 말이 된다. 그리고 유효한 약속으로부터 유효한 약속책무가 비롯되기 때문에 이 말은 유효한 약속책무는 공평성원칙 외에 정의로운 약속관행에 근거한다는 말도 된다.

이렇듯 약속관계 수립의 근거가 되는 사회적 약속관행 전체 체계를 롤즈는 '약속규율'이라 부르는데, 이 때 이는 약속과 관련된 도덕적·사회적 제도를 총괄하여 대표하는 약속제도를 의미하기도 한다(344). 그리고 이 약속제도는 약속과 관련된 언사나 행위가 어떠한 상황에서 이루어졌는지, 과연 이러한 언사나 행위가 '약속회피 조건'(excusing conditions)을 저촉하지 않았는지 등 약속관계 성립여건과 관련된 사항을 관할한다(345). 이 때 약속관행이 정의롭다 함은 바로 이러한 약속제도가 정당하다는 것을 의미하는 것이다. 그리고 약속제도의 정의로움의 여부, 즉 정당성 여부는 '원초상태'(original position)에서 선택된 이른바 '두 정의원칙'(two principles of justice, 이하 '정의원칙')에 부합하느냐의 여부에 의해 결정된다 한다(345-346).

이를테면 유효한 약속이 되기 위해서는 약속의 '기속언사'(operative words, 3장 2절 참고)가 각성상태에서 자발적으로, 위협 없이, 그리고 당사자 사이에 공정한 관계 속에서 이루어져야 한다는 등의 여건을 충족해야 하는데, 이 여건이 바로 정의원칙에 부합하는 '정의로운(정당한)' 약속관행이라는 것이다. 이와 관련하여 롤즈는 약속규율은 그 자체가 정의관념에 연결된 도덕성[10]의 근원과는 별도로[11] 존재할 수 있는 법

---

10 도덕성은 통상 윤리적 옳음(ethical righteousness)을 의미하는데, 여기서는 원초상태에서의 선택자들에게 잠재되어 있는 정의감이 제도이전의 '기본구조'에—주로는 정의원칙과 공평성원칙에—표출된 정의로움(정당성 혹은 유효성)을 말해주는 것으로 이해된다. 이와 관련해서는 Ch. I-§2, Ch. VIII, pp. 348-349 참고.

11 이는 다시 말하면 약속규율이 유효하기 위한 정당성은 바로 그 도덕성에 있는데, 그 도덕성은 바로 그 약속규율이 유효하기 위해 부합해야 할 정의원칙으로부터 나온다는 것이고, 약속규율에 대한 (제도적 책무와 별도로 일치할 수도 안할 수도 있는, 그러나 도덕적 정당성을 가지기 위해 필수적인) 도덕적 책무의 근원은 바로 정의원칙이 된다는 것이다. 그리고 이를 약속행위와 연결해서 보면 정의로운 약속관행, 즉 정의원칙에 부합하는 약속규율의 관할 하에 있는 약속관행에 따른 약속만이 유효한 약속이 되고 이로부터만이 정당한 약속책무가 발생

적 규율이나 경기규칙처럼 일종의 '제정된 관행'(constitutive convention)에 불과하므로(346) "어떠한 도덕적 책무도 발생시키지 못한다"고 말한다(348). 그렇다면 유효한 약속과 이로부터 비롯되는 유효한 약속책무의 도덕성(정당성)은 정의원칙에 근거한다는 말이 되는데, 이는 결국 유효한(정당한) 약속책무는 그 기속력을 궁극적으로 정의원칙에 둔다는 말과 같다 할 수 있다.

다른 한편 롤즈는 이러한 약속을 지킬 책무는 정의원칙과는 다른 "공평성원칙의 결과"(346)라고 말한다. 이 말은 앞 3절-1)에서 프리차드의 의문에 롤즈가 "약속책무의 구속력은 약속행위 자체로부터가 아닌 공평성원칙으로부터 위임된 구속력"이라고 답한 것과 같은 맥락을 가진다. 그에 의하면 약속을 지킬 책무, 즉 약속책무는 보다 가깝게 "신뢰원칙'(the principle of fidelity)으로부터 비롯된다. 하지만 이 신뢰원칙은 공평성원칙의 "결과" 혹은 "특수경우"(344, 346)에 불과하기 때문에 약속을 지켜야 할 책무는 궁극적으로 공평성원칙으로부터 비롯된다고 한다.[12] 그리고 더 나아가 약속책무는 보다 가시적으로는 "약속의 규율"을 촉발함으로써 발생되는 것처럼 보이지만 궁극적으로 공평성원칙으로부터 비롯된다고 한다(345-346). 롤즈는 이를 보다 구체적으로 표현하여 약속관행은 "자유로운 약속책무의 수립을 위한 한 방편"일 뿐 약속책무는 "공평성원칙을 전제"로 하는, 즉 공평성원칙에 근거하는 "위임책무"라

된다는 말이 되는데, 이는 결국 정당한 (도덕적) 약속책무는 정의원칙에 그 근원을 둔다는 의미가 된다.

12 여기서 3절-1)의 논의 중 둘째 실마리에서 지적된 '신뢰원칙'과 '공평성원칙'의 관계가 밝혀졌다.

고 말한다(348).[13]

이상 3절-2)의 논의를 종합하면, 한편으로는 유효한 약속책무는 정의로운 약속제도인 약속규율의 촉발을 매개로 하여 정의원칙에 근거한다는 말이 된다. 그리고 다른 한편으로는 유효한 약속책무는 정의로운 약속규율을 방편으로 수립되지만 공평성원칙에 근거한 위임책무라는 말이 된다. 이 말을 다시 (유효한) 약속책무를 중심으로 보면 여기에는 동일한 한 주제에 대해 서로 다른 두 명제가 성립되어 있음을 알 수 있다. 즉 '유효한 약속책무는 정의원칙에 근거한다'는 명제가 그 하나이고, '유효한 약속책무는 공평성원칙에 근거한다'는 명제가 그 둘이다. 이 두 명제의 성립은 정의원칙과 공평성원칙 모두가 유효한 약속책무의 근거원칙임을 가리킨다.

결국 약속책무가 가지는 구속력 근거는 정의원칙과 공평성원칙, 이렇게 둘이 되는 것이다. 그러나 이 두 명제가 양립하기 위해서는 두 근거원칙이 상호 부분과 전체의 관계에 있거나 질서상의 상하의 관계에 서거나, 혹은 두 근거원칙이 성격과 역할상의 서로 다른 근거를 대상으로 하거나 그 어느 한 경우여야 한다. 그렇지 않다면 양립이 불가능한 것으로 어느 한 원칙은 기각되거나 같은 의미의 두 명칭이어야 한다. 이상

13 롤즈의 '위임책무'에 대한 언급은 약속의 경우에만 국한되지 않는다. 그는 더 나아가 약속과 같은 언질행위로부터 비롯되는 책무는 하나의 대표적 예일 뿐(344), "모든 책무는 공평성원칙(principle of fairness)으로부터 비롯된다"(342)고 한다. "책무란 정의(定義)상 공평성원칙에 의해 구체화된 필수요건"(112)일 뿐이라는 것이다. 모든 책무가 공평성원칙으로부터 비롯되는 한, 이들은 약속에서와 같이 위임된 책무일 뿐이다(114, 348). 그렇다면 롤즈의 약속책무로 대표되는 책무이론은 공평성원칙에 근거한 위임책무이론으로 일반화할 수 있을 것이다.

의 두 명제와 관련한 문제는 일단 정의원칙과 공평성원칙 사이의 관계 규명이 선행되어야 하므로 이하에서는 이를 롤즈의 설명을 중심으로 살펴본다.

3) 정의원칙과 공평성원칙의 상호관계 : 같은 뜻, 다른 기능

롤즈에 의하면 '정의원칙' 및 약속책무의 근원이 되는 '공평성원칙'은 가상적 '원초상태'(original position)에서 자유롭고 평등한 도덕적 개체들(13, 19, 115, 118, 337)—즉 삶의 목표와 정의감을 본유한 인격체들—로서의 원초적 선택자들이 합의를 통해 선택한 원칙들에 속한다(108, 333, §3, §11, §§18–19, §§51–52). 원초 선택자들의 합의로 선택되는 원칙들은 크게 사회제도에 적용하기 위해 우선적으로 선택되는 원칙들과 개인행위[14]를 관할하기 위해 뒤따라 선택되는 원칙들로 구분된다(110, 108, 116). 전자에는 유일하게 자유평등원칙과 차등원칙을 내용으로 하는 정의원칙이 속하고(4, 7, §11), 후자에는 정의(에 대한)의무, 상호존중의무, 호혜적 상부상조의무 등을 내용으로 하는 많은 '자연적 의무원칙들'(principles of natural duty, 114–115, 337, 338)과 공평성(신뢰성)에 대한 책무의 유일한 근거가 되는 '공평성원칙'(principle of fairness, 111, 114)이 속한다.

---

14 개인행위는 보통 말 그대로 개인(individual) 단독행위자를 그 행위자로서 전제하지만, 대체로는 개인들의 집합인 소 그룹단위를 포함할 경우도 있기 때문에 '개별주체행위'로 표기함이 보다 나을 것으로 보인다. 이하에서는 두 표기를 병용할 것이다.

다른 한편 롤즈는 '정의의무원칙', 즉 정의로운 제도에 따를 의무와 정의로운 사회제도의 시행을 가능한 한 도와야 할 의무, 다시 말해 정의로운 제도를 수용하고 지지해야 할 의무원칙(115, 334)을 위 자연적 의무원칙들 중 가장 근본이 되는 원칙으로 꼽는다. 이 정의의무원칙은 약속규율에서와 같이 정의원칙에 부합하는 '정의로운' 제도에 대한 개인들의 의무적 구속을 요구하는 원칙이다(115). 이 요구의 관철을 통해 이 원칙은 정의원칙의 제도에 대한 기속력을 개인행위 차원으로 연계해 주는 매개역할을 한다고 볼 수 있다. 그렇다면 앞절에서 제기된 정의원칙과 공평성원칙의 관계와 관련하여 살펴보아야 될 대상에는 '정의의무원칙'이 가외로 개입됨을 알 수 있다. 이는 약속책무가 약속규율과 연계되어 있는 만큼이나 약속제도에 개인을 연계하는 정의의무원칙은 약속책무와 연결되기 때문이다. 동시에 후자가 그런만큼 약속책무의 두 근거가 되는 정의원칙과 공평성원칙은 정의의무원칙과 연결될 수밖에 없을 것이기 때문이다. 결국 살펴보아야 될 관계의 한편에는 약속제도와 관련하여 유일하게 정의원칙이 있고, 다른 한편에는 개인행위와 관련해서 (정의원칙 및 이 원칙에 부합하는 정의로운 제도에 개인행위를 의무적으로 기속시키는) 공평성원칙과 정의의무원칙이 있는 셈이다.

이렇듯 복잡한 구성 속에 놓여 있는 원칙들 중 정의원칙과 공평성원칙 상호관계의 일단을 살펴볼 수 있는 곳은 롤즈가 정의원칙의 핵심내용인 정의를 "공평으로서의 정의"(justice as fairness)라고 규정하는 언급에서이다(11, §3). 이 말은 롤즈가 "은유로서의 시"(詩)에 빗대어 설명하듯이(13) 정의가 곧 공평성은 아니되 정의의 내용적 특성과 그 지향하는 귀결점이 곧 공평성임을 보여준다. 즉 이 공평성은 정의원칙이 선택된 원초적 상황이 공평하고(12) 그 선택절차 역시 공평함(85-86, §4, §

24)을 반영하는 지표이자 이 원칙이 규제할 사회의 제(諸)제도가 정의롭기 위해 지향해야 할 목표가 된다(13, §2). 이렇게 보면 정의원칙에서 정의의 내용은 이들의 선택의 자유를 평등하게 보장하는 공평성이 된다. 왜냐하면 롤즈가 말하는 '정의'는 원초적 선택자들 사이의 공평한 합의 결과로서의 "절차적 정의"(procedural justice)[15]일 수밖에 없게 되기(§14) 때문이다.

그리고 이 절차적 정의는 롤즈의 두 가정 위에 서 있다. 그 하나는 원초적 선택자들이 이미 자신의 삶의 목표와 나름의 정의감을 지닌 도덕적 인격체들이라는 가정이다(19, 118). 그 둘은 이들 상호관계가 "대칭적 균형"(symmetry)관계로 설정(12)될 정도로 상호 자유롭고 평등하다는 가정(13, 115, 337)이다. 결국 롤즈의 정의는 위의 두 가정으로 지지되는 '절차적 정의'의 성격을 띠면서 그 내용을 '공평성'으로 가지게 되는 것이다. 여기서 구태여 그 이유를 추론해 본다면 우선, 원초적 상태의 상황적 공평성은 정의원칙 합의절차 및 결과에 필연적으로 반영될 것이기 때문이다. 다음으로, 이 필연적 공평성은 기본질서원칙으로서의 정의원칙에 대한 합의 후에는 당위적 목표가 될 수밖에 없기 때문이다. 그래서 정의원칙에 의해 조직되는 모든 주요 사회제도들은 이에 담긴 공평성—자유로운 선택권의 평등한 행사—을 보장함을 그 존재이유로 하게 되는 것이다.

---

15 여기서 '절차적 정의'는 미리 정해진 정의의 기준이 없는 가운데 자유롭고 평등한 '원초적 선택자들'(original choosers)이 자신들이 정의롭다고 생각하는 사회 기본질서 원칙을 공평한 합의절차를 통해 도출해낼 때, 도출된 결과가 그 도출 과정이 정의로운 만큼 결과적으로 정의로울 것임을 의미한다(§14 참고).

이렇게 살펴볼 때 롤즈가 규정하고 있는 정의는 원초상태에서 가정된 원초적 선택자들에 대한 인간관—즉 '대칭적 균형관계에 놓여 있는 자유롭고 평등한 존재'—을 이들이 구성하는 사회관계에 투사한 결과라고 말할 수 있겠다. 이러한 인간관은 '모든 인간은 자유롭고도 평등하다'는 '만인자유평등관'에 다름 아니며, 근대 이래의 모든 사회·인문학적 담론 및 실천의 포괄적 대전제가 되어 왔음도 부인하기 어렵다. 물론 원초상태와 관련한 롤즈의 설명 속에는 또 하나의 전제, 즉 도덕적 인격체로서의 인간관이 가정되어 있다. 그러나 이는 만인자유평등관이 이미 합목적성과 자기규율 능력을 가지는 자율적 존재, 즉 도덕적 존재를 전제하므로 이 전제를 통해 '만인자유평등관'에 포섭된다 할 수 있을 것이다.

이렇듯 원초상태의 인간관이 만인자유평등관으로 대표될 때 이제 정의의 핵심내용이 공평성으로 특징지어지는 것은 만인자유평등관에 충실한 한 모든 인간 사이의 관계 및 행위의 정의준거가 불가불 공평성일 수밖에 없기 때문이라고 말할 수 있다. 또한 이러한 내용의 정의가 원칙이 되어 공평성을 제도적으로 보호하는 것을 목표로 삼게 되는 것은 만인자유평등관을 계속 존속시키는 것이 정의로운 제도의 목표이자 존재이유이기 때문이다. 그리고 만인자유평등관을 존속시킬 수 있는 정의로운 제도가 되기 위해서는 불가불 그 제도의 준칙은 공평성이 될 수밖에 없기 때문이라 할 수 있다. 그래서 공평성과 정의는 분명 그 언표상의 차이를 가지나 만인자유평등이라는 전제 하에서는 그 속뜻을 같이할 수밖에 없는 것이다. 이러한 속사정이 바로 정의(正義)의 정의(定義)를 '공평성으로서의 정의'로 표현하게 하는 것이며, 정의원칙, 보다 정확히 말해 '공평성으로서의 정의의 원칙'은 만인자유평등관의 (제도차원의)

사회제도적 실행원칙[16]으로 그 기능을 하게 되는 것이다.

이렇게 볼 때 롤즈의 정의원칙은 만인자유평등관을 전제할 때 정의가 공평성으로 특징지어지는 만큼이나, 그리고 제도가 사회구성원 개별주체의 행위와 상호관계를 전제하는 만큼이나 (개별주체 행위차원의 사회적 실행원칙인) 공평성원칙으로 특징지을 수 있겠다. 이렇게 특징지을 때 이 두 원칙(정의원칙과 공평성원칙)은 이미 롤즈가 언급한 대로 적용 및 관할의 대상의 차이를 가질 뿐(110, 108, 116), 그 관할의 준거와 목표를 공히 만인자유평등관의 사회적 실행에 걸고 있다는 점에서 동일하다 할 수 있을 것이다. 이로써 3절-1)의 논의 하단부분에서 살펴보았듯이 그 많은 미결과제들과 연결되어 있는 두 원칙 사이의 상호관계에 대한 1차적 답이 나온 셈이다.

유효약속책무가 이상과 같은 관계에 있는 정의원칙과 공평성원칙에 동시에 근거한다면 이 두 원칙은 적용대상만을 달리할 뿐 그 관할내용과 준거를 같이 하고 있는 일종의 이음동의어(異音同義語) 관계에서 있다 할 수 있겠다. 그렇다면 롤즈가 이 두 원칙을 별도로 설정한 이유는 무엇일까? 롤즈는 이러한 의문을 예상한 듯 이를 둘로 나누어 설명한다. 그 중 하나는, 왜 제도를 대상으로 하는 정의원칙과는 별도로 개별주체행위를 대상으로 하는 자연적[17] 의무원칙이 선택되는가에 대한 설

---

16 이와 비슷한 실행원칙들로서는 하트의 '자유권평등원칙', 게워스의 '인권평등원칙', 파인버그의 '존엄성평등원칙', 노직의 '자연권평등원칙' 등을 예로 들 수 있다. 이에 대해서는 각각 H. L. A. Hart, "Natural Right" : 175–176 ; A. Gewirth *Community of Rights* : 6 ; J. Feinberg, "Nature and Value" : 151 ; R. Nozick, *Anarchy, State, and Utopia* : 10, 137, 302 참고.

17 여기에서 '자연적'이라는 어구는 1차적으로 각 개인들의 자발적이고도 의도적

명이다(335). 다른 하나는, 개별주체행위를 대상으로 하는 원칙은 자연적 정의의무원칙이면 될 텐데 왜 이와 별도로 공평성원칙을 또 선택해야 하는가에 대한 설명이다(343).

우선 첫 번째 의문에 대하여 개인행위를 대상으로 하는 자연적 정의의무원칙이 필요한 이유는 제도와 개인행동에 대한 정의로움의 기준이 다를 수 있는 가운데 상호 불일치할 수 있으므로(334) 이를 방지하기 위해서라 한다(339). 즉 정의원칙은 원초적 선택자들의 합의로 도출된 공통의 정의기준으로 그들이 구성하는 사회의 '주요 제도들에 공인된 정의의 준거'[18]가 됨에 비해 개인들은 여전히 이러한 제도적 정의준거와는 다를 수 있는 각기 나름의 정의감에 따라 행동함으로써 두 정의준거 사이의 갈등과 혼란—이를테면 제도적 준거로서의 두 정의원칙과 개인적 준거로서의 공리주의 원칙—이 있을 수 있기 때문에 이를 방지하기 위함이라는 것이다(334-335).

그 방지책으로서 롤즈는 제도적 원칙이 개인원칙에 우선하는 만큼(110) 정의원칙이 보편적으로 개인행동의 정의로움(혹은 윤리적으로 옳음)의 관념 속에 포섭될 필요가 있다고 제안한다(333, 335). 그 1차적 조처는 개인행동이 정의기준에 부응하도록 개인을 정의로운 제도에 대

인 행위와 무관하게, 또 이들이 처해 있는 제도적 관계와 무관하게 다만 인간이라면 누구에게나 모두 적용된다는 의미(114-115)를 가지지만, 그 밖에 원초상태의 선택자들에게 잠재되어 있다고 간주되는 인간 본연의 내재적 정의감과 도의심에 근거하기에 여타의 인위적 준칙에 우선한다는 의미(507-512) 또한 가진다고 보여진다.

18 이를 롤즈는 "기본구조"(basic structure)라 부른다(§2). 그리고 기본구조로서의 정의원칙이 무슨 의미인지는 3절의 서두에서 살펴보았다.

한 의무(수용과 지지의무)를 통하여 정의원칙에 매어두는 것인데, 이렇듯 정의로운 제도에 대한 수용 · 지지의무를 관할하는 것이 바로 자연적 정의의무원칙이라는 것이다(335). 이런 점에서 개인을 대상으로 하는 정의의무원칙은 제도와 개인을 엮어 정의원칙과 개인적 옳음을 연계하는 중요한 1차적 연계선이 된다(116, 333, 334).

위와 같이 개인행동을 정의원칙에 매어두기 위한 1차적 조처에 뒤따르는 2차적 조처는 위의 두 번째 의문, 왜 자연적 정의의무원칙 외에 공평성원칙이 가외로 필요한가에 대한 설명에 나타난다. 우선 두 원칙의 차이에 대한 롤즈의 설명에 따르면, 자연적 의무원칙은 특정 개인의 자발적이고도 의도적인 행위와 무관하게 특정사회 내에서 언제나 어디서나 관련 사안에 대한 의무적 구속을 규정한다. 반면에 공평성원칙은 반드시 '특정 개인의 의도적이고도 자발적인 행위와 특정 상대방을 전제하여'[19] 발생되는 책무적 구속을 관할한다(114–115, 113).

그러나 여기서 한 가지 유의할 점은 '자연적 정의의무'(소극적 수용 · 지지의무)가 공평성원칙의 책무적 구속의 발동과 더불어 보다 적극적으로[20] 전자의 구체적 규율사항을 준수 · 이행할 책무를 가외로 발생

---

19 책무의 이러한 특성 때문에 책무관계는 특정 당사자 간에 특정 사회제도를 수용 · 활용할지 여부에 대한 선(先)합의를 전제하게 되는데, 서구 자유주의 전통에 속하는 거개의 권리이론들은 이 전제된 선합의절차를 도외시한 나머지 이로부터 추론해야 할 당사자 간의 〈권리–의 · 책무〉관계를 왜곡하고 있다. 이를테면 유효한 약속관계는 약속자의 약속규율의 수용 · 활용제의에 대한 피약속자의 명시적 · 묵시적 동의가 있어야 비로소 성립하는데, 서구 권리이론들은 이 절차를 도외시함으로써 피약속자의 권리 및 의 · 책무가 고려되지 않은 왜곡된 약속 관련 〈권리–의 · 책무〉관계를 제시한다. 이와 관련해서는 이봉철, 「권리관계구조에 대한 오류비판」(2004) 참고.

시킨다는 것이다(113). 이는 공평성원칙이 정의원칙과는 달리 특정 상대방을 전제하여 기존의 정의원칙과 정의로운 제도를 의도적으로 활용함으로써 발동되는 원칙이기 때문이다. 그래서 공평성원칙으로부터 비롯되는 책무는 언제나 정의원칙에 대한 소극적 '수용·지지의무'를 전제하여 발생되는 보다 적극적인 '준수·이행의무'의 이행책무(책무는 언제나 '의무의 이행책무'가 됨)가 되는 셈이다.

롤즈는 이와 관련하여 왜 정의의무원칙 외에 공평성원칙이 가외로 필요한지 그 간단한 설명을 덧붙인다. 즉 이는 자연적 정의의무원칙으로부터 비롯되는 정의로운 제도에 이미 연계되어 있는 개인들의 의무적 기속을 공평성원칙에 근거한 책무를 통하여 보다 강화하기 위함이라는 것이다(116). 여기서 '보다 강화' 한다는 말은 바로 위에서 설명한 대로 수용과 지지를 내용으로 하는 보편적이고도 자연적인 정의의무원칙이 정의원칙과 정의로운 제도의 구체적 규율사항을 준수·이행할 정의의무로 적극화됨을 의미하는 것이고, 또한 공평성원칙에 의한 책무는 이러한 정의의무를 특정상대방에 대하여 이행할 가외의 책임(정의의무 이행책무)을 부과함으로써 2중의 중첩된 구속력을 가지게 됨을 강조하는 것으로 볼 수 있을 것이다.

이로써 3절-1)의 논의 하단부분에서 살펴보았듯이 그 많은 미결과제들과 연결되어 있는 두 원 칙사이의 상호관계에 대한 2차적 답까지

20 롤즈는 이렇듯 보다 포괄적이고 적극적으로 변모되는 정의의무 역시 '자연적' 정의의무로 간주하는데(111, 344), 이는 뒤에서 살펴보겠지만 원초적 선택자들의 정의감과 이들이 선택한 정의원칙에 대한 (도덕적) 의무가 위임된 것으로 보기 때문인 듯하다.

나온 셈이다. 특히 넷째 실마리와 관련하여 유보되었던 위임질서의 중첩적 성격에 대한 확인문제가 여기서 풀리게 되었다. 공평성을 속내용으로 가지는 정의원칙은 공평성원칙과 이음동의어관계이고, 위임약속책무가 되기 위해서는 공평성원칙의 존재와 정의로운 약속제도의 존재가 상호 전제되어 있기 때문에 위임질서는 정의원칙과 공평성원칙 양편에서 정의로운 약속제도를 경유하여 유효한 약속책무까지 관통한다고 할 수 있다. 더구나 유효약속책무는 정의로운 약속제도에 대한 정의의무(지지·수용의무)를 이행(준수·이행)할 책무이기 때문에 약속책무의 내용은 바로 정의로운 약속제도에 대한 정의의무의 내용과 다를 바가 없는 것이다.

4) 정의원칙과 공평성원칙의 기능상의 변별 : 의무와 책무

이상의 롤즈의 자문자답은 제도관할 정의원칙으로부터 의무원칙을 따라 발생된 '의무'와 개인행위 관할 공평성원칙으로부터 발생된 '책무'는 그 근거와 책임의 성격에서 서로 다르다는 점과, 그럼에도 이 둘은 앞의 약속의 예에서도 드러났듯이 밀접히 연결되어 있다는 점을 동시에 시사한다. 그리고 이러한 시사점은 그 기속의 내용과 준거를 만인평등원칙에 같이 얹어놓고 있는 정의원칙과 공평성원칙을 별도로 설정한 이유를 밝히는 문제가 궁극적으로 의무와 책무의 상호 변별과 상호 연관을 밝히는 문제임을 말해준다. 그리고 이러한 시사점에 드러난 롤즈의 의도는 각 사회구성원으로 하여금 책무를 통하여 이러한 중첩된 책임을 이행케 함으로써 2장 1절에서 살펴보았듯이, 개인행위의 직접적 동인이 되는 권리의 '자연적 근거'를 사회 속의 한계(개인행위에 따르는 사회적 의·책무)로 테두리지어 이들의 권리를 정치사회질서에 묶어두자는 것이다.

이와 관련하여 롤즈는 의무와 책무로 구성되는 중첩된 책임은 구체적인 상대방에게 이행되어야 한다고 말한다(113). 그러나 이는 다른 한편 매일의 삶 속에서 스스로의 목적에 따라 권리를 행사하는 사회구성원 개개인은 이를 통해 자신이 속해 있는 사회기속질서를 구성하는 사회의 제반 도덕원칙과 질서제도에 매일매일 ('사회계약' 적) 동의나 약속을 행하고 있다는 말도 될 것이다. 물론 이러한 해석의 가능성은 '원초상태' 의 가상계약에 정초(定礎)하고 있는 롤즈의 이론체계 속에서는 그 여지를 발견하기 어렵다. 이러한 문제점의 일단은 5장 2절에서 살펴보았거니와 보다 자세한 내용은 본절 말미에서 살펴보기로 한다.

정의원칙과 공평성원칙의 기능상의 변별과 관련된 의무와 책무의 변별과 연관성에 대한 보다 구체적인 실마리는 롤즈가 공평성원칙이 특정 개인에게 책무를 발생시키기 위해 동시에 충족되어야 할 두 조건을 제시하는 곳(111-112)에서 발견된다. 첫 번째 조건은, 개인행위와 연관되는 제도가 "정의롭거나 혹은 공정해야"(111) 한다는 것인데, 이는 그 제도가 두 정의원칙에 부합해야 한다는 의미이다. 여기서 '제도' 란 규칙의 가시적 체계로 이해되는 것으로 게임, 예식, 의회, 시장 등을 포괄하는 일반적 사회관행의 제도 및 이 제도가 사회구성원의 생각과 행동에 현실화된 것을 통칭한다(55). 정의로운 제도인 경우 이에 대해서는 일단 수용·지지를 내용으로 하는 자연적 정의의무를 지게 된다. 이를테면 개인의 약속행위와 관련되는 제도가 정의로울 경우 이로부터 1차적으로는 이를 수용·지지할 자연적 정의의무가 발생하게 되는 것이다.

두 번째 조건은, 특정 개인이 이상과 같은 제도를 자발적으로 이용하여 이 제도가 주는 편의와 이익을 도모하는 경우라야 한다는 것이다(112). 이를테면 3절-1)과 3절-2)에서 살펴보았듯이 약속행위를 통해 공인된 정의로운 약속규율을 촉발하고, 이 촉발된 약속규율이 주는 '신뢰'를 담보하여 새로운 협업관계를 창출하거나 안정된 협업을 유지할 경우(346-347)가 이에 해당한다. 이 때 공평성원칙에 입각하여 약속책무를 지게 된다. 그런데 두 번째 조건인 자발적이고 의도적인 개인행위는 이 행위와 연관되는 제도가 "정의롭거나 공정해야 한다"(111)는 첫 번째 조건을 선결해야 되므로 결국 책무는 정의의무와 불가분리의 선후관계에 있음을 알 수 있다.

이 선후관계 속에서 의무와 책무의 관계는 롤즈가 밝히고 있듯이 책무는 바로 이 선결해야 할 '정의로운 제도에 대한 정의의무를 이행할 책무'로 구체화되는 데서 밝혀진다(113). 이를테면 앞서 살펴보았듯이 유효한(정당한) 약속책무는 정의로운 약속규율을 전제한다 함이 이에 해당하겠는데, 이는 달리 말하면 정의로운 약속규율에 구체적으로 명시되어 있는 규율사항(유효한 약속이 되기 위한 조건)에 대한 정의의무를 이행할 책무가 된다. 그리고 이 책무가 바로 공평성원칙에 근거하는 유효한 약속책무가 된다는 말이다. 결국 의도적이고 자발적인 제도 이용행위를 통해서 공평성원칙의 작동이 촉발됨과 동시에 '의무'와 '의무의 이행책무'라는 2중책임이 발생하게 되는 것이다.

그렇다면 의무와 책무는 책임상의 어떤 차이를 가지는 것인가? 이 둘 사이의 변별에 대한 구체적인 모습은 롤즈가 '정치적 책무'(political obligation)의 예를 들어 설명할 때 잘 드러난다. 그 설명에 의하면 정치적 책무는 특정 정치사회의 구성원 모두가 그 정치제도가 정의로울 경우 이 제도에 대해 가지는 일괄적인 정치적 의무와는 달리, 특정 정치적 지위에 있는 공무담임자들에게만 해당되는 것으로 나타난다(113-114, 116, §53). 이는 달리 말하면 책무는 정의로운 제도에서 직무를 담임했을 때, 혹은 정의로운 규칙이 존재하는 어떤 조직체나 집단행동에 가담했을 때 그 직책에 따르는 의무(직무)를 수행하기 위해, 혹은 그 규칙을 준수하기 위해 가외로 짊어져야 할 부담이라는 말과 같다(344). 즉 우리가 정의로운 제도(규율 및 관행 포함)에 소속되어 일정한 몫을 담당할 때에는 그 제도에 순종해야할 정의의 의무와 더불어 그 제도가 규정하는 자신의 몫을 수행해야 할 책무를 동시에 가지게 되는 것이다(116).

이렇게 보면 책무는 정의에 대한 자연적 의무와는 별도로 정의로운 제도를 이용·담임하는 데 따른 가외의 이용부담과 같다 할 수 있겠다. 이에 대해서 롤즈는 자연적 정의원칙의 가장 기본적 의무가 정의에 대한 의무이기 때문에 정의로운 제도에 대해서는 의도적 이용 여부와 관련 없이 균일한 정의의무를 지고, 이를 이용할 경우에는 별도로 이 제도가 규율하는 구체적 의무사항을 이행할 가외의 책무를 진다고 한다(114, 116, 344). 그래서 그는 이러한 공평성원칙으로부터 비롯되는 책무를 일종의 "보다 나은 자의 짐"(noblesse oblige)이라 부른다(116). 여기서 '보다 나은 자'는 자신의 이익을 증가시키거나 지위를 향상시키기 위해 사회의 정의로운 제도를 이용·담임하는 사람을 말함이고, '짐'은 바로 책무를 가리키는 것으로 정의로운 제도(규율과 관행 포함)를 이용하는 사람의 (그에 대한 의무 밖의)가외의 부담 혹은 가외의 사용료 정도가 될 것이다. 이런 점에서 공무담임자들이 짊어지는 정치적 책무는 이들이 국민을 위하여 공복(公僕)으로 일하고 있다는 하나의 표징으로 볼 수 있겠다.

종합하면, 의무와 책무는 전자가 정의로운 제도에 대하여 사회구성원 모두가 균일하게 짊어져야 할 명령적 부담(복종과 지지)임에 비하여, 책무는 사회의 정의로운 제도를 자발적 · 의도적으로 이용할 경우 그 제도에 대한 정의의무 외에 짊어지게 되는 가외의 부담(자임한 의무에 대한 이행책무)이라 점에서 변별된다고 할 수 있다. 그리고 보다 앞서 설명한 책무가 의무에 대하여 가지는 관계는 정의의무를 지게 되는 제도와 연관된 개인행위로부터만 정당한 책무가 발생된다는 점에서 유효한 책무는 항상 정의로운 제도를 전제한다고 할 수 있다.

그러나 한 가지 유의할 점은 그렇다고 정의로운 제도가 항상 유효한 책무를 수반한다고 말할 수는 없듯이 정의의무는 책무를 전제한다고는 말할 수 없다는 것이다. 이는 앞서 왜 정의로운 약속제도에 대해서만 공평성원칙이 적용되고 그에 따른 책무가 발생하는지에 대한 해답을 제공한다. 유효한 약속책무가 발생하려면 우선 약속규율에 대한 정의의무가 먼저 발생해야 하지만 그 역은 아닌 것이다. 그러나 일상에서 우리는 언제나 정치사회질서 및 제도를 이용하여 사회생활을 하기 때문에 사회생활의 현실적 주체로 존재하는 한 정의로운 정치사회질서 및 제도에 대한 정의의무에는 언제나 바로 그 의무를 이행할 책무가 수반되는 것과 같다 할 수 있을 것이다.

이상 정의원칙과 공평성원칙의 기능상의 변별과 관련된 의무와 책무의 변별은 3절-1)의 논의 하단부분과 3절-2)에서 제기된 문제, 즉 왜 유효한 약속책무가 한편으로는 정의원칙에 근거한다 하고, 다른 한편으로는 공평성원칙에 근거한다고 하는 명제갈등의 문제에 대해서도 해답을 준다. 즉 정의원칙은 약속규율에 대한 정의의무를 발생시킴으로써 약속책무의 1차적 (성립)근거가 되고, 공평성원칙은 이 정의의무를 근거로 약속규율을 자발적 · 의도적으로 촉발하여 약속관계를 수립한 당사자들이 이 규율을 공평하게 준수 · 이행하겠다고 자임한 부담(책무)의 2차적 (발동)근거가 되는 것이다. 그리고 이러한 근거상의 선후는 의무와 책무의 선후관계에서와 마찬가지로 공평성원칙은 언제나 정의원칙을 전제하여 발동되어 책무의 근거가 된다고 말할 수 있다. 그러나 그렇다고 정의원칙의 1차적 책무근거가 존재한다 해서 공평성원칙의 발동과 책무근거가 자동적으로 부수된다고 말할 수는 없다. 물론 논리상은 그렇지만 현실 사회생활을 고려할 경우는 그렇지 않다는 것은 바로 위 단락 말미에서 이미 언급했다.

이상 종합한 의무와 책무의 변별을 지금까지의 화두였던 정의원칙과 공평성원칙의 상호관계에 초점을 맞추어 다시 풀어보면 다음과 같은 말이 된다. 즉 비록 정의원칙과 공평성원칙 모두가 그 기속의 내용으로서 공히 공평성으로 특징지을 수 있고, 그 기속의 근거로서 공히 만인평등원칙을 공유함에도 개인행위의 자발성과 의도성이라는 공평성원칙 발동조건을 매개로 일정의 차이를 가지고 있다고 집약할 수 있다. 정의원칙은 이미 가정된 만인자유평등원칙의 제도적 수용을 (수동적으로) 요구하고, 공평성원칙은 이의 개인행위상의 (적극적) 적용을 요구한다는 차이를 가지는 것이다.[21] 이는 제도와 개인행위라는 대상의 차이와 요구상의 의무적 명령성과 책무적 자임성 사이의 차이, 그리고 이에 따른 수용태도상의 수동성과 적극성 사이의 차이를 말해준다. 더불어 위에서 본 바와 같이 선정의원칙, 후공평성원칙이라는 선·후의 차이가 있다. 물론 이들 차이에도 불구하고 두 원칙의 요구의 핵심은 공평성—공평한 선

21 이러한 차이를 롤즈는 정의원칙의 수용·지지와 관련한 '불가피성'과 '자발성'의 차이로 설명한다(343–344).

수용과 공평한 후적용—에서 만나고 있다는 점에는 변함이 없다 하겠다.

결국 두 원칙은 사회제도, 구성원의 행위, 구성원 간의 관계 등 제 차원에 일관된 공평성의 확립을 전제하여 공통의 책임내용과 구속준거를 공유하지만 서로 다른 대상(제도 vs. 개별행위 주체)에 대하여, 그리고 그에 따른 서로 다른 역할(의무적 책임 vs. 책무적 책임)을 분담하고 있다고 말할 수 있다. 물론 이러한 역할분담에 따른 책임이 나뉘어 있으나 이 두 종류의 책임은 이론적으로는 선후관계에서, 그러나 현실적으로는 언제나 동반되어 사회구성원들에게 2중의 책임을 부과하고 있는 것이다.

지금까지 3절-2)에서 3절-4)까지의 논의는 정의원칙과 공평성원칙의 상호관계에 대한 것이었다. 논의과정에서 (1) 두 원칙은 이음동의어관계라는 점, (2) 그러나 질서상의 역할에서는 상호 변별된다는 점, (3) 이러한 질서 역할상의 변별은 의무와 책무라는 질서에 대한 책임상의 변별로 이어지지만 (4) 결국 2중책임으로 귀결된다는 점 등을 밝힐 수 있었다.

더불어 3절-1)에서 3층위 질서체계 구성과 관련해서 풀어야 할 미결과제들을 해결할 수 있었다. 우선 '신뢰원칙'이 '공평성원칙의 결과'임이 밝혀졌다. 정의원칙의 내용은 공평성원칙으로서 제도에 적용되는 반면 공평성원칙은 개인행위에 적용되는 똑같이 정의로운 원칙임이 밝혀졌다. 이로부터 원칙층위질서의 정당성 조건이 만족됨으로써 남은 문제는 앞으로 (롤즈 논의로부터) 확인되거나 보완될 개인행위층위질서인데, 이 문제만 해결되면 층위질서 3개 모두가 정당성 조건을 통과하게 될 것이다.

또 '롤즈 답'에 언급되어 있는 '정의로운 제도에 연계되는 공평성원칙' 이라는 말이 공평성원칙으로부터 발생되는 책무는 언제나 정의로운 제도로부터 발생되는 정의의무를 전제한다는 의미임도 밝혀졌다. 이는 위임약속책무의 발생이 '정의로운 약속제도와 공평성원칙의 존재' 라는 '충분조건' 의 의미로 이어진다. 즉 개인의 약속행위에 따르는 약속책무는 개인의 약속행위가 정의로운 약속제도에 대한 정의의무에 부합할 때 그 약속책무는 언제나 공평성원칙으로부터 발생된 책무가 위임된 책무, 즉 위임약속책무라는 말로 이어지는 것이다.

물론 이런 맥락에서 유효약속책무의 근거가 왜 둘이 되는지도 밝혀졌다. 롤즈의 말에 따르면 그것은 정치사회구성원 개인들의 정의로운 약속제도에 대한 귀속을 소극적 지지와 수용으로부터 보다 적극적인 준수와 이행으로 강화하기 위함이었다. 그래서 책임은 2중적으로 정의의무와 정의의무를 이행할 책무가 중첩되는 결과가 되었다. 그리고 여기서 중첩적 책임이 의미하는 바는 위임질서가 축차적일 뿐만 아니라 중첩적인 서열질서임을 확인해 준다.

그러나 무엇보다도 중요한 가외의 소득은 3절-2)의 첫머리에 밝혔듯이 유효약속책무는 공평성원칙으로부터 비롯되는 모든 유효한 책무의 한 예에 불과하다는 롤즈의 언급이었다. 본 3절의 목표가 롤즈의 위임책무이론을 활용하여 부합권리관계로 재현될 3층위 질서체계를 구성하려는 것이고 보면 이 언급은 약속책무에 국한된 논의를 보편화하는 데에 중요한 실마리를 제공하기 때문이다. 즉 약속책무에 국한된 위임책무이론으로부터 도출되는 3층위 질서체계를 정치사회질서에 보편적인 구성형식인 3층위(정치사회)질서체계로 확대할 수 있기 때문인 것이다. 물론 여기에는 약속책무의 보편적 책무개념으로의 확대뿐 아니라, 이를 바탕으로 보편화된 의무개념 및 보편화된 권리개념의 도출도 요구된다.

그래야 3절-1)에서와 같은 약속책무개념에 근거한 '쌍권·쌍무질서 권리관계'로부터 보편적인 권리개념체계에 근거한 부합권리관계로 옮아갈 수 있기 때문이다. 그리고 본절에서 구성할 정치사회질서에 보편적인 구성형식인 3층위(정치사회)질서체계는 바로 보편적인 권리개념체계에 근거한 부합권리관계의 표현형식인 '쌍권·쌍무질서 권리관계'로 재현되어야 하기 때문이다.

이렇게 해서 3절-1)에서 롤즈의 약속책무를 대표적 예로 하는 '위임책무이론'으로부터 3층위 (약속)질서체계를 구성하는 데에 유보된 문제들은 개인행위층위질서에 대한 (롤즈 논의로부터의) 확인 혹은 (새로운) 보완의 문제를 제외하고는 3절-2)에서 3절-4)에 걸쳐 이루어진 논의에서 모두 해결된 셈이다. 이제 남은 문제는 본절의 목표가 되는 정치사회질서 3층위 질서체계를 구성하여 '쌍권·쌍무질서 권리관계'로 표현해내는 일이다. 이하에서는 우선 바로 위 3절-4)에서 논의한 보편적 책무개념을 바탕으로 3절-5)에서 위임책무이론을 완성하고, 위임책무이론이 연장선상에서 위임의무이론과 위임권리이론을 도출해 볼 것이다. 그리고 이 세 위임이론에 근거하여 롤즈의 위임층위질서체계 모델을 구성해 볼 것이다. 이어서 3절-6)에서는 아직도 미결로 남아 있는 '개인층위질서' 문제를 해결하고, 이를 바탕으로 보편적 구성형식을 가지면서 '쌍권·쌍무질서 권리관계'로 표현되는 3층위 정치사회질서 층위를 모색해 볼 것이다.

5) 의무·책무·권리 3위임이론과 롤즈의 '2층위위임질서체계' 모델

우리는 3절-2)에서 모든 책무는 원초상태에서 가상합의에 의해 선택된 공평성원칙에 대한 책무로부터 위임된 위임책무이며, 약속책무는 그 한 예에 불과하다는 롤즈의 언급을 본 바 있다. 이 언급은 우리에게 두 가지 사항을 말해준다. 그 하나는, 모든 책무는 공평성원칙으로부터 위임된 위임책무로서 모두 같으며, 약속책무도 그 중의 하나인 위임약속책무라는 점이다. 다른 하나는, 약속책무는 다른 모든 책무와 위임책무라는 점에서 똑같기 때문에 3절-1)의 첫째 실마리에서 살펴본 약속책무의 특성, 즉 '쌍권 · 쌍무질서 권리관계'에 속하는 형태의 책무로서의 특성은 모든 책무의 특성이라는 점이다. 이 두 가지 사항은 우리에게 본절에의 목표인 보편적 '쌍권 · 쌍무질서 권리관계' 도출과 관련하여 3가지 실마리를 제공한다. 그 중 하나는, 바로 위 3절-4)에서 보았듯이 책무는 언제나 (정의제도에 대한) 의무를 전제하기 때문에 위임책무에 전제된 의무 역시 위임의무이고, 그 특성 역시 모든 책무의 특성과 같이 '쌍권 · 쌍무질서 권리관계'에 속하는 형태의 의무일 것이라는 점이다. 둘째는, 책무와 의무는 언제나 권리에 대응하기 때문에 위임책무와 위임의무에 대응하는 권리역시 위임권리이며, 그 특성 역시 위임의 속성 속에 있는 모든 책무 및 의무의 특성과 같이 '쌍권 · 쌍무질서 권리관계'에 속하는 형태의 권리일 것이라는 점이다. 셋째는, 이렇듯 똑같은 '쌍권 · 쌍무질서 권리관계' 형태의 특성과 똑같은 위임의 속성으로 보편화되는 모든 책무 · 의무 및 권리는 보편적인 '쌍권 · 쌍무질서 권리관계'를 구성할 것이라는 점이다.

이하에서는 이상의 3가지 실마리를 차례대로 풀어가며 위임책무이론으로부터 위임의무이론, 위임권리이론을 도출해 본다. 다음으로 도출된 3위임이론들에 공통적인 위임연계구조 속에 담겨 있는 위임책무, 위임의무, 위임권리, 각각의 내용의 층위별 구조를 드러내 본다. 그리고 끝으로 이상을 바탕으로 위임연계층위 구조를 구성하고 이로부터 '위임연계층위 질서체계 롤즈 모델'을 도출하여 '쌍권·쌍무질서 권리관계'로 표현해 본다.

우선, 롤즈의 위임책무이론의 위임연계구조와 그 속에 담겨 있는 위임책무 내용의 층위별 구조를 드러내 본다. 위의 롤즈의 책무 전반에 대한 일반화 언급에는 그의 위임책무이론의 바탕이 되고 있는 위임연계구조가 드러나 있다. 롤즈는 약속관계를 비롯한 모든 개인차원의 인적·물적 관계—이를테면 채권-채무관계, 계약관계, 거래관계 등—에서 비롯되는 모든 책무는 그와 관련된 관행 및 규율상의(즉 제도상의) 규정 이전에 공평성원칙에서 발생된다고 본다(112, 342, 344). 다시 말하면 위와 같은 모든 개인차원의 인적·물적 관계에서 발생되는 책무의 내용은 약속책무와 마찬가지로 모두 정의원칙과 이에 부합하는 제반 제도에 대한 정의의무를 공평성원칙에 입각하여 이행해야 할 책무의 내용과 같다는 것이다.

그래서 롤즈는 개인차원의 인적·물적 관계에서 발생되는 모든 책무는 공평성원칙으로부터 위임된 책무라고 하는 것이다. 이 때 그 '위임의 연계'(fiduciary ties, 350)는 공평성원칙으로부터 정의원칙 및 정의로운 제도의 원용을 경유하여 개인행위로 이어진다. 그리고 개인이 결과적으로 가지게 되는 책무는 '정의원칙준수의무를 이행할 책무'와 '정의로운 제도준수의무를 이행할 책무'가 중첩된 복합책무가 된다. 그런데 이 복합책무는 개인이 공평성원칙에 대하여 가지는 책무이기 때문에 공평성원칙으로부터 위임된 복합책무가 된다. 이것이 롤즈의 위임책무이론의 바탕이 되고 있는 위임연계 속의 책무의 내용구조이다. 그리고 이러한 연계내용 구조 속의 모든 책무는 3절-1)의 첫째 실마리에서 살펴본 약속책무의 특성, 즉 '쌍권 · 쌍무질서 권리관계'에 속하는 형태의 책무로서의 특성을 가진다.

물론 이러한 롤즈의 위임연계구조 속에는 우리가 3절-1)에서부터 찾으려 하고 있는 '개인질서층위', 이를테면 개인 사이의 '권리질서층위'가 들어 있지 않다. 따라서 공평성원칙으로부터 개인에게 위임되는 복합책무 속에도 이를테면 '개인 사이 정의로운 권리질서 준수의무를 이행할 책무'는 빠진 상태에 있다. 그래서 개인에게 위임되어야 할 '개인층위책무'를 제외하고는 2층위의 원칙층위 및 제도층위의 개인에게 위임되는 모든 책무는 바로 이러한 연계구조 속에서 똑같은 위임책무로서 일반화될 수 있는 것이다. 여기서 '똑같다'가 의미하는 바는 책무의 내용이야 연계되는 층위마다 다르겠지만 그 구조적 특성에서는 '똑같다'는 것이다.

다음으로, 우선 롤즈의 위임책무이론으로부터 위임의무이론을 도출하여 그 위임연계구조와 그 속에 담겨 있는 위임의무 내용의 층위별 구조를 드러내 본다. 롤즈의 위와 같은 위임책무이론 속에는 의무 역시 그 구조적 특성에서 모두 똑같은 위임의무라는 사실이 포함되어 있다. 이는 모든 책무가 정의의무를 전제하므로 정의원칙에 대한 의무 및 정의로운 제도에 대한 의무를 전제하는 데에서 비롯된다.

일반적으로 의무는 구체적 개인들의 자발적이고도 의도적인 행위와 무관한 것으로 이미 정해진 책임으로 존재한다. 마찬가지로 사회구성원들이 정의로운 관행, 정의로운 규율, 정의로운 주요 사회제도, 정의원칙 등에 대하여 자연적으로 가지게 되는 롤즈의 정의의무 역시 개인들의 자발적 · 의도적 행위와 무관하게 원초상태에서의 가상합의에 의해 선택된 정의원칙 및 정의의무원칙에 입각하여 이미 정해진 것으로 나타난다. 이러한 정의의무는 사회구성원 각 개인의 일상생활에서 불가피한 인적·물적 관계에서 발생하는 책무에 전제되어 있기 때문에 사회생활을 한다는 것은 언제나 정의의무를 이행한다는 의미가 된다. 그리고 모든 의무는 말뜻 그대로 '정의로운 책임' 으로서 정의를 전제해서 발생되기 때문에 정의의무는 모든 의무의 별칭일 뿐이다.

그렇다면 여타의 도덕적 일반 의무야 그 기원을 더 따져보아야 알겠지만, 현실생활에서 개인이 이행해야 할 롤즈의 '정의의무' 는 원초상태에서 합의된 정의원칙과 정의의무원칙에 대한 의무로부터 위임된 것이라고 볼 수밖에 없다. 그래서 모든 의무는 마치 모든 책무가 공평성원칙으로부터 위임된 위임책무인 것과 마찬가지로 위임의무라고 말할 수밖에 없다. 또 모든 의무가 위임의무인 이상 그 위임의 연계 역시 위임책무에서와 마찬가지로 정의원칙으로부터 정의로운 제도를 경유하여 개인행위 차원으로 이어진다고 보아야 한다.

따라서 사회구성원 각 개인이 개인행위 차원에서 가지게 되는 의무는 위임책무에서와 마찬가지로 '정의원칙에 대한 의무' 와 '정의로운 제도에 대한 의무' 가 중첩된 복합의무가 된다. 이상의 복합의무가 롤즈의 위임책무이론의 연장선상에서 도출한 '위임의무이론' 의 바탕이 되고 있는 위임연계 속 의무의 내용구조이다. 그런만큼 위임의무이론을 지지할 위임연계구조는 롤즈의 위임책무이론의 바탕이 되고 있는 위임의 연계구조와 같다. 그리고 이 연계구조에 속하는 위임의무는 언제나 '쌍권·쌍무질서 권리관계' 에 속하는 위임책무에 전제되어 있기 때문에 '쌍권·쌍무질서 권리관계' 에 속하는 형태의 의무로서의 특성을 가진다.

물론 이러한 위임의무의 위임연계구조 속에도 우리가 3절-1)에서부터 찾으려 하는 '개인질서층위', 이를테면 '권리질서층위'가 들어 있지 않다. 그런만큼 정의원칙으로부터 개인에게 위임되는 복합의무 속에도 이를테면 개인 사이의 '정의로운 권리질서 준수의무'는 빠진 상태에 있는 것이다. 그래서 개인에게 위임되어야 할 '개인층위의무'를 제외하고는 2층위의 원칙층위 및 제도층위의 개인에게 위임되는 모든 의무는 바로 이러한 연계구조 속에서 똑같은 위임의무로서 일반화될 수 있는 것이다. 여기서 '똑같다'가 의미하는 바는 의무의 내용이야 연계되는 층위마다 다르겠지만 그 구조적 특성에서는 '똑같다'는 것이다.

끝으로, 롤즈의 위임책무이론과 그 연장선에서 있는 위임의무이론으로부터 위임권리이론을 도출하여 그 위임연계구조와 그 속에 담겨 있는 위임권리 내용의 층위별 구조를 드러내 본다. 먼저 본 논의의 출발점인 롤즈의 위임책무이론과 이로부터 도출한 위임의무이론에서 위임연계구조의 위임의 발원점이 되는 공평성원칙과 정의원칙에 '권리'가 어떻게 근거될 수 있는지부터 살펴본다.

정의원칙과 공평성원칙은 원초상태부터의 정의감과 공평성을 각 개인들의 자유롭고 평등한 삶의 권리를 보장해 주기 위한 것이라는 '권리중심적 해석'을 가능케 한다. 왜냐하면 정치사회구성원들 중 한 개인이 정의원칙 및 공평성원칙에 대해 가지는 의무 및 책무는 반사적으로 여타의 다른 구성원들의 권리가 되기 때문이다. 따라서 이들 두 원칙은 한편으로는 정치사회구성원들의 두 원칙에 대한 (지지, 수용, 준수, 이행과 관련하여) 의무 및 책무를 부과하는 동시에, 다른 한편으로는 이들 두 원칙에 의해서 보호될 삶의 권리 또한 보장한다는 양면적 의미를 가지게 된다.

이와 같은 두 원칙의 양면성에 대해서는 롤즈가 하트(H. L. A.

Hart)의 "상호 규제성"(mutuality of restrictions)원칙이 정의원칙과 이음동의어관계에 있는 공평성원칙의 근거아이디어(intuitive idea)임을 밝힐 때에 분명하게 드러난다(112, 343). 하트의 상호 규제성 원칙은 4장 4절과 6장 6절에서도 본 바 있지만 특정 규율 하의 특정 협업관계에 특정인이 자의에 따라 동참하는 경우, 즉 협업공동체로서의 사회의 구성원일 경우 이 규율이 정의로울 때는 이 특정인은 이 규율에 따라 규율에 정해진 자기 몫을 다할 의무와 이 의무를 이행할 책무뿐 아니라 다른 동참자, 즉 다른 사회구성원이 이 규율에 복종할 것을 요구할 수 있는 권리 또한 가진다는 것이다.[22]

게다가 롤즈의 주장에 따르면 '정의감'과 '공평성'은 인간 본연의 보편적인 도덕적 특성, 즉 '도덕적 인격성'(moral personality)의 핵심 구성요소로서(12, 19, 505) 이미 정의원칙이 선택되는 원초상태부터 마치 모든 인간에게 평등하게 보장되어야 할 "자연권"적 보호의 대상으로 전제(19, 118, §§ 73-77)되어 있다. 정의원칙과 공평성원칙은 바로 이러한 정의감과 공평성을 준칙화한 것이기 때문에 이들 두 원칙을 보편인류차원의 자연권적 보호의 대상으로 볼 수 있다. 그래서 롤즈는 공평으로서의 정의감을 포함하여 이 두 원칙을 일종의 원초상태 이래 만인자유평등원칙이 수용되는 모든 정치사회의 '공공자산'(collective asset)으로 표현한다(347).

이런 의미에서 이들 두 원칙은, 이들 두 원칙이 도출되는 원초상황에 이미 전제되어 있는 만인자유평등원칙에 따라 정치사회구성원들

---

22 H. L. A. Hart, "Natural Right" : 185.

의 평등한 삶의 권리를 정의롭고 공평하게 실행하기 위한 실행원칙으로 볼 수 있다. 같은 논리에서 정의원칙이건 공평성원칙이건 모두가 그 기속력 근거를 만인평등관에 두고 있는 일종의 실행원칙이고, 이들 두 원칙으로부터 비롯되는 위임의무와 위임책무의 최종 근원 역시 궁극적으로 보다 보편적인 준칙, 즉 만인평등원칙에 있다고 말할 수 있다. 즉 우리는 모두가 일반적으로 만인평등원칙과 그 실행원칙(자율권평등원칙, 정의원칙, 공평성원칙, 정의의무원칙 등), 그리고 이에 부합하는 제도에 대한 수용 및 지지의 의무를 짐과 동시에 이에 근거하여 편의와 이익을 도모하는 어떠한 의도적이고 자발적인 행위를 할 경우, 그 행위내용이 상기의 원칙과 제도를 공평하게 적용해야 할 가외의 관련 의무준수책무를 진다고 할 수 있는 것이다.

그리고 모든 구성원들이 자유롭고 평등하다는 도덕계율이 수용되고 있는 정치사회는 위 하트의 '상호 규제성' 원칙이 적용되는 상황으로서, 그 사회의 '공공자산'은 그 구성원 모두가 수호해야 할 의무 및 책무와 더불어 향유할 권리 모두의 대상이 된다. 만약 이 공공자산이 그 사회구성원들의 행동준칙으로서의 내용을 가질 때는 하트의 협업공동체 규율에서와 마찬가지로 모든 구성원 개개인은 이를 수용하고 지지해야 할 의무 및 이 의무를 이행할 책무, 그리고 이와 동시에 이에 상응하는 권리 및 자신의 이익과 편의를 위하여 이를 활용할 권리를 가지게 된다.

이렇듯 원초상태에서 도출되는 정의원칙과 공평성원칙에 근거를 두는 '권리'는 롤즈의 위임책무이론과 그 연장선상에 있는 위임의무이론의 위임연계구조에 편입될 수밖에 없다. 모든 책무와 모든 의무가 모두 위임연계구조 속에 있는 위임책무와 위임의무라면, 위임연계구조의 위임의 발원점이 되는 정의원칙 및 공평성원칙에 확실하게 착근되어 있는 권리 또한 위임연계구조 속에 있는 위임권리일 수밖에 없는 것이다. 왜냐하면 권리는 언제나 책무와 의무에 대응하기 때문이다. 그래서 권리 위임의 연계는 위임책무 및 위임의무에서와 같은 논리로, 정의원칙 및 공평성원칙으로부터 정의로운 제도를 경유하여 개인행위 차원으로 이어진다.

따라서 사회구성원 각 개인이 가지게 되는 권리는 결과적으로 정의원칙 준수에 대한 의무에 상응하는 권리와 정의로운 제도에 대한 수용과 지지의무 혹은 준수·이행의 의무에 상응하는 권리와, 이상과 같은 각각의 의무를 수행할 각각의 책무—즉 공평성원칙으로부터 위임된 각각의 책무—에 상응하는 권리들이 중첩된 복합권리가 된다. 이 때 복합권리는 롤즈의 위임책무이론 및 위임의무이론의 바탕이 되고 있는 위임연계 속의 권리의 내용구조이다.

그런만큼 위임권리이론을 지지할 위임연계구조는 롤즈의 위임책무이론 및 위임의무이론의 바탕이 되고 있는 위임의 연계구조와 같다. 그리고 이 연계구조에 속하는 위임권리는 언제나 '쌍권·쌍무질서 권리관계'에 속하는 위임책무 및 위임의무와 상응하므로 '쌍권·쌍무질서 권리관계'에 속하는 형태의 권리로서의 특성을 가진다. '도의론'(deontic theory)[23]적 특성을 띠고 있는 롤즈의 정의이론에 권리이론을 덧붙일 여지는 궁색하지만, 위에서 살펴본 위임책무이론과 위임의무이론에 상응하는 권리이론은 분명 위임권리이론일 수밖에 없다.

---

23 '도의론'은 주로 인간의 의무와 책무를 중심으로 논의되는 이론들을 말하는데, 롤즈의 정의이론이 거의 이에 가깝다. 이는 그의 책 말미 색인표에서 '권리'의 사용횟수와 '의무 및 책무'의 사용횟수를 비교해 보면 바로 드러난다.

물론 이러한 위임권리의 위임연계구조 속에도 우리가 3절-1)에서부터 찾으려 하는 '개인질서층위', 이를테면 '권리질서층위'가 들어있지 않다. 그런만큼 정의원칙으로부터 개인에게 위임되는 복합의무 속에도, 이를테면 개인 사이의 '정의로운 권리질서로부터 보호받을 권리'는 빠진 상태에 있는 것이다. 롤즈의 위임연계구조에는 앞서 본 바와 같이 '개인층위질서' 상 권리가 상응할 책무 및 의무 자체가 포함되지 않은 상태에 있기 때문에 이는 당연한 것이다. 그래서 개인에게 위임되어야 할 '개인층위권리'를 제외하고는 2층위의 원칙층위 및 제도층위의 개인에게 위임되는 모든 권리는 바로 이러한 연계구조 속에서 똑같은 위임권리로서 일반화될 수 있는 것이다. 여기서 '똑같다'가 의미하는 바는 권리의 내용이야 연계되는 층위마다 다르겠지만 그 구조적 특성에서는 '똑같다'는 것이다.

지금까지 롤즈의 위임책무이론으로부터 위임의무이론과 위임권리이론을 도출하였다. 지금까지의 내용을 종합하면 위임책무의 위임연계 속의 내용구조는 롤즈의 '위임의 연계'(fiduciary ties, 350)를 따라 원칙층위의 '정의원칙준수의무를 이행할 책무'와 제도층위의 '정의로운 제도준수의무를 이행할 책무', 이렇게 2층위의 책무들이 중첩되면서 개인의 책무로 이어진다. 위임의무의 내용구조는 롤즈의 '위임의 연계'를 따라 위임책무에서와 마찬가지로 '정의원칙에 대한 의무'와 '정의로운 제도에 대한 의무', 이렇게 2층위의 의무들이 중첩되면서 개인의 의무로 이어진다. 위임권리의 위임연계 속의 내용구조는 롤즈의 위임의 연계를 따라 '정의원칙 준수에 대한 수용과 지지의무(혹은 준수·이행의무)에 상응하는 권리'와 '정의로운 제도에 대한 수용과 지지의무(혹은 준수·이행의무)에 상응하는 권리', 그리고 이상과 같은 각각의 의무를 수행할 각각의 책무—즉 정의원칙에 대한 이상의 의무를 '수행할 책무'와 정의로운 제도에 대한 이상의 의무를 '수행할 책무'—에 상응하는 권리들, 이렇게 2층위의 권리들이 중첩되면서 개인의 권리로 이어진다. 이 때 이와 같은 위임책무, 위임의무, 위임권리, 이들 모두는 '쌍권·쌍무질서 권리관계'에 속하는 형태의 특성을 가진다.

이렇게 종합된 결과는 3위임이론이 공통된 논리구조를 공유하고 있음을 보여주는데, 그 공통 논리구조는 '쌍권·쌍무질서 권리관계'에 속하는 형태의 특성을 가지는 책무·의무·권리가 롤즈의 '위임연계'를 타고 '원칙층위'의 정의원칙과 공평성원칙, '제도층위'의 정의로운 제도, 이렇게 2층위로부터 맨 밑의 사회구성원 각 '개인'으로 이어진다는 점이다. 그런데 '원칙층위'와 관련하여 정의원칙과 공평성원칙은 바로 위 위임권리이론 도출에서 보았듯이 자연권적 보호대상인 만인자유평등원칙의 실행원이기 때문에 '원칙층위'의 최상위원칙은 만인자유평등원칙이 된다.[24] 그리고 또 하나의 공통점은 3위임이론 모두에는 '개인질서층위', 이를테면 '권리질서층위'가 포함되어 있지 않다는 점이다.

이상과 같이 종합된 내용과 그 결과가 보여주는 3위임이론들의 공통된 논리구조는 이들 3이론들이 공통적으로 위임연계층위 구조로

---

24 롤즈의 위임책무이론으로부터 도출한 3위임이론들의 원칙층위의 정의원칙과 공평성원칙이 일종의 실행원칙으로서 만인자유평등원칙에 귀속된다는 점과 권리관계의 최상위 근거원칙이 자율성평등원칙을 실행원칙으로 가지는 만인자유평등원칙이라는 점은, 롤즈의 정의이론과 여기에서 이 이론 속의 위임책무이론으로부터 '쌍권·쌍무질서 권리관계'로 표현되는 정위자유주의 질서 3층위체계를 도출하려는 작업이 똑같은 전제, 즉 만인자유평등원칙에 근거하고 있음을 말해준다.

지지되어 있고, 이 구조의 내용이 '쌍권·쌍무질서 권리관계'에 속하는 책무·의무·권리로 구성되어 있음을 보여준다. 즉 '개인층위'를 제외한 2층위 '원칙층위'와 '제도층위'가 롤즈의 '위임연계'에 묶여 사회구성원 각 개인으로 이어지는 위임연계층위 구조(이하 '위임연계2층위구조')가 이들 3이론에 내재되어 있고, 이 내재되어 있는 구조의 내용은 '쌍권·쌍무질서 권리관계'로 구성되어 있음을 보여주는 것이다.

그런데 3절-1)에서 보았듯이 '위임'은 언제나 상하 혹은 주객의 '질서'를 전제하기 때문에, 그리고 '쌍권·쌍무질서 권리관계'는 '쌍권·쌍무권리질서'를 표현하기 때문에 위임연계 2층위구조는 층위별 '쌍권·쌍무권리질서'와 이 질서층위 사이의 질서가 위임연계 속에 구조화되어 있음을 보여준다고 말할 수 있다. 이를 풀어서 말하면 위임연계 속에서는 원칙층위는 '원칙층위 쌍권·쌍무권리질서'로, 제도층위는 '제도층위 쌍권·쌍무권리질서'로, (이 위임연계층위 구조에는 포함되어 있지 않지만) 개인층위는 '개인층위 쌍권·쌍무권리질서'로 존재하면서 동시에 이들 층위별 질서 사이에는 상하 위임질서관계에 놓여 있는 구조를 보여준다 할 수 있는 것이다. 여기서 각 층위는 그 자체로 '층위구조'이고 각 '층위질서' 역시 '층위질서구조'가 되기 때문에 각 층위구조 사이를 엮어내는 위임연계는 층위질서구조를 엮어 구성되는 질서체계의 테두리질서인 '체계질서'가 된다.

결국 3위임이론들에 공통적으로 구성되어 있는 위임연계2층위구조는 '쌍권·쌍무권리질서'는 '쌍권·쌍무질서 권리관계'로 표현되기 때문에 '쌍권·쌍무질서 권리관계'로 표현될 수 있는 '2층위위임질서체계'가 된다. 이러한 '2층위위임질서체계'는 롤즈의 위임책무이론에 근거한 보편적 '책무·의무·권리 위임연계층위 구조'로부터 도출되었기 때문에 이제부터는 롤즈의 '2층위위임질서체계' 모델(이하 '2층위질서체계 롤즈 모델' 혹은 '롤즈 모델')이라 부르기로 한다.

6) 롤즈 모델의 보완과 '쌍권·쌍무 3층위 위임질서체계' 모델

3절의 마지막 항목인 여기에서는 위의 '2층위질서체계 롤즈 모델'에 포함되어 있지 않은 '개인질서층위'를 보완하여 본장의 '남은 과제'이자 본절의 최종목표인 정위자유주의 질서의 3층위 질서체계를 도출해 볼 것이다. 우선 '개인질서층위' 보완문제를 해결해야 하는데, 롤즈 모델의 원칙층위질서와 제도층위질서를 표현하는 '쌍권·쌍무질서 권리관계'가 각각에서 어떤 내용으로 구성되는지 살펴보는 데서 출발하고자 한다. 다시 말하면 원칙층위질서 하의 질서주체들 사이 '쌍권·쌍무질서 권리관계'의 내용과 제도층위질서 하의 질서주체들 사이 '쌍권·쌍무질서 권리관계'의 내용이 어떻게 변별되는지를 헤아려 보는 일부터 시작하려는 것이다. 그 목적은 이러한 변별을 통해서 롤즈 모델에 포함되어 있지 않은 '개인질서층위'의 존재가 왜 불가피한지, 그 내용은 무엇이며 어떻게 롤즈 모델의 두 층위질서들과 변별되는지 밝히기 위한 것이다. 물론 그 궁극적 목적은 이를 밝힘으로써 그 존재가 불가피한 '개인질서층위'를 롤즈 모델에 보완하여 본장의 '남은 과제'이자 본절의 최종목표인 정위자유주의 질서의 3층위 질서체계를 도출하기 위한 것이다.

그리고 원칙층위질서의 질서주체들 사이 '쌍권·쌍무질서 권리관계'의 내용과 제도층위질서의 질서주체들 사이 '쌍권·쌍무질서 권리관계'의 내용에 대한 변별이 필요한 이유는 지금까지 살펴온 롤즈의 위임책무이론과 관련한 논의에 이러한 변별과 관련된 내용이 없기 때문이다. 그 결과 앞절에서 도출한 롤즈 모델에도 이러한 변별과 관련한 내용이 반영되어 있지 않기 때문이다.[25] 그래서 이를테면 원칙층위질서 '쌍권·쌍무질서 권리관계'를 구성하는 권리 및 의·책무와 제도층위질서 '쌍권·쌍무질서 권리관계'를 구성하는 권리 및 의·책무가 위임연계의 종착점에 있는 질서주체들이 가지게 되는 최종 권리 및 의·책무인지? 아니면 그 밖의 다른 권리 및 의·책무가 위임연계 속에 포함되는지? 만약 위임연계에 포함되는 권리 및 의·책무가 있다면 그 내용은 어떻게 다르며, 그 다른 내용은 롤즈 모델의 위임연계층위질서에 어떻게 편입될 수 있는지? 그리고 그 편입결과 롤즈 모델은 어떻게 바뀌게 될 것인지? 또 특정 개인과 개인 사이 권리관계에서 특정 내용의 권리 및 의·책무를 가진다는 것은 롤즈 모델로는 어떻게 설명될 수 있는지? 등의 의문에 대해 답할 수가 없다. 이하에서는 이상의 문제들에 대한 답을 모색해 보고, 모색된 답을 중심으로 롤즈 모델을 보완해 볼 것이다.

위 의문들에 대한 답의 실마리로서 원칙층위질서와 제도층위질서의 변별부터 시작한다. 위임책무이론과 관련한 롤즈의 논의에 나타나는 원칙층위질서 차원의 기속책임(requirements)[26]과 제도층위질서의 기속책임 사이에는—비록 롤즈의 논의에는 그 변별에 대한 설명이 없지

25 롤즈의 설명이 결여되어 있는 부분은 '개인층위질서'에 대한 것뿐이 아니다. 사실 롤즈 모델의 도출을 포함한 지금까지의 '위임책무' 관련 논의과정은 3절-1)에서 살펴본 롤즈의 위임책무 성립의 '충분조건'에 대한 간결한 언급에 대한, 퍼즐맞추기식의 문제풀이였다고 해도 과언이 아니다.

26 여기서 '기속'(羈屬)의 의미는 3장 1절에서와 같은 의미로 사용한 것이다.

만—원칙과 제도의 차이만큼 그 내용과 역할상의 차이가 함의되어 있다. 롤즈가 언급하고 있는 원칙—이를테면 정의원칙, 공평성원칙 등—은 공평성을 내용으로 도덕규범질서로서의 역할을 하는 데 비해 제도(관행과 규율)는 그 도덕적 정당성의 문제를 잠시 제외하고 생각한다면 그 나름의 서로 다른 내용과 역할을 갖는다.

롤즈가 모든 제도는 제정된 관행(constitutive conventions)으로 그 자체 도덕적 기속력을 가질 수 없음을 강조할 때(348), 이는 한편으로는 제도적 기속책임이 정당화되기 위해서는 공평성을 내용으로 하는 정의원칙의 도덕적 기속력범위 내에 있어야 함을 말하는 것이지만, 다른 한편으로는 그 제도 자체가 요구하는 기속책임은 여전히 제도적 기속책임으로서 원칙차원의 기속책임과는 구분되어야 함을 시사하는 것이기도 하다(349). 그래서 질서주체로서의 개인들은 제도적 기속책임이 도덕적 기속력을 가질 때만이—마치 모든 제도가 도덕원칙으로서의 두 정의원칙에 부합함으로써만이 정당화될 수 있듯이—정당화될 수 있는 제도적 기속책임을 가지게 된다. 그러나 이 때 이들 개인이 가지게 되는 제도적 기속책임에는 정의원칙이 요구하는 공평성이나 정당성에 대한 원칙차원의 기속책임 외에 관련 제도 자체가 요구하는 구체적 상황요건 및 행동지침을 충족시켜야 할 기속책임이 포함된다.[27]

27 이러한 제도적 기속책임의 특성은 본 논의를 자체 논지를 벗어난 다른 문제로 접속시키는 만큼 본 논의의 핵심을 벗어나게 한다. 따라서 그 단서만을 지적한다면 기속책임을 둘러싼 원칙차원과 제도차원의 차이는 사회구성원들의 '불복종'과 '양심상의 거부'에서 상호 간 분립과 대립으로까지 진전될 수도 있다는 점이다. 이는 롤즈가 이와 관련하여 사회기본구조가 그 대강에서 정의로울 경우에는 어느 정도의 한계 내에서는 설사 도덕적 기속력이 미약한 '덜 정의로운 사

이러한 차이를 롤즈의 위임책무이론의 대표적 예에 해당하는 '약속'을 예로 들어 설명하자면 개인들이 약속을 통해서 지게 되는 책무만 하더라도 2중적인데, 이 2중의 책무가 그 내용과 역할에서 서로 다르다. 약속을 통해서 가지게 되는 1차적 책무는 공평성원칙의 한 부속원칙(약속 등 언질행위 부문에 특수화된)으로서의 신뢰원칙에 따라 약속은 지켜야 한다는 약속준수책무(원칙차원의 기속책임)이다(344, 346). 그러나 2차적으로 개인들은 약속제도로서의 약속규율에 대해서 이미 앞서 롤즈의 설명을 통해 살펴보았듯이 이 규율이 구체화하고 있는 약속언질행위의 조건—당사자 사이 약속관계상의 "공정한 지위"(345)를 보장할 수 있는 약속환경—을 충족시킬 약속조건충족책무(제도적 기속책임)를 가외로 더 가지게 된다(344-345).

이 때 2차적으로 가지게 되는 약속조건충족책무는 그 약속규율이 두 정의원칙에 부합할 경우, 약속당사자 사이 약속관계에 대해 제도적 기속력뿐 아니라 도덕적 기속력 또한 가지게 된다. 그리고 이 경우가 바로 3절-1)에서 보았듯이 롤즈가 말하는 위임약속책무 발생의 '충분조건' 충족의 경우로서, 유효한 구속력을 가지는 약속이 제도차원에서 성립(345)되어 비로소 공평성원칙에 따른 약속이행책무가 발생되는 경우로 이해되는 것이다. 그러나 유의해야 할 점은 그렇다고 이 2차적 책무가 공평성원칙에 대해서 가지게 되는(원칙층위질서에 대한) 1차적 책무의 내용 및 역할과 같지는 않다는 것이다. 이 점이 바로 롤즈 모델의 원

회제도' 일지라도 이에 대한 제도적 기속책임이 있음을 인정하는 곳(§53, §55)에 함의되어 있다.

칙층위질서와 제도층위질서를 표현하는 '쌍권 · 쌍무질서 권리관계' 각각에 구성되는 내용이 서로 구분되는 변별점인 것이다. 롤즈의 위임책무이론 관련 논의 속에는 이러한 원칙차원과 제도차원 사이의 기속책임의 차이에 관한 변별이 간과되어 있기 때문에 롤즈 모델에도 이러한 변별점이 반영될 수 없었던 것이다.

그러나 더 심각한 문제는 원칙 및 제도층위질서로부터 비롯되는 기속책임이 구체적으로 귀착해야 될 개인층위질서의 기속책임에 대한 설명은 위임책무이론과 관련한 롤즈의 논의 어느 곳에서도 발견할 수가 없다는 점이다. 그래서 3절의 논의 전반에 걸쳐, 특히 롤즈 모델 도출과 관련한 3위임이론에 대한 논의과정에서 반복적으로 개인층위질서의 누락을 지적했던 것이다.

물론 롤즈의 관련 논의가 정의원칙으로부터 비롯되는 기속책임이 정의제도를 경유해서 어떻게 정의질서 주체로서의 개별적 정치사회구성원들의 행위로까지 이어지는가에 초점을 두고 있다는 점에서 개인층위질서에 대한 고려는 나름대로의 이유 있는 기각사항이 될 수도 있다. 그러나 모든 권리 및 의 · 책무—그것이 정치사회원칙 차원에서 비롯된 것이든 아니면 정치사회제도 차원에서 비롯된 것이든—는 궁극적으로 정치사회구성원 개인과 이들 사이의 관계 속에서 구체화되기 때문에 이들 사이의 권리관계(여기서는 '쌍권 · 쌍무질서 권리관계')에 구성되는 내용, 즉 권리 및 의 · 책무를 규정하는 개인층위질서에 대한 설명은 필수불가결한 것이 된다.

사실 상식적으로 모든 정치사회질서에서 원칙층위질서나 제도층위질서는 궁극적으로 개별적 정치사회구성원들의 행위규범과 이들 사이의 관계규율을 위한 보조장치라는 점을 고려할 때, 롤즈 모델의 원칙층위질서와 제도층위질서는 오히려 개인층위질서로 수렴되면서 구체화되어야 한다고 생각된다. 이는 롤즈의 정의원칙과 이에 부합하는 사회관행과 제도가 궁극 원초상태에서 가정된 자유롭고 평등한 (도덕적 인간으로서의) 개별자들의 자유로운 선택권을 보호하기 위한 것이라는 관점에서도 그렇고, 또 사회의 원칙 및 제도들을 그 구성원들의 자연권적 기본권을 보장하기 위한 수단으로 보는 자유주의 질서의 관점(5장 4절 참고)에서는 더더욱 그렇다.

이렇게 볼 때 원칙층위질서의 기속책임의 내용이 제도층위질서의 기속책임의 내용과 다르듯이 개인층위질서의 기속책임의 내용이 상기 원칙 및 제도층위질서의 기속책임의 내용과 변별해야 될 필요성이 절실하게 대두된다. 먼저 어떻게 변별되는지 예를 통해서 살펴본다.

이를테면 내가 올해 3 · 1절에 탑골공원에서 'S나라 P대통령은 독재자다' 라고 말했을 때, 나는 그렇게 말할 권리를 '모든 인간은 의사표현의 자유를 가진다' 는 '원칙' 과 이를 보장한 '정치사회적 법률제도' 에 근거해서 가지게 된다고 말할 수 있다. 그러나 그러한 내 권리는 원칙차원질서 및 제도차원질서에 규정되어 있는 권리에 그쳐서는 안 되고, 개인행위관계 차원에서 S나라 정부요인을 포함하여 내 말을 내 주변에서 직 · 간접적으로 듣고 있는 특정개개인에 대한 구체적 권리이기도 해야 한다. 그리고 주변 사람들이 가지는 이러한 내 권리를 존중해야 할 의 · 책무는 이상과 같은 원칙층위질서와 제도층위질서에 근거하여 발생된다 하겠지만, 이들 원칙 및 제도차원의 질서에 대한 의 · 책무에 그쳐서는 안 되고 보다 직접적으로는 현장 발언자인 나에 대한 의 · 책무이기도 해야 한다.

또한 내가 가지는 권리의 내용은 막연히 의사표현의 자유가 아닌 구체적으로 'S나라 대통령 P는 독재자다' 라는 언명에 대한 자유가 되고, 이러한 구체적 내용을 가지는 나의 권리에 대한 주변의 특정인들의 의·책무의 내용도 '의사표현의 자유' 에 대한 존중이 아닌 나의 바로 그러한 구체적 언명에 대한 존중이 되어야 한다. 물론 나나 주변 사람들 모두 의사표현의 자유와 관련한 정치사회원칙이나 정치사회제도를 지지·수용·준수·이행할 권리와 그에 따를 의·책무를 동시에 가질 것이다. 그러나 그렇다고 이러한 권리 및 의·책무가 위에서 살펴본 바와 같은 개인차원의 구체화된 권리 및 의·책무와 같다고 볼 수는 없는 노릇인 것이다.

이는 개인행위 차원의 권리와 책임은 그 내용에서 원칙 및 제도 차원의 권리 및 책임내용과 다르다는 사실과 더불어 후자차원의 권리 및 책임은 전자차원의 권리 및 책임을 정당화하고 보장하기 위한 방편의 의미로 존재함을 밝혀준다. 결국 나의 위와 같은 언급에 결부된 기속책임은 원칙 및 제도층위의 2층위질서에 대한 2중 기속책임에 그치는 것이 아니라, 이에 개인층위질서의 기속책임이 함께 결합되어 3층위질서의 3중 기속책임이 되는 것이다.

또 다른 예로 롤즈의 위임책무이론의 대표적 예인 약속의 경우에 대해 살펴본다. 이를테면 약속관계가 성립할 수 있는 적절한 상황에서 B가 A로부터 10만 원을 빌리고 일주일 후에 갚기로 A에게 약속했다면 〈A–B〉 사이에는 유효한 약속관계가 성립되어 B에게는 A에게 한 약속을 이행해야 할 의·책무가 발생하고 A에게는 B의 이러한 약속의·책무에 상응하는 권리가 발생하여 〈A–B〉 약속관계는 약속을 내용으로 하는 〈권리–의·책무〉관계에 서게 된다.[28]

이 때 B가 A에 대하여 지는 약속의·책무는 1) '(선의의 bona fide)

약속은 지켜져야 한다' (344, 346)는 공평성원칙(혹은 신뢰의 원칙)에 따른 약속준수의무이행책무와, 2) 약속규율에 따른 '약속 유효조건에 부합하는 약속은 또한 그에 상응하게 지켜져야 한다' (344–345)는 약속규율 준수의무이행책무 등 추상적인 내용을 가지는 약속책무 외에 3) 'A에게 일주일 후 10만 원을 돌려주어야 한다' 는 구체적인 내용을 가지는 약속이행책무 또한 가지게 되는 것이다. 이 때에도 역시 A에게는 B의 이러한 3중의 의·책무에 각각 대응하는 권리가 발생됨으로써 〈A–B〉 약속관계는 3중의 〈권리–의·책무〉관계(여기서는 3중의 '쌍권·쌍무질서 권리관계')를 구성하게 되고, 이 3중의 권리관계는 3중의 권리질서(여기서는 3중의 '쌍권·쌍무질서')의 관할 하에 놓이게 된다.

---

28 이러한 예에 상응하는 롤즈의 예는 "어떤 사람이 변명의 여지가 없는 적절한 상황에서 '나는 X하기를 약속한다' 고 말하면 그는 X를 해야 한다"는 그의 언급에서 찾아볼 수 있다(345). 그러나 여기서 '어떤 사람' 이 "나는 'X하기' 를 약속한다"했을 때, '어떤 사람' 과 'X하기' 는 구체적 대상을 지목하지 않은 범칭의 명칭변수임에 주목할 필요가 있다. 이 범칭의 명칭변수는 약속일반에 대한 약속규율과 공평성원칙이 대상으로 하는 명칭변수와 그 추상화층위가 같기 때문에, 약속책무발생의 직접적 계기가 되는 특정 당사자 간의 약속관계와 이에 따르는 권리 및 의·책무의 내용이 드러나지 않고 단지 '약속은 지켜져야 한다' 는 원칙에 대한 일반적 권리–의·책무관계만이 드러나게 되어 책무(혹은 이에 대응하는 권리)의 위임층위의 중첩혼동을 야기한다. 이러한 롤즈의 예와 위의 예의 차이는 게워스(A. Gewirth)가 '일반권' 과 '특별권' 의 차이를 이용하여 이를 확연히 구분할 때 잘 드러난다. "A가 B로부터 약속된 10달러를 받는 특별권에는 이 10달러에 대한 A의 아무런 의무도 따르지 않는 데 반해 A가 자신에게 한 B의 (10달러를 주기로 한) 약속을 B가 지키게 하는 일반권에는 그 약속이 그대로 지켜지도록 노력할 의무가 따른다. 왜냐하면 A는 그렇게 함으로써 모든 사람에게 하나의 중요한 (공공)자산인 약속이행의 (사회적) 제도를 견고히 하는 데 도움을 주기 때문이다 … ." (Gewirth, 1996 : 234). 물론 게워스의 언급 중 〈A–B〉 간 〈권리–의·책무〉 특별관계에 대한 부분은 재고의 여지가 있는 것으로 이에 대한 연구로는 이봉철, 「권리관계구조에 대한 오류비판」(2004) : 91–119 참고.

롤즈가 그의 위임책무이론의 대표적 예로서 들고 있는 약속책무에 대한 논의 속에는 바로 '3)항'[29]에 해당하는 구체적 내용의 개인 당사자 간의 약속책무에 대한 설명이 생략되어 있다. 그러나 이 개인차원의 약속이행의 의·책무야말로 모든 일상적 약속책무의 현실태일 뿐만 아니라, 오히려 이를 설명하기 위해 그 근거로 고려되는 것이 원칙차원과 제도차원의 추상적 의무이행책무라고 보는 것이 보다 합당하다고 생각되는 것이다.

이상의 예들을 통해서 앞에 제기한 의문들에 답하면 다음과 같다. 첫 번째 의문그룹, [원칙층위질서 '쌍권·쌍무질서 권리관계'를 구성하는 권리 및 의·책무와 제도층위질서 '쌍권·쌍무질서 권리관계'를 구성하는 권리 및 의·책무가, 위임연계의 종착점에 있는 질서주체들이 가지게 되는 최종 권리 및 의·책무인지? 아니면 그 밖의 다른 권리 및 의·책무가 위임연계 속에 포함되는지?]에 대해서는 위임연계의 종착점에 있는 질서주체 개인들은 원칙 및 제도층위질서에서 비롯되는 권리 및 의·책무 외에 개인층위질서에서 비롯되는 권리 및 의·책무를 더 가지게 된다고 답해야 된다.

두 번째 의문그룹, [만약 위임연계에 포함되는 권리 및 의·책무가 있다면 그 내용은 어떻게 다르며, 그 다른 내용은 롤즈 모델의 위임연계층위질서에 어떻게 편입될 수 있는지? 그리고 그 편입결과 롤즈 모델은 어떻게 바뀌게 될 것인지?]에 대해서는 위임연계의 종착점에 있는 질

29 여기서 '3)항'의 내용과 관련되는 권리관계 및 권리질서는 6장 7절에서 살펴본 배타적 특수성이 함의된 '계약권리관계' 및 계약권리관계 당사자사이에 배타적 입법을 통하여 수립하는 '계약권리질서'에 해당한다.

서주체 개인들이 가외로 가지는 권리 및 의 · 책무의 내용은 '쌍권 · 쌍무질서 권리관계'에 서는 질서주체 당사자들이 배타적으로 입법한 '쌍권 · 쌍무질서'가 규정하는 당사자 사이의 구체적 (협업)행위에 대한 권리 및 의 · 책무이며, 이러한 내용은 위임연계층위상의 '개인질서층위'로 편입되어 '2층위 질서체계 롤즈 모델'을 '3층위 질서체계'로 보완 · 확장한다고 답할 수 있다.

그리고 세 번째 의문, [특정 개인과 개인 사이 권리관계에서 특정 내용의 권리 및 의 · 책무를 가진다는 것은 롤즈 모델로는 어떻게 설명될 수 있는지?]에 대해서는 롤즈 모델로는 설명될 수 없다고 답해야 한다.

지금까지 원칙층위질서 하의 질서주체들 사이 '쌍권 · 쌍무질서 권리관계'의 내용과 제도층위질서 하의 질서주체들 사이 '쌍권 · 쌍무질서 권리관계'의 내용에 대한 변별에서 출발하여 3층위 질서체계에 필수불가결한 '개인질서층위'를 도출하여 '보완문제'를 해결했다. 이제는 이에 근거하여 본장의 '남은 과제'이자 본절의 최종목표인 정위자유주의 질서의 3층위 질서체계를 도출해 볼 것이다. 이를 위해서 지금까지의 논의를 통해 보완된 롤즈 모델을 재구성해 가며 이 모델이 여기서 도출하려는 정위자유주의 3층위 질서체계와 어떻게 조응할 수 있는지를 검토해 본다. 우선 롤즈의 위임책무이론의 대표적 예인 약속책무를 중심으로 보완된 롤즈 모델을 재구성해 본다.

보완된 롤즈 모델은 이를테면 위에서 든 〈A–B〉 사이의 약속관계에서 비롯되는 약속책무의 예를 중심으로 보면, B의 약속책무는 원칙차원 · 제도차원 · 개인행위 차원에 걸쳐 3중의 층위질서 형태를 가지는 것으로 나타난다. 즉 1) 공평성원칙에 입각하여 '선의의 약속은 지켜져야 한다'는 원칙준수의무이행책무, 2) '유효한 약속이 되기 위해서는 약속규율에 부합해야 한다' 는 약속규율준수의무이행책무, 그리고 3) 구체적으로 〈A–B〉 간의 정의로운 약속관계(정의로운 인적 · 물적 교류와 그 교류조건) 내에서 약속한 구체적 내용을 이행할 책무(즉 B는 A에게 일주일 후 10만 원을 갚아야 할 책무) 등 3가지 서로 다른 책무가 동시에 중복되어 발생하게 되는 것이다. 다른 한편 이를 A를 중심으로 볼 때는 B의 3중 복합책무 각각에 대응하는 권리가 A에게 발생된다. 그리고 이렇게 발생된 3중의 복합권리 및 책무는 〈A–B〉 사이 3중의 '쌍권 · 쌍무약속권리관계'를 구성하고 이 권리관계는 또 3중의 '쌍권 · 쌍무 약속권리질서' 의 관할하에 놓이게 된다.

그런데 A–B의 약속관계가 유효하기 위해서는 (1) 의 · 책무측면에서 약속규율이 규정하고 있는 유효조건을 만족해야 되므로 개별행위주체차원의 상호 관계상의 의 · 책무는 제도차원의 구속 하에 있고, (2) 약속규율은 정의원칙에 부합함으로써만이 정당화될 수 있기 때문에 제도차원의 의 · 책무는 원칙차원의 구속 하에 있으며, (3) 개별행위주체차원의 상호관계상의 의 · 책무는 정의원칙에 구속을 받는 제도차원의 의 · 책무의 관할 하에 있기 때문에 결과적으로 원칙차원의 정의원칙에 대한 의 · 책무의 구속을 받게 되는 등 서로 다른 3층위의 복합의 · 책무가 중첩된 위임위계질서를 형성함을 알 수 있다. 물론 이를 권리측면에서 볼 때도 마찬가지여서 권리 역시 3층위의 복합권리가 원칙층위 → 제도층위 → 개인행위층위로 이어지는 중첩된 권리위임위계질서를 형성하게 된다. 여기서 중첩된 위임위계질서는 축차적으로 나타나기 때문에 위임위계질서는 축차적이고도 중첩적인 위임위계질서, 즉 '축차 · 중첩 · 위임질서' 가 된다.

결국 약속관계를 예로 한 이상의 설명이 말해주는 것은 첫째, 의 ·

책무와 이에 상응하는 권리 모두가 동일하게 중복되어 있는 3층위에 걸쳐서 3중의 복합층위를 구성하며, 이 3중 복합층위는 원칙층위에서 개인행위층위에 이르는 위임위계질서 속에 놓이게 된다는 점이다. 두 번째, 이러한 3중 복합층위와 이들 사이의 층위 간 위임위계질서 속에서 〈권리-의 · 책무〉관계(여기서는 '쌍권 · 쌍무권리관계') 역시 3중 복합층위를 구성하고, 이 관계를 규율하는 권리질서(여기서는 '쌍권 · 쌍무권리질서')는 층위 사이를 이어주는 축차중첩위임질서를 따라 제도층위질서, 원칙층위질서로 확대되어 간다는 점이다.

어떤 복합물이 일정의 질서를 중심으로 구조화된 것을 체계(system)라 부른다면, 일정의 위임위계질서 속에서 원칙 · 제도 · 개인행위의 3층위에 걸쳐 3중 복합층위로 나타나는 쌍권 · 쌍무형식의 약속관련 〈권리-의 · 책무〉관계와 이를 규율하는 권리질서는 축차중첩위임질서로 엮이는 3층위 복합 권리관계체계 및 3층위 권리질서체계로 존재한다고 말할 수 있을 것이다. 이러한 체계성은 3절-5)의 3위임이론에서 살펴보았듯이 위임속성 속에 있는 모든 책무 · 의무 · 권리에 걸쳐 일반화될 수 있다.

이 일반화와 관련하여 우리는 2장에서 일반적인 권리(권리에 수반되고 대응하는 의무 및 책무를 포함하여)가 우리 삶을 통섭(統攝)하여 그 내용에 삶의 내용을 담아내는지를 살펴보았다. 3장에서는 이러한 권리개념이 이 개념에 수반되고 대응하는 의 · 책무개념과 더불어, 권리관계를 구성하여 만인자유평등원칙이 사회조직의 중심원칙으로 수용되는 사회에서 삶의 전 부문에 걸쳐 어떻게 가장 기본적이고도 포괄적인 인간사회관계의 기본형식이 되는지를 살펴보았다. 5장에서는 이러한 권리관계를 규율하는 권리질서가 어떻게 만인자유평등원칙이 사회조직의 중심원칙으로 수용되는 사회의 정치사회질서의 한 유형인 '자유주의 질서'로 이어지는지를 살펴보았다. 이어서 6장 7절에서는 이 권리질서가 어떻게 자유주의 질서의 '최소단위질서' 이자 사적(私的) 삶의 영역을 공적(公的) 삶의 영역으로 전위시키는 '최소단위의 전위기제' 가 되는지도 살펴보았다.

따라서 쌍권 · 쌍무형식의 축차중첩위임질서에 엮여 구성되는 3층위 복합 약속권리관계체계를 규율하는 3층위 약속권리질서체계의 일반화된 형태는 만인자유평등원칙이 사회조직의 중심원칙으로 수용되는 사회사회의 정치사회질서와 그 한 유형인 자유주의 질서를 담아내는 제도적 '틀' 이 될 수 있음을 말해준다. 더구나 이 '틀' 은 정의원칙이 내부구조로 견지되는 가운데 구성되었기 때문에 적어도 만인자유평등원칙이 사회조직의 중심원칙으로 수용되는 사회사회의 모든 정치사회질서제도와 그 한 유형인 자유주의 질서제도가 준거해야 될 전범(典範)으로서의 성격을 가진다. 이런 의미에서 이 '틀' 을 이제부터 '쌍권 · 쌍무질서 권리관계' 로 표현되는 '3층위복합 정치사회위임질서체계' 모델(이하 '쌍권 · 쌍무 3층위 위임질서체계 모델', 혹은 '3층위 위임질서체계 모델')이라 부르기로 한다.

지금까지 우리는 롤즈 모델에 결여되어 있는 '개인질서층위' 를 도출하고, 이를 롤즈 모델에 보완하여 '쌍권 · 쌍무질서 권리관계' 로 표현되는 '3층위 위임질서체계 모델' 을 도출하였다. 이 모델은 적어도 만인자유평등원칙이 사회조직의 중심원칙으로 수용되는 사회사회의 모든 정치사회질서제도와 그 한 유형인 자유주의 질서제도가 준거해야 될 전범(典範)으로서의 모델이라는 점에서 본장 2절에서 살펴본 내용의 정위 자유주의 질서를 담아낼, 그리고 '쌍권 · 쌍무질서 권리관계' 로 표현되는

3층위 질서체계의 모델이기도 하다. 즉 '쌍권·쌍무 3층위 위임질서체계' 모델의 도출이 바로 정위자유주의 질서제도로서의 3층위 질서체계의 도출인 셈이다.

도출된 '쌍권·쌍무 3층위 위임질서체계 모델'은 당연히 1절-2)의 정위자유주의 질서 제도구성상의 3세부조건인 '구성형식 조건', '정당성 조건', '표현조건'을 모두 충족한다. 구성형식 조건의 만족은 모델이름 중 '3층위 위임질서체계'라는 말이 나타내준다. 여기서 '위임질서'는 축차적이고도 중첩적인 위임위계질서, 즉 '축차·중첩·위임질서'로서 구성형식 조건에 제시된 3층위체계 내부질서의 성격을 만족하는 질서이다. 정당성 조건은 이 모델 도출이 롤즈의 공평성을 속내용으로 가지는 정의원칙(및 그 상위원칙인 만인자유평등원칙)으로부터 위임되는 위임책무, 위임의무, 위임권리에 근거해서 이루어졌기 때문에 만족된다. 이 모델은 정의원칙을 내부구조로 가지고 있는 것이다. 표현조건에 대한 만족은 모델이름 중 '쌍권·쌍무질서 권리관계로 표현됨'을 줄여 사용한 '쌍권·쌍무'가 말해준다. 이로써 본장의 '남은 과제'이자 본절의 최종 목표를 달성했다.

이제 이하에서는 도출된 '쌍권·쌍무 3층위 위임질서체계 모델'에 대한 이해를 돕기 위해 두 가지 보완설명을 덧붙이면서 정위자유주의 질서 3층위 질서체계 도출에 대한 논의를 마무리한다. 우선, 도출된 '쌍권·쌍무 3층위 위임질서체계'의 내부질서인 '축차·중첩·위임질서'의 '존재양태'와 이 질서로부터 이루어지는 층위질서별 '역할분담'을 구체화해 본다. 다음으로, 각 층위질서의 내부구조로 존재하는 정의원칙은 이러한 층위질서별 역할분담 속에서 어떻게 시현되는지를 살펴본다.

첫 번째로, '쌍권·쌍무 3층위 위임질서체계'의 내부질서인 축차 · 중첩 · 위임질서의 존재양태와 층위질서별 역할분담에 대해서다. 축차 · 중첩 · 질서를 '쌍권 · 쌍무 3층위 위임질서체계 모델' 의 각 층위질서 포진형태를 따라 형상화해 보면 일견 개인층위를 중심으로 제도층위와 원칙층위가 차례대로 그려가는 동심원다발 같은 모습을 띤다.[30] 이를 약속관계질서를 예로 살펴보면 개인질서층위의 '쌍권 · 쌍무질서 권리관계' 를 중심원으로 하여 그 밖을 약속을 포함하는 포괄적 언질행위의 유효조건충족과 관련한 제도질서층위의 '쌍권 · 쌍무질서 권리관계' 가 둘러싸고, 그리고 약속관련 모든 '쌍권 · 쌍무질서 권리관계' 의 근거로서 원칙질서층위의 정의원칙 및 공평성원칙에 대한 '쌍권 · 쌍무질서 권리관계' 가 가장 외곽의 원을 둘러치는 모습처럼 나타나는데, 이를 '쌍권 · 쌍무질서 권리관계 3중 동심원체계' 로 특징지을 수 있을 것 같다.

그런데 또한 이 3개의 원은 같은 중심을 공유하며 서로가 축차적으로 중첩되어 있어서 개인질서층위의 동심원 영역은 그 범위에 해당하는 만큼의 제도질서층위의 동심원 영역과 원칙질서층위의 동심원 영역을 확보하며, 제도질서층위의 동심원 영역은 그 범위에 해당하는 만큼의 원칙질서층위의 동심원 영역을 확보하고 있는 모습이다. 여기서 질서의

---

30 이러한 개인층위의 '쌍권 · 쌍무질서 권리관계' 가 정치사회질서에 수응하면서 형성되는 동심원 모습의 '쌍권 · 쌍무 3층위위임질서체계' 는 롤즈의 최근 저작 『정치적 자유주의』(*Political Liberalism*, 1993, 이하 '*PL*') '제IV강' 에서 논하고 있는 '중첩합의' (overlapping consensus)를 연상시킨다. 그러나 그의 중첩합의는 '공적 이성' (*PL* : VI)에 의해 인도되고 형성되는 인간심성(*PL* : II § 1 §§ 5–7, VIII §§ 5–6)의 몇 가지 한정된 덕목(*PL* : V, 5)이 결합된 결과로서, 사회구성원들의 삶 속에서 이들 개인 간에 구성되는 '쌍권 · 쌍무질서 권리관계' 가 그 중첩의 중심에 서 있는 여기서의 '쌍권 · 쌍무 3층위위임질서체계' 와는 그 내용 및 성격, 그리고 형성과정에서 판이하게 다르다.

'중첩' 은 3층위질서가 3동심원다발처럼 존재한다는 모습으로 형상화되고, 질서의 '축차' 는 3층위질서가 서로 겹치는 회수로 형상화된다. 이렇게 약속관계질서를 예로 형상화된 축차중첩질서는 '쌍권·쌍무 3층위 위임질서체계 모델' 이 3층위 약속권리질서체계의 일반화형태인 만큼 '쌍권·쌍무 3층위 위임질서체계 모델' 에도 그대로 타당하다.

동심원 속에서 각 층위별 '쌍권·쌍무질서 권리관계' 의 관할범위가 축차적으로 중첩되는 모습에는 축차중첩질서로부터 이루어지는 층위질서별 '역할분담' 이 담겨 있다. 이 질서위임체계를 B의 A에 대한 약속관련 의·책무를 예로 하여 설명하면 (1) (개별행위주체 차원에서) B의 약속-의·책무의 내용 속에는 공평성원칙에 대한 준수·이행의무를 수행할 책무, 정의로운 약속규율에 대한 준수·이행의무를 수행할 책무, A와 수립한 약속관계(인적·물적 교류와 그 조건)를 정의로운 약속제도에 부합하게 유지·이행할 의무에 따라 A에게 10만 원을 일주일 후에 갚을 책무, 이렇게 3중으로 중첩된 복합책무가 존재하고, (2) (정치사회제도차원에서) A-B의 약속관계수립과 더불어 발효되는 약속규율(제도)은 정의원칙에 부합해야 할 조건 속에 있으면서 그 구체적 규율사항인 유효약속의 조건을 부과한다. 그리고 (3) (원칙차원에서) 맨 외곽의 정의원칙과 공평성원칙은 원초상태에서 가정된 평등한 자유선택권이 약속과 관련된 제도적 관행과 개인행위에 관철되도록 '정의조건' 을 부과한다. 이는 제도층위나 개별행위주체층위(개인층위) 모두에서 '약속은 지켜져야 한다' 는 의무적 기속과 '이러한 의무를 특정한 상대(위의 예에서는 'A') 에 대하여 이행해야 한다' 는 책무적 기속을 나타내는 공통의 후렴구로 반복되어 나타난다.[31)]

두 번째로, 각 층위질서의 내부구조로 존재하는 정의원칙은 위와 같은 '쌍권 · 쌍무 3층위 위임질서체계' 의 축차중첩질서에 의한 층위질서별 역할분담 속에서 어떻게 시현되는지를 살펴본다. 3절-1) 에서 살펴보았듯이 정의원칙은 정의로운 사회주요제도들의 '정의질서 내부구조' 로 존재한다. 따라서 그 구체적인 모습은 겉으로 드러낼 수가 없고, 정의로운 주요제도들의 기능 속에 시현될 뿐이다. '쌍권 · 쌍무 3층위 위임질서체계' 는 물론 주요 사회제도 중에서도 가장 포괄적인 정치사회제도이기 때문에, 그리고 정의원칙에 근거한 롤즈의 위임책무이론으로부터 도출된 정의로운 질서제도이기 때문에 당연히 정의질서내부구조를 가진다. '쌍권 · 쌍무 3층위 위임질서체계' 의 정의질서 내부구조는 층위질서별로 분담된 역할 속에 다음과 같이 시현된다.

첫째, 정치사회질서 체계에서 원칙층위는 원칙의 선택이 이루어지는 원초상태에서 가정된 '모든 인간은 자유롭고 평등하다' 는 인간의 (도덕적) 지위에 관한 보편적 대전제를 확보할 수 있는 원칙[32]을 내세워 이에 대한 의 · 책무와 권리를 보장해 주는 역할로 드러난다. 이를테면 정의원칙과 공평성원칙은 원초상태의 선택자들(original choosers)의 평등한

31 원칙층위에서는 '… 원칙에 부합하는 약속은 지켜져야 한다' 로 표현되고, 제도층위에서는 '… 경우 약속은 지켜져야 한다' 로 표현되며, 개인차원에서는 '… 경우 … 의(할) 약속은 지켜져야 한다' 고 표현되는데, 이를 특정 상대방을 전제한 책무적 기속의 경우에서 보면, 뒤에 붙는 '약속은 지켜져야 한다' 는 표현은 약속행위에 대한 원칙(공평성원칙의 부속원칙으로서의 신뢰원칙)차원의 기속책임을 가리킨다. 여기에서 정의원칙이 간여하는 영역은 '… 할 경우' 의 조건부여영역에 해당하며, 이는 각각 당사자들이 적용할 '제도' 와 당사자들이 수립하게 될 '관계' 의 정의원칙 부합, 즉 정당성(유효성) 여부를 결정한다.

32 이 원칙의 다양한 표현과 관련해서는 앞의 '각주-16)' 을 참고. 이들 원칙 하에서는 '만인자유평등원칙' 에서와 같이, 이를테면 약속의 경우 '자유롭고 평등한 인간 사이의 약속은 지켜져야 한다' 고 표현될 것이다.

자유선택권과 이에 대한 상호 존중 의·책무를 보장함으로써 원초상태의 만인자유평등 상황을 확보한다. 이러한 역할이 제도층위질서에 연계되면, 이를테면 약속규율의 경우 이의 정의원칙에 대한 부합요건으로서 질서주체들의 공정한 (약속협상) 지위(fair position)의 유지로 나타난다. 그리고 개인층위질서에 연계되면, 이를테면 위에 든 약속의 예에서 A와 B는 약속관계 이전이나 이후 줄곧 평등한 도덕적 지위의 대등한 (도덕적) 인간으로서의 지위를 견지하게 된다.

둘째, 제도층위질서에서 정의질서-내부구조는 정의원칙으로부터 위임된 평등한 자유를 유지하기 위한 제도적 여건—이를테면 위에서와 같은 질서주체들의 공정한 지위를 당사자 상호관계 속에서 유지하기 위한 여건—을 마련하고, 이를 개인층위질서에 연계하여 관련당사자들이 상호 대등한 지위 속에서 공정한 관계를 수립할 수 있게 하는 역할을 한다.

셋째, '쌍권·쌍무 3층위 위임질서체계'의 종착점에 있는 개인층위질서의 정의질서-내부구조는 개인층위의 질서주체 당사들로 하여금 (1) 서로 자유롭고 평등한 질서주체로서의 지위를 견지하는 가운데 (2) 공정한 조건, 즉 공평성원칙과 정의로운 제도에 근거해서 (3) 서로에게 (정신적·물질적으로) 공정한 몫(자유, 제약 ; 권리, 의무 ; 이득, 손실)을 분담할 수 있는 사회적 (협업)관계를 수립하도록 기능한다. 그 기능의 특징적 내용을 예시면 다음과 같다. (가) 이해당사자 간의 어떤 (협업)관계일지라도 상호 자유평등 지위를 훼손할 경우는 '(1)'을 저촉함으로써 원인무효가 된다. (나) 이해당사자 어느 일방이 체결된 관계를 부당하게 훼손할 경우에는 '(2)'의 공정조건을 규정한 규율로부터 제도적 벌칙이 가해진다. (다) '3)'과 관련하여 기존 관계의 수정·갱신·폐지할 필요가 발생할 경우에는 '(1)'과 '(2)'에 의거 언제나 상호합의가 전제되어야 한다. (라) 이해당사자 간의 어떤 (협업)관계일지라도 그 관계 밖의 제3자에 대하여 '인본모순원칙'(2장 3절 참고)에 위배되는 결과—이를테면 그의 존엄성 및 삶에 대한 위해(危害)—를 의도할 경우는 '(1)'을 저촉함으로써 원인무효가 된다는 등이다.

4. 정위자유주의 질서 하의 정치세계 : 삶, 정치, 정치질서

지금까지 제3부의 목적에 따라 6장에서의 현행 권리관계 및 구성권리질서에 대한 정위작업에 이어 현행 자유주의 질서에 대한 정위작업을 진행하였다. 원래는 5장 4절에서 살펴본 '자유주의 실행질서체계'를 '자유주의 규범질서체계'에 부합하게 수정하여 정위된 자유주의 질서(정위자유주의 질서)를 도출해야 했다. 하지만 6장 7절에 언급했듯이 현행 자유주의 질서에 대한 직접적인 정위작업은 '권리'가 주제인 본장의 범위를 벗어나므로 정위자유주의 질서를 6장에서 현행 권리관계에 대한 정위작업을 통해 도출한 '부합권리관계'로 재현하는 간접적인 정위작업의 방법을 택하였다.

1절에서는 '자유주의 규범질서체계'로부터 재현해야 될 정위자유주의 질서의 내용구성 요건을 질서의 목표, 질서의 대상, 질서의 성격으로 나누어 도출하였다. 정위자유주의 질서제도의 구성요건은 '자유주의 규범질서체계'로부터 구할 수 없기 때문에 구성형식 조건, 정당성 조건, 표현형식 조건, 이렇게 3세부조건으로 나누어 제시하였다. 2절에서는 부합권리관계로 정위자유주의 질서 내용을 재현했다. 3절에서는 롤즈의 정의이론의 일부를 구성하고 있는 '위임책무이론'을 활용하여 2절에서 재현된 정위자유주의 질서의 내용이 담길 질서제도로서 '쌍권 · 쌍무질서 권리관계'로 표현되는 '쌍권 · 쌍무 3층위 위임질서체계 모델'을 도출하였다. 여기서 '쌍권 · 쌍무질서 권리관계'는 계약권리질서의 권리관계적 표현으로서 부합권리관계의 제도적용 형태이다. 이렇게 해서 정위자유주의 질서는 내용과 제도 양면에서 부합권리관계로 재현될 수 있었다. 그리고 이로써 비록 간접적인 방법에 의해 이루어졌지만 본장의 목표인 현행 자유주의 질서에 대한 정위작업이 완결되었다.

이제 이하에서는 이상과 같이 도출된 정위자유주의 질서에 새겨진 정치세계가 어떤 모습일지 그려보면서 본장을 마무리한다. 우선 미리 밝힐 것은 그려질 정치의 세계는 우리가 항용 이해해 오는 자유주의 사회는 아니라는 점이다. 마치 정위자유주의 질서가 자유주의 질서는 아닌 것과 같다. 굳이 이름한다면 '정위자유주의 사회'라 할 수 있겠으나 차라리 그저 정치사회의 한 유형이라고 하든지 '정위 정치사회'라고 하는 편이 낫겠다. 정위자유주의 질서에 새겨진 정치의 세계의 모습을 특징별로 그려보면 다음과 같이 개략할 수 있을 것이다.

첫째, 정위자유주의 질서 하의 '정치'는 삶의 정치이다.

정치는 정치사회구성원들의 삶의 밖에 있는 것이 아니라 삶 속에 녹아 있으며, 그들의 삶 속에서 엮어지는 그들 사이의 인적 · 물적 사회관계를 자율권 평등원칙 하에 조직해내고 제도화해 가는 과정에 다름 아니다. 그래서 정위자유주의 질서의 최소질서단위는 정치사회구성원들의 기본적 사회관계형식인 '권리관계의 질서', 그 중에서도 계약형식의 '부합권리관계의 질서'가 된다. 정치사회구성원들은 각자 사회적 삶의 필요충족을 위해 서로 협업의 권리관계 속에서 이 '최소질서단위'를 이용하여 그들의 사적 요구를 공적 요구로 정치화한다. 그래서 이 '최소질서단위'는 사적 요구를 공적 요구로 전환시키는 '최소단위 공적 요구 전위기제'이기도 하다. 많은 구성원들의 지속된 정치화 패턴은 조직화되고 제도화되어 정위자유주의 질서로 편입된다. 그 편입의 제도적 장치가 롤즈의 정의이론에서조차 찾을 수 없었던, 그래서 우리가 새로 도출한 ('쌍권 · 쌍무 3층위 위임질서체계' 중의) '개인질서층위'이다.

둘째, 정위자유주의 질서 하의 정치사회는 공 · 사(公 · 私)가 유기적으로 통합된 협업사회이다.

사회적 삶의 필요충족을 위한 협업의 권리관계와 이를 규율하는 권리질서가 정위자유주의 질서의 '최소질서단위'이자 '최소단위 공적 요구 전위기제'이기 때문에 정치사회 영역은 공 · 사가 유기적으로 통합된 하나의 삶의 영역일 수밖에 없다. 그래서 정위자유주의 질서 하의 사회에서는 서구 자유주의 전통의 대표적 정치사회관인 '공적 영역(국가권력을 중심한 주권행위 영역)' 대(對) '사적 영역(개인적 자유를 중심한 경제생활 영역)'의 2분 대립구도[33]적 정치사회관이 들어설 여지가 없다. 오히려 정위자유주의 질서는 그 존재이유를 정치사회의 전 부문, 즉 정치, 경제, 사회, 문화 등이 공 · 사구분 없이 유기적 삶의 영역으로 통합되게 하는 데 둔다. 이는 정위자유주의 질서를 재현해낸 (부합)권리관계의 중심내용이 2장에서 살펴본 권리개념이 통섭하는 삶의 내용이라는 데서 입증된다.

셋째, 정위자유주의 질서 하에서는 정치사회적 질서와 삶의 질서는 서

---

33 이와 관련한 요약된 논의는 B. R. Barber, *A Place for Us* : Ch. I 참고.

로를 구성한다.

정위자유주의 질서 하에서는 사적인 개인의 '삶의 요구'와 공적인 '정치사회질서의 요구'가 간단 없는 삶의 질서의 연속선상에 있기 때문에 정위자유주의 질서의 확보와 형성은 이 두 요구의 상호 '환류'(feedback)관계 속에서 이루어진다. 질서확보는 정위자유주의 질서의 사회화를 통한 개인 삶의 요구에 대한 공적 규제를 통해서, 질서형성은 개인 삶의 요구의 정치화를 통해서 이루어진다. 그래서 우리가 흔히 일컫고 있는 '정치질서'는 정위자유주의 질서의 견지에서는 언제나 '정치사회질서'다. 즉 만인자유평등원칙을 공유하고 있는 사회구성원들의 삶의 질서가 정치화된 질서이다. 만약 오늘날 세인(世人)의 관심을 모으고 있는 '민주시민사회'의 성격과 기능이 바로 이러한 사적인 삶의 요구와 공적인 정치사회적 질서의 요구를 상호 환류 속에서 매개하는 데에 있다면, 이 시사점은 민주시민사회의 성격 및 기능이 결과적으로 정위자유주의 질서의 질서구성 성격 및 기능과 다르지 않다고 할 수 있다.

그러나 정위자유주의 질서에서 보는 시민사회는 특정한 자질의 구성원이 형성해내는 고정된 성격과 기능을 가지는 사회의 한 분립된 '실체적' 영역이 아니라, 정치사회구성원 사이의 〈삶의 요구-정치사회적 질서요구〉 관계의 상호 환류 속에서 진행되는 정치사회관계질서의 '구성(확보와 형성)과정'이다. 즉 사회화를 통한 정치사회질서의 확보과정과 정치화를 통한 삶의 질서의 정치사회질서 형성(변화와 생성)과정이 통합된 과정이다. 이러한 시민사회의 과정적 특성은 시민사회가 역사적으로 그간 그 성격과 기능을 달리해 왔다는 사실[34]에서 입증되는 바이기도 하다.

넷째, 정위자유주의 질서의 견지에서 모든 정치사회질서는 위임(委任)

질서여야 한다.

위임은 정치사회구성원들이 사회적 삶을 영위하면서 그들 사이에 공유된 신념으로부터 발원(發源)한다. 이를테면 정위자유주의 질서에서 이 신념은 만인자유평등원칙이다. 자율성평등원칙, 자율권평등원칙, 공평성원칙, 정의원칙 이 모두는 앞서 누누이 살펴본 바처럼 바로 만인자유평등원칙의 실행원칙들이다. 그래서 '쌍권 · 쌍무 3층위 위임질서체계' 모델의 '원칙층위질서', '제도층위질서', '개인층위질서' 이 모두는 궁극 만인자유평등원칙으로부터 위임된 것으로 나타났던 것이다.

정치사회질서의 이러한 위임질서로서의 특성은 정위자유주의 질서의 견지에서 볼 때 두 가지 근거를 가진다. 하나는, 모든 정치사회질서가 그 세부질서에 이르기까지 일관적이기 위해서는 위임질서일 수밖에 없다는 보편적인 '질서일관성원칙' 상의 근거다. 이를테면 법률질서체계는 질서일관성원칙상 헌법질서로부터 영역별 및 단위별 법령질서로 위임되는 질서체계 속에 있어야 한다. 다른 하나는, 2절의 정위자유주의 질서의 '성격상의 내용에 대한 재현' 에서 보았듯이 모든 정치사회질서는 그 정치사회구성원들의 삶의 자율질서에 대한 보호를 목표로 하면서 동시에 그 질서의 연장선 위에 있다는 데에 근거한다. 즉 정치사회질서의 존재이유와 존재근거가 정치사회구성원들의 삶의 질서에 있기 때문에 모든 정치사회질서는 삶의 자율질서의 중심조직원칙인 만인자유평등원칙으로부터 위임되어야 하는 것이다.

정치사회질서의 이러한 위임속성에 대한 이해는 그 역사적 전통

---

34 이와 관련해서는 J. Ehrenberg, *Civil Society*(1999) 참고.

이 길다. 그 동양의 예로 BC 20–10세기 사이에 유행한 것으로 알려지고 있는 고대 중국에서의 천자(天子)사상은 왕권질서가 하늘로부터의 위임질서임을 나타내 주는데, 이는 한국의 단군왕검(檀君王儉)질서나 주몽(朱蒙)으로부터 비롯되는 고구려 왕권질서 수립의 근거사상이기도 하다.[35] 보다 자세한 문헌상의 기록과 더불어 존재하는 서양의 한 예로는 로마법의 '왕권이 백성으로부터 위임된 것임'을 원칙화한 '왕권의 백성위임사상'(rex regia)과 '위임계약사상'(contractus mandati) 등을 들 수 있다(Gough, 1957 : 21–23, 79n–2, 87).[36] 특히 로마법의 '왕권의 백성위임사상'은 자연법사상에 담겨 근 천 년 간 지속되는 중세를 견뎌내면서 근대 자유주의의 '합헌주의 사상'으로 이어진다.[37]

이렇게 보면 근대 초 홉스와 로크에 의해 확립되는 사회계약사상 역시 로마법의 서구 정치사에 대한 지대한 영향을 고려할 때 로마법의 '왕권백성위임사상'의 근대적 재현으로 이해될 수 있을 것이다. 즉 근대 사회계약사상은 그 역사적 실재여부를 떠나 위임질서에 초점을 맞추어 볼 때 근대적 공권력을 비롯한 정치사회질서의 탄생이 정치사회구성원

35 다음백과사전, "천자"(天子)(위키백과사전), "천제"(天帝)(문화원형 백과사전), "단군"(檀君)(브리태니커) 항목 참고(2010.4.14 검색).

36 물론 도중에 중세 교부철학(Schola)과 접속되면서 신법질서, 영원법질서, 자연법질서, 인간법질서 등으로 보다 복잡한 위임질서체계로 분화되기도 했다. 대표적으로는 T. Aquinas, *Treatise on Law*(*Summa Theologica* Q's 90–97)(1981) 참고.

37 '왕권백성위임사상'은 중세 초기 정부계약사상의 핵심으로 16–17세기 절대왕권주의 극성까지의 서구정치사상의 주류로서, 16–17세기 이후에 한편으로는 절대왕권주의에 대적하는 대항사상으로, 다른 한편으로는 17세기 서구 자유주의 사상의 토대가 되면서 자유주의적 합헌주의의 근간이 된다. 보다 자세한 논의는 8장 3절 참고.

들의 위임과 권위부여로부터 비롯된 것임을 비유적[38]으로 밝혀주는 단서로 이해될 수 있는 것이다. 그리고 이러한 근대 사회계약사상이 5장 2절에서 본 바와 같이 근대 자유주의적 정치질서의 유일한 수립방법으로 이해할 때 오늘날 자유민주주의의 정치질서역시 위임질서의 속성 속에 있다 할 수 있을 것이다.

다섯째, 정위자유주의 질서 하의 정치질서는 사회질서의 한 제도적 요소로서 사회질서로부터 위임된 '관리질서제도' 여야지, 역으로 사회질서를 지배·통치하는 질서여서는 안 된다.

그렇다면 이상과 같은 특성들을 모두 포괄하는 정위자유주의 질서의 구도 속에서 오늘날 우리에게 익숙한 정치질서는 어떻게 이해될까? 즉 '삶의 정치' 가 이루어지는 '삶의 협업사회로서의 정치사회' 속에서, '정치사회구성원들 사이에 공유된 만인자유평등원칙으로부터 위임' 되면서 '정치사회구성원들의 삶의 질서와 상호 구성관계에서는' 정위자유주의 질서에 비추어 본 오늘날의 정치질서는 어떤 모습일까?

'오늘날의 정치질서' 는 위 '둘째' 특징에서 살펴본 서구 자유주

---

38 여기서 '비유적' 이라는 말은 3가지 함의를 가진다. 첫째로는, 사회계약을 사회구성원들 개인 사이 사회협업관계에서 이루어지는 계약관계를 사회적으로 확대하여 유추했다는 점이다. 둘째로는, 사회계약으로부터 비롯되는 정치질서를 6장 7절에서 본바와 같은 '계약적 권리질서' 의 사회적 확대를 통해 유추했다는 점이다. 셋째로는, 정치질서가 사회적 협업을 통해 면면(綿綿)히 이어지는 사회구성원들의 삶의 질서를 반영해야 된다는 '당위' 를 사회계약을 통한 새로운 정치질서의 '창출' 이라는 역사적 계기로 유추했다는 점이다. 결국 종합하면 모든 정치질서가 정치사회구성원들 삶의 '과정' 속에서 형성되는 '삶의 질서' 로부터 위임된 질서로 존재해야 할 '당위' 를 '사회계약' 이라는 은유를 통해 마치 그와 같은 성격의 정치질서가 새롭게 탄생되는 듯이 유추했다는 점이다.

의적 정치사회관, 즉 공·사(公·私) 혹은 '국가' 대 '시민사회'의 2분 대립구도 속에서 이해될 때 사적 영역의 질서 혹은 시민사회질서와 격리된 공적질서제도 혹은 국가질서제도로서의 의미를 가진다. 그리고 그 기능은 사적 영역의 질서 혹은 시민사회질서를 지배 혹은 통치하는 것이다. 따라서 사적 영역의 질서 혹은 시민사회질서의 영역은 정치질서 영역 내에 갇힌 꼴이 되어 정치기획의 종속변수적 위상에 머문다. 설사 최초의 정치질서 수립이 사회구성원들의 위임에 따라 이루어진다 하더라도, 이 때 위임은 신탁위임(trusteeship)으로써 정치질서는 여전히 사적 영역의 질서 혹은 시민사회질서와의 격리 속에 있게 된다. 그 결과는 5장 2절에서 본 바와 같이 '구성사회계약질서' 혹은 '정부계약질서'로서의 정치질서와 '근거사회계약질서'로서의 사회질서 사이의 이율배반관계로 나타난다.

그러나 '정위사회 정치질서'는 사적 영역의 질서 혹은 시민사회질서를 (지배하거나 통치하는 것이 아니라) 보호하고 관리하는 정위자유주의 질서의 한 제도적 요소(이하 '관리질서제도')일 뿐이다. 즉 사회구성원들의 사회적 삶 속에서 합의로 다듬어져 공유된 삶의 질서(이하 '사회질서')를 관리하기 위해 사회구성원들의 '질서관리임무 위임'에 따라 창출되는 관리질서제도(운용인력포함)일 뿐인 것이다. 그래서 관리질서제도로서의 정치질서는 오늘날 우리가 흔히 목도하듯이 사회질서영역인 사적 영역의 질서 혹은 시민사회질서 영역과 격리되어 독자적으로 존재해서도, 더더군다나 사적 영역의 질서 혹은 시민사회질서를 지배·통치해서도 안 될 뿐만 아니라, 정치 엘리트들이 주도하는 정치기획의 실험대상이 되어서도 안 된다. 이렇게 볼 때 오늘날 우리가 이해하고 있는 '정치질서'의 성격과 기능은 정위자유주의 질서의 입장에서는 주·객

(主·客)이 전도되어 있는 모습으로 보일 수밖에 없다.

이상과 같은 정위자유주의 질서의 견지에서 본 관리질서제도로서의 정치질서는 그 구성형식에서 크게 둘로 나누어 볼 수 있는데, 그중 하나는, 마치 그리스 '폴리스'(polis)나 오늘날 거론되는 '아나키 공동체'에서와 비슷하게 사회구성원들이 공동으로 직접 사회질서를 보호·관리하는 '직접관리질서제도'와, 오늘날 우리가 흔히 목격하듯이 이를 특화된 전담기구(국가/정부)와 직업적 전담인력(정치인·공무원)에 맡기어 보호·관리하는 '간접관리질서제도'로 나누어 볼 수 있다.

이 때 관리질서제도는 흔히 '국가/정부'라 불리는 '관리기구'와 이 기구를 운용하는 '관리업무담임자', 이 관리질서제도가 이루는 '관리질서' 및 이 질서가 근거하는 '관리질서공권력'으로 구성된다. 그리고 관리질서제도의 전담인력은 사회구성원들의 직접선거에 의하여 선출하여 구성하거나, 특정의 자격을 갖춘 직업전문가에게 그 관리임무를 위임하거나, 오늘날 흔히 보는 바와 같이 이상의 두 방법을 적절히 혼합하여 구성할 수 있다.

오늘날 우리에게 익숙한 개념인 '통치제도의 도입과 더불어 존재하게 되는 정치질서'의 의미에서 볼 때, 사회질서를 사회구성원들이 공동으로 직접 보호·관리하는 그리스식의 '폴리스 질서'나 '아나키 질서'는 이런 점에서 정치질서라기보다는 '사회질서-직접관리질서'라 하는 것이 보다 타당하다 하겠다. 그러나 마치 그리스 폴리스를 '도시공동체'(city-community)로 보기보다는 '도시국가'(city-state)로 보는 경우가 많듯이, 흔히 폴리스질서를 '사회질서-직접관리질서'로 보기보다는 정치질서로 보고 아나키 질서 역시 이와 비슷하게 일종의 '정치질서부재질서'로 보는 경우가 흔하다.[39]

그래서 오늘날 우리에게 익숙한 정치질서를 정위자유주의 질서의 입장에서 보다 세분해 본다면 그 질서측면은 사회질서와 관리질서가 혼합되면서 구성되는 모습이어야 하며, 이와 비슷하게 그 제도측면은 사회질서제도와 관리질서제도가 합하여, 그 관할력(공권력) 측면은 사회질서권위가 관리질서공권력과 합하여, 그리고 그 기구(운용인력포함)측면은 사회질서기구와 관리질서기구가 합하여 구성되는 모습이어야 한다고 볼 수 있는 것이다. 이렇게 보면 오늘날 우리에게 익숙한 정치질서 속에는 '자율' 요소와 '관리' 요소가 병존해야 하는 셈이다. 그러나 관리요소는 자율요소들을 보호·관리하기 위한 수단으로서 후자에 그 발생근거를 가지기 때문에 관리질서제도는 언제나 사회질서에 의해 정당화되어야 하고, 따라서 이 둘이 혼합하여 구성되는 정치질서는 사회질서의 연장선 위에 서있어야 한다. 그리고 이러한 관계는 우리에게 익숙한 '정치질서' 뿐 아니라 '정치제도' 의 여타 구성요소들에서도 마찬가지라고 보아야 한다.

그렇기 때문에 정치질서는 근대 초기 사회계약이론가들이 보는 식으로 사회계약에 의해 창출되는 것일 수가 없고, 더더군다나 홉스나 로크의 사회계약이론에 나타나듯이 통치질서를 창출하는 계기로서의 '통치권계약' 혹은 '정부계약', 혹은 루소가 의도하는 바처럼 '일반의사' 에 의해 정당화되는 '사회주권' 창출의 계기로서의 '완전계약' 으로부터 비롯된 질서로 볼 수가 없는 것이다. 오히려 관리질서제도로서의

39 그 대표적인 예로는 David Miller et. als. eds., *The Blackwell Encyclopaedia* 10-14 ; A. Carter, *The Political Theory of Anarchism*(1971) 참고.

정치질서는 사회와 그 사회 속 사회구성원들의 삶의 질서(사회질서)의 존재와 더불어 존재해 왔으며, 사회계약 역시 정치질서 창출의 계기라기보다는 앞서 '비유적' 표현에 대한 각주(본절 각주-38)의 내용에서처럼 모든 정치질서가 사회질서로부터 위임된 질서로 존재해야 할 '당위'의 은유적 유추로 보는 것이 보다 타당하다 하겠다.

사회질서와 관리질서제도로서의 정치질서는 위와 같은 〈목적-수단〉관계 속에서 상호 차이를 가지는데, 그 차이의 특성은 전자에는 결여되어 있는 후자의 '강제성'(과 명령의 성격)에 있다 할 수 있다. 그러나 후자가 가지는 강제성은 사회질서가 근거하는 사회질서권위에 대한 자율적 복종의 내재적 요구(이를테면 롤즈식으로 표현하여 공공이성 속에 함의되어 있는 '시민적 의무요구')가 정치질서에 명시적 권리로 표면화되면서 비롯되는 강제적 복종요구권의 특성이다. 물론 이러한 강제적 복종요구권리는 사회질서의 일률적 합의질서화과정을 보호·관리해야 할 관리질서제도로서의 정치질서의 목적달성을 위한 것이다. 따라서 이 강제성은 언제나 사회질서에 의해 정당화되어야 한다. 보다 구체적으로 사회질서에 대한 사회구성원들의 자발적 복종(공공이성 속에 함의된 시민적 이무의 이행)은 보호되어야 하고, 이에 대한 불복종이 있을 경우에만 그 복종을 요구하는 관리질서공권력의 복종요구 권리가 발동되어 이 질서의 범위 내에서 이를 강제로 요구할 수 있는 것이다.

이러한 '사회질서에 대한 자율적 복종의 내재적 요구', '관리질서공권력의 목적수행에 따른 사회질서복종에 대한 강제적 요구권', '관리질서공권력의 강제성 정당화 조건' 등이 관리질서제도로서의 '정치질서'가 근거하는 '공권력'의 강제성을 구성한다.[40] 결국 관리질서제도로서의 정치질서와 사회질서의 차이는 이 두 질서가 각각 근거하는 관리질서공권력과 사회질서권위의 차이에 있으며 그 특징은 강제성의 유(전자의 경우)·무(후자의 경우)로 대별할 수 있다.

관리질서제도로서의 정치질서와 사회질서 사이의 이러한 관할력상의 특징적 차이는 질서위반의 결과에도 반영되는데, 전자는 처벌을 담보로 하는 법적 범죄행위를 구성하고, 후자는 사회적 삶의 소외를 담보로 하는 도덕적·사회적 범죄행위를 구성한다. 물론 관리질서제도로서의 정치질서와 사회질서 사이의 관계로 볼 때 법적 범죄행위의 구성은 도덕적·사회적 범죄행위구성을 전제한다. 그러나 두 질서에 대한 위반결과의 사회적 의미는 다음과 같이 차별화될 수 있다. 전자의 경우는 처벌의 문제가 점차 정치질서 속에 내재되어 있는 사회질서권위로부터 관리질서공권력과 법제도 중심의 관리질서제도로 이동하게 되면서, 사회적 삶과 유리되어 그 처벌효과의 종심(縱深)이 표면화되어 가는 단점을 가진다는 점이다. 반면에 후자의 경우는 그 처벌의 종심은 유지하되 사회의 확장과 삶의 이동성(mobility) 증가로 그 처벌의 실효를 거두기 어렵다는 단점을 가진다는 점이다.

이 각각의 단점은 각각의 경우에 역으로 대입하면 각각의 장점이기도 하다. 이를테면 전자의 경우에는 요즈음 고질화되어 있듯이 법만 피하면, 혹은 관리질서제도로서의 정치질서의 비호를 받으면 불이익이 없는 사회생활로 다시 복귀할 수 있는 도덕적 범죄인을 양산하는 단점을 가지나, 사회적 대면성(對面性)을 피해 저지르는 한탕주의식 범죄행

40 이와 관련하여 롤즈가 그의 저서 *Political Liberalism*(1993)에서 '공권력의 강제성은 공통의 인간이성(common human reason)의 기대에 부합해야 한다'는 입장(137, 139-140)은 여기에서의 '공권력 강제성 조건'과 비슷하다 할 수 있다.

각을 차단할 수 있다는 장점을 가진다. 역으로 후자의 경우는 한탕주의적 범죄행각을 차단하기 어려우나, 법망회피나 관리질서제도로서의 정치질서와의 협잡을 통한 사회질서 교란자를, 도덕적·사회적 삶으로부터의 소외를 대가로, 보다 실효성 있게 차단하고 내면적인 교화에 실효를 기할 수 있는 장점을 가진다.

이상 본절에서는 1절에서 3절까지의 논의 속에서 도출된 정위자유주의 질서에 새겨진 '정치세계'가 어떤 모습일지 특징별로 그려보았다. 그리고 이러한 특징 속의 정위자유주의 질서의 현실적 모습을 보다 구체화하기 위해서 오늘날 우리에게 익숙한 정치질서는 이러한 특징 속의 정위자유주의 질서의 견지에서는 어떤 모습일지도 그려보았다. 결국 이를 '정치'와 '정치질서'에 초점을 두어 종합해 본다면, 정치는 삶의 정치여야 한다는 것이고, 정치질서는 사회구성원들의 삶의 질서를 반영해내는 질서여야 한다는 것이다.

그리고 이렇게 종합한 내용을 제3부의 목적인 '정위', 즉 권리 패러독스의 해소에 비추어 보면, 권리 패러독스는 이를 구성하는 '소외문제'와 '질서-이율배반성 문제' 이전에 삶의 질서를 반영하지 못하는 현행 자유주의 질서의 문제가 그 궁극적 원인이 된다는 점이다. 이는 현행 자유주의 질서가 권리 패러독스를 구성하는 '소외문제'와 '질서-이율배반성 문제'의 최후 보루로서의 위상을 가지기 때문이다. 따라서 권리 패러독스 문제의 해소는 바로 현행 자유주의 질서의 정위, 즉 정위자유주의 질서의 실현을 통해서 그 해결책을 찾아야 한다는 말이 되는 것이다. 현행 자유주의 질서는 5장 4절에서 살펴보았듯이 '자유주의적 삶'을 배반하는 '정치질서'이기 때문이다.

제8장

결론에 대신하여 : 권리개념과 권리관념

이 책의 결론부분에 해당하는 8장에서는 그간 이루어진 논의를 요약하는 관행을 지양하여 권리 패러독스를 구성하면서 정위의 대상이 되는 배리구조의 두 축을 각각 함축적으로 표상하는 '권리개념' 과 '권리관념' 의 사상사적 유래를 살펴보았다. 1절에서는 '권리개념' 과 '권리관념' 의 사상사적 유래를 살펴보는 이유를 이 책 중심내용과의 관련 속에서 밝혔다. 2절에서는 '권리개념' 이 어떠한 과정 속에서 어떠한 내용으로 탄생되게 되며, 탄생된 권리개념의 특징은 무엇인지에 대해 살펴보았다. 3절에서는 '권리관념' 의 추론근거가 되는 '자유롭고 평등한 자율적 존재로서의 인간 이미지' 를 중심으로 이 인간 이미지가 오늘날의 상식적 대전제가 되기까지의 사상사적 전개를 단계별로 나누어 추적해 보았다. 이상의 고찰은 권리관계의 '본의' 를 함축하고 있는 '권리관념' 이 인류의 삶에 보다 생래적임에 반해, '배리의 실행요소' 를 함축하고 있는 '권리개념' 은 근대 유럽에서 주조된 역사적 산물임을 대조적으로 드러내는 데 초점이 마추어졌다.

* * *

지금까지 제1부의 논의를 토대로 제2부에서는 현재 실행되고 있는 (이하 '현행') 권리관계, 권리질서, 권리질서의 연장선상에 있는 자유주의 질서로부터 권리 패러독스가 어떤 내용으로 어떻게 빚어지고 있는지를 살펴보았다. 그리고 제3부에서는 권리 패러독스 해소를 위해 이들 현행의 권리관계, 권리질서, 자유주의 질서를 제시하였다. 이로써 권리 패러독스를 탐색해내고 그 해소방안을 모색하려는 이 책의 과업이 마무리되었다. 지금까지 이루어진 이 책의 과업진행과 관련하여 그간 수행하려던 과업의 구체적 목표 및 내용의 개요는 서론과 각 장(章)의 서두에 제시되어 있고, 이루어진 과업의 요약된 내용은 각 부(部)의 서두에, 각 장의 초록(抄錄)에 소개되어 있다.

이 책의 결론부분에 해당하는 본장에서는 그간 이루어진 논의를 요약하는 관행을 지양하여 권리 패러독스를 구성하면서 정위의 대상이 되는 배리구조의 두 축을 각각 함축적으로 표상하는 '권리개념'과 '권리관념'의 사상사적 유래에 대한 고찰을 시도한다. 이는 권리 패러독스 기원의 일단을 이를 구성하는 개념상의 유래를 통해서 사살펴본다는 의미를 가진다. 이러한 시도에는 우선, 권리관계의 '본의'를 함축하고 있는 '권리관념'이 인류의 삶에 보다 생래적임에 반해, '배리의 실행요소'를 함축하고 있는 '권리개념'은 근대 유럽에서 주조된 역사적 산물임을 대조적으로 드러내 보이려는 의도가 들어 있다. 그러나 그 외에도 이 책의 논지와 관련된 향후 연구로의 길을 열어 이 책 논의지평을 좀더 확장해 보려는 의도 또한 깃들어 있다.

권리 개념과 관련해서는 이 개념이 어떠한 과정 속에서 어떠한 내용으로 탄생되게 되며, 탄생된 권리개념의 특징은 무엇인지를 중심으로 2절에서 살펴본다. '권리관념'과 관련해서는 이 관념의 추론근거가 되는 '자유롭고 평등한 자율적 존재로서의 인간 이미지'를 중심으로 이 인간 이미지가 오늘날의 상식적 대전제가 되기까지의 사상사적 전개를 단계별로 나누어 3절에서 추적해 본다. 그러나 먼저 이하 제1절에서 '권리개념'과 '권리관념'의 사상사적 유래를 살펴보는 이유를 이 책 중심내용과의 관련 속에서 생각해 보기로 한다.

1. 권리개념, 권리관념, 그리고 권리 패러독스

본장에서는 권리 패러독스의 기원의 일단으로서 왜 '권리개념'과 '권리관념'의 사상사적 유래를 살펴보는지에 대한 이유를 밝히려 한다. 결론부터 미리 말하자면, 그 이유는 권리개념과 권리관념이 이 책의 중심내용인 '권리 패러독스'를 구성하면서 '정위'의 대상이 되는 배리구조의 두 축을 함축적으로 표상하기 때문이다. 이하에서는 권리개념과 권리관념이 어떻게 배리구조의 두 축을 함축적으로 표상하게 되는지 지금까지의 논의를 되돌아 보면서 살펴본다.

권리 패러독스와 관련한 지금까지의 논의를 되돌아 보면, 권리관계상의 소외문제(4장)나 권리질서 및 자유주의 질서상의 '질서-이율배반성문제'(5장)에 대한 그간의 논의에 드러나 있듯이 문제의 중심에는 언제나 '의 · 책무가 따르지 않는 권리' 개념(및 이에 대응하는 '권리를 수반하지 않는 의 · 책무' 개념)이 도사리고 있었음을 알 수 있다. 이러한 권리개념은 권리주체에게 책임이 따르지 않는 주권적 권리를 부여하고 의 · 책무주체를 이에 종속시킴으로써 권리관계에서는 두 주체를 자율성불평등관계에, 권리질서 및 그 연장선상의 자유주의 질서에서는 자율권불평등관계에 서도록 하는 장본인이었다. 즉 권리관계가 자율성불평등원칙에 의해, 권리질서 및 이에 이어지는 자유주의 질서가 자율권불평등원칙에 의해 지배되도록 유도하는 장본인이었던 것이다.

그런데 자율성불평등원칙은 4장의 논의에 나타나 있듯이 현행 권리관계의 중심원칙으로서 권리주체들 사이의 불평등한 자격과 지위, 비상호성, 권리주체에 편중되어 있는 타자배려의 불균형성 등은 자율성불등원칙으로부터 도출된 현행 권리관계의 특성들이었다. 동시에 이들 특성들은 다시 자율성불평등원칙으로 수렴될 수 있었던 점에서 자율성불평등원칙의 내재적 속성이기도 했다. 또 자율권불평등원칙은 5장의 논의 중 구성권리질서, 구성사회계약질서, 구성권위질서, 그리고 이들 부분질서의 합인 자유주의 질서실행체계의 중심원칙이었다. 권리주체가 독단하는 권리질서, 부분통치 문제와 정치강제 문제 및 전체주의적 독단의 가능성에 열려 있는 정치사회질서 수립의 절차질서, 자율권 포기 및 판단 포기로 귀결되는 권위주의적 강제질서, 이들 모든 질서의 특성은 바로 자율권불평등원칙으로부터 도출된 것들이었다. 동시에 이들 특성들은 다시 자율권불평등원칙으로 수렴될 수 있다는 점에서 자율권불평등원칙의 내재적 속성이기도 하다. 결국 자율성불평등원칙과 자율권불평등원칙은 현행 권리관계, 구성권리질서 및 그 연장선상의 자유주의 질서실행체계의 중심 실행원칙이라 할 수 있는 것이다.

이렇게 보면 소외문제와 '질서–이율배반성 문제'의 중심에 서 있으면서 동시에 현행 권리관계, 구성질서들, 자유주의 질서실행체계의 중심 실행원칙인 자율성불평등원칙과 자율권불평등원칙을 유도하는 '의·책무가 따르지 않는 권리' 개념(및 이에 대응하는 '권리를 수반하지 않는 의·책무' 개념)은 권리 패러독스를 구성하는 '배리의 실행요소'를 함축하는 상징적 표상개념이 된다 할 수 있다. 더구나 '의·책무가 따르지 않는 권리' 개념(및 이에 대응하는 '권리를 수반하지 않는 의·책무' 개념)과 이로부터 유도되는 자율성불평등원칙 및 자율권불평등원칙은 4장과 5장의 논의에 나타나 있듯이 현행 권리담론과 실행관행에 대한 힘든 분석을 통해서 드러난다는 점을 고려하면, '배리의 실행요소'이되 '은폐'되어 있는 배리실행요소(이하 '은폐배리실행요소')라 할 수 있을 것이다.

반면에 지금까지의 논의를 되돌아 보면 인간 삶을 통섭하는 권리내용 및 질서(2장), 권리기본관계(3장), 부합권리관계(6장), 5장과 7장 논의 중 근거권리질서, 근거사회계약질서, 근거권위질서 및 자유주의 질서규범체계, 정위자유주의 질서 등에는 언제나 '의·책무가 따르는 권리' 개념(및 이에 대응하는 '권리를 수반하는 의·책무' 개념)이 중심개념으로 자리하고 있었음을 알 수 있다. 물론 이러한 권리개념은 5장 1절에서 살펴보았듯이 자유주의 이론의 태두격인 홉스나 로크 이래 오늘에 이르기까지 대표적 서구 권리이론들에도 나타나지 '않는' 개념이었다. 오히려 3장 서두와 1절에서 살펴본 바처럼 원초상태의 사회구성원들의 삶에 체현되어 있을 법한 '권리관념' 혹은 근대 이후 오늘에 이르기까지 모든 인문사회과학 담론의 대전제로 수용되고 있는 '평등한 자율적 존재로서의 인간 이미지'로부터나 추론해낼 수 있는 일종의 추론개념(이하 '관념상의 추론권리개념')에 해당한다 하겠다. 그러나 이러한 관념상의 추론권리개념이 엄연히 존재하고 있음은, 이 개념이 (이렇듯 대전제적 인간 이미지에 담긴) 일종의 직관규범으로 존재하면서, '의 · 책무가 따르지 않는 권리' 개념(및 이에 대응하는 '권리를 수반하지 않는 의 · 책무' 개념)의 배리속성을 드러내 주는 반사경(反射鏡) 역할을 톡톡히 담당해 오고 있음에서 입증될 수 있다. 이러한 권리개념은 한편으로 권리주체에게는 책임이 따르는 권리를, 다른 한편으로 의 · 책무주체에게는 권리를 수반하는 의 · 책무를 부여함으로써 두 주체를 자율성평등관계와 자율권평등관계에 서도록 하는 균형추 역할을 하고 있었다. 즉 권리관계가 자율성평등원칙에 의해, 권리질서 및 이에 이어지는 자유주의 질서가 자율권평등원칙에 의해 지배되도록 유도하는 장본인이었던 것이다.

그런데 자율성평등원칙은 3장의 논의에 나타나 있듯이 만인자유평등원칙(혹은 그 실행원칙으로서 자율성평등원칙)에 근거하여 추론된 '권리관념'으로 구성되는 권리기본관계의 중심원칙이었다. 권리관계주체들 사이의 평등한 자격과 지위, 호혜적 상호성, 타자배려의 균형성 등은 바로 자율성평등원칙으로부터 도출된 권리기본관계의 특성들이었다. 동시에 이들 특성들은 다시 자율성평등원칙으로 수렴될 수 있었던 점에서 자율성평등원칙의 내재적 속성이기도 했다. 또 자율권평등원칙은 5장의 논의 중 근거권리질서, 근거사회계약질서, 근거권위질서, 그리고 이들 부분질서의 합인 자유주의 질서규범체계 및 7장의 정위자유주의 질서의 중심원칙이었다. 평화 속에 사회구성원들의 평등한 생존과 삶을 내용으로 하는 권리기본관계의 권리질서, 평등한 참여 · 동의 · 합의를 통한 자율적 정치사회질서 수립의 절차질서, '자율적 복종=자기지배의 결과'의 등식이 성립하는 자치질서, 사회구성원들의 자율적 삶의 보호를 존재이유와 목표로 하는 자유주의 질서, 이들 모든 질서의 특성은 바로 자율권평등원칙으로부터 도출된 것들이었다. 동시에 이들 특성들은 다시 자율권평등원칙으로 수렴될 수 있다는 점에서 자율권평등원칙의 내재적 속성이기도 하다. 결국 자율성평등원칙과 자율권평등원칙은 권리기본관계, 근거권리질서 및 그 연장선상의 자유주의 질서규범체계의 중심 실행원칙이라 할 수 있는 것이다.

이상과 같은 관념상의 추론권리개념으로서의 '의·책무가 따르는 권리' 개념(및 이에 대응하는 '권리를 수반하는 의·책무' 개념)은 권리 패러독스와의 연관 속에서 다음과 같은 두 가지 역할이 주목된다. 그 하나는 일종의 직관규범으로 존재하면서 '의·책무가 따르지 않는 권리' 개념(및 이에 대응하는 '권리를 수반하지 않는 의·책무' 개념)에 함축되어 있는 '은폐배리실행요소'의 배리속성을 드러내 주는 반사경(反射鏡) 역할을 담당한다는 점이다. 그리고 다른 하나는 권리기본관계, 근거권리질서(및 근거사회계약질서, 근거권위질서), 자유주의 질서규범체계, 정위자유주의 질서의 중심 실행원칙인 자율성평등원칙과 자율권평등원칙을 유도한다는 점이다. 결국 이 두 역할이 말해주는 점은 관념상의 이 추론권리개념은 권리 패러독스를 구성하는 '준거규범요소'를 함축하는 상징적 표상개념의 역할을 담당하고 있다는 점이다. 그러나 이 개념은 오늘날의 상식적 대전제가 되고 있는 '자유롭고 평등한 자율적 존재로서의 인간 이미지'에 담겨 겉에 표명된다. 이는 5장 1절에서 살펴보았듯이 '의·책무가 따르지 않는 권리' 개념(및 이에 대응하는 '권리를 수반하지 않는 의·책무' 개념)으로 구성되는 서구 자유주의 권리이론을 대표하는 하트, 게워스, 파인버그 등의 권리이론에도 이율배반적이지만 대전제로 차용되어 있다. 그런 점에서 관념상의 추론권리개념과 이로부터 유도되는 자율성평등원칙 및 자율권평등원칙은 '겉에 드러나' 있는 '준거규범요소' [이하

'외현(外現) 준거규범요소']라 할 수 있을 것이다.

권리 패러독스 기원의 일단을 이상과 같은 권리개념과 권리관념의 사상사적 유래를 통해서 살펴보려는 이유를 종합하면 다음과 같이 집약될 수 있을 것이다. 첫째, 권리개념은 현행 권리관계, 구성권리질서(구성사회계약질서, 구성권위질서), 자유주의 질서실행체계의 중심원칙인 자율성불평등원칙과 자율권불평등원칙을 유도하는 반면, 직관규범 성격의 권리관념은 권리기본관계, 근거권리질서(근거사회계약질서, 근거권위질서), 자유주의 질서규범체계의 중심원칙인 자율성평등원칙과 자율권평등원칙을 유도한다는 점 때문이다. 둘째, 권리 패러독스 구성의 측면에서 볼 때 이러한 권리개념과 권리관념은 각각 권리 패러독스의 '은폐배리실행요소'와 '외현준거규범요소'를 함축하여 상징적으로 표상한다는 점 때문이다. 결국 권리개념과 권리관념은 '외현준거규범요소'의 외피와 그 속에 가려진 '은폐배리실행요소' 사이 표리상반(表裏相反)관계에서 구성되는 권리 패러독스의 구조를 드러내 보여주는 상징적 표현이 되는 것이다. 그리고 바로 위의 두 번째 이유는, 권리 패러독스의 해소를 위한 정위작업이 '외현준거규범요소'를 준거한 '은폐배리실행요소'에 대한 수정작업을 의미함을 고려할 때, 권리개념과 권리관념이 정위작업의 틀을 드러내 보여주는 상징적 표현이기도 하다는 말이 될 것이다.

이제 이하에서는 권리개념과 권리관념의 사상사적 유래에 대해서 살펴본다. 권리관념과 관련해서는 어떠한 과정 속에서 '의·책무가 따르지 않는 권리' 개념(및 이에 대응하는 '권리를 수반하지 않는 의·책무' 개념)이 탄생되게 되는지 그 과정에 초점을 맞출 것이다. 권리관념과 관련해서는 이 관념의 추론근거가 되는 '자유롭고 평등한 자율적 존재로서의 인간 이미지'를 중심으로 이 인간 이미지가 오늘날의 상식적 대전제가 되기까지의 사상사적 전개를 단계별로 나누어 추적해 볼 것이다. 우선 아래 2절에서는 '의·책무가 따르지 않는 권리' 개념(및 이에 대응하는 '권리를 수반하지 않는 의·책무' 개념)의 탄생유래에 대해서 살펴본다.

2. 권리개념의 탄생과 '책임'이 상실된 '자유뿐'의 권리

현재 통용되고 있는 권리개념은 서구에서 확립되어 전파된 것으로 서구의 자연권개념과 서구 자유주의 전통의 자연권사상(jusnaturalism)에 그 바탕을 두고 있다고 여겨지는 개념이다.[1] 그리고 자연권사상은 서구 자유주의정치사상과 더불어 홉스(T. Hobbes)와 로크(J. Locke)의 자연권이론에서 본격화된다고 여겨지는 것이 통설이다.[2] 그런데 이 자연권사상은 "자연법"(jus naturale)사상에 뒤이어 발기하고 확립된다는 점에서 그 용어나 사상적 내용면에서 후자와 일정의 관계—이를테면 사상사적 전통의 단절 혹은 계승—를 맺고 있다. 시기적으로 자연법 전통에 뒤이

---

1 자유주의적 권리이론의 형성은 '서구 특유'의 근대사 전개와 궤를 같이 하는 것으로 이해된다. 많은 관련 논의들 중 이를 간결하게 명시하고 있는 논의는 I. Shapiro, *Evolution* : Chs. 1, 6 ; J. Donnelly, *Universal Human Rights* : Chs. 3–4에서 찾아볼 수 있다.

2 구미의 거의 모든 권리이론가들은 현대 권리이론의 뿌리를 홉스(T. Hobbes)와 로크(J. Locke)의 자연권 이론에서 찾고 있다. 이는 앞서 각주 '1)'에서 소개한 권리개념의 기원에 대한 논구에서도 공통적이지만, 본장의 논의에 보다 직접적으로 관련되는 논의의 예로는 I. Shapiro, *Evolution* : Chs. 2–3 ; L. W. Sumner, *Moral Foundation*(1987), 특히 Chs. 4 & 5 ; E. Kamenka, "Anatomy"(1978) ; D. D. Raphael, "Human Rights"(1967) ; J. Donnelly, *Universal Human Rights* : Ch. 5 등을 들 수 있다.

은 자연권사상에 포함되어 전승되어 온 자연권 개념은, 다시 15세기경 그 이전의 자연법개념과는 서로 다른 내용으로 분기(分岐)되면서 그 이후 자연권개념에 바탕을 두고 전개되는 권리개념의 내용과 성격에 직접적 혹은 간접적인 영향을 미치게 된다.

이하에서는 '권리개념'이 보다 구체적으로 어떠한 과정을 거쳐 탄생하게 되는지, 그리고 그 특성은 무엇인지에 대해 살펴본다. 피니(John Finnis)는 한 연구[3]에서 그간에 있었던 자연법과 자연권에 관한 많은 논의들의 검토를 바탕으로 둘 사이의 연계와 상호 분기의 체계를 드러내 보여준다. 그리고 그 속에서 자연법관념의 자연권관념으로의 전환이 성(聖) 아퀴나스(St. T. Aquinas, 1225-1274)와 수아레즈(Francisco Suarez, 1548-1617) 사이 어느 시점에서인가 일어났다고 주장한다.[4] 이 주장에 따르면 아퀴나스까지만 해도 스토아학파의 교리에서처럼 "법"(jus)은 바로 이성의 법, 자연법을 말하는 것으로, "1) 정의로움 그 자체(정의로움의 대상이 행동이건 사물이건 어떤 일의 형편이건 간에)를, 또한 2) 정의 여부를 판별해야 되는 인적·물적 관계에서 무엇이 정의로운지를 알거나 이를 판별하는 능력(이 때 이 능력이 의존하는 원칙이나 규칙을 법이라 함), 혹은 오늘날 법정과 같이 무엇이 정의로운지를 심사하는 장소를 뜻하거나, 3) 정의를 행하는 것이 자신의 임무인 재판관들의 심리를 뜻하는 것"[5]이었다고 한다. 결국 보편적 정의(正義)의 책임이 강조되는 자연법개념이었던

3 John Finnis, *Natural Law and Natural Rights*(1980).
4 John Finnis, *Natural Law and Natural Rights* : 206.
5 St. T. Aquinas, *Summa Theologiae*, II-II, g. 57a, lc, ad 1 and ad 2(John Finnis, *Natural Law and Natural Rights* : 206에서 재인용).

것이다. 그러나 1610년 수아레즈가 펴낸 법률론에 나타나 있는 전통적인 법(jus)의 의미는 상당히 달라져 있었다 한다. 수아레즈가 그곳에서 정의하는 법의 "참되고 엄격한 본뜻"은 "일종의 도덕적 능력(facultas)으로서 모든 사람이 자신의 소유물이나 그 자신에 마땅히 속한 어떤 것에 대하여 가지는 능력"이라고 되어 있다는 것이다.[6] 피니는 이러한 수아레즈의 법에 대한 정의는 아퀴나스에서는 결코 찾아볼 수 없을 뿐만 아니라, 수아레즈는 앞서 살펴본 아퀴나스의 법에 대한 정의에 대해서도 처음에는 모호하게 언급하다가 뒤에 가서는 아예 논의 중에서 빼버리고 있음을 밝힌다. 피니의 이러한 논의로부터 우리는 보편적 정의의 책임이 약화되고 상대적으로 개인능력이 강화되어 가는 자연법의 의미를 읽을 수 있다.

결국 용어상으로는 똑같이 '자연법' (jus naturale)이라고 표기는 하고 있지만, 적어도 아퀴나스까지는 "올바름" 혹은 "정의"를 의미했던 전통적인 자연법 개념이 수아레즈에 이르러서는 개인이 소유하고 있는 어떤 사물을 처분하거나 통제할 수 있는 '도덕적 능력' (물론 여기에서 "도덕적"이라는 말이 암시하듯이 능력은 능력이되 올바른 판단 위에 선 능력이라는 의미이겠지만)을 함의하는 개념으로 변하게 된다는 것이다. 그리고 이 변화된 의미로부터 다름 아닌 근대적 자연권개념이 형성되어 나오게 된다는 것이다. 그러니 아퀴나스와 수아레즈 사이의 어디에선가, 340여 년간이라는 긴 세월 어느 시점에선가, 자연법 개념의 획기적인 변화가 일어

---

6 F. Suarez, *De Legibus*, I, ii, 5 (John Finnis, *Natural Law and Natural Rights* : 207에서 재인용).

나면서 자연권개념으로 변모되었음이 분명하다는 것이다.[7)]

그 시점이 구체적으로 언제인지 밝히지는 않고 있지만 그러면서도 피니는 이 변화된 의미를 함의하는 자연법개념이 수아레즈 이후 어떻게 그로티우스(Hugo Grotius, 1583–1645)를 거쳐 홉스에 보다 명료하게, 자연법과 그 뜻을 달리하는 자연권개념으로 나타나는지를 보여준다. 피니에 의하면, 1625년 그로티우스의 『전쟁과 평화에 관한 법』(*De Jure Belli ac Pacis/The Law of War and Peace*) 첫머리에서 설명하고 있는 그의 책 제목의 법(jure)의 뜻은 "정의로운 것"이라고 되어 있는데 곧이어 전혀 다른 뜻을 소개하고 있다 한다.[8)] "법(jure)의 또 다른 의미는 … 사람과 관련되어 있다. 이 때 법이 의미하는 바는 어떤 사람의 도덕적 자질로서 그로 하여금 무엇인가를 정당하게 가지게 하든가 혹은 행하게 하는 것이다."[9)] 이어서 그로티우스는 추후 이 두 번째 정의를 법(jus)이라는 개념의 "적절하고도 엄격한" 의미로서 규정하면서, 이 두 번째 정의 속에 포함되어 있는 "도덕적 자질"을 용어상으로 분류하여 완전한 자질일 경우는 "능력"(facultas)으로, 그리고 불완전한 자질일 경우는 "성향"(aptitudo)으로 부르고 있다는 것이다.[10)] 여기서 "능력"은 보편이성에 부합하는 도덕적 자질로, "성향"은 개인의지에 편향된 도덕적 자질로 이해된다.

---

7 John Finnis, *Natural Law and Natural Rights* : 207.

8 John Finnis, *Natural Law and Natural Rights* : 207 (H. Grotius, *The Law of War and Peaces* I, 1, iii 참고).

9 H. Grotius, *Law of War and Peace* : iv (John Finnis, *Natural Law and Natural Rights* : 207에서 재인용). 여기에서 이미 법(jus)개념 속에 함의된 권리관념을 엿볼 수 있다.

10 John Finnis, *Natural Law and Natural Rights* : 207.

피니에 따르면, 그로티우스의 법(jus)개념이 아퀴나스까지의 전통적 의미로부터 분기되는 곳은 그로티우스가 'jus'를 'facultas'로 연결시킨 후 이에 세 가지 의미를 부여하는 곳에서이다. 즉 그로티우스는 'facultas'의 의미를 "1) 힘 혹은 권력(potestas), 2) 소유권(dominium), 3) 채권[채무(debitum)에 대(對)하는 의미에서]"[11] 이렇게 3가지로 부여하는데, 결국 그로티우스의 법(jus)개념은 수아레즈에서와 같이 근본적으로 어떤 사람이 소유하고 있는 그 무엇, 보다 구체적으로는 그가 소유하고 있는 힘(권력)이나 자유를 의미하고 있다는 것이다.[12] 여기에서 우리는 전통적 자연법개념이 근대 자연권개념으로 분기되는 과도적 상태를 읽을 수 있다.

물론 이렇듯 능력의 소유를 함의하는 자연권개념으로 변해가는 법(jus)의 의미 속에서도 그 정당성 문제와 관련하여 아퀴나스의 전통적 의미를 부여할 수 있는 여지는 아직도 잔존한다. 이를테면 소유는 소유로되 "정의로운 (그 무엇의) 소유"라는 식으로 말이다. 그러나 설사 그렇다 하더라도 이제 이 '옳음' 혹은 '정의로움'이라는 책임이 강조되는 의미는 변화된 개념 속에서 어느 한 개인의 배타적 이익과 이를 주도하는 의지의 자유 편에 서서 그의 행동과 소유를 정당화하는 의미로 이해되기 시작했다는 데 그 변화의 중요성이 있게 되는 것이다. 이러한 자연법

---

11 H. Grotius, *Law of War and Peace* : v(John Finnis, *Natural Law and Natural Rights* : 207에서 재인용). 이 때 자신을 부리는 권력(힘)은 자유(libertas)를 의미하고 타인을 부리는 힘(권력)은 마치 가족을 지배하는 아버지의 힘처럼 가부장권(patria potestas)을 의미한다.

12 John Finnis, *Natural Law and Natural Rights* : 207.

개념의 의미상의 변화는 권리의 주체와 그 주체의 권리 모두를 법과 정의에 의해 규정되는 보편책임의 영역 밖으로 내모는 결과를 낳게 되지 않았나 생각된다.

피니에 따르면 이러한 자연법의 의미상의 변화가 개념상의 구분과 더불어 가장 확연하게 드러나는 곳은 홉스의 『리바이어던』(*Leviathan*, 1651)에서이다. 이곳에서 홉스는 분명 기왕의 자연법(jus naturale)개념의 뜻이 자연권(The Right of Nature)임을 밝히고 자연법개념에 해당하는 용어는 'Lex Naturalis(A Law of Nature)'로 명기한다. 그리고 그간 사람들이 '권리'(Jus)와 '법'(Lex)을 혼동하고 있었음을 지적하면서 이제 이 두 개념이 어떻게 다른지 그 뜻을 구분해 놓는다.[13] 그 차이는 법은 의·책무를 대동하지만 권리는 의·책무가 없는 자유와 선택의 의지이다. 5장에서 살펴보았듯이 심지어는 다른 사람의 생명마저도 자신의 이익을 위해 수단으로 활용할 수 있는 무제한의 자유요, 선택의지이다.

이렇게 해서 수아레즈와 그로티우스를 거쳐 홉스에서 의미상으로나 용어상으로 전통적 자연법 개념으로부터 완전히 분화되어 나타나기 시작한 자연권 개념은 로크의 자연법 중심의 재해석을 거치면서 17, 18세기 자유주의 사상과 권리이론의 중심 개념으로 자리하게 되는 것으로 보여진다. 그러나 5장 1절에서 보았듯이 로크의 자연권개념 또한 그 본질적 의미에서 홉스의 자연권개념과 다를 바가 없는 것이었다. 이상 피니의 연구를 중심으로 근대 권리개념의 탄생을 추적해 보았거니와, 여

---

13 T. Hobbes, *Leviathan* : 189–90 ; R. Tuck, *Natural Rights Theories*(1981), pp. 119–142 참고.

기까지의 추적에서 남게 되는 한 가지 문제는, 근대적 자연권 개념으로의 변화시점은 아퀴나스와 수아레즈 사이 340여 년의 기간 중 어느 시점쯤인지를 보다 구체화할 수는 없느냐는 것이다. 이와 관련하여 피니의 연구에 바로 뒤이어 나온 또 다른 한 연구를 살펴본다.

턱(Richard Tuck)의 한 연구[14]는 근대 자연권 개념의 기원과 그 역사적 전개를 보여주는데, 이 연구 속에서 그는 자연권의 의미상의 기원과 관련하여 그간 학계의 통설로 수용되어 오던 빌레이(M. Villey)의 '오캄의 윌리엄(William of Ockham, 1285–1349) 기원설'이 재검토되어야 한다고 주장한다.[15] 그의 주장에 따르면 그간 1950년대 이래 관련 학계에서는 자연권의미의 최초의 정착을 (오캄의) 윌리엄이 저술한 『20일의 작품』(*Opus Nonaginta Dierum*)에서 사용하고 있는 권력/힘(potestas)에서 찾고 있는데, 이에 대해서는 의문의 여지가 있다는 것이다. 그 이유는 (오캄의) 윌리엄이 사용하고 있는 'potestas'는 자연법개념의 'jus'와 분립된 의미를 가지는 근대적 자연권'으로서의 의미를 함의하는 개념으로 보기 어렵기 때문이라는 것이다. 사용된 'potestas'는 대체로 자연법의 체계 내에서 하나님의 피조물로서 하나님의 소유물(dominium)을 자신의 생존을 위해 자연법(자연적 정의, 건전한 도덕)에 따라 사용할 '의무'를 지칭하는 것으로 오히려 소유물에 대한 권리를 부정하기 위해서 사용했기

---

14 R. Tuck, *Natural Rights Theories*(1981).

15 R. Tuck, *Natural Rights Theories* : Ch. 1, Sec. VI(여기에서 턱이 비판하고 있는 빌레이의 '오캄 기원설'은 Michel Viley, *Seize essais de philosophie du Droit* : 140–178에 전거하고 있음) ; 이러한 오류의 가능성에 대해서는 M. P. Golding도 문제제기를 하고 있는데, 그의 "The Concept of Rights" : 48 참고.

때문이라는 것이다.

그 이유로 턱은 권력/힘(potestas)의 개념이 나타나는 『20일의 작품』은 당시 교황 죤 22세(Pope John xxii, 1316–1334)가 하나님 재산의 승계를 명분 삼아 교회재산과 교회권을 세속적으로 독단하려는 데 대항한 반박문이고, 더구나 이 반박문은 아퀴나스식의 전통적 자연법 이론[즉 소유의 정당한 근거가 소유주의 권리에 있는 것이 아니라 그 소유의 옳고 그름을 판별해주는 자연법 〈신(神)법〉에 있다는 이론]에 근거하고 있음을 든다.[16] 그러면서 턱은 오히려 근대적 자연권을 함의하는 자연법개념 변화의 확립은 오히려 자연권에 대한 이론화를 시도한 거슨(Jean Gerson)의 『영성생명체의 삶(*Vita Spriturali Animae*)』(1402)에서 찾아볼 수 있다고 주장한다.[17] 턱은 전통적인 '옳음'이나 '정의'를 의미하는 자연법 개념인 'jus'로부터 '능력(facultas)' 혹은 '자유(libertas)'를 의미하는 근대적 자연권관념이 분리되어 나오는 문헌상 최초의 예로 아래와 같은 거슨의 글을 인용한다.

> (자연) 법·권(jus)이란 의도적인 능력 혹은 힘으로서 올바른 이성을 가진 사람이라면 누구에게나 있는 것이다 … . 모든 생명체는 권리(jura)를 가지는데, 이는 자신과 자신에게 좋은 것을 갖추어 주는 긍정적 자질이다. 이렇듯 … 모든 피조물들은 자연적으로 자신에 좋은 것을 행할 능력(potestas) 혹은 자유(libertas)를 가진다.[18]

---

16 R. Tuck, *Natural Rights Theories* : 12–13.

17 R. Tuck, *Natural Rights Theories* : 12–13.

18 Jean Gerson, *Oevres Complètes*, Vol. III, pp. 141–42 (R. Tuck, *Natural Rights Theories* :

그리고 턱은 거슨의 책에 나오는 또 다른 인용을 통하여 (자연)권(jus)과 (자연)법(lex)의 용어상 분기의 흔적을 보여준다. 이는 그간 통설로 알려진 17세기 이른바 자연권 이론가들의 구분(특히 그 중 홉스의 처음 구분)보다 대략 2세기 이상 앞서 시도되고 있었음을 보여준다. 물론 그 의미상의 차이는 앞서 홉스의 구분에서 살펴본 바와 같다. 모든 선택된 가능성에 대한 의·책무가 따르지 않는 무제한의 자유가 바로 권리이고, 이에 반해 정의의 의·책무가 따르는 것이 법인 것이다.

> [자연권(jus naturale)으로서의] 자유는 모든 선택된 가능성에 열려 있는 이성과 의지의 능력이다. … (반면에) Lex(법)은 올바른 실천이성으로서 그에 입각하여 모든 사물의 행동과 작용이 명령받은 목표를 가지게 된다.[19]

이상의 턱의 연구로 미루어 우리가 알 수 있는 것 중의 하나는, 자연권개념과 연계된 현시대 권리개념의 의미상의 발아시점을 거슨의 문헌상의 예로 비추어 15세기 초로 볼 수 있다는 점이다. 그리고 그 둘은, 자연권 용어의 문자적 표현은 아직까지의 연구결과 거슨의 『영성 생명체의 삶』 속에서 그 최초의 흔적을 발견할 수 있다는 점이다. 이러한 자연권의 의미와 용어가 최초로 정착되어 나타나는 것을 밝혀준 턱의 연구는 바로 자연권개념의 기원을 밝혀주는 것이 된다. 그리고 이러한 개념적 기원의 발견은 우리에게는 보다 중요한 다음 사항을 말해준다. 즉

25-26에서 재인용).

19 Jean Gerson, *Oevres Complètes*, Vol. IX, p. 134 (R. Tuck, *Natural Rights Theories* : 27에서 재인용).

이 때를 전후하여 전통적인 자연법·권(jus naturale) 혼합개념은 한편으로는 '옳음' 혹은 '정의로움'이라는 의미를 중심으로 한 근대적 법개념과, 다른 한편으로는 '자유' 혹은 '능력'이라는 의미를 중심으로 하는 근대적 자연권(natural rights)개념으로 분기되는 분수령이 확고한 모습을 갖추게 되었다는 점이다. 이는 역으로 자연권관념의 의미 중심점이 이 시점을 기준해서 그 속에 함의되어 있던 자연법 전통의 도덕적·법적 정당성과 이에 따르는 책임을 함의하는 정의(正義)의 의미요소(意味要素)로부터 근대 권리개념의 중심 의미요소—능력, 자유, 힘—쪽으로 옮아가게 되었다는 점을 말해주고 있다고 볼 수 있는 것이다.

나는 이러한 피니와 턱의 연구결과에서 근대 서구적 '의·책무가 따르지 않는 권리' 개념(및 이에 대응하는 '권리를 수반하지 않는 의·책무' 개념)의 탄생과 이로부터 빚어진 권리개념 의미구조상의 '역사적 상실'을 본다. 그리고 이 상실이 바로 근대 권리개념으로 하여금 권리 패러독스를 구성하는 한 축, '은폐배리실행요소'를 함축하는 상징적 표상개념이 되게 하는 시발점이라고 생각한다. 상실은 이상에서 살펴본 바처럼 '자유' 혹은 '능력'이라는 의미가 '옳음' 혹은 '정의로움'이라는 의미를 대체함으로써 일어난다. 그 대체 속에서 후자의 의미에 포함되어 있는 의·책무가 전자의 의미에서는 상실되어 나타나는 것이다. 흔히 자연법은 홉스나 거슨의 정의에서처럼 의무나 책무만을 부과하는 것으로 간주된다. 그리고 이로부터 전통적 자연법에도 '자유' 또는 '능력'으로서의 권리가 상실되어 있으니 상실이라는 측면에서는 매일반이라고 주장할 수도 있다. 혹은 자연법과 자연법으로부터 분기된 근대적 권리 사이의 얻고 잃음은 교차적 균형 속에 있다고 주장할 수도 있다. 그러나 자연법적 의·책무개념은 그 구속력의 근거를 설사 초월이성에 두고 있다 할지라도 그 안에는 항상 '권리관념'이 함의되어 있었음을 추론을 통하여 밝힐 수 있다. 즉 신성(神性)이나 전통적 관습에 근거하는 도덕적·제도적 행동준칙에는 겉에 표면화된 의·책무개념 뒤에 가려진 '반사적' 권리관념이 함의되어 있음을 추론해낼 수 있는 것이다. 권리관념이 자연법적 의·책무개념에 상실되어 있는 것이 아니라 오히려 포함되어 있음은 아래와 같이 그 이유와 더불어 밝힐 수 있다.

자연법적 의무개념으로부터 권리관념의 논리적 추론이 가능한 것은 다음과 같은 이유에서이다. 첫째, 권리관념과 의·책무관념은 설사 그 내용과 적용범위가 시대와 장소에 따라 다를지 몰라도 언제나 서로를 전제할 수밖에 없다는 점 때문이다. 십계명에 '살인하지 말라!'는 계율은, 이를테면 〈A–B〉관계에서 A와 B 모두가 준수해야 될 의·책무사항이지만 이는 동시에 전자가 후자로부터 혹은 후자가 전자로부터 살해당하지 않을 권리사항이 된다. 둘째로, 의·책무개념에 전제된 정당성 근거는 권리관념에도 그대로 전제되기 때문이다. 이를테면 위에서 든 예에서 두 사람의 계율준수 의·책무의 정당성 근거가 되는 십계명은 상호 간 권리근거의 정당성이기도 하다. 셋째로, 의·책무개념에 의해 설정되는 행동의 테두리는 그것이 비록 관념형태에 머물러 있는 상태일지라도 권리관념의 테두리이기도 하기 때문이다. 설사 근대 이래의 인간이성의 자율성을 전제한다 하더라도, 자율성의 의미는 일정한 책임의 테두리 내의 언행으로 표현된 자유라 볼 때, 이 일정한 책임의 테두리는 권리의 테두리로서 의·책무의 테두리와 일치하는 것이다. 이를테면 위의 같은 예에서 두 사람의 권리를 한계지우는 '십계명'이 부여하는 책임의 테두리는 이 두 사람이 지켜야 되는 자율권평등원칙에서 발생되는 상호 억제기제의 테두리와 그 기능과 내용에서 같다. 다만 차이가 있다면 전자는 신

(神)의 이름으로, 후자는 인간의 평등한 도덕적 지위의 이름으로 그 한계를 구성한다는 점일 것이다.

결국 자연법 전통의 의·책무개념에는 권리관념이 포함되어 있어 추론해낼 수 있음에 반하여, 새로 탄생하는 자연권개념 혹은 서구 근대 자유주의 전통의 권리개념에는 의·책무개념이 포함되어 있지 않아 추론해낼 근거조차 상실되어 있다는 점이 앞서 언급한 '역사적 상실'의 내용이 되는 것이다. 그리고 이러한 상실과 더불어 태어난 것이 권리 패러독스를 구성하는 한 축, '은폐배리실행요소'를 함축하는 상징적 표상개념으로서의 근대 권리개념, '의·책무가 따르지 않는 권리' 개념(및 이에 대응하는 '권리를 수반하지 않는 의·책무' 개념)인 것이다. 그러나 한 걸음 더 나아가서 보면 이 근대 권리개념의 탄생은 권리 패러독스의 사실상의 시발점이기도 하다. 본장 1절에서 살펴본 바처럼 권리관계상의 소외문제(4장)나 권리질서 및 자유주의 질서상의 '질서-이율배반성 문제'(5장)의 중심에는 언제나 이 근대 권리개념이 도사리고 있었고, 권리관계가 자율성불평등원칙에 의해, 권리질서 및 이에 이어지는 자유주의 질서가 자율권불평등원칙에 의해 지배되도록 유도하는 장본인이었기 때문이다.

이러한 전통적 자연법개념에 함의되어 있는 권리관념의 근대 권리개념으로의 변모와 그에 따른 역사적 상실에 대한 아쉬움은 필자만의 감회는 아니다. 피니는 이러한 아쉬움을 다음과 같이 노골적으로 드러낸다. 그의 논의내용 중 몇 대목을 소개하면 다음과 같다.

> 1) "… 홉스의 법과 권리의 상호 배타적 구분은 권리개념으로부터 사실상 모든 주요 규범적 내용을 삭제케 하였다 … . 홉스가

말하려던 것은 '자연상태'의 인간이 가지는 권리는 법이나 책무가 전적으로 배제된 전적인 권리 그 자체라는 점이다 … (이는) 로크나 푸펜도르프(S. B. von Pufendorf, 1632–1694)로 이어지고 … 오늘날 권리의 '선택'이론을 주장하는 학자들은 … 근대적 권리개념을 가장 추종하는 … 후계자들이다 … ."(1980 : 208)

2) " … 권리주체의 (전권적) 권력을 강조하는 것이라든지 … 그 결과 '권리'(자유포함)와 '의무'를 무 동강이 내듯 철저하게 분리하는 것은 평생 고전 로마법을 연구해 온 노련한 법률가들에게는 결코 있을 수 없는 일이었다."(1980 : 209)

3) "(이와 같은 권리개념의 탄생은) … 유럽문화의 역사적 분기점이 된다 … . 그리고 (이러한 분기점)은 정의(개념), 권위(개념), 책무(개념)에도 똑같은 분기점이 된다."(1980 : 206)

위 인용대목 중 '1)'의 전반적 내용은 앞서 살펴본 '권리개념'의 탄생에 대한 논의에서 5장 1절에서의 홉스 및 로크의 권리이론의 분석 및 이를 뒷받침하는 샤피로의 연구결과를 통해 이미 상론된 바이다. '권리의 선택이론'에 대한 피니의 언급은 4장 1절에서 검토한 하트를 위시한 오늘날의 서구자유주의 권리이론가들의 황당한 언급들을 상기시킨다. 인용대목 '2)'는 하트가 말하는 "(서구) 지성사의 발전"과 대비되는 '역사적 상실'에 대한 피니의 평가로서 로마법의 중심 사상이 무엇이며, 이에 비추어 '역사적 상실'이 왜 그다지 경악스러운지와 관련해서는 이어지는 3절의 논의로부터 유추될 수 있을 것이다. 인용대목 '3)'은 권리개념의 탄생이 자유주의의 규범적 정치내용을 그려내는 개념체계 및 '자유주의 질서규범체계'를 구성하는 유기적 부분질서들에 미친 파급

효과를 시사해 주는 것으로서, 권리질서의 '질서-이율배반성 문제'가 자유주의 질서 전반에까지 파급되는 모습을 추적한 5장의 논의에 부가적인 지지기반을 제공한다. 종합하면, 피니의 입장은 권리개념의 탄생으로부터 빚어진 '역사적 상실'을 못내 아쉬워하는 것으로 집약할 수 있다. 그리고 그 아쉬움의 초점은 도덕적 혹은 규범적 정치영역의 '소실'에 맞추어지고 있다.

더불어 이미 앞서 부분적으로 소개된 바이지만 샤피로(I. Shapiro)의 한 연구결과(1986 : 275–284)는 역사적 상실 속의 근대 권리개념이 자유주의 발단 이래 오늘에 이르기까지 그대로 이어지고 있음을 보여준다. 그는 이 근대 권리개념은 홉스와 로크 이래 자기편중적 권리주체, 리버타리안적 재산권 중심의 권리내용, 권리근거로서 의·책무와 단절된 권리주체의 배타적 지배, 권리의 공리주의적 목표 등, 홉스와 로크 이래의 특성을 탑재한 채로 오늘에 이르기까지 변함 없이 이어져오고 있음을 강조한다. 그러면서 이러한 근대 권리개념을 '자유주의적 이데올로기의 핵심'으로 보면서 '재산권을 중심으로 하는 자유주의 정치의 최대의 병폐'로 지적한다(1986 : Pt. I & Pt. IV). 그 밖에도 오늘날 많은 자유주의 이론가들(이를테면 Glendon, 1991 ; Hentoff, 1992 ; Etzioni, 1993 ; Fish, 1994)은 이러한 ('책임'이 상실된) 근대 권리개념에 바탕을 두고 이루어지고 있는 권리담론 및 권리실행이 빚어내는 정치사회적 병폐들을 목소리 높여 고발한다.

이상 본절을 통하여 권리 패러독스의 '본원적 문제'인 '의·책무가 따르지 않는 권리' 개념(및 이에 대응하는 '권리를 수반하지 않는 의·책무' 개념)은 바로 거슨, 수아레즈, 그로티우스로 이어지는 과도기를 거쳐 홉스에서 확립된 자연권개념임을 밝혔다. 5장 1절에서 살펴보았듯이 이렇게 확립된 '근대 권리개념'이 오늘에 이르기까지 변치 않고 이어져오고 있는 것이다. 그리고 오늘날 은폐실행요소가 내재된 권리관계상의 소외문제, 권리질서 및 자유주의 질서상의 '질서-이율배반성 문제' 등을 빚어내는 장본인이 '역사적 상실'을 대가로 탄생된 바로 이 근대 권리개념인 것이다.

3. 자연법 전통의 지속과 '자율성평등'의 인간 이미지

본절에서는 만인자유평등원칙 혹은 그 실행원칙으로서의 자율성평등원칙을 근거로 추론된 '권리관념'의 사상사적 유래를 살펴보고자 한다. 보다 구체적으로 이 관념의 추론근거가 되는 '자유롭고 평등한 자율적 존재로서의 인간 이미지'를 중심으로 이 인간 이미지가 오늘날의 상식적 대전제가 되기까지의 사상사적 전개를 단계별로 나누어 추적해 볼 것이다. 관념상의 '의·무가 따르는 권리'라는 추론권리개념(및 이에 대응하는 '권리를 수반하는 의·책무'라는 추론의·책무개념)이 어떻게 '자유롭고 평등한 자율적 존재로서의 인간 이미지'로부터 추론될 수 있는지에 대해서는 이미 3장 1절에서 롤즈의 원초적 정의사회를 모델로 한 권리관계의 발단과 관련하여 이미 살펴본 바이다. 이 관념상의 추론권리개념이 자율성평등원칙과 자율권평등원칙이 중심이 되어 구성하는 '외현준거규범요소'를 함축하는 상징적 표상개념이 됨도 본장 1절에서 살펴본 바이다. 그리고 이 추론권리개념이 3장에서 살펴본 권리기본관계, 5장에서 살펴본 근거권리질서 및 자유주의 질서규범체계를 구성하는 중심 개념임도 이들 논의 속에서 이미 밝혀진 바이다. 그런 점에서 이 추론권리개념은 인간의 가장 본원적 가치인 존엄성 가치가 외적으로 인간 상호 간의 평등관계 속에서 표출되는 자율성평등 가치를 인간 사회관계에 반영해 줄 수 있는 개념이다. 그래서 이 추론권리개념은 흄(D. Hume)이 지적하듯이[20] 정치사회 출현 이후에야 생성되는 모든 도덕적 · 제도적 개념의 준거개념이 된다. 이 추론권리개념이 근대 권리개념의 패러독스 속성을 드러내 주는 반사경(反射鏡)이 될 수 있는 것도 바로 이러한 준거개념으로서의 역할의 하나라 할 수 있다. 이러한 추론권리개념을 오늘날 우리에게 익숙한 권리담론이나 관행으로부터는 찾아볼 수 없음은 이미 본장 2절에서 밝혀진 바이다.

그런데 이상과 같은 권리관념의 추론근거가 되는 '자유롭고 평등한 자율적 존재'로서의 인간 이미지는 그간 흔히 '근대적 인간'이라고 불려왔다.[21] 이러한 인간 이미지는 인간 '이미지'가 하나의 인간 '관(觀)'인 만큼 사실표현이라기보다는 차라리 모든 인간은 '자유롭고 평등해야 한다'는 만인자유평등의 이상을 표현한 것이었다. 그리고 이 인간상은 '인간존엄성'[22]을 바탕으로 하는 자율적 인간상을 그의 삶의 개인적 ·

---

20 흄(D. Hume)은 일찍이(1739-40) 정의 및 권리를 비롯한 모든 도덕적 · 제도적 관념이 사회의 형성과 더불어 발생했음에 대해서 설득력 있게 논의한 바 있다. D. Hume, *A Treatise* : Bk. III, Pt. II (특히 Sec. II) 참고.

21 근대적 인간 이미지의 출현과 이 인간 이미지의 출현이 자연권 전통과 정치사상 전통에 대하여 가지는 시사성에 대해서는 Q. Skinner, *Foundations* : Vol. I, Chs. 1-3, 8-9 ; Leo Strauss, *Natural Right and History*(1953) ; A. Bullock, *Humanist* : Chs. 1, II ; D. Germino, *Machiavelli to Marx* : Ch. 1 참고 ; 그리고 종교개혁의 주역들은 이러한 '근대적 인간'을 신(神)의 이름을 빌려 이성적이고도 자율적인 존재로 변호하였는데, 이 점에 대해서는 Q. Skinner, *Foundations* : Vol. II, Chs. 1, 3, 5, 8-9 ; M. Weber, *Protestant Ethic* : Chs. I & IV ; D. Germino, *Machiavelli to Marx* : Ch. 3 참고.

사회적 모든 부문에서 지향해 갈 것임을 예고한다. 이 만인자유평등 이상 속에는 1) 누구나 자신에 관한 일인 한 자신 이외의 누구에 의해 구속되거나 간섭당하지 않고 스스로의 책임 하에 스스로를 규율하는 자율적 존재라는 점, 2) 자신이 속한 사회의 질서를 스스로 선택하고 따르는 사회질서의 주체라는 점, 3) 누구나 자율적 사회질서 주체로서의 존엄성을 가진다는 점 등이 함의되어 있다.[23] 이 모든 함의를 종합하면 모든 인간은 평등한 자율적 존재로서 모든 인간관계, 정치사회관계에서 자율성평등원칙이 관계의 중심원칙으로 견지되어야 한다는 자율성평등 가치의 선양에 대한 신념이라고 집약할 수 있을 것이다.

서구 문명사의 통설에 따르면[24] 봉건군주와 영주의 투쟁, 농민반란, 무역의 확대, 르네상스의 융성, 종교개혁, 절대군주와의 투쟁 등을 거치면서 서구인들은 '근대적 인간'으로서의 입지를 강화해 간다. 그리고

22 그러나 이상과 같은 '근대적 인간'의 탄생배경을 서구의 역사전개 속에서 찾을 수 있다 해서 그 인간상에 함의된 '인간존엄성'을 하나의 본원적인 사회도덕 가치로서 존숭해 온 것 또한 인류역사상 유독 근대 서구 역사에 국한된다고는 말할 수 없다. 인간존엄성 존중에 대한 신념은 여기서 열거할 수 없을 정도로 인류역사가 남긴 모든 위대한 도덕적 문건에서 발견된다. 그리고 원시시대 이래 인류의 모든 바람 속에서도 확인된다. 그러나 지금까지 서구의 관련 연구들은 '자연권주체'로서의 인간존엄성을 바탕으로 하는 '근대적 인간'의 등장은 서구 특유의 역사적 전개와 함께 형성되어 인간 이미지의 결과로 보고 있다. 이는 앞서 샤피로[I. Shapiro, *Evolution* : Ch. 1)와 도널리(J. Donnelly, *Univeral Human Rights* : Chs. 3–4]가 서구 '자연권 개념'과 이로부터 비롯되고 있는 '권리개념'이 유럽에서 전개된 근대사의 산물이라 보는 입장에도 함의되어 있다.

23 이를 한 마디로 근대적 인간의 '자기규율주체'(self–ruler)적 속성이라 할 수 있겠는데, 이에 대해서는 G. de Ruggiero, *History* : Introduction–§7 참고.

24 이를테면 R. N. Stromberg, *A History*(1963) ; A. Schrier et.als., *Modern European Civilization*(1961) ; F. Le Van Baumer, ed., *Main Currents of Western Thought*(2002) 등.

이러한 역사적 전개 속에서 중세의 신분위계의 인간불평등 정치사회제도가 붕괴되면서 인본주의 정신을 중심으로 하는 자유롭고도 평등한 근대적 인간 이미지가 확립되어 간다. 보편적으로 수용되고 있는 서구 정치사상사 연구들에는 이러한 역사적 전개 중에서도 특히 르네상스와 종교개혁을 근대적 인간 이미지 확립의 직접적 계기로 나타난다.[25] 이를테면 르네상스의 융성은 중세적 관습과 봉건제도의 속박으로부터의 인간해방과 세속활동에서의 자율성을 확보해 가는 데에 비옥한 토양을 준비해 주었다는 점이, 그리고 종교개혁의 주역들은 신(神) 앞에 구체적 개인으로서(인간 무리로서가 아니라) 홀로 서는 "개별자로서의 존엄한 인간"과, 신에 대한 믿음마저도 이성적으로 해석하고 자율적으로 실행하는 "이성적"이고도 "자율적"인 존엄한 개인을 신의 이름으로 변호했다는 점이 강조된다.[26] 그러나 여기서 "개별자로서의 존엄한 인간", "이성적 인간", "자율적 인간" 이 모두는 평등한 자율적 존재로서의 인간 이미지에 대한 신념을 표현만 달리한 것으로 이해된다.

그런데 상기 '근대적 인간'의 이미지와 관련한 상기 연구들을 따라 서구 역사의 전개 속에서 확립되어 가는 근대적 인간 이미지의 기원을 추적하다 보면 '근대적 인간' 이미지는 근대의 산물이 아니라 오래전 키케로(Marcus Tullius Cicero, BC 106–43)에 의해 전승된 스토아 철학에 기반을 둔 자연법 교리에 나타나는 인간 이미지라는 사실이 드러난

25 특히 근대적 인간등장과 관련하여 종교개혁의 중요성에 대해서는 Guido de Ruggiero, *History* : Introduction–§3, Pt. I–Ch. I–§4, Pt. II–Ch. IV 참고.

26 이 점에 대해서는 Q. Skinner, *Foundations* : Vol. II, Chs. 1, 3, 5, 8–9 ; M. Weber, *Protestant Ethic* : Chs. I, IV ; D. Germino, *Machiavelli to Marx* : Ch. 3 참고.

다. 따라서 이하에서는 서구 자연법 전통에 나타나는 인간 이미지, 즉 자연법적 인간 이미지가 어떻게 '근대적 인간' 이미지에 이르게 되는지를 크게 3시기로 나누어 헤아려 보려 한다. 우선, 보편적 '스토아 자연법' 태동기의 인간 이미지는 어떠했는지를 살펴볼 것이다. 다음으로 스토아 자연법에 담긴 인간 이미지와 서구로 전승된 키케로의 자연법에 나타나는 인간 이미지가 과연 일치하는지 헤아려 볼 것이다. 그리고 마지막으로 키케로의 자연법의 서구 전승에서부터 서구에 이른바 '근대적 특성'이 착상되기까지 기간 동안의 역사적 전개를 살펴보면서 과연 이 기간에 나타나는 자연법적 인간 이미지가 스토아 자연법적 인간 이미지의 지속인지 여부를 가려볼 것이다.[27]

1) 스토아 자연법 태동기의 인간 이미지

우선 스토아 자연법 태동기의 인간 이미지에 대해서 살펴본다. 타안(W. W. Tarn)의 한 연구[28]에 보면, 그리스 이후 보편적 자연법의 태동

---

27 그러나 이상에 대한 고찰은 본 저술에서 차지하는 본 2절의 논의범위 내로 한정될 것이라는 점과, 이러한 제약 때문에 별 무리 없이 수용되고 있는 제한된 서구 연구에 의존할 수밖에 없다는 점, 그리고 이들 연구 속에 포함될 수 있는 세세한 사상사적 논쟁문제는 지나쳐 보리라는 점 등을 미리 밝혀둔다. 이상의 단서들은 탐색하려는 문제와 관련하여 본 논의가 서구역사에 대한 논의일 수 없음을 말해준다. 더불어 본절의 논의의 취지가 궁극적으로는 근대적 인간 이미지의 기원을 추적해 보려는 데 있는 만큼 이러한 논의순서 각 단계마다 탐색된 인간 이미지가 앞서 특징적으로 묘사한 근대적 인간 이미지와 부합하는지 여부는 반복적으로 강조될 것임도 밝혀둔다.

28 W. W. Tarn and G. T. Grifith, *Hellenic Civilization*(1952).

기로 여겨지는 헬레니즘 문명 시대가 문명사적 · 정치사상사적 전환기로 나타난다. 그 특징에 대하여 그는 다음과 같이 적고 있다.

> 도시공동체(polis)라는 틀 속에서의 또는 도시공동체 자치 속에서의 정치적 동물로서의 인간은 아리스토텔레스와 함께 막을 내렸고 알렉산더와 함께 인간은 개개인으로 출발한다. 이제 개인은 자기 자신의 생활에 대한 규제와 자신이 속한 세상을 더불어 구성하고 있는 여타 개인들과의 관계를 설정할 필요가 생겨났다. 자기생활의 규제에 부응하기 위해서 행동의 철학(the philosophies of conduct)이 생겨났으며, 타인과의 관계에 부응하기 위해서 인간은 모두가 동포라는 모종의 새로운 이념이 생겨났다.[29]

앞에 인용한 타안의 말은 자연법 태동의 배경에는 개인과 전체가 혼효된 극히 동질적인 작은 도시공동체의 울타리를 벗어난 정치적 동물이 극히 이질적인 인종, 문화, 정치사회질서가 병존하는 광대한 정치단위에 재편되는 역사적 경험이 놓여 있음을 보여준다. 이 재편은 그리스 시대의 좁은 도시공동체와 이를 구성하던 시민적 유대가 파괴되면서 새로운 공통의 역사와 전통이 아직 형성되지 않은 상황에서 광활한 로마제국(帝國)에 정치사회적으로 흡수되는 역사적 사건을 지칭한다. 이러한 역사적 격동 속에서 전통적 도시공동체적 시민은 이제는 단지 한 개별자적 존재로 인식될 수밖에 없었던 것 같다.

이러한 개별자적 정체성은 공동체적 사회의식 속에서 가지던 공

29 W. W. Tarn and G. T. Grifith, *Hellenic Civilization* : 79.

동체적 정체성으로부터 제국 내의 이질적 인간들 사이에 존재하는 최대 공약수인 인간의 유(類)적 정체성, 즉 '인류동포' 정체성으로 변모됐음을 말해준다. 그리고 이러한 개인 정체성의 변화는 제국의 구성원들을 종래의 공동체적 규율 속에서 개별자적 자유를 중심으로 한 새로운 '행동철학', 즉 자율의 행동규범 속으로 옮겨놓았던 듯하다. 즉 이들은 적어도 당시의 정황 속에서는 '개별자적'이고 '자율적'인 인간으로 다시 살아야 하는 운명에 처했던 듯하다. 이는 근대적 인간 이미지 속에 들어 있는 '개별적'이자 '자율적'인 인간 이미지를 연상케 한다.

이러한 역사적 경험이 초래한 결과적 정황에 대하여 세바인(G. Sabine)은 다음과 같이 말한다.

> 이제 새로 등장한 시민권개념은 평등을 모든 사람, 심지어 노예, 외국인, 그리고 야만인에까지도 부여했다. 그러므로 이 평등은, 지능, 성격, 재산 등의 불평등을 무시하면서 신(神)의 눈에는 모든 영혼이 평등하다는, … 혹은 법 앞에서 모든 인간이 평등하다는 차원의 어떤 영역을 내포한다고 주장할 수 있었다. 이 평등은 또한 … 정부권력의 요구는 합당한 요구여야지 강제에 의한 요구여서는 안 되며, 그것은 선의의 인간이 자신의 적절한 도덕적 권위를 상실함이 없이 동의할 수 있는 권리 요구여야 한다는 입장을 견지하였다.[30]

위에서 본 타안의 말을 바로 위에서 인용한 세바인의 말에 연결해 보면, 이러한 역사적 경험 속에서 개별자적 인간 이미지와 자율적인

---

30 George H. Sabine, *A History of Political Theory* : 142–43.

인간 이미지가 만인평등관과 결합하면서 보편적인 인간 이미지로 확대되고 있음을 알 수 있다. 이는 만인자율평등이념 혹은 만인자유평등이념의 보편화에 다름 아니다. 그리고 이 두 이념은 새로운 개인적 시민권 사상과 더불어 근대 이래 오늘에 이르기까지 우리가 의미하는 만인자유평등사상과의 연속선상에 서 있음을 볼 수 있다. 이렇게 볼 때 여기에는 아직 초인간적 질서 속에 있으나 만인자유평등원칙 하에 자율적이고, 개별적이며, (그리스 도시공동체에서와는 달리) 사적(私的) 영역에 자유를 누리는 근대적 인간 모습의 한 단편이 담겨 있음을 알 수 있다.

그런데 이러한 인간 이미지의 변화가 근대적이지 못하게 하는 외삽된 신성과 이 신성(神性)에 얽매여 있을 듯한 인간이성—따라서 자율성—의 지위는 다음과 같은 세바인의 스토아 교리의 본질에 대한 설명 속에서 그 초월적 신성이성에 대한 근대적 이해와 인간이성의 지위에 대한 근대적 이해에 몹시 근사해짐을 볼 수 있다.

> 스토아학파 교리의 본질은 인간본성의 자연적 일체성 혹은 인간 공통의 진정한 도덕성에 대한 종교적 확신에 있었다. 인간의 자연스런 본성에 순응하는 생활은 인간에게 있어서 신(神)의 의지에 대한 복종, 모든 선한 세력과의 협동, 언제나 옳고 바른 것을 지켜나가는 초인간적 권능에 대한 의존, 이 세상의 선과 합리성에 대한 믿음, 그리고 이 모든 것으로부터 우러나오는 마음의 평정을 의미하는 것이었다.[31)]

31 George H. Sabine, *A History of Political Theory* : 148.

세바인의 위와 같은 스토아 교리의 본질에 대한 설명은 올바른 도덕성을 중심으로 인간본성(human 'nature')과 자연('nature'), 그리고 이 둘에 공통적인 합리성 혹은 올바른 이성이 신성의지와 합치됨을 보여준다. 그렇다면 이러한 인간본성과 자연 사이의 도덕적 일체성은 신성의지 혹은 신성의지의 인간적 실현인 이성법의 지배를 의미하는 것에 다름 아님이 나타난다. 즉 신성의지는 자연의 본성이나 인간이성과 분리되지 않는 것으로 나타나는 것이다. 하나 별기한다면, 여기서 '신'이라든지 '종교적'이라는 말의 뜻은 구태여 기독교의 '하나님'과 같이 실체화된 신과 결부시킬 필요는 없을 것이다. 오히려 '발견되는' 자연섭리, 혹은 만유질서의 주제자로서의 초월자 혹은 초인간질서의 뜻으로 이해되어야 할 것이다.

여기에 더해서 다음과 같은 스토아 교리로 본 법(法)의 본질에 대한 크리시포스(Chrysippus, BC 281–208)의 언급은 법을 중심으로 신성, 자연적 본성, 인간이성을 하나로 묶어냄을 보여준다.

> 법은 신과 인간의 모든 행동을 판가름하는 척도이다. 법은 무엇이 명예롭고 무엇이 비열한지, 따라서 무엇이 정의롭고 무엇이 부정의(不正義)한지를 가려내는 감독자, 지배자, 그리고 안내자여야 한다. 법은 그 자연적 본성상 사회적인 모든 생명체에게 행해야 할 바를 가리키고 해서는 안 될 일을 금지시킨다.[32)]

---

32 Chrysippus, *On Law*(G. Sbine, *A History of Political Theory* : 148에서 재인용).

위 인용문에 함의된 바대로 법이 항상 올바른 것을 안내하는 만유보편의 원칙이라고 본다면 이 원칙으로서의 법 안에는 신성이성, 자연, 그리고 인간본성, 이 셋 모두에 잠재되어 있다고 보아야 한다. 그리고 이 셋이 원칙으로서의 법 안에 모두 잠재되어 있다면, 스토아 교리에 있어 법은 그 본질에서 신성의 법이며, 자연의 법이자 인간의 이성적 본성, 즉 이성의 법이어야 한다. 여기까지 이르면 도시국가의 해체와 더불어 광막한 제국으로 재편되는 역사적 경험 속에 등장하는, 타안과 세바인이 말하는 인간은 신을 자신의 이성을 통해서 바라볼 수 있는 근대적 인간의 모습과 전혀 다르지 않다. 앞서 종교개혁의 주역들이 변호했다는 인간을 신을 이성으로 맞이하는 이신론(理神論, deism)적 인간이라 부른다면, 크리시포스가 밝히고 있는 스토아적 법 교리에 나타나는 인간 역시 바로 이신론(理神論)적 인간인 것이며, 이런 의미에서 이성적 존재로서의 근대적 인간 모습에 전혀 모자라지 않은 것이다.

더구나 신과 인간을 공히 규제하는 법이라면 이는 하물며 치자(治者)든 피치자든 모든 인간을 함께 구속하는 원리로서 어디에서나, 그리고 언제나 정당하고 정의로우며 불변적인 기준이 될 수밖에 없을 것이다. 이는 달리 표현하면 신성을 함의하는 인간이성의 존엄함, 즉 인간존엄성을 지켜주는 것이 바로 법이라 할 수 있을 것이다. 즉 스토아 교리의 법은 인간존엄성을 전제해서 존재하게 되는 것이다. 스토아학파는 바로 이러한 법을 올바른 이성이자 자연의 법칙이며, 신의 법에 다름 아니라고 생각했던 것이다. 결국 스토아 교리 속에서의 법은 적어도 신이 정했다고 여겨지는 인간사회의 범위 내에서 이성법(理性法)이나 자연법, 그리고 신법(神法)과 동일한 것으로 나타난다. 이렇듯 신의 법을 함의하는 이성법의 주체로서의 인간의 지위는 앞서 세바인이 묘사한 자율적 존재로서의 스토아 전통의 인간 이미지를 정당화시키며, 이는 바로 근대사를 열어가는 자율적 존재로서의 근대적 인간 자율성의 정당화와 다를 바가 없다. 이러한 자율적 인간 이미지는 스토아 자연법 태동기에 나타나는 또 다른 두 이미지—즉 개별자적 이미지, 이성적 이미지—와 더불어 앞서 '근대적 인간'의 별칭에 담긴 이미지와 긴밀히 부합함을 볼 수 있다.

이러한 스토아 자연법 태동기의 인간 이미지 변화는 의당 헬레니즘 문명세계 전체를 포괄하는 공통의 법질서체계의 수립과, 그 속에 그간의 그리스에서와 같은 도시공동체적 시민법 체계를 보다 하위의 지방적 법질서로 포용할 것을 요구했을 것이다. 그리고 이 요구에 대한 응답이 바로 스토아 교리 속에서 다듬어진 로마법 전통의 자연법으로 나타난다고 보아야 할 것이다. 줄루에타(F. de Zulueta)의 기록에 따르면,[33] 이렇게 등장한 자연법은 옛 도시공동체와 비교할 수 없이 광막한 영역을 토대로, 위에서 언급했듯이, 새롭게 등장한 로마 시민의 이미지에 부합하는 정치사회질서를 구성해 가면서 로마의 법제도로 체계화되어 나타난다. 스토아 교리에 포함된 이러한 자연법은 복잡한 지방적 관습법을 통합하는 로마제국의 포괄적 법체계를 수립하는 것을 가능하게 하였다는 것이다.

33 로마법의 역사적 전개에 대한 보다 자세한 내용은 F. de Zulueta, "Development of Law" : Vol. IX : *The Roman Republic*(133–44 BC), pp. 866ff. 참고. 여기서 자연법과 만민법은 키케로도 그 개념상의 구분 없이 혼용한 두 법체계였다 한다. 그러나 3세기경 만민법이 노예제에 대한 규율을 포괄하면서 두 법체계는 구분되기 시작했다 한다. 참고할 곳은 Sabine, *A History of Political Theory* : 164–166.

로마제국에 편입되는 격동기를 살던 사람들은 이제 자신이 소속되어 살아가고 있는 도시공동체의 법률과 그 도시공동체들을 포괄하는 보편적인 로마제국으로 표현되는 세계 공동체의 법률, 즉 관습법과 이성법이라는 두 가지 법률체계를 가지게 되었을 것이다. 그러나 관습은 다양하나 신성과 자연본성을 함의하는 이성은 신과 자연이 하나인 만큼 하나일 수밖에 없으므로 하나인 이성법으로서의 자연법은 다양한 관습법 위에 서는 하나의 상위법으로서, 이들 관습법이 준거해야 할 기준과 규범을 제공하는 역할을 맡게 되었을 것이다. 이러한 역할로부터 로마제국 내에 외국인 유입과 거래의 증가로 인한 새로운 법적 요구가 대두되면서 보다 포괄적이고 발전된 법체계로서 '만민법'(jus gentium)이 등장한다고 보는 것이다.[34] 당시 만민법이란 말뜻 그대로 모든 인간에게 공통되는 법이라는 의미로서 로마에 거주하는 내국인 및 외국인들 상호간의 사회관계를 보장하기 위해 자연법에 부합하는 실용적 규약체계로 나타난다. 그런데 법의 현실적 실효성은 삶 속에서 구현되기 때문에 현실 삶에서 자연법과 만민법은 구태여 구분하기가 어려웠을 것이다.

2) 스토아 자연법의 인간 이미지와 키케로 자연법의 인간 이미지

이제 두 번째로 이러한 스토아 자연법에 담긴 인간 이미지와 서구로 전승된 키케로의 자연법에 나타나는 인간 이미지의 부합여부에 대

34 F. de Zulueta, "Development of Law" : Vol. IX : *The Roman Republic*(133–44 BC), pp. 866ff ; R. W. Carlyle and A. J. Carlyle, *A History* : Vol. I, p. 38 참고.

하여 살펴본다. 로마법체계에 담긴 스토아철학의 거의 모든 것은 아래의 인용구들에서 보는 바와 같이 BC 1세기 중엽 키케로의 『공화국론』과 『법률론』에 집대성되었다고 전해진다.[35] 그 중 자연법과 관련된 기술의 일단을 살펴보면 앞서 살펴본 스토아학파의 자연법 이념이 고스란히 전승되었음을 알 수 있다. 이를테면 보편적인 자연법의 존재, 세계국가 헌법으로서의 자연법, 신정(神政), 인간의 이성적이고도 사회적인 본성, 모든 관습법과 실정법을 판단하는 기준으로서의 자연법, 그 불변성과 지고(至高)성 등이 그것이다. 키케로의 『공화국론』에는 다음과 같이 언급이 나온다.

> 실제로 이른바 올바른 이성이라고 일컫는 하나의 진정한 법이 존재한다. 이 법은 자연과 일치하며 모든 인간에 적용되고 불변적이고도 영원하다. 인간의 입법으로 이 법을 무가치하게 만드는 것은 결코 도덕적으로 옳지 않다. 뿐만 아니라 이 법의 기능을 제한하는 것은 결코 용납될 수도 없고, 또 이 법을 전적으로 폐지시키는 것은 전적으로 불가능하다. 원로원(Senate)도 인민도 결코 이 법에 복종하는 우리의 의무를 면제시킬 수 없으며, … 이 법은 로마에서는 어떤 규칙을 부여하고 아테네에서는 그와 다른 규칙을 부여하지도 않을 것이며, 오늘에는 이런 규칙을, 내일에는 저런 규칙을 부여하지도 않을 것이다. 다만 영원하고 변치 않으며, 모든 시대 모든 인민을 구속하는 하나의 법이 존재할 것이다. 또 과거에도 그랬듯이 인간 공통의 주인이자 지배자가 한 분 존재할 것

---

35 R. W. Carlyle and A. J. Carlyle, *A History* : Vol. I, p. 8 ; G. H. Sabine, *A History of Political Theory* : 161 참고.

> 인데, 그는 이 법의 창조자이며 해석자이자 후원자인, 말하자면 신이다. 이 법에 복종하지 않는 인간은 자신의 양심을 포기하는 것이 될 것이며, 인간의 진정한 본성을 부정하는 것이 됨으로써 … 가장 가혹한 형벌을 받게 될 것이다.[36]

결국 창조주인 신의 법, 삼라만상을 포괄하는 자연이치의 법, 따라서 지고불변의 보편법이자 인간의 올바른 본성과 이성에 부합하는 양심의 법인 자연법은 그 앞에 서 있는 모든 인간을 평등하게 주제(主宰)한다는 것이다. 그리고 이 자연법 앞의 만인평등은 한편으로는 이 자연법에 따라 주어진 선한 본성을 완결함으로써 자신을 올바르게 실현해 갈 평등한 의무를 의미하지만, 다른 한편 그 이면에는 이러한 의무를 이행하는 데 인간의 법이 자연법과 부응해야 한다고 주장할 수 있는 평등한 권리가 만인에게 부여되어 있다는 점 역시 함의되어 있다. 그리고 이 모두는 앞서 살펴본 스토아 자연법 교리를 다른 어휘로 표현한 것에 불과하다.

이 인용문에 깃들어 있는 (권리, 의무 양면에서) 자연법 앞에서 만인이 평등하다는 정신은 근대 이래 오늘날까지 이어지는 만인평등사상에 다름 아니다. 이런 점에서 추상적이지만 인성(人性)은 동일하다는 관념을 바탕으로 하는 키케로의 만인평등 정신은 서구 근대의 만인평등사상에 그대로 이어지고 있다고 보아야 할 것이다. 그리고 이 평등사상 속에는 '계명' 및 '자연과 일치하는 법'을 이성적 본성 속에 구유하고 있다고 보여지는 이성주체의 존엄성, 즉 인간존엄성이 내재되어 있다. 같

36 M. T. Cicero, *Commonwealth* : Book III, pp. 215–216.

은 취지의 다음과 같은 언급이 키케로의 『법률론』에 또 나타난다. 그러나 이번에는 키케로가 인간에 내재되어 있다고 보는 정의로운 본성의 평등이 부각된다.

> 실로 우리 인간이 정의를 위해서 태어났으며 정의롭다는 것은 인간의 견해가 아니라 자연에 근거한다는 것을 완전히 깨닫는 것보다 더 가치 있는 것은 없다. 이러한 사실은 당신이 다른 한 인간과 더불어 가지는 동료애라는 것이 무엇을 의미하는지, 그리고 동료들과 함께 어울린다고 하는 것이 무엇을 의미하는지에 대해 명확히 깨닫고 나면 곧 분명해질 것이다. 왜냐하면 우리 인간만큼 상대방과 서로 그렇게나 꼭 닮은 경우는 다른 어떠한 사물에서도 찾아볼 수 없기 때문이다. 나쁜 습관과 그릇된 신념으로 삐뚤어지지 않은 마음상태에서 … 자신이 진실한 자신과 닮듯이 그렇게 사람들은 서로 닮았다고 할 수 있으리라.[37)]

이 인용문에 나타나 있는 키케로의 생각은 정의는 자연적인 것이고 그런만큼 인간은 자연적으로 정의로울 수밖에 없다는 것이다. 그리고 정의가 자연적이라는 것은 인간이 이성을 통해 이 정의로움에 거의 똑같을 만큼 서로 공감한다는 사실로 입증된다는 것이다. 더불어 인간이 동료애와 인간적 신뢰 속에서 상호 결합이 가능한 것도 바로 정의가 자연적임을 보여주는 증거라 할 수 있다는 것이다. 따라서 어떤 사람이 인간이 서로 닮지 않았다고 생각하는 것은, 즉 보편적으로 서로 평등하다

---

37 M. T. Cicero, *Laws* : Book I, p. 10.

고 생각하지 않는 것은 그가 자연적 정의의 존재를 부정하는 것이고, 이는 역으로 자연적 정의에 비추어 볼 때 자신이 나쁜 습관과 그릇된 신념에 젖어 있음을 말해줄 뿐이라는 것이다.

결국 이 말에 함축된 의미는 정의가 자연적이라는 것을 믿는 사람들은 모두가 똑같을 정도로 평등하며, 따라서 이 자연적 정의를 바탕으로 서로 우애하며 결합할 수 있다는 사실을 깨닫게 된다는 것이다. 그러나 자연적 정의는 앞서 인용한 크리시포스의 말대로 다름 아닌 자연법의 기본정신이라고 볼 때, 키케로의 이 언급이 궁극적으로 함축하고 있는 바는 자연법은 인간사회의 조직 원칙으로서 인간은 모두 자연법 앞에 평등하며, 또 이 자연법 정신 속에서 서로 형제처럼 결합할 수 있다는 의미가 아닌가 생각된다. 물론 키케로에 있어서 '닮음' 혹은 '대칭적 합동' 으로서의 평등은 하나의 사실이라기보다는 자연적 도덕성을 전제한 일종의 도덕적 평등에 대한 강조로 보아야 할 것이다. 이 강조를 통해 주장되는 바는 인간존엄과 인간존중은 자연적 정의에 대한 믿음에 바탕을 둔 것으로서, 자신이 바라는 만큼 그 누구에게도 마땅히 주어져야 한다는 것—인간존엄성에 대한 평등한 존중의 책임—을 강조하기 위함이라고 보아야 할 것이다. 그리고 이러한 자연적 정의본성을 지닌 인간 이미지는 인간 모두가 평등하게 지닌다고 여겨지는 자율능력의 정당성에 대한 확신으로부터 나왔다고 보아야 할 것이다. 그런만큼 이는 자율능력에 근거한 인간 자치질서의 정당성으로 연결되면서 그간의 신성질서에 대한 의존으로부터 인간질서의 독자성을 확보해 주는 근거가 된다고 볼 수 있다. 이는 근대적 자율질서사상에 다름 아니라고 본다.

이상 간단하게나마 살펴본 키케로의 저술들에 나오는 언급들은, 앞서 관련연구들이 밝힌 바와 같이, 스토아학파의 자연법사상 그대로를 반영하고 있다. 사실 종교적 관점에서조차 키케로의 언급 속에 드러나 있는 합리적이고 선(善)을 지향하는 세계관, 인류공통의 보편적 이성에 대한 신념 및 인간본성 → 이성 → 자연본성 → 신성 등으로 이어지는 도덕적 일체성, 자연적 정의에 대한 신념, 그리고 이들 모두에 짙게 전제되어 있는 인간에 대한 강한 도덕적 평등관은 바로 스토아학파의 기본교리와 다를 바가 없다. 그리고 이 속에 담긴 인간 이미지는 종교개혁을 통해 형성된다고 여겨지는 이신론적 근대적 인간 이미지에 비해 전혀 덜 근대적이라고 말할 수 없다. 이렇듯 스토아학파의 교리 속에 담긴 자연법사상을 그대로 담고 있는 키케로의 문헌이야말로 세바인이 말하듯이 스토아 자연법을 "서유럽에 전파시킨 단연코 가장 중요하고도 유일한 문헌적 수단"이 되었던 듯하다.[38]

3) 키케로 이후 서구 근대화 특성 착상까지의 인간 이미지

이제 끝으로 키케로의 자연법 서구 전승부터 서구 근대 특성의 착상에 이르기까지 기간 동안의 역사적 전개에 나타나는 인간 이미지가 자연법적 인간 이미지의 지속인지 여부에 대해서 살펴본다. 이른바 '근대적 인간' 으로 표상되는 '서구 근대 특성의 착상' 및 '근대 권리개념의

38 G. H. Sabine, *A History of Political Theory* : 161. 키케로의 '공화국론' 의 원전은 12세기이후 소실되었다가 19세기가 되어서야 재발견되었다 한다. 그러나 그 책의 가장 귀중한 구절들은 이미 락탄티우스(Lactantius, AD 250–317)와 성(聖) 아우구스티누스(Augustinus, AD 354–430)의 저술들 속에 발췌되어 있어서 소실 이후에도 계속 세인들의 상식적 지식으로 남게 되었다 한다.

탄생' 이후를 위의 고찰기간에 포함시키지 않은 이유는, 이미 언급했듯이, 벌써 이 때에는 위에서 살펴본 바와 같은 자연법 전통의 자율성평등 인간 이미지가 '외현준거규범요소'로 모든 인문사회학 담론 및 정치사회제도의 대전제로 수용되어 나타나기 때문이다. 이와 관련해서는 본절 말미에서 좀더 자세히 살펴볼 것이다. 따라서 여기서 살펴보려는 키케로 이후 서구 근대 특성 착상까지의 인간 이미지가 3절-1)과 3절-2)에서 살펴본 스토아 자연법 전통의 인간 이미지에서 이어지는 것으로 밝혀지면, 이 인간 이미지는 결과적으로 스토아 자연법의 발단 이래 오늘에 이르기까지 면면히 이어지고 있음이 입증되는 셈이다.

사실 자연법 전통의 인간 이미지는 아래에서 드러나겠지만 키케로이후 로마 법률가들에게, 나아가 기독교 초기부터 중세에 걸쳐 활약했던 위대한 저술가들이었던 기독교의 교부(Schola)들에게 전승되면서 근대 초 서구 근대 특성의 착상기간(14-16세기)까지, 그리고 17세기 홉스와 로크에서 확립되는 자유주의 이론 및 근대 권리이론의 이론적 대전제로 명문화되기까지 착실하게 이어지는 것으로 나타난다. 이러한 스토아 자연법사상과 그 안에 담긴 인간 이미지가 서구 사회로 전파됨으로써 향후 서구 정치이론에 얼마나 중요한 변화가 일게 되었는지는 칼라일(A. J. Carlyle)이 이를 가리켜 "아리스토텔레스 이후 가장 혁명적인 정치이론의 변화"라고 언급한 데서 미루어 짐작할 수 있을 듯하다.[39]

정설로 수용되고 있는 한 서구 정치사상 사연구[40]에 의하면, 키케

39 R. W. Carlyle and A. J. Carlyle, *A History* : 8.

40 여기서는 주로 G. Sabine, *A History of Political Theory*(1973)을 전거한다. 별기하지 않는 한 관련 논의 말미의 괄호 속의 숫자는 이 책에서의 출처를 가리킴.

로에 의해 전승된 스토아 자연법사상은 로마시대와 중세를 통괄하여 일종의 법치주의 이념을 전승한 것으로 나타난다(164). 그리고 이 연구는 이와 관련하여 다음과 같은 사항을 알려준다. 특히 2–3세기 로마법사상 중 고전시대 법이론은 법을 백성들의 이성과 접속해 있는 정당한 원리들의 집합체라는 의미(165)로 보고, 통치 및 통치자의 권위의 근거가 바로 백성들로부터 연유함을 정치의 최고원칙으로 삼는 것으로 나타난다(168). 이로부터 한편으로는 계약질서(167)가 수립되고, 다른 한편으로는 통치의 근간이 되는 법률에 대한 백성들의 동의이론으로 발전한다(168). 계약과 동의에 근거하는 법과 통치권위, 이 둘은 근대적 인간 이미지에 근거한 자율권평등원칙의 정치적 표현과 다를 바가 없으며, 근대 자유주의 사상에 함의되어 있는 정치적 자치주의와 이론상 동일한 위상을 가진다. 이를 두고 이 연구는 "정치적 권위가 인민으로부터 나온다는 고대 원리를 근대 대의정부 형태를 옹호하는 데 원용한 것은 오래된 이념을 다만 새 상황에 부합하도록 응용한 것에 불과하다"(164)고 밝힌다.

이상과 같이 근대적 인간관에서나 추론될 법한 이성법주체로서의 인간의 존엄성과 자율성 그리고 정치적 주권정신을 법질서에 담아낸 2–3세기의 고전적 로마법은 AD 533년 유스티아누스(Justinus) 황제에 의해 『유스티아누스 법전』(*Pandects/Digest*)로 출간되어 서구에 전승된다(164). 그 이후 6–9세기 간의 게르만 지배 하의 서구에서는 게르만족의 종족법이 현실 정치질서를 주도하지만 "자연법의 정당성, 통치자와 백성에 대한 자연법의 구속력, 법에 따라 공정하게 통치해야 할 왕의 의무" 등은 보편적으로 통용되던 불문율이었음이 사상사에는 기록되어 있다(193). 이는 마치 각국의 제정(制定)법이나 관습법으로 구성되는 시민법(jus civile)의 확립(165)이나, 3세기경부터 노예제도를 용인하는 만민법의 왜곡(166) 등의 일련의 변화과정 속에서도 자연법이 규범적 상위법(165, 166)으로서 엄존했던 것과 비슷하다 할 것이다. 특히 5세기 말에서 10세기에 이르는 중세 막바지, 교권의 강세로 인한 신법의 탄압 속에서 '양검론' (two sword theory)적 갈등(188)의 위기를 겪으면서도 자연법이 세네카(L. A. Seneca, BC 4-AD 65)적 자연상태의 인본주의 정신(173-174)으로 이어진 것은 자연법 정신이 얼마나 면면히 이어지는 인간 삶 속에서 보편적으로 희구되고 있던 '인간 본연의 이미지' 와 인간 삶의 '본연의 질서' 를 반영하고 있었는지를 입증해 준다. 이 때의 정황에 대해서 세바인은 "두 개의 권력 간의 관계가 주요한 논쟁점이 되었던 시대를 훨씬 지나서도 정신적 자치(自治) 및 정신적 자유권에 대한 신념은 그 잔재가 남아 있었는데, 만약 이것이 없었더라면 개인의 사생활과 자유에 대한 근대적 이념은 거의 이해될 수 없었을 것이다"(190)라고 말한다.

세바인의 연구는 이러한 와중에서 자연법이 게르만족의 종족법과 갈등·융합을 거치면서 정치질서 단위별로 영토화(territorialize)됨을 보여준다. 이를테면 7세기 중엽 스페인을 위시하여 9세기 초의 프랑크 제국, 그리고 12세기 말 영국 등지에서 영토별로 보편화된 국법을 탄생시킨다(194-195). 이러한 법의 영토화는 로마제국의 보편적 정치질서와 로마가톨릭에 의해 주도되던 보편적 종교질서로부터 이탈하고 있던 다양한 정치사회들이 국가단위로 정치질서를 형성해 가는 초기 단계에 있었음을 말해준다. 그리고 이러한 법의 국가별 국법화와 더불어 그간 양검론적 갈등의 위기 속에 있던 신법과 자연법은 일체화의 길을 걷게 되고(196), 그러면서 각국 법은 '발견되고 선포되는 법률' 의 의미를 가지게 되었다 한다(196-199). 이 때 '발견되는 법' 은 신법과 일체가 된 자연법이 예전의 보편성을 회복하면서 국내법으로 수용되었음을 의미하고,

'선포하는 법' (constitutionale)은 모든 법률의 제정은 인민의 찬성과 동의를 거쳐서 이루어진다는 점과 인민의 요구에 의해 수정될 수 있다는 점을 의미한다 한다.

이러한 법률 제정과정에서 왕은 단지 중개인(仲介人)에 불과했는데, 이는 자연법이 국가별 지역법의 특수성을 포섭하면서 앞서 크리시포스의 언급에 나타나 있던 바와 같은 법의 기본정신을 바탕으로 백성과 왕을 같이 지배하는 (로마 스토아 자연법 전통의) 법치주의 정신이 서구 중세에 이어지고 있음을 보여준다. 그리고 이렇게 서구 중세에 계승되는 (로마 스토아 자연법의) 법치주의 정신은 사르토리(G. Sartori)가 말하는 오늘날 서구 자유주의의 합헌주의기본정신을 구성하는 '로마사법(司法)주의정신' 으로서,[41] 서구 합헌주의의 중세적 발단으로 볼 수 있는 것이다. 이와 간련하여 세바인은 "중세의 왕은 근대국가가 막을 열 때인 절대왕정의 시대에서처럼 국가의 수장은 아니었다"(201)고 말한다. 더불어 "법률은 영토 내 백성에 속하며, 사회의 바닥에서부터 왕에 이르기까지 모든 인간관계를 상호 규제한다는 관념은 왕권정치체제의 법인(法人)으로서의 성격, 대의(代議)성, 법으로부터 연유하는 왕의 권위 등과 같은 모종의 합헌주의 개념의 싹을 동반하고 있었다"(204)고 밝힌다.

중세 봉건제에 나타나는 이러한 합헌주의의 색채는 5세기에 나타나기 시작하여 프랑크제국의 멸망과 더불어 본격화된 후 12세기 상업도시의 발흥에 밀려 소멸해 가던 봉건제 속에서 그 제도화의 길을 걷는 듯하다(205-206). 봉건질서 속에 제도화 되는 이 합헌주의 정신으로부

41 G. Sartori, *Theory of Democracy* : Ch. 11, Sec. 3 참고.

터 〈왕–영주〉 사이에 쌍무적 · 쌍권적 계약제가 정착되어 나타나고(207, 209), 이를 바탕으로 정치적 통치권의 분권이 제도화되며(207, 211), 오늘날 사법부 기능과 유사하게 법질서 집행을 담당하는 평의회가 등장한다(208). 중세의 이러한 봉건질서와 제도가 오늘날 우리가 이해하는 합헌주의 정신에 현실적으로 얼마나 부합하여 운용되었는지에 대한 실상은 여기서 그다지 중요하지 않다. 다만 그 정신의 위와 같은 제도적 표현은 자연법적 인간 이미지와 이에 부합하는 정치형식에 대한 시대적 열망을 입증한다는 점이 중요하게 고려되어야 한다. 이러한 열망의 반영은 제도적 표현 외에도 당시의 많은 저술들에서도 확인됨을 서구 사상사 연구는 보여준다. 이를테면 키케로의 공화국론을 모델로 하여 왕권의 정당성을 백성과의 '계약'으로 묶어두고 있는 솔즈베리의 존(John of Salisbury, 1110–1180)의 『폭군방벌론』[234–236 : 1159년에 저술된 그의 『정치지도자론』(*Policraticus*) 제8권]이나 신앙과 이성의 통합을 모색하는 이론체계 속에서 자연법을 인간법의 상위전범(典範)으로 설정하고 있는 아퀴나스(Thomas Aquinas, 1225–1274)의 『신학대계』(*Summa Theologica*)가 그 예에 속한다(236–243).

뿐만 아니라 위의 솔즈베리의 존이나 아퀴나스가 취했던—교권의 우위 속에서 세속권을 통합하려는—입장과 반대편에서 교황권으로부터 왕권의 독립을 옹호한 파리의 존(Jean de Paris, ?)의 『왕의 권력과 교황』(*De potestate regia et papali*, 1302–1303)은 자연법 정신에 근거하던 중세적 합헌적 질서를 이상으로 삼고 있고(263–268), 같은 입장에서 세속권의 교권에 대한 우위를 옹호하는 입장에 섰던 단테(Alighieri Dante, 1265–1321) 역시 그의 『군주론』(*De Monarchia*, 1311–?) 속에서 신성로마제국을 이상화하는 가운데 자연법적인간 이미지에 근거한 정치질서를 강조한다(243-248). 이러한 단테의 친세속권적 입장은 거의 동시대의 '오캄의 윌리엄'(William of Ockham, 1285-1349)의 정치적 논문들(285-290), 근대적 총체정치개념과 정부 혹은 국가개념의 흔적이 처음 나타난다고 알려져 있는 마르실리우스(Marsillius of Padua, 1275-1342)의 『평화수호자』(*Defensor pacis*, 273-285), 2세기 후 근대 민족국가의 특징적 역할을 거의 예견하고 있다고 평가되는 마키아벨리(Niccolo Machiavelli, 1469-1527)의 주저 『티투스리비우스의 로마사에 대한 논고』(*Discourses on the First Ten Books of Titus Livius*, 1513, 317-329), 그리고 심지어는 유기체적 국가주권이론으로 잘 알려진 보댕(Jean Bodin, 1530-1596)의 『국가론』(*Six livres de la republique*, 1576)으로 그 강도를 더해가며 이어지는데(372), 이 모든 저술들에도 통치의 근거를 백성의 동의에 둔다든지(마르실리우스의 경우 : 279), 자연법을 모든 정치질서와 제도의 최종 정당성 근거로 본다든지('오캄의 윌리엄'의 경우 : 287-288 ; 보댕의 경우 : 379-380), 정치질서의 이상을 로마공화정의 법치에서 찾는다든지(마키아벨리의 경우 : 323-325) 등 직·간접적으로 자연법적 인간 이미지와 자연법적 정치사회질서관을 표방하고 있다.

그 밖에도 자연법적 인간 이미지와 정치사회질서관은 또한 현실사회질서에 대한 각종 저항운동 속에도 이어짐을 볼 수 있다. 이는 자연법이 현실사회를 비추어 보는 준거로 차용되면서 저항의 명분 속에 함의된다. 이를테면 14세기 중후반 종교개혁의 선구로 평가되는 영국의 위크리프(John Wycliffe, 1320-1384)와 보헤미아의 후스(Johannes Hus, 1373-1415)의 교회개혁운동은 마르실리우스와 '오캄의 윌리엄'이 제안한 교회평의회를 통해서 성직자들의 전횡과 교회의 권력남용을 억제하려는 것이었다(294-298). 그런데 이 교회평의회의 기본정신은 봉건적 합헌주의정신을 경유하여 자연법적 인간관과 정치사회질서관으로 연결된다. 1351년 프랑스와 1381년 영국에서 심한 경제적 압박과 불공정한 과세에 대항해서 일어난 농민봉기의 선동문구, "아담(Adam)이 땅을 경작하고 이브(Eve)는 물레로 천을 짜던 시절에 과연 그 누가 신사였겠는가?"[42]에는 자연법 태동기 나타났던 만인자유평등관이 짙게 배어 있다. 또 당시의 백성들의 저항권 옹호론으로 유명한 저자 미상의 『반폭군저항옹호론』(*Vindiciae contra tyrannos*, 1579)은 1562-1598년 사이 내전에 휩싸인 프랑스에서 절대왕정에 대한 저항운동에 명분을 제공했던 책으로, 여기에는 법과 권력이 인민으로부터 생겨나기 때문에 이 법/권력은 인민의 대표나 공동체의 동의에 부합하게 행사되어야 함을 강조하고 있다(352-357). 이와 비슷한 경우로는 같은 해 영국의 뷰케난(George Buchanan)이 저술한 『스코틀랜드 통치법』(*De jure regni apus Scotos*) 역시 법과 권력은 인민으로부터 생겨나기 때문에 이 법/권력이 인민의 대표나 공동체의 동의에 부합하게 행사되어야 함을 강조한다(358-359).

이상 본절에서 자연법 전통의 인간 이미지가 키케로 이후 로마 법률가들에게, 나아가 기독교 초기부터 중세에 걸쳐 활약했던 위대한 저술가들이었던 기독교의 교부(Schola)들에게 전승되면서 근대 초 서구 근대 특성의 착상기간(14C-16세기)까지 어떻게 이어지고 있는지에 대해 살펴보았다. '자유롭고 평등한 자율적 존재'라는 스토아 자연법 전통의 인간 이미지는 키케로의 자연법사상에 담겨 제정로마 시대(BC 27-AD

---

42 G. H. Sabine, *A History of Political Theory* : 296("When Adam delv'd and Eve span Who was then gentleman?").

476), 서구 중세(AD 375–13세기), 서구 근대(14–16세기)를 통괄하여 면면히 이어지는 것으로 나타났다. 그리고 이러한 키케로의 자연법사상에 담긴 인간 이미지는 '계약질서', '통치법에 대한 동의이론' 등의 법치주의 이념으로 정치사회질서에 반영되고 있었음도 살펴볼 수 있었다.

이렇게 볼 때 3절–1)에서 살펴본 지금까지 '스토아 자연법 태동기의 인간 이미지'는 3절–2)에서 살펴본 '키케로의 자연법사상에 나타나는 인간 이미지'를 경유하여 본절에서 살펴본 '서구 근대 특성 착상까지의 역사적 전개에 나타나는 자연법 전통의 인간 이미지'까지 지속되어왔다고 할 수 있을 것이다. 그렇다면 '근대적 인간' 이미지는 사상사적 측면에서 볼 때 서구가 근대를 열어가는 과정에서 새롭게 형성되었다고 보기보다는, 이미 스토아 자연법 전통에 함의되어 있던 인간 이미지를 그 역사 전개과정을 통해 복구했다든지, 아니면 서구 근대사의 맥락 속에서 재실현했다고 하는 것이 보다 정확한 표현이 아닐까 생각해 본다.

이상 살펴본 바와 같이 이어져온 스토아 자연법 전통은 17세기 홉스와 로크에 이르러 자유주의정치이론의 '대전제적 명제'로 확립된다(5장 서두 및 1절 참고). 여기서 '대전제적 명제'는 '자유롭고 평등한 자율적 존재로서의 인간 이미지'가 홉스와 로크의 정치이론구성의 대전제가 됨과 동시에, 이론 전체를 통할하는 틀이자 구성된 이론의 최종 지향점이 되는 언술체계로 이해한다. 그런데 다른 한 편으로는, 이와 같은 추상적인 불확정적 인간 이미지는 '아이러니'하게도 '근대 권리개념'과 연결되면서 구상화(具象化)되고 그 구체적인 내용을 갖추게 된다. 즉, '자유롭고 평등한 자율적 인간'은 생존과 삶을 권리로서 영위하는 평등하게 자율적인 권리주체로서, 인간사회관계에서 평등하게 자율적인 지위를 권리로서 향유하는 권리관계주체로서, 정치사회질서에서 평등하게 자율적인 질서형성자 및 질서참여자로서의 자격을 권리로서 확보하는 질서주체로서, 구체적 내용과 현실적 모습을 갖춘 인간 이미지로 확립되는 것이다.

이것이 바로 홉스와 로크에 의해 확립된다는 정치적 자유주의와 더불어 확립되는 '자유주의적 인간상'인 것이다. 물론 '대전제적 명제'로 확립되는 스토아 자연법 전통의 인간 이미지나 이 자유주의적 인간상에 내재되어있는 인간 이미지는 내내 같은 인간 이미지이다. 또 자유주의적 인간상으로부터 추론되는 권리개념 물론 본장 1절에서 살펴본 '관념상의 추론권리개념'이다. 그런 점에서 자유주의적 인간상 역시, 권리 패러독스 구성의 한 축, '외현준거규범요소'에 속한다. 반면에 이러한 자유주의적 인간에 현실적으로 연결되는 '근대 권리개념'은 본장 2절에서 살펴본 '의 · 책무가 따르지 않는 권리' 개념(및 이에 대응하는 '권리를 수반하지 않는 의 · 책무' 개념)이다. 본장 1절에서 살펴본 권리 패러독스 구성의 다른 한 축, '은폐배리실행요소'를 함축하는 표상개념인 것이다. 자유주의적 인간상과 '권리개념'은 이렇게 권리 패러독스의 또 다른 측면을 구성하게 된다. '아이러니'라고 한 이유는 바로 여기에 있다.

서구 근대사 전개 속에서, '자연법적 인간이미지'가 재실현되어 구상화 되는 '자유주의적 인간상'과 새롭게 주조되는 '근대권리개념' 사이에 구성되는 이와같은 패러독스에는 서구 특유의 정신사적 변화가 개입되어 있다. 세바인에 의하면, 홉스와 로크에 의해 정치적 자유주의 이론이 확립되는 시기를 전후한 17세기 무렵의 기간에 서구에서 소위 "자연법의 근대화"로 특징지을 수 있는 정신사의 변화가 구체화되어 가고 있었다 한다. 그 내용(386-401)을 간략하면 다음과 같다. 1) 정치철학의 근거가 되었던 자연법사상이 신학으로부터 해방되면서 기독교 이전의 원래 자연법 정신에 복귀했고, 주인(신) 없는 인간이 등장했다는 점이다(386-387, 401). 2) 수학과 물리학의 진보의 영향으로 모든 도덕적 공리와 더불어 자연법도 과학적 합리성에 따른 논증에 바탕을 둔 도덕체계로 재해석되었다는 점이다(386, 394-398). 3) 과학에서는 실체 확인이 중요한 만큼 실체로 확인되는 개인이 논리적으로 윤리적으로 사회에 우선하게 되면서 개인이 모든 도덕적·사회적·정치적 문제의식의 토대가 되었다는 점이다(401). 4) 그 결과 모든 권리-의무(책무)관계를 설명하는데 계약과 동의이론이 필수가 되었다는 점이다(398-400). 결국 초월이성에 대한 인간의지의 승리, 과학적 합리성과 실증적 구체성이 지배하는 도덕체계, 개인 중심의 정치사회질서 인식 등을 특성으로 하는 위와 같은 자연법의 근대화 속에서 스토아 자연법 전통의 인간 이미지는 한편 자유주의적 인간상으로 구체화되었다 할 수 있을 것이다. 그러나 다른 한 편, 이러한 자유주의적 인간상 뒤에서 '근대 권리개념'에 의해 현실적으로 구성되는 권리관계, 권리질서, 자유주의질서 및 그 구성요소질서들 속에는 앞 2절에서 지적한 '역사적 상실'과 그 결과로서의 '은폐배리실행요소'가 담겨있었던 것이다.

그럼에도 불구하고 스토아자연법전통의 '자유롭고 평등한 자율적 존재로서의 인간이미지'는 서고 근대특성의 착상시기까지 착실히 이어지고 17세기 '자유주의적 인간상'으로 구체화되면서 그이래 (정치적) 자유주의이론의 '대 전제적 명제'로 확립되어 오늘에 이른다. 그리고 이 '대 전제적 명제'는 비록 '자연법'이라는 너울은 일찌감치 벗어버렸지만, 적어도 오늘날 자유주의세계의 모든 공격 정치질서 및 인문사회과학 담론에 보편적인 '대 전제적 명제'를 구성한다. 그러나 좀더 시야를 넓혀서 보면 우리가 세계 도처에서 확인할 수 있듯이 이 '대전제적 명제'

는, 자유주의 세계에 국한되지 않고 오늘날 전 지구를 지반(地盤)으로 하여 세계의 어떠한 공적 정치사회질서도 외면할 수 없는 인류 보편가치의 상징으로 확립되어 있으며, 모든 인문사회과학 담론의 최종 정당성 근거가 되고 있음을 알 수 있다.

이렇게 볼 때 '자유롭고 평등한 자율적 존재로서의 인간 이미지'로부터 추론되는 '권리관념'이야말로 유럽 근대사의 역사적 산물로 탄생한 '권리개념'에 비해 인류의 삶에 보다 생래적이라 할 수 있을 것이다. 그리고 자연법을 관통하고 있은 '인성'(人性)의 인류적 일원성을 고려할 때, 위와 같은 '자연법적 인간 이미지'로부터 추론되는 '권리관념'은 인류 삶에 공통적으로 체현되어 있는 '이성관념'(Kant, 1959 : 22-24 ; Kant, 1970 : 73-79)상의 삶의 본원적 '질서가치'라고 확대하여 이해하는 것도 가능하다 할 수 있을 것이다.

참고문헌

Ackerman, B. 1980. *Social Justice in the Liberal State*. New Haven : Yale University Press.

Allain, J. & O'shea, A. 2002. "African Disunity : Comparing Human Rights Law and Practice of North and South African States," *Human Rights Quarterly* 24.

Aquinas, T. 1969. *Summa Theologiae*, ed. by T. Gilby. N. Y. : Image Books.

Aquinas, T. 1981. *Treatise on Law*(Summa Theologica Q's 90–97). ed. by Stanley Parry. Chicago : A Gateway Edition.

Arendt, H. 1958. "What Was Authority," in C. J. Friedrich (ed.), *NOMOS I : Authority*. Cambridge, Mass. : Harvard University Press.

Barber, B. 1984. *Strong Democracy : Participatory Politics for a New Age*. Berkeley ; University of California Press.

Barber, B. 1998. A Place for Us : How to Make Society Civil and Democracy Strong. N. Y. : Hill and Wang.

Baumer, F. Le Van ed. 2002. *Main Currents of Western Thought : Radings in Western European intellectual history from the Middle Ages to the Present*. N. Y. : Alfred A. Knopf.

Bayles, M. D. 1976. "The Function and Limits of Political Authority," in *Authority : A Philosophical Analysis*, ed. by R. B. Harris. Alabama : The University of Alabama Press.

Becker, L. C. &Becker, C. B. ed. 1992. *Encyclopedia of Ethics*. N. Y. : Garland Publishing Inc.

Bogdano V., ed. 1987. *The Blackwell Encyclopedia of Political Institutions*. Oxford : Basil Blackwell.

Braybrooke, D. 2001. *Natural Law Modernized*(Toronto : University of Toronto Press.

Bullock, A. 1985. *The Hummanist Tradition in the West*. Wisbech : Thames and Hudson.

Carlyle, R. W. and Carlyle, A. J. 1970. *A History of Medieval Political Theory in the West*, Vol. I. London : William Blackwood and Sons.

Christman, John. (Spring, 1986). "Can Ownership be Justified by Natural Right?," *Philosophy & Public Affaris* 15–2, 123–56.

Cicero, M. T. 1928. *Laws*. tr. by C. W. Keyes Cambridge, Mass. : Harvard University Press.

Cicero, M. T. 1976. *On the Commonwealth*. Book III. tr. by G. H. Sabine and S. B. Smith. Indianapolis : The Bobbs–Merill Company, Inc.

Donnelly, J. 1989. *Universal Human Rights in Theory and Practice*. Ithaca : Cornell University Press.

Downie, R. S. (1985, July). "Three Accounts of Promising," *The Philosophical Quarterly*, 35–140.

Dunne, T. and Wheeler, N. J., eds. 2000. *Human Rights in Global Politics*. Cambridge : Cambridge University Press.

Ehrenberg, J. 1999. Civil Society : *The Critical History of an Idea*. N. Y. : New York University Press.

Estlund, M. 2008. *Democratic Authority*. N.J. : Princeton University Press.

Etzioni, A. (1993). *The Spirit of Community : Rights, Responsibilities, and the Communitarian Agenda*. N. Y. : Crown.

Feinberg, J. (1980a). "A Postscript to the Nature and Value of Rights". J. Feinberg ed. *Rights, Justice, and the Bounds of Liberty : Essays in Social Philosophy*. N. J. : Princeton University Press.

Feinberg, J. (1980b). "The Nature and Value of Rights," in *Rights, Justice, and the Bounds of Liberty : Essays in Social Philosophy*. J. Feinberg ed. N. J. : Princeton University Press.

Feinberg, J. 1973. *Social Philosophy*. N. J. ; Prentice Hall Inc.

Feinberg, J. (Apr. 1966). "Duties, Rights, and Claims." *American Philosophical Quarterly* 3–2.

Finnis, J, 1980. *Natural Law and Natural Rights*. Oxford : Clarendon Press, 1980.

Fish, S, 1994. *There's No Such Thing as Free Speech and It's a Good Thing, Too*. Oxford :

Oxford University Press.

Flathman, R. E. 1980. *The Practice of Political Authority*. Chicago : The University of Chicago Press.

Flathman, R. ed. 1973. *Concepts in Social and Political Philosophy*. N. Y. : Macmillan Publishing Co.

Friedman, R. B. 1990. "On the Concept of Authority in Political Philosophy," in J. Raz, ed. *Authority*. N. Y. : New York University Press.

Friedrich, C. J. 1958. "Authority, Reason, and Discretion," in C. J. Friedrich. ed. *NOMOS I : Authority*. Cambridge, Mass. : Harvard University Press.

Fromm, E. (1976). *To Have or To Be?* N. Y. : Harper & Row.

Gauthier, D. 1986. *Morals by Agreement*. Oxford : Clarendon Press.

George, R. T. De. 1976. "The Nature and Function of Epistemic Authority," in B. Harris (ed.), *Authority : A Philosophical Analysis*. Alabama : University of Alabama Press.

George, R. T. De. 1985. *The Nature and Limits of Authority*. Kansas City : Kansas City University Press.

Germino, D. 1979. *Machiavell to Marx : Modern Western Political Thought*. Chicago : The University of Chicago Press.

Gerson, J. 1962. *Oevres Complétes*, Vol. III. ed. by P. Glorieux. Paris.

Gert, H. J. (Dec. 1990). "Rights and Rights Violators : A New Approach to the Nature of Rights". *The Journal of Philosophy*, 87-12.

Gewirth, A. (July, 1988). "Rights and Duties". *Mind* 97-387 : 441-445.

Gewirth, A. 1982. *Human Rights*. Chicago : The University of Chicago Press.

Gewirth, A. 1996. *The Community of Rights*. Chicago : The University of Chicago Press.

Gewirth, Alan. 1878a. "The Golden Rule Rationalized." *Midwest Studies in Philosophy III*.

Gewirth, Alan. 1978b. *Reason and Morality*. Chicago : The University of Chicago Press.

Glendon, M. A. 1991. *Rights Talk : The Impoverishment of Political Discourse*. N. Y. : The Free Press.

Golding, M. P. 1986. "The Concept of Rights : A Historical Sketch," in *Bioethics and Human Rights*, ed. by Elsie L. Bandman and Bertram Bandman. N. Y. : University of America Press.

Gough, J. W. 1967. *The Social Contract : A Critical Study of its Development*, 2nd ed. Oxford : Clarendon Press.

Gray, J. 1995. *Liberalism*. Buckingham : Open University Press.

Green, L. 1990. "Commitment and Community," in J. Raz ed. *Authority*. N. Y. : New York University Press.

Hardin, R. 1999. *Liberalism, Constitutionalism, and Democracy*. Oxford : Oxford University Press.

Hart, H. L. A. 1982. *Essays on Bentham*. Oxford : Clarendon Press.

Hart, H. L. A. Apr. 1955. "Are There Any Natural Right?." *The Philosophical Review* Vol. I, 64−2 : 175−191.

Hegel, G. W. F. 1981. *Phenomenology of Spirit*. tr. by A. V. Miller. Oxford : Oxford University Press.

Hentoff, N. 1992. *Free Speech for Me, But not Thee*. N. Y. : Harper Collins Publishers.

Hobbes, T. 1968. *Leviathan*, ed. by C. B. Macpherson. N. Y. : Penguin Books.

Hohfeld, W. N. 1919. *Fundamental Legal Conceptions As Applied in Judicial Reasoning*. New Haven : Yale University Press.

Howard, R. E. 1993. *Human Rights and Search for Community*. Boulder : Westview Press.

Hume, D. 1978. *A Treatise of Human Nature* (2nd Ed). noted by L. A. Selby−Bigge (index) and P. H. Nidditch. Oxford : Clarendon Press.

Jones, P. 1994. *Rights*. N. Y. : St. Martin's Press.

Kamenka, E. 1978. "The Anatomy of an Idea," in Eugene Kamenka and Alice E−S Tay, eds. *Human Rights*. London : Edward Arnold Ltd.

Kant, I. 1970. *Political Writings*. Ed. & Notes by Hans Reiss, *Kant's Political Writings*. Cambridge : Cambridge University Press.

Kant, I. 1959. *Foundations of the Metaphysics of Morals*. tr. & Int. by White Beck. Indianapolis : Bobbs−Merrill Company, Inc.

Lee, Bong−Cheol. 2004. "Examining the Conceptions of Rights and Duties (Obligations) in Western Liberal Rights Theories : Problems of Non−entailing Conception of Claim−Rights and Obligations," *Korean Political Science Review*. 38−4.

Lessnoff, M. 1986. *Social Contract*. London : Macmillan.

Lincoln, B. 1994. *Authority : Construction and Corrosion*. Chicago : The University of Chicago Press.

Liu, Xiusheng. 2001. "Natural Law in Classical Chinese Philosophy," in David Braybrooke, *Natural Law Modernized*. Toronto : University of Toronto Press.

Locke, John. 1963. *Two Treatises of Government*, ed. by Peter Laslett. London : Cambridge University Press.

Lyons, D. 1979. "Rights, Claimants, and Beneficiaries," in D. Lyons, ed. *Rights*. Belmont : Wadsworth Publishing Co., Inc.

Lyons, D. (Feb. 1970). "The Correlativity of Rights and Duties," *Noûs* IV−1.

Macedo, S. 1991. *Liberal Virtues : Citizenship, Virtue, and Community in Liberal Constitutionalism*. Oxford : Clarendon Press.

MacIntyre, A. 1981. *After Virtue*. Nôtre Dame : University of Nôtre Dame Press.

Macpherson, C. B. (1975). *The Political Theory of Possessive Individualism : Hobbes to Locke*. Oxford : Oxford University Press.

Macpherson, C. B. 1966. *The Real World of Democracy*. Oxford : Oxford University Press.

Marcuse, H. 1964. *One−Dimensional Man*. London : Routledge & Kegan Paul.

Marx, K. (1978). "On the Jewish Question" (26−52), in *The Marx−Engels Reader*. R. C. Tucker ed. N. Y. ; W. W. Norton.

Marx, K. (1978). "Alienatio and Social Classes" (133−135), in *The Marx−Engels Reader*. R. C. Tucker ed. N. Y. ; W. W. Norton.

Marx, K. 1978. "Economic and Philosophical Manuscripts of 1844" (66−125), in *The Marx−Engels Reader*. R.C. Tucker ed. N. Y. ; W. W. Norton.

Marx, K. 1964. Economic and Philosophical Manuscripts of 1844. ed. by D. J. Struik. N. Y. : International Publisher.

Marx, K. 1978. "Wage Labour and Capital" (203−218), in *The Marx−Engels Reader*. R. C. Tucker ed. N. Y. ; W. W. Norton.

McLendon, M. 2001. "Ibn Khaldun Modernized," in David Braybrooke, *Natural Law Modernized*. Toronto : University of Toronto Press.

Mészáros, I. 1978. *Theory of Alienation*. London : Merlin Press.

Miller, D., Coleman, J., Connolly, W., Ryan, A. eds. 1987. *The Blackwell Encyclopedia of Political Thought*. Oxford : Basil Blackwell.

Nagel, T. 1975. "Libertarianism Without Foundations," *Yale Law Journal* 85.

Nagel, T. 1990. "Moral Conflict and Political Legitimacy," in J. Raz ed. *Authority*. N. Y. : New York University Press.

Nelson, William N. Sum. 1974. "Special Rights, General Rights, and Social Justice." *Philosophy and Public Affairs* 3−4 : 410−430.

Nelson, William N. Sum. 1974. "Special Rights, General Rights, and Social Justice." *Philosophy and Public Affairs*, 3−4.

Nozick, R. 1974. *Anarchy, State, and Utopia*. N.Y. : Basic Books, Inc., Publishers.

Ollman, B. (1977). *Alienation : Marx's Conception of Man in the Capitalist Society*, 2nd ed. London : Cambridge University Press.

Pateman, C. 1979. *The Problems of Political Obligation*. N. Y. : John Wiley & Sons.

Perkins, L. H. Jan., 1972. "On Reconciling Autonomy and Authority," *Ethics* 82–2.

Peters, R. S. 1973. "Authority," in R. E. Flathman (ed.), *Concepts in Social and Political Philosophy*. N. Y. : Macmillan Publishing Co.

Pitkin, H. (1972). "Obligation and Consent," in *Philosophy, Politics and Society*, 4th Series. Peter Laslett et als. eds. Oxford : Basil Blackwell.

Prichard, H. A. 1968 (1940). *Moral Obligation*. London : Oxford University Press.

Rainbolt, G. W. (Mar., 1993). "Rights as Normative Constraints on Others," *Philosophy and Phenomenological Research* 53–1.

Raphael, D. D. 1967. "Human Rights, Old and New" in D. D. Raphael ed., *Political Theory and The Rights of Man*. Bloomington : Indiana University Press.

Rawls, J. 1971. *A Theory of Justice*. Cambridge, Mass. : Harvard University Press.

Rawls, J. 1993. *Political Liberalism*. N. Y. : Columbia University Press.

Raz, J. Win., 1985. "Authority and Justification," *Philosophy and Public Affairs* 14–1.

Reiman, J. H. (Oct. 1981). "The Fallacy of Libertarian Capitalism." *Ethics* 92.

Rousseau, J.–J. 1964. "Discourse on the Origin and Foundations of Inequality," in R. D. Masters et. als. eds., *The First and Second Discourses of J.–J. Rousseau*. N. Y. : St. Martin's Press.

Rousseau, J.–J. 1968. *The Social Contract*, tr. by Mauris Cranston. Baltimore : Penguin Book.

Ruggiero, G. de. 1964. *The History of European Liberalism*, R. G. Collingwood, tr. Boston : Beacon Press.

Ryan, C. C. 1977, "Yours, Mine, and Ours : Property Right and Individual Liberty." *Ethics* 87–2.

Sabine, G. H. 1973. *A History of Political Theory*. Illinois : Dryden Press.

Sartori, G. 1987. *The Theory of Democracy Revisited* Vol. I & II. N. J. : Chatham House.

Schacht, R. (1992). "Alienation," in L. C. Becker & C. B. Becker eds. *Encyclopedia of Ethics*. N. Y. : Garland.

Schockenhoff, E. 2003. *Natural Law & Human Dignity : Universal Ethics in an Historical World*, tr. by Brian McNeil. Washington D. C. : Catholic University of America Press.

Schrier, A. et.als. 1961. *Modern European Civilization : a documentary history of politics, society, and thought from the Renaissance to the Present*. Chicago : Scott, Foresman.

Seung, T. K. 1996. *Plato Rediscovered : Human Value and Social Order*. Lanham, Md. : Rowman & Littlefield Publishers, Inc.

Seung, T. K. 1993. *Intuition and Construction : The Foundation of Normative Theory*. New Haven : Yale University Press.

Shapiro, I. (1986). *The Evolution of Rights in Liberal Theory*. Cambridge : Cambridge University Press.

Skinner, Q., (1987). *The Foundations of Modern Political Thought*. Vols. I & II. Cambridge : Cambridge University Press.

Strauss, L. 1953. *Natural Right and History*. Chicago : The University of Chicago Press.

Stromberg, R. N. 1963. *A History of Western Civilization*. Homewood : Dorsey Press.

Sumner, L. W. 1987. *The Moral Foundation of Rights*. Oxford : Clarendon Press.

Tarn, W. W. and Grifith, G. T. 1952. *Hellenic Civilization*, 3rd ed.(London : Cambridge University Press.

Tuck, R. 1981. *Natural Rights Theories : Their Origin and Development*. London : Cambridge University Press.

Upton, H. (Jul. 1987). "Rights and Duties–A Reply to Gewirth," *Mind*, 96–383.

Vlastos, G. (1962). "Justice and Equality," in *Social Justice*. Richard Brandt, ed. N. J. ; Prentice Hall.

Viley, M., *Seize essais de philosophie du Droit* (Paris : 1957).

Waldron, J. ed. 1984. *Theories of Rights*. London : Oxford University Press.

Waldron, J. (Apr., 1989). "Rights in Conflict," *Ethics* 99–3.

Weber, M. 1958. *The Protestant Ethic and the Spirit of Capitalism*, tr. by T. Parsons. N. Y. : Charles Scribner's Sons.

Wolff, R. P. 1970. *In Defense of Anarchism*. N. Y. : Harper and Row.

Zulueta, F. de. 1932 "The Development of Law under the Republic," in *The Cambridge Ancient History*. ed. by S. A. Cook, F. E. Adcock, & M. P. Charlesworth. London : Cambridge University Press, Vol. IX : *The Roman Republic* (133–44 BC).

이봉철, 2009. "서구 자유주의 권리이론과 '질서–이율배반성' : 근거질서와 구성질서", 『한국 정치학회보』 43–3 : 27–50.

_____, 2004. 「서구 자유주의 권리이론에 나타나는 '일방향 권리–의/책무구조'의 오류비판」. 『한국과 국제정치』 20–2 (여름호).

_____, 2003. 『현대인권사상』. 서울 : 아카넷.

_____, 1998. 『21세기 새 정치가치 탐색』. 대전 : 한남대학교 출판부.

색인

〈1〉 외래표기인명

〈2〉 내용

[ㄱ]

[ㄴ]

[ㄷ]

[ㄹ]

| 이봉철(李捧喆) |

서울대학교 외교학과 졸업
텍사스 주립대학(오스틴) 정치학박사
현재 한남대학교 정치 · 언론 · 국제학과 교수

저서

『통일과 통일논의 : 구조와 자율의 정치동학』, 『포스트모던 변화와 정치사상』, 『21세기 새 정치가치 탐색』, 『현대 인권사상』, 『삶의 질서와 서구 자유주의 정치이론 : 권리에서 권위까지』 등.

역서

『유럽외교사』(상), 『페레스트로이카』, 『비판정치이론』.

논문

「현대 자유주의 정치이론과 그 문제점 : J. Rawls, R. Nozick, B. Ackerman」, 「현시대 인권의 근거와 내용」, 「사회주의 인권의 이상과 현실」, 「'J. Rawls 위임책무이론' 의 비판적 보완과 '권리-의/책무상호관계' 보편모델」, 「서구 자유주의 정치이론과 '질서-이율배반성'」, "Justifying Political Obligation : Autonomy and Authority", "Aristotle's Conception of Justice", "Textualizing the Discursive Terrain of Korean Unification : Encoded Eyes and Encoded Society", "Examining the Conceptions of Rights and Duties (Obligations) in Western Liberal Rights Theories : Problems of Non-entailing Conception of Claim Rights and Obligations" 등.

권리 패러독스와 정위正位

초판1쇄 / 2010년 8월 20일

지은이 **이봉철**
펴낸이 **여국동**
펴낸곳 **도서출판 인간사랑**
인 쇄 **백왕인쇄**

출판등록 1983. 1. 26. / 제일 3호

정가 20,000원

ISBN 978-89-7418-009-6 93340

※ 잘못된 책은 교환해 드립니다.

(411-815) 경기도 고양시 일산구 백석동 1178-1
TEL (031)901-8144, 907-2003
FAX (031)905-5815
e-mail/igsr@yahoo.co.kr / igsr@naver.com